정도전
연구 입문

삼봉학 연구총서 1
정도전 연구 입문

엮은이	(사)삼봉연구원 경북 영주시 구성로 407
펴낸이	최병식
펴낸날	2025년 3월 10일
펴낸곳	주류성출판사

서울특별시 서초구 강남대로 435
TEL | 02-3481-1024 (대표전화) • FAX | 02-3482-0656
www.juluesung.co.kr | juluesung@daum.net

값 24,000원
잘못된 책은 교환해 드립니다.
ISBN 978-89-6246-553-2, 93910

삼봉학 연구총서
1

정도전
연구 입문

(사)삼봉연구원

주류성

간행사

(사)삼봉연구원은 삼봉 정도전의 학문과 사상을 연구하여 그가 지향했던 민본정신을 되새겨 오늘날의 지침으로 삼고자 2022년 10월에 창립되었습니다. 연구원은 삼봉 연구의 논저 목록 정리 작업을 시작으로, 정도전 유물·유적의 『도감』과 『삼봉학연구총서』의 기획, 그리고 매년 학술 포럼과 시민 강좌를 개최하고 있으며, 향후 『삼봉집』의 정본화 사업과 국역 정본화 사업 등 각종 연구 및 기념사업을 계획하고 있습니다.

널리 알려져 있듯이 삼봉 정도전은 당대 최신의 사상인 성리학을 수용하여 조선왕조 건국의 이념을 만들었고, 『불씨잡변』과 『조선경국전』을 편찬하여 조선왕조 500년의 사상적·제도적 토대를 마련하였습니다. 그는 민본사상을 바탕으로 시대와 사회의 변화에 순응하는 개혁을 추구한 개혁의 상징 인물이라고 할 수 있습니다.

연구원은 정도전을 올바르게 이해하고 연구의 심화를 위하여 『삼봉학연구총서』를 기획하였습니다. 총서를 통해 정도전 연구를 총정리하면서 정도전의 삶과 사상을 학문적으로 이해하고 그 역사적 의의를 파악하고자 합니다.

이 책은 『삼봉학연구총서』의 「제1권」으로서, 삼봉 정도전 관련 연구를 분야별로 분류하여 그간의 밝혀진 연구 성과를 살펴보고 정도전 사상을 개괄적으로 정리한 총설 성격의 연구입문서입니다.

이 책은 전체 네 부분으로 구성되었습니다. 제1부에서는 정도전 연구의 의의 그리고 정도전 연구의 자료와 『삼봉집』 판본을 다루었고, 제2부에서는 정도전의 혁명적 삶의 굴곡과 쟁점들 그리고 사상 형성과 네트워크를 알아보고자 하였습니다. 제3부에서는 정도전의 군주론과 정치·경제 구상 그리고 화이론과 중국 인식, 요동 정벌을 검토하였고, 제4부에서는 정도전의 유학 사상과 불교 인식 그리고 문학관을 살펴보았습니다.

이 책은 기존의 정도전 연구에서 공감하고 공유하는 부분을 정리하고, 연구자들의 이견이 존재하고 논쟁이 되는 부분을 소개함으로써 앞으로의 연구 방향을 모색하고자 하였습니다. 이 책이 삼봉 정도전과 그 시대를 연구하려는 대학(원)의 문학, 사학, 철학 외에 정치학, 경제학 등 여타 학문 분야의 한국학을 전공하려는 연구자(연구생), 나아가 관심있는 일반 고급 독자에게 유용한 참고 도서가 되기를 바라며, 동시에 삼봉 정도전에 대한 관심을 환기시키고 연구를 심화, 활성화시키는 계기가 되기를 기대합니다.

이 책을 간행하는 데 많은 분들의 도움이 있었습니다. 연구원에서는 박영호(경북대) 명예교수를 위원장으로, 도현철(연세대) 교수를 부위원장, 박창규(삼봉 연구원) 학술이사를 간사로 참여하는 편집위원회를 구성하여 총서의 발행 목적과 의의를 설정하고 구체적인 편찬 계획을 세웠습니다. 편집위원회는 향후 발간될 『삼봉학연구총서』(총7권 예정) 전체를 염두에 두면서, 제1권 총설의 기획과 책의 구성을 논의하고 이를 『정도전연구입문』으로 재편집하여 이 책이 완성되도록 하였습니다.

  전공별 최고의 권위자인 집필자 선생님들은 최신의 연구를 수렴해서 주옥같은 원고를 제출해 주셨습니다. 주류성 최병식 사장님과 이준 이사님 그리고 편집 담당 선생님께서는 어려운 출판계의 사정에도 불구하고 본 연구원의 총서 출판을 책임지고 서재에 꽂을 만한 책이 되도록 정성을 다해 주셨습니다. 이 모든 분들에게 깊은 감사의 말씀을 드립니다.

2025년 2월 28일

(사)삼봉연구원
원장 김장환

목차

간행사 · 5

Ⅰ. 총설

제1장. 정도전 연구의 의의: 개혁과 문명론 / 도현철(연세대) · 13
제2장. 정도전 『삼봉집』의 판본과 연구 자료 / 최민규(연세대) · 49

Ⅱ. 생애와 사상 형성

제3장. 정도전의 혁명적 삶의 굴곡과 쟁점들 / 문철영(단국대) · 103
제4장. 정도전의 사상 형성과 네트워크 / 강문식(숭실대) · 153

Ⅲ. 개혁 사상과 중국 인식

제5장. 정도전의 국가론과 정치·경제 구상 / 정재훈(경북대) · 221
제6장. 정도전의 화이론(華夷論)과 중국 인식, 요동 정벌 연구 / 김인호(광운대) · 263

Ⅳ. 철학과 문학

제7장. 三峯 성리학의 主理論的 특질 / 최영성(한국전통문화학교) · 313
제8장. 정도전의 불교 인식과 승려와의 교류 / 이상민(대전대) · 361
제9장. 정도전의 도학적 문학관 / 정재철(단국대) · 405

집필자 약력 · 443

I 총설

제1장. 정도전 연구의 의의 : 개혁과 문명론
/ 도현철(연세대)

제2장. 정도전 『삼봉집』의 판본과 연구 자료
/ 최민규(연세대)

제1장 정도전 연구의 의의
: 개혁과 문명론

도현철(연세대)

1. 머리말 : 정도전 연구를 해야 하는 이유
2. 성리학적 이념 정립과 공의사정론
3. 정도전의 개혁 정치
4. 조선시대의 정도전 이해
5. 맺음말 : 시대 변화에 부응하여 백성을 위한 개혁과 유교 문명론의 시대정신을 제시하다.

1. 머리말 : 정도전 연구를 해야 하는 이유

삼봉 정도전은 고려말 사회 변화와 원·명 교체와 왜구의 침입이라는 대내외적 위기 상황에서 개혁 정치를 추구하고 조선왕조를 건국한 주역의 한 사람이다. 그의 정치사상은 왕조교체의 이론에 그치지 않고 조선왕조 500년의 유학이 지배하는 시대를 이끄는 이론적 토대가 되었다.

그에 관한 많은 연구를 통하여 정도전의 삶과 사상에 대한 이해가 넓어졌다.[1]

그런데 정도전은 조선왕조에서 반역자, 간신으로 평가되었다. 정도전은 진법훈련을 통한 국가의 공병 확보에 주력하고, 사병 혁파를 시도하였다. 왕자의 난이 발발하자, 정도전은 죽임을 당하였다. 이후 유학이 국정 교학으로 정해지면서 절의와 의리가 강조되고, 왕조를 개창한 정도전은 부정적으로 평가되었다.

정조는 정도전을 새롭게 인식하고 규장각 학사로 하여금 『삼봉집』편찬을 명하였고, 고종대 경복궁 중흥 과정에서 정도전의 공이 인정되었다. 20세기 들어 정도전이 재발견된 이래[2] 정도전은 혁명가, 개혁사상가로 평가되었다.[3]

그렇다면 정도전은 누구인가? 역사학은 현재의 문제의식과 오늘날의 시대적 과제 속에서 과거 역사적 사건이나 시대와 인물을 평가하고 재해석하는 과정을 중시한다. 시대적 상황이나 역사적 과제의 변화에 따라 평가 기준이 달라지면서 기존의 평가를 재확인하기도 하고 새로운 해석을 제출하여 역사적 평가가 달라지기도 한다. 삼봉 정도전 역시 현대의 시대 상황과 과제에 의해 새로운 문제의식을 제기하고 재해석을 할 수 있다고 본다.

이 글은 이러한 문제의식을 바탕으로 정도전의 개혁 사상의 특징을

---

1) 정재훈, 「정도전 연구의 회고와 사상사적 모색」, 『韓國思想史學』 28, 2007.
2) 李相佰, 『韓國文化史研究論攷』, 을유문화사, 1947.
3) 한영우, 『정도전사상의 연구』, 서울대출판부, 1983 ; 도현철, 『고려말 사대부의 정치사상 연구』, 일조각, 1999 ; 문철영, 『인간 정도전』, 새문사, 2014 ; 박홍규, 『삼봉 정도전:생애와 사상』, 도서출판 선비, 2016.

살펴보고 조선시대 인식의 변천을 파악하며 정도전 연구의 현재적 의미를 살펴보고자 한다.

2. 성리학적 이념 정립과 공의사정론

정도전은 유교국가를 지향하며 성리학을 바른 학문(正學), 정통(正統)으로 파악하고 이단인 불교에 대한 비판적 입장을 견지했다.[4] 정도전은 『불씨잡변』과 『심기리편』을 통해 주희의 불교 비판서 예컨대 『주자어류』나 『주자대전』 혹은 『대학연의』·『대학혹문』 등과 같은 주자학 계통의 다양한 서적을 활용하여 불교를 비판하였다.[5] 그는 『불씨잡변』에서 척불론을 최고 수준으로 정리하였다. 즉 유학에서 내면의 주체인 심(心)과 보편적 실재인 리(理)가 통일되어 있음을 밝힘으로써, 불교에서 내면적 심(心)을 직관적으로 파악하고 객관적 실재를 부정하는 유심론의 주관주의적 견해를 변척하는 태도를 견지하였다.[6] 이는 이단인 불교를 논리적으로 비판하여 성리학을 정립하였다고 볼 수 있겠다.

정도전은 성리학의 천리인욕설(天理人欲說), 공의사정론(公義私情論)

---

4) 고려후기에 송학 가운데 사공학이나 류서학 등을 배제하고 성리학(도학·정주학)만을 수용하고 인성·수양론을 중시한 것은 원 관학의 영향이고, 이색 계열이든 정도전 계열이든 모두 성리학만을 고집한 것은 당대 최고의 이상사회가 유교 문명사회이고 이와 반대되는 불교 사회를 비판하는 논의가 성리학에 있기 때문이라 보여진다.
5) 도현철, 『조선전기정치사상사―『삼봉집』·『경제문감』의 실증적 분석을 중심으로』, 태학사, 2013.
6) 한영우, 『정도전사상의 연구』, 서울대출판부 1983 ; 琴章泰, 「三峯 鄭道傳의 佛敎批判論과 社會思想」, 『朝鮮前期의 儒學思想』 서울대출판부, 1997 ; 한정길, 「朱子의 佛敎批判」, 『東方學志』 116, 2002.

으로 선악과 시비를 정하였고, 이를 통하여 국가 사회를 운영하고자 하였다. 그는 공의와 사정을 이분화하여 사람의 행위가 공의에 부합하지 않으면 사정에 합한다[7]고 하였고, "전하의 교서에 사정(私情)에 따라 사람을 임용하였는가? 상주고 벌주는 것이 정도에 어긋나는가? 하였는데 신의 생각으로는 사람의 임용이 공정인지 사정인지 전하가 알 뿐입니다."[8]라고 하였다. 이는 사사로움을 배제하고 공정한 마음을 갖는 것, 천리를 보존하고 인욕을 막는 것이었다.[9] 성리학은 인성을 물질(관능)·욕망의 추구와 도덕·규범의 지향이라는 두 측면으로 나누어 전자를 인욕의 사사(私邪)나 악으로, 후자를 천리의 공정과 선으로 규정하였다. 이 모든 작용은 마음[心]의 그러한 속성에 기인하는 것이므로, 사람은 인욕의 사를 버리고 천리의 공으로 돌아가야 한다고 주장하는데[10] 이를 따른 것이다.

그리하여 그는 공의의 입장에 서서 인재를 등용하고 관리 평가를 하라고 하였고[11] 과거시험의 시관과 응시자의 관계 사적인 좌주-문생제가

---

7) 『高麗史』 권119, 列傳32 鄭道傳(공양왕 3년 4월), "王下教求言. 道傳上疏曰, 大抵人之所爲, 不合於公義, 則必有合於私情. ……."
8) 『高麗史』 권119, 列傳32 鄭道傳(공양왕 3년 4월), "王下教求言. 道傳上疏曰, …… 伏讀教書曰, 任用之人, 或徇於私歟. 賞罰之道, 有戾於正歟. 臣愚以爲任用之人, 出於公私 在於殿下自知之耳. 臣何足知之. 然除目旣下人目而議之曰, 某也故舊也, 某也外戚也, 外議如此, 臣恐徇於私者雜之也."
9) 『三峯集』 권7, 朝鮮經國典 上 賦典 賦稅, "蓋先王所以立其法者, 天理也, 後世所以作其弊者, 人欲也"; 『三峯集』 권8, 朝鮮經國典 下 政典 畋獵, "其心有天理人欲之分, 而治亂存亡, 各以類應, 所謂毫釐之差, 千里之謬者也, 後之人主, 可不察其取捨之幾哉".
10) 金駿錫, 「17세기 正統朱子學派의 政治社會論」, 『東方學志』 67, 1990, 114쪽.
11) 『高麗史』 권119, 列傳32 鄭道傳(공양왕 2년 정월), "王御經筵謂道傳曰, 今欲罷僞朝添設職, 其術何由. 對曰, …… 公耳忘私, 勤其職任爲公, 瘠公肥私, 曠官廢職爲過, 此二者, 考課之條目也. 進職秩加俸祿爲陟, 削官職竄貶爲黜, 此二者, 黜陟之條目也. 本朝用人之法大毀, 欲敎養則師道不明, 欲選擧則以私蔽公, 欲銓注則賢愚雜進, 欲考課則請謁煩盛, 欲

관료의 사당화를 조장한다[12]고 비판하였다.[13] 당시 관직 운용이나 인재 등용에서 적합성 기준이 능력보다는 오랜 친구나 외척이 임명되는 사(私)에 끌려 공(公)을 가로막아 현(賢)과 우(愚)가 섞여 있었다.[14] 또한 권신·간신 등이 국권을 가로채어 관직이 사문(私門)에서 나왔고 뇌물에 의하여 성추(省樞)에 임명되었다. 그리하여 이를 시정하여 사(私) 즉 친소와 친구의 여부보다는 공(公) 즉 현(賢)·불초(不肖)를 살펴서 적임자를 택하라고 하였다. 정도전은 성리학의 천리인욕설에 근거한 공사론으로 사를 배제하고 공에 의해서 공정하고 객관적인 기준에 의한 인재 등용, 관리 임용을 주장하는 것이다.

정도전의 인재 등용론은 고려후기부터 성장한 유학자 관료의 등용을 의도하는 것이다. 무신 집권기 이후에 과거 합격자가 증가하고 유학자 지식층이 형성되었으며, 이들은 원나라로부터 성리학을 수용하여 수기치인에 충실한 군자다운 유자인 군자유(君子儒)[15)16)]를 지향하였다.[17] 이

黜陟則順有賂公行."
12) 공민왕은 世臣大族·草野新進·儒生을 쓰지 않겠다고 하고 '離世獨立之人'인 신돈을 등용하였다. 이때 공민왕이 儒生을 기용하지 않은 이유는 "유생은 유약하여 강직함이 적고 門生·座主·同年이라 칭하면서 黨을 만들고 私情에 따른다"는 것 때문이었다[『高麗史』 권132, 列傳45 叛逆 6 辛旽)].
13) 정도전은 좌주문생제가 공적인 인재 등용을 사사로운 은혜에 따라 처리한 것(以公擧爲私恩)(『太祖實錄』 권1, 즉위년 7월 정미 ; 『太宗實錄』 권25, 3년 1월 병술 ; 13년 5월 신묘)이라고 하였다.
14) 『高麗史』 권75, 志29 選擧 3 選法(창왕 즉위년 8월), "自禑時權奸竊國官爵 一出私門" ; (공양왕 원년 12월), "門下府郎舍具成祐等上疏曰, …… 勿以親疎新舊之殊, 惟賢不肖之爲察."
15) 『論語』 권6, 雍也, "子謂子夏曰, 女爲君子儒! 無爲小人儒!" (注)儒, 學者之稱. 程子曰, 君子儒爲己, 小人儒爲人.
16) 『益齋亂藁』 권4, 送田祿生司諫按全羅道字孟耕, "…… 田郎夙慕君子儒……" ; 『東文選』 권4, 五言古詩(최해) 五德仁生日, "…… 汝爲君子儒……" ; 『牧隱集』 詩藁 권27, 漫興三首, "…… 初從冑子學, 肯慕小人儒 ……" ; 권34, 示孫孟昀敬童, "…… 終爲君子儒.

들은 치인(治人)을 전제한 수기(修己)를 강조하고, 본성 함양과 기질 변화에 치중하여 『대학』의 8조목을 바탕으로 사물에 대한 이치 탐구를 통하여 마땅히 해야 할 도리를 파악하고[18] 이를 기초로 제가, 치국, 평천하로 진전시켜 나가야 한다고 하였다.[19]

그리하여 이들은 수기·수양을 바탕으로 현실에 대한 책임 의식, 경세의식을 견지하였다. 이들은 "군자를 나아가게 해야 사직이 편안하고 인민이 병들지 않는다. 이것이 고금의 이치이다. 그런즉 인재를 등용하는 것이 정치의 근본이다",[20] 라고 하였다. 즉 유교적 지식에 철저한 군자가 관리가 되고, 이러한 인재 등용이야말로 정치의 근본이라고 하였다. 이들은 당대를 요순시대로 만들기[21] 위하여 자신들과 같은 유학자가 관리가 되어 민을 이끄는 주체가 되어야 한다고 하였다.

일반적으로 새롭게 성장한 신흥세력은 부와 권력을 독점하고 있는 기왕의 권세가에 맞서 중앙정계에 진출하기 위해서, 혈연에 기초한 사적이고 주관적인 요소를 배제하고 공정하고 객관적인 면을 내세우며 능력, 실력을 내세울 수밖에 없다. 왕조 국가를 운영하기 위해서는 객관적으로 보아도 보통 사람보다 뛰어난 인물을 관리로 임용하여 그들이 정

……"; 권35, 長湍吟 寄省郎諸兄, "玄陵一代小人儒, ……."

17) 도현철, 「고려말 유학자의 성장과 재상정치론의 의의」, 『한국사상사학』 72, 2022.
18) 『孟子』 梁惠王章句下, "夫人幼而學之, 壯而欲行之."
19) 『牧隱集』 詩藁 권16, 書筵, 進講君子所貴乎道者三, 至有司存, 退而志之. "致格齊平終有序"; 文藁 권10. 孟周說. "士君子幼也學, 壯也行始于家, 而終于天下."
20) 『稼亭集』 권8, 寓本國宰相書, "夫進君子則社稷安, 退君子則人民病, 此古今之常理也. 然則用人, 又爲政之本也."
21) 『牧隱集』 文藁 권10. 孟周說. "士君子幼也學, 壯也行始于家, 而終于天下. 致君澤民, 移風易俗, 必曰堯舜其人, 唐虞其時."

치를 담당하게 하고 민을 다스리도록 해야 한다. 객관적인 능력을 중시하는 것은 혈연적인 유대감을 중시하는 것보다 일반적인 정치 운영의 원리가 된다고 할 수 있기 때문이다. 그런데 신분제 사회에서는 그러한 출중한 능력자 혹은 현자가 정치 사회적으로 일정한 지위가 있고 경제적으로 안정된 가문과 혈통이 있는 명문대가에서 나오며, 또 나올 수밖에 없다는 논리를 이끌어 온다. 이 시기 신흥세력은 기왕의 부와 권력을 독점하는 권세가에 대항하여 치인을 전제로 한 수기·수양을 갖춘 군자의 등용을 강조하고, 유학자로서 사(士)의 사명을 주장하며 정치사회를 경영하는 책임감·자신감을 드러내면서 정치참여 의지(의욕)을 합리화하려고 하였다.

정도전은 이러한 성장하는 유학자 신흥세력을 현실 정치에 참여시키고자 하였다. 그리하여 그는 조준과 더불어 개혁정치를 추구하며 재상정치를 통하여 이들을 관료로 등용하고자 하였다. 조준 등은 재상의 역할은 군자를 추천하고 소인을 물리쳐서(進君子退小人) 백관을 바로잡는 데 있다[22]고 하였고, 구성우도 재상은 자신을 바르게 하여 모든 관원을 바르게 인도하며 군자를 추천하고 소인을 물리치는 데 있다(進君子退小人)고 하였다.[23] 곧 정도전은 성리학을 익히고 군자를 지향하는 이들이 권세가를 대신하여 정치 운영의 주체가 될 것을 기약하였다.

---

22) 『高麗史』 권118, 列傳31 趙浚(창왕 즉위년 8월), "浚又率同列條陳時務曰, ……."
23) 『高麗史』 권75, 志29 選擧3 選法(공양왕 원년 12월), "門下府郎舍具成祐等上疏曰, ……."

3. 개혁 사상과 군주수신론

1) 『주례』적 정치체제와 재상 정치론

정도전은 고려말의 사회 변화·변동에서 개혁정치를 추구하고 유교적 이상 국가를 건설하려고 하였다. 당시 고려는 무신집권기 이래 생산력 발전과 토지 분급제, 토지 소유관계의 변화 그리고 왕실의 권위 실추와 권신의 출현, 기강의 이완과 제도의 문란 여기에 대외적으로 왜구와 홍건적의 침입, 원·명의 교체와 간섭으로 체제의 동요 현상이 나타났다. 고려의 지배층은 이를 극복할 수 있는 대응 논리인 사상과 정책이 필요하였다. 정도전은 이러한 대응 논리를 모색하는 과정에서 성리학을 수용하고 하은주 삼대 특히 주나라를 모델로 유교적 이상 국가를 건설하고자 하였다.[24]

정도전의 개혁 사상은 『주례』적 정치체제와 재상 정치론으로 집약된다고 할 수 있다. 그는 유교 경전인 『주례』를 활용하여 고려의 정치체제를 개혁하려고 하였다. 그는 새로운 정치체제를 고려말 조준 등이 주장하는 『주례』의 천관 총재를 바탕으로 총재=재상, 6전 그리고 속관으로 이어지는 정치체제를 공유하며 『조선경국전』과 『경제문감』으로 종합 정리하였다. 그리고 이것은 『경제육전』과 『경국대전』으로 이어졌다.[25]

정도전은 중앙집권적 정치체제를 지향했다. 그는 송대 성리학 특히

---

24) 한영우, 『정도전사상의 연구』, 서울대출판부, 1983 ; 도현철, 『고려말 사대부의 정치사상 연구』, 일조각, 1999.
25) 윤훈표·임용한·김인호, 『경제육전과 육전체제의 성립』, 혜안, 2007 ; 정호훈, 「조선전기 법전의 정비와 경국대전 체제의 성립」, 『조선건국과 경국대전체제의 형성』, 혜안, 2004 ; 정긍식, 「〈조선경국전〉과 조선초기 법제정비」, 『법학』 56-2, 서울대학교 법학연구소, 2015.

주자의 정치론을 활용하여 재상이 지방의 최소 단위인 향(鄕)까지 직접 파악하는 지배체제를 지향하였고, 공적 지배 질서를 확고히 하고자 하였다. 이를 통해서 중앙의 지방에 대한 통제력을 강화하여 공적 지배력을 확대하고 호족이나 지방 유력자(사원)의 사적 지배에 의한 폐단을 막고자 하였다.

그는 중앙 집권력을 강화하기 위하여 지방 관원의 임무와 역할을 중시하였다. 도의 장관인 감사(관찰사)의 독자적인 권한과 지위를 보장하고, 수령에 대한 감독과 감찰을 중시하였다. 감사가 수령을 규찰하고 권세가의 탐학을 감독하도록 하고, 수령은 민의 근본이 되고, 민의 부모[26] 민의 유목(乳牧)[27]이 된다는 점을 유의하여 수령의 선임을 신중히 하도록 하였다.

특히 정도전은 백성과 가장 가까운 수령의 역할을 중시하였다. 수령은 백성의 근본이고,[28] 백성과 가장 친밀하여야 한다.[29] 백성은 나라의 근본이요, 군수·현령은 백성의 근본이다. 옛날, 사해(四海)를 평정하고 천자가 작위와 봉록을 나누어 준 것은 신하를 위해서가 아니라 모두 백성을 위한 것이었다. 그러므로 성인이 한 번 움직이거나, 한 가지를 설치한 것, 한 번 명령을 내는 것이나, 한 가지 법을 제정하는 것은 반드시 백성에게 근본을 두었다.[30] 수령의 현부 여부가 백성의 행복과 불행을

---

26) 『三峯集』 권6, 經濟文鑑 下 縣令 守令不任事. "朝廷以十萬戶付之一守, 以百里之地委之一令, 元元之休戚係焉."
27) 『三峯集』 권6, 經濟文鑑 下 縣令 吏爲民之乳牧. "人君保民, 均於保子, 愛民甚於愛牛, 而爲之乳與牧者, 實寄諸吏."
28) 『三峯集』 권6, 經濟文鑑 下 縣令 郡守民之本也.
29) 『三峯集』 권6, 經濟文鑑 下 縣令 令長與民最親.

좌우한다.[31] 그러므로 수령은 백성들을 휴양시키고 생식시켜 인구를 번창하게 하고 백성을 위로하여 모여들게 하고 편안히 살 수 있게 해야 한다.[32] 나라는 백성을 근본으로 삼고, 백성은 먹을 것을 하늘로 삼는다. 그러므로 요역(徭役)과 부세(賦稅)를 가볍게 하여 백성들의 식생활을 풍족하게 해 주어야 한다. 불행히도 백성이 홍수·한발·서리·곤충·바람·우박 등으로 피해를 입었을 때에는, 그 피해의 다과에 따라서 부역을 차등 있게 감면시켜 주어야 한다. 그래서 나라의 근본인 백성을 후하게 해 주어야 한다고 하였다.[33]

정도전의 중앙집권론은 개혁적인 의미를 갖는다. 당시 고려는 중앙집권을 지향하면서도 지방의 다양성과 자율성을 존중하였다. 곧 중앙의 정치제도에 삼성육부가 있지만, 삼성의 고관이 6부의 판서를 겸직하는 귀족적 정치기구가 있었고, 중서문하성의 재부(宰府)와 낭사(郎舍), 중추원의 추신과 승선 등 정치기구는 상하 이중으로 구성되었다. 지방은 5도 양계로 구성되어 행정, 군사 지역의 구분이 있었다.[34] 또한 고려에는 지방관(수령)이 파견되지 않는 속현이 많았고, 토착 세력인 향리의 자율적 지방 운영이 이루어졌다. 국가 공권력보다는 지방의 유력자에 의한

---

30) 『三峯集』 권6, 經濟文鑑 下 縣令 郡守民之本也. "夫民者, 國之本也, 郡守縣令, 民之本也. 古者方制四海, 而天子列爵頒祿, 非爲臣下, 皆以爲民也. 故聖人一動作, 一施設, 一命令, 一法制, 必本於民."
31) 『三峯集』 권7, 朝鮮經國典 上 治典 官制. "守令近民之官, 守令有賢否之異, 而民之休戚繫焉."
32) 『三峯集』 권7, 朝鮮經國典 上 賦典 版籍. "任民牧之職者, 休養生息, 以蕃其類, 勞來安集, 以保其居, 民可庶."
33) 『三峯集』 권7, 朝鮮經國典 上 賦典 蠲免.
34) 邊太燮, 『高麗政治制度史硏究』, 1971 ; 박용운, 「중앙 정치체제의 권력구조와 그 성격」 ; 하현강, 「지방 통치조직과 그 구조」, 『한국사』 13, 국사편찬위원회, 1993.

사적 지배가 행해졌다.

고려는 중앙집권적 정치체제로서는 미진한 점이 있었고, 지방의 자율적 지배를 인정하였다. 말하자면 고려는 지방 세력과 불교사원의 사적 지배를 용인하였으므로 국가의 공권력에 의한 농민 지배는 취약했다. 이에 따라 이들 사적 지배에 의한 농민과 하급 지배층의 침탈은 제어하기 어려웠다. 생산력 발전을 기초로 성장한 신흥세력은 권귀, 권문(私門)으로 표현된 권력자에 의하여 농민과 더불어 수탈의 대상이 되었다. 그리하여 정도전은 전국에 지방관을 파견하고, 수조권 분급제와 같은 사적 지배를 시정하며[35] 중앙집권적 정치체제를 강화하여 국가의 공권력에 의한 일원적인 지배체제를 확립하려고 했다.

한편 정도전은 재상이 정치 운영의 주체가 되어야 한다는 재상 정치론을 전개하였다. 왕조 국가에서 군주는 천명의 대행자이고 중앙집권체제를 이끌어가는 왕정의 최고 책임자로서 전국의 민과 토지를 지배한다. 왕조 국가에서는 군주가 혈연적 세습에 따라 계승되는 왕위 계승을 인정했고, 국왕은 일반 자연인으로 불완전하므로, 재상 정치를 통하여 이상 정치를 구현할 수 있다고 보았다. 여기에서 군주의 권한은 재상을 선택·임명하고 재상과 정사를 협의·결정할 뿐이다. 군주는 단지 재상을 논하는 데 있고, 재상은 군주의 옳은 일을 적극 봉행하고 옳지 않은 일을 끝까지 막음으로써 왕을 옳은 길로 인도해야 한다고 하였다.[36]

---

35) 정도전은 조선 건국 토지개혁 논의 당시를 회고하면서 2~3명의 동지들과 함께 소유지와 수조지의 폐해를 개혁하여 私田을 혁파하여 나라의 토지를 모두 公家에 귀속시켜 '計民授田'하여 '古者田制之正'의 이상을 실현하려 하였다고 하였다. 그러나 그의 구상은 舊家世族들이 비방하고 원망하여 끝내 실현하지 못하였다(『三峯集』권7, 朝鮮經國典 上 賦典 經理)고 하였다.

여기에서 재상은 천리(天理)의 소재를 파악하고, 천리 이법을 파악하는 유학자 관료 곧 어진이를 등용해서 이들과 함께 공론 정치를 펴야한다고 보았다. 재상은 성현의 바른 도를 상고하여 천리(天理)의 소재를 구하고 이를 통해 그 마음을 바르게 하며, 이에 미루어서 군주를 바르게 하고,[37] 인주에게 현부(賢否)를 분별하고 인재를 진퇴시키며, 천하의 공의(公議)의 소재를 살펴야 하고, 어진 이를 나오게 하고 불초한 자를 물리쳐야 한다[38]고 하였다. 재상은 사대부의 공론과 여론을 수렴하고 정치 운영에 반영하는 주체여야 한다는 것이다.

고려 후기부터 성장한 신흥세력은 앞서 언급한 대로 과거제를 통한 정치 진출과 함께 원의 성리학을 활용하여 정치개혁을 주장하여 정치 운영에 참여하고자 하였다. 이들은 군자다운 유자인 군자유(君子儒)를 지향하였고, 수기·수양을 기초로 치인 곧 현실에 대한 책임 의식, 경세 의식을 견지하였다. 이러한 경세 의식을 갖춘 유학자 관료의 등용은 재상의 책무로 부과되었고, 재상이 군자를 추천하고 소인을 물리쳐야 하다는 것이다. 재상이 성장하는 유학자 신흥세력을 등용하여 이들을 국가체제 안으로 포섭하고 이들의 의견을 수렴하는 공론 정치가 이루어지도록 유도하는 것이었다.

이때 재상도 독단에 빠질 수 있고 잘못할 수 있다. 여기에 대간의 역할이 존재한다. 정도전은 대간은 천자의 좌우에 기거하면서 수시로 간

---

36) 『三峯集』 권5, 經濟文鑑 上 宰相 人主之職在論相(『朱子大全』 권12, 己酉擬上封事).
37) 『朱子大全』 권24, 與汪尙書書(己丑)(『三峯集』 권5, 經濟文鑑 上 宰相 正心以正君), "以求天理之所在, 旣以自正其心, 而推之以正君心."
38) 『三峯集』 권5, 經濟文鑑 上 宰相 進賢退不肖, 廣資天下之材, 當以進賢退姦爲職.

쟁을 할 수 있어야 하고 재상의 잘못을 지적해야 한다[39]고 하였다. 그리하여 그는 군주·재상·대간 삼자의 권력의 분점과 상호 견제를 주장하게 된다. 그의 구상은 국가권력을 군주 개인의 독단이나 소수 권세가의 이해에서 해방시켜 유학자 관료 전체의 주체성과 여론을 재상 정치에 반영하려는 것이라고 할 수 있다. 곧 재상 정치론은 공론 정치와 연결된다.

그런데 정도전의 정치론은 자신이 재상인 태조대에 실현되지 않는다. 태조 4년 11월 간관 이정견 등은 "원컨대 전하께서는 매번 조회하는 날에, 정전에 앉으시어 모든 대신과 신료들이 말하고자 하는 자들은 모두 말할 수 있게 하고 (그것을) 받아들여 채택 시행케 함으로써 상하의 정이 통하게 하소서"라고 건의하였다. 국왕이 대신과 하급 신료들 모두와 직접 상대하여 정사에 대한 견해를 듣도록 해달라고 요청한 것이다. 하지만 태조는 이를 받아들이지 않고 "매번 조회하는 날에 이미 대신들과 더불어 국사를 강론하고 있으니 신료들이 꼭 면전에서 이야기할 필요는 없다"고 하였다.[40] 이미 대신들과 상대하여 국정을 의논하고 처리하고 있으니 하급 신료들과 다시 의논할 필요가 없다는 것이다.[41] 건국초에는 개국 공신의 영향력이 강하고 도당 중심의 관직 운영이 행해져 정도전이 구상하는 정치를 실현시키기 어려웠다.

정도전의 정치개혁론은 고려왕조의 정치체제 내에서 받아들여지기

---

39) 『三峯集』 권6, 經濟文鑑 下 諫官 諫臣當在左右 ; 『三峯集』 권6, 經濟文鑑 下 諫官 諫官與宰相等.
40) 『太祖實錄』 권8, 4년 11월 무자.
41) 민현구, 「조선 태조대 국정운영과 군신공치」, 『사총』 61, 2005.

가 어려웠다. 고려는 삼성육부제를 채용하지만, 삼성의 고관이 육부의 판서를 겸하고, 중서문하성 내부의 2원적 성격으로 『주례』의 6전 체제를 반영한 직능별, 기능별 분화를 반영하지 못했기 때문이다. 고려의 음서를 중심으로 하는 관료제와 문벌귀족 가문의 지배 세력 재생산 구조는 고려 후기 과거를 통하여 성장한 유학자 관료의 공론 정치를 반영한 재상 정치를 담을 수 없었다. 정도전의 정치체제 구상은 체제 변혁을 수반하는 것이었다.

2) 세자 선정과 군주관

조선왕조가 건국되고 우선적으로 해야 할 것은 세자를 정하는 것이었다.[42] 조선이 건국된 1392년에 국왕인 태조 이성계(1335-1408)의 나이는 58살로 대를 이을 세자를 정하는 것이 급선무였다. 혈연적 세습에 의해 왕위가 계승되는 왕조 국가의 특성상 건국 초기에 세자를 책봉하여 왕권을 안정시키고 왕조의 기틀을 마련해야 했기 때문이다.

건국된 다음 달인 1392년 8월에 태조는 신료들에게 누구를 세자로 삼을 것인가를 묻자, 배극렴은 "적장자를 세자로 정하는 것이 고금의 통의"[43]라고 하였고, 조준은 "세상이 태평하면 적장자를 우선하고 세상이 어지러우면 공이 있는 이를 우선한다."는 원칙론을 개진하였다.[44] 그러나 태조의 의중이 강씨 소생에게 있음을 알려 강씨 소생의 첫째인 방번

---

42) 이하는 다음의 글을 재정리하였다(도현철, 「새 왕조를 개창하고 군신 협력 정치를 추구하다」, 『국왕과 신하가 함께 만든 나라 조선』, 국립고궁박물관, 2016).
43) 『太祖實錄』 권1, 원년 8월 기사.
44) 『太宗實錄』 권9, 5년 6월 신묘.

이 후보로 우선 생각되었으나 방번의 장인이 공양왕의 동생인 왕우(王瑀)였기 때문에 전왕조 왕실의 인친을 새왕조의 왕세자로 삼는 것은 정치적 부담이 되었다. 그리하여 배극렴은 방석을 세자로 정하도록 주청하였다.

세자는 태조 이성계의 두 번째 부인 현비 강씨 소생의 8남 이방석이 되었다. 『태조실록』에 의하면, 배극렴 조준 정도전은 세자는 나이와 공로를 고려하여 정하도록 하였으나 태조가 아끼고 현비 강씨의 의중에도 있는 이방석으로 정해졌다. 이방석의 형인 이방번은 공양왕의 아우인 왕우의 사위라는 점도 불리하게 작용했지만, 광망하고 경솔하여 볼품이 없다는 이유도 있었다.[45] 조정 회의에서 나이와 공로를 고려했을 때, 나이를 고려하면 큰아들 방우, 공로를 고려하면 다섯째 방원이 세자로 되어야 하지만 더 이상 언급되지 않았다.

정도전은 태조의 두 번째 부인의 자식이고 가장 나이 어린 방석을 세자를 정하는 데 찬성하였다. 널리 알려져 있듯이 이성계에게는 한씨 소생의 6명(방우, 방과, 방의, 방간, 방원, 방연)과 강씨 소생의 2명(방번, 방석)의 아들이 있었다. 1392년 조선 개국 당시의 큰 아들 이방우(1354-93)는 39살이고, 막내 방석(1382-98)은 11살이었다. 방우는 고려에 대한 절의를 견지하였고 개국 논의에도 참여하지 않았다. 정도전은 이성계의 아들 가운데 40이 다 되어 심성과 기질이 굳어 버린 나이 많은 아들보다 제일 나이 어린 방석에게 덕성과 기질을 교육시켜 왕자의 재목으로 키우고자 한 것이다.[46]

---

45) 『太祖實錄』 권1, 원년 8월 기사.

정도전은 군신 관계를 절대 관계로 인정하면서도 군주의 역할을 제한하여 이해하였다. 성리학의 군주성학론(君主聖學論), 곧 군주는 성인이 되기 위한 학문, 요·순·주공의 요법(要法)을 체득해서 왕도와 인정을 실현하기 위한 성학을 공부해야 한다고 하였다. 단, 세습에 의한 왕위 계승 인정하는 가운데 장자가 아니더라도 어진 아들에게 세습되어도 좋다[47]고 하였다. 군주는 혈연 세습 속에서는 어둡고 총명하고 강단있고 유약한 차이가 있으므로[48] 군주권이 항구적으로 안정되지 못할 소지가 있다고 보는 것이다. 그는 군주는 중간 정도의 자질만 있으면[49] 어진 재상을 통하여 이상 정치가 구현될 수 있다고 보았다.『조선경국전』정국본에서는 세자는 국가의 근본으로 어릴 때부터 왕자가 되도록 가르침을 받아야 한다고 하였다. 군주의 수신 여부가 국가 경영에 직결된다는 성리학적 군주관의 표현이라고 할 수 있다.

정도전은 막내 방석의 세자 책봉에 찬성하고 세자의 스승이 되어 세자를 성군이 될 수 있도록 가르치고자 하였다.[50] 원래 정도전은 왕조 국

---

46) 후에 태조가 영안군(永安君, 방과, 정종)을 세자로 정하는 것에 동의한 것은 왕자의 난으로 정도전·남은이 죽고 국왕으로서의 뜻을 잃어 형세에 따라 주동자인 방원의 의사에 따른 것으로 이해된다. 왕자의 난 이후 사람들이 정안군(방원)을 세자로 정하고자 하였으나, 정안군이 사양하고 영안군을 세자로 삼기를 청하였는데, 영안군은 당초부터 나라를 열어 오늘에 이르게 한 것은 정안군이라 하여 거절하였다. 정안군은 나라의 근본을 정하고자 한다면 적장자가 있어야 한다고 하였고, 이에 영안군은 이에 따랐다. 태조는 모두 같은 내 아들이라 하여 받아들였다(『太祖實錄』권14, 7년 8월 기사).
47)『三峯集』권7, 朝鮮經國典 上 定國本, "儲副天下國家之本也, 古之先王, 立必以長者, 所以絕其爭也, 立必以賢者, 所以尙其德也."
48)『三峯集』권7, 朝鮮經國典 上 治典 摠序, "且人主之材, 有昏明强弱之不同."
49)『三峯集』권7, 朝鮮經國典 上 治典 宰相年表, "若夫中材之主, 相得其人則治, 不得其人則亂."
50)『太祖實錄』권7, 4년 3월 병오, "世子貳師鄭道傳, 講孟子……."

가의 정치 운영의 주체인 군주와 세자 교육에 힘을 쏟았고, 군주와 세자의 교육으로 경연과 서연에 주목하였다. 우왕 초년 성균사예·예문관 응교·지제교를 맡아 서연에서 『대학』의 "임금이 되어서는 인(仁), 신하가 되어서는 경(敬), 아들이 되어서는 효(孝), 아비가 되어서는 자(慈), 남과 사귈 때는 신(信)에 머물러야 한다"는 부분을 강의하면서[51] 유학의 수기·수양 공부의 중요성을 제시한 바 있다. 조선에 들어서서 경연은 인군의 덕을 장려 발전시키기 위한 것이며,[52] 태조는 먼저 경연관을 두고 『대학』과 『대학연의』를 익히니 고종이 수시로 학업이 힘쓴 것이나 성왕의 학업에 힘쓴 것보다 낫다고 하였다.[53] 태조는 앞장서 경연 공부에 힘쓰고,[54] 세자로 정해진 방석을 군주성학으로 이끌도록 하였다.

자연인으로서 군주의 수신·수양을 강조하는 군주성학론은 고려시대 국왕의 권위를 용신(龍神) 신앙[55]이나 불교의 윤회(輪回)와 같은 선천적인 것(현재의 고귀한 혈통과 높은 지위는 과거에 쌓은 선행의 결과)으로 정당화하는 정치이념[56]과 충돌할 수밖에 없었다. 군주의 권위를 천과 민에 의

---

51) 『三峯集』 권3, 到南陽謝上箋 乙丑(우왕 11년), "殿下初卽位, 庶政俱新, 除臣成均司藝·藝文應敎·知製敎, 蒙恩召入書筵, 講大學書, 至穆穆文王, 於緝熙敬止, 其於爲人君止於仁, 爲人臣止於敬, 爲人父止於慈, 爲人子止於孝, 與國人交止於信, 懇懇辨論, 以致丁寧, 殿下納之."
52) 『三峯集』 권13, 『朝鮮經國典』 上, 禮典摠序.
53) 『三峯集』 권13, 『朝鮮經國典』 上, 禮典 經筵, "殿下卽位, 首置經筵官, 以備顧問, 常曰大學, 爲人君立萬世之程. 眞西山推廣其意作大學衍義, 帝王爲治之序, 爲學之本, 蔑以加矣. 每於聽政之暇, 或親自觀覽, 或使人講論, 雖高宗之時敏, 成王之日就, 無足多讓, 倚歟盛哉?"
54) 『太祖實錄』 권2, 원년 11월 신묘, "諫官上疏曰, …… 伏願殿下日御經筵, 進講大學, 以極格致誠正之學, 以致修齊治平之効. 上俞允."
55) 이정란, 「고려왕가의 용손의식과 왕권의 변동」, 『한국사학보』 55, 2014.
56) 남동신, 「중세 한국 사회와 불교」, 『인문과학연구』 8, 2003, 덕성여대 인문과학연구소.

지하는 군주성학론은 당시 생산력 발전과 농민 의식의 변화 그리고 신흥세력의 성장에 조응하는 것이었다. 성리학적 군주관의 수용은 고려왕조 체제로서는 받아들이기 어려웠고, 왕조교체는 불가피하였다.

4. 조선시대의 정도전 사상 계승과 평가

1) 정도전 사상 계승

정도전은 유교 국가를 지향하며 성리학을 바른 학문(正學), 정통(正統)으로 파악하고 이단인 불교에 대해 비판적 입장을 견지했다.[57]

조선 건국 후 권근은 정도전 사상을 이단을 배척하여 성리학을 확립하고 법제와 제도를 정돈하여 경제의 방책을 제시하였고,[58] 특히 맹자의 불교 비판을 원용하였으며 정도전을 맹자와 견주어 칭송하였다.[59] 공양왕대 성균관 생원인 박초는 맹자가 양주·묵적의 설을 배격하고 공자를 높인 이래 한의 동자·당의 한자·송의 정자와 주자가 모두 이 도를 옹호하고 이단을 배격하여 천하 만세의 군자가 되었다고 하였고, 이를 계승하는 정도전이 동방 제일의 진유라고 하였는데,[60] 이는 정도전의 유학계의 위상을 공유하는 것이다.

---

57) 이하는 다음의 글을 재정리하였다(도현철, 「조선전기정치사상사－「삼봉집」·「경제문감」의 실증적 분석을 중심으로」, 태학사, 2013).
58) 「陽村集」 권23, 贊三峯先生眞贊, "性理之學, 經濟之功, 闢異端以明吾道之正"
59) 「陽村集」 권17, 佛氏雜辨說序, "孟子謂承三聖之統. 先生亦繼孟子者也. 張子所謂, 獨立不懼, 精一自信, 有大過人之才者. 眞生之謂矣."
60) 「高麗史」 권120, 列傳33 金子粹, "成均生員朴礎等亦上疏曰, ……."

조선 건국 후 정도전은 성리학의 체제 이념화와 정치사상 확립에 주력하고, 권근은 성리학의 연구와 확산에 정도전의 지향과 보조를 맞춘다. 권근은 공양왕 2년(1390)에 초학자를 위하여 유학 사상을 도설 형태로 『입학도설』을 제시하였는데, 여기에는 정도전의 영향을 받은 「심기리편」·「심문천답」 등의 글이 포함되었다. 태조 6년에 간행된 『입학도설』에는 '괘륵과설지법('掛扐過揲之法')'과 '십이월괘지도'에 대한 정도전 관련 내용이 소개되어 있다. 여기에서 태조 6년 5월에 정도전이 『주역』의 괘륵과설(掛扐過揲)의 법을 궁구해 보았지만, 그 설을 알 수 없어서, 권근에게 설명해 줄 것을 요청하였는데, 권근은 이 법식을 풀이하여 작은 그림으로 만들고, 조목별 나누어 설명하였는데, 이 설명이 마치 손바닥에 보여주는 것처럼 쉬워 명확히 이해되었다고 하였다.[61] 정도전이 권근을 통해서 알게 되었다는 이 내용이 『입학도설』에 실리게 된 것은 괘륵과설에 대한 보충 설명이면서 학문적으로 정도전과 권근이 성리학적 사유를 매개로 연계되어 있음을 보여준다. 이는 권근이 『삼봉집』 서문에서 제시한 정도전의 『학자지남도』[62]를 참고한 것이 아닌가 한다.[63] 태조 7년 왕자의 난으로 정도전이 죽임을 당하였지만, 성리학 진흥에 공이 큰 정도전의 업적은 『입학도설』이 간행되는 과정에서 인정되고 있었다.

세종 10년 변계량은 정도전이 주장한 문과 초장에 '강경'을 두는 것을

---

61) 『入學圖說』(명종 2년, 1547, 황효공), "道傳 一日, 得掛扐過揲之法, 反復參究, 莫知其說, 示可遠請講焉. 可遠解之, 爲一小圖, 條分類釋, 如指諸掌, 雖以余之昏蒙, 一覽了然. 噫, 用友講論, 其有益於學也, 如此夫. 洪武戊寅夏五月旣望, 三峯鄭道傳識".
62) 『三峯集』序(권근), "先生著述, 有學者指南圖若干篇, 義理之精, 曉然在目, 能盡前賢未所發."
63) 김남일, 『고려말 조선초기의 세계관과 역사의식』, 경인문화사, 2005, 108-110쪽 ; 강문식, 『권근의 경학사상 연구』, 일지사, 2008, 109-110쪽 ; 이봉규, 「入學圖說」, 『고서해제』 X, 2008, 357-358쪽.

반대하고 스승인 권근의 제술론을 옹호하면서, 정도전의 권근에 대한 평가를 인용하였다.[64] 변계량은 "권근과 정도전의 우열은 진실로 후학이 감히 경솔하게 논의할 바가 아닙니다. 그러나 도전이 일찍이 스스로 이르기를, '예전에는 근(近)이 나만 못하였는데, 지금은 내가 근에게 미치지 못한다.'고 하였습니다. 그 말은 『입학도설』과 『역점법(易占法)』중에 쓰여져 있으며, 아부하는 말이 아닙니다."[65]라고 하였다. 변계량은 제술론을 주장하기 위하여 정도전과 권근의 학문을 언급하였지만, 정도전과 권근의 학문이 상호 연관 관계에 있었음을 간접적으로 확인할 수 있다.

한편 신숙주는 『삼봉집』을 간행한 후서에서 "삼봉 선생은 타고난 성품이 용모로 드러나고 실로 왕좌(王佐)의 재주를 지니고 고려말 백성이 도탄에 빠진 시기에 태조를 보필하여 온 누리를 밝혀 우리나라의 백성을 구하였다. 개국 초기에는 큰 정책을 찬정하여 영웅·호걸이 일시에 일어나 구름이 용을 따르듯 하였으나 선생과 더불어 견줄 자가 없었다. 비록 종말의 차질은 있었다 할지라도 공에 견주어 허물이 족히 덮혀질 수 있었겠지만 역시 운수로 옛날 호걸들이 벗어나지 못한 것과 같은 이치일까?"라고 하였다.[66] 그는 정도전이 태조를 도와 나라와 백성을 구하고 국가의 큰 정책을 제시하여 당대의 뜻있는 사람들이 따랐다고 본 것이다.

정도전 사상의 계승은 역사의식에서도 확인할 수 있다. 정도전은 태

---

64) 李鍾默,「卞季良의 인재 양성 정책」,『震檀學報』105, 2008, 146-147쪽.
65) 『世宗實錄』 권40, 3년 4월 을해.
66) 『三峯集』 후서(세조 11, 1465).

조 4년에 『고려국사』를 완성하면서[67] 고려 국왕찬을 정리하고, 태조 6년에 『경제문감별집』에 반영하여 실었다. 『경제문감별집』의 국왕찬은 문종대 완성된 『고려사』와 『고려사절요』에 수록되었고, 홍여하(1620-1684)의 『휘찬여사』와 『동사강목』에 반영되었다.[68]

『경제문감별집』의 고려의 국왕찬은 정도전이 고려 유학자의 국왕찬을 참고하여 쓴 것이다.[69] 고려왕 34명 가운데 태조부터 숙종때까지는 이제현의 고려 왕찬을 그대로 활용하였고,[70] 인종찬은 김부식, 의종찬은 김양경의 사찬을 이용하였으며, 나머지는 정도전이 썼다. 『경제문감별집』에 34개의 국왕찬이 있는데, 이제현이 12개, 김부식과 김양경이 각 1개, 정도전이 21개를 썼다. 『고려사』 34개 가운데 실명(實名)의 사신(史臣)은 19개이고, 이름이 없는 사신(史臣)은 14개인데, 이름없는 13개의 사신의 말이 『경제문감별집』과 같다. 『고려사절요』의 108개 가운데 이름없는 사찬이 57개이고, 이 가운데 20개가 『경제문감별집』과 같다. 『휘찬여사』에는 33개의 왕찬 가운데 『경제문감별집』과 같은 것이 11개이다. 『동사강목』은 『경제문감별집』의 왕찬 12개가 같다.[71]

『휘찬여사』와 『동사강목』은 『고려사』에 있는 왕찬만 참고했고, 『고려

---

67) 『太祖實錄』 권7, 4년 정월 庚申(『東文選』 권92, 高麗國史序), "判三司事鄭道傳·政堂文學鄭摠等, 撰前朝高麗史, 自太祖至恭讓君三十七卷, 以進."
68) 도현철, 『조선전기정치사상사-『삼봉집』·『경제문감』의 실증적 분석을 중심으로』, 태학사, 2013, 187-189쪽의 표참조(〈표〉 『경제문감별집』·『고려사』·『고려사절요』·『휘찬여사』·『동사강목』의 왕찬 사론).
69) 邊太燮, 『『高麗史』의 硏究』, 삼영사, 1982, 171-172쪽, 177쪽.
70) 정총은 『고려국사』 서에서 이제현의 『사략』이 숙종까지, 이인복과 이색의 『金鏡錄』이 정종까지 기록되어 있다고 하였다(『東文選』 권92, 高麗國史序(정총)).
71) 이는 『東史綱目』의 史論 579개 가운데 미비한 숫자이지만, 최부 66개, 유계 46개, 이제현 20개 다음가는 숫자이다(차장섭, 「안정복의 역사사관과 『동사강목』」, 『조선사연구』 1, 1992).

사』의 왕찬이 『경제문감별집』의 왕찬과 같다는 사실을 알지 못한 것으로 보인다. 『경제문감별집』·『고려사』·『동사강목』의 왕찬을 비교하여 보면, 고려의 예종·명종·신종·희종·강종·고종·원종·충렬왕·충선왕·충숙왕·충혜왕·충정왕 등 12명의 왕찬을 선별적으로 『고려사』가 빌려왔고, 이를 『휘찬여사』와 『동사강목』이 그대로 가져온 것이다. 다시 말해 『동사강목』은 원종과 충선왕, 충정왕의 왕찬을 『경제문감별집』에서 따온 『고려사』의 사론으로 가져왔다. 즉 원종이 원나라와 혼인 관계를 맺어 우리나라가 백년동안 태평하였다고 하였는데, 원종에 이어 등장한 충렬왕대는 왕이 일을 할 만한 때라고 하였다.[72] 충선왕은 세자로 원 조정에

---

72) 『三峯集』 권12, 經濟文鑑別集 下 高麗國 忠烈王, "爲世子, 明習國家典故, 喜怒不形於色, 寬厚長者也. 讀書知大義, 嘗與大司成金坵祭酒李松縉唱和, 有集行于世. 當忠烈父子之代, 內則權臣擅政肆毒, 外則强敵率衆來侵, 一國之人, 不死於虐政則必死於鋒鏑, 禍變極矣. 一朝上天悔禍, 誅戮權臣, 歸附上國, 天子嘉之, 釐降公主, 而公主之至也. 父老喜而相慶曰, 不圖百年鋒鏑之餘, 復見太平之期. 王又再朝京師, 敷奏東方之弊, 帝旣俞允, 召還官軍, 東民以安, 此正王可以有爲之日也. 奈何驕心遽生, 耽于遊畋, 廣置鷹坊, 使惡小李貞等侵暴州郡, 溺於宴樂, 唱和龍樓, 淫僧祖英等昵近左右, 公主世子言之而不聽, 宰相臺諫論之而不從, 及其晚年, 過聽左右之譖, 至欲廢其嫡而立其姪, 其在東宮, 雖曰明習典故, 讀書知大義, 果何用哉? 嗚呼 靡不有初, 鮮克有終, 非忠烈之謂乎?"
『高麗史』 世家 권32 忠烈王(34년 추7월), "史臣贊曰, 當忠烈之世, 內則權臣擅政, 外則强敵來侵, 一國之人, 不死於虐政, 則必殲於鋒鏑, 禍亂極矣. 一朝上天, 悔禍, 誅戮權臣, 歸附上國, 天子嘉之, 釐降公主, 而公主之至也. 父老喜而相慶曰, 不圖百年鋒鏑之餘, 復見大平之期. 王又再朝京師, 敷奏東方之弊, 帝旣俞允, 召還官軍, 東民以安, 此正王可以有爲之日也. 奈何驕心遽生, 耽于遊畋, 廣置鷹坊, 使惡小李貞輩侵暴州郡, 溺於宴樂, 唱和龍樓, 使僧祖英等昵近左右, 公主世子言之而不聽, 宰相臺省論之而不從, 及其晚年, 過聽左右之譖, 至欲寵其嫡而立其姪, 其在東宮, 雖曰明習典故, 讀書知大義, 果何用哉? 嗚呼 靡不有初, 鮮克有終, 非忠烈之謂乎?"
『동사강목』 권13상 忠烈王 34년 추7월, "史臣贊曰, 當忠敬之世, 內則權臣擅政, 外則强敵來侵, 一國之人, 不死於虐政, 則必殲於鋒鏑, 禍亂極矣. 一朝上天, 悔禍, 誅戮權臣, 歸附上國, 天子嘉之, 釐降公主, 而公主之至也. 父老喜而相慶曰 不圖百年鋒鏑之餘, 復見大平之期. 王又再朝京師, 敷奏東方之弊, 帝旣俞允, 召還官軍, 東民以安, 此正王可以有爲之日也. 奈何驕心遽生, 耽于遊畋, 廣置鷹坊, 使惡小李貞輩侵暴州郡, 溺於宴樂, 唱和龍樓, 使僧祖英等昵近左右, 公主世子言之而不聽, 宰相臺省論之而不從, 及其晚年, 過聽左右之譖, 至欲寵其嫡而立其姪, 其在東宮, 雖曰明習典故, 讀書知大義, 果何用哉?"

서 볼만한 의논을 제시하였고 국왕이 되어서 사대하고 법을 바로잡았다고 하였다. 다만 국왕이 되어서 원나라에 머물고 조카 왕고(王暠)를 심양왕으로 삼아 화가 일어나니 토번에 귀양간 것은 당연하다고 하였다.[73]

정도전은 『경제문감별집』에서 성리학적 명분론에 충실하여 국왕을 정점으로 하는 상하 질서를 옹호하였으며, 국왕은 어진 사람을 등용하고 기강을 닦아 왕실을 튼튼히 해야 한다고 보았다. 고려 희왕의 왕찬에서 "바른 마음으로 어진이를 등용하고 유능한 사람에게 일을 맡겨 강한 신하로도 제어할 줄 알아야 한다"[74]고 하였듯이 왕실과 왕권을 중시하면서 권신의 권력 남용을 비판하였다. 정도전의 성리학적 명분론과 군주상은 조선초기의 성리학자들에게 공감할 수 있는 내용이었기에 자연스럽게 16세기의 『고려사』, 17세기의 『휘찬여사』, 18세기의 『동사강목』으로 이어지고 있었다.

2) 정도전에 대한 조선시대 평가

조선초기에 성리학적 정치사상이 확립되고 『경국대전』으로 완성된 조선의 정치체제가 확립된 뒤에는 정도전에 대한 긍정적인 인식이 보이지 않는 것은 왕자의 난의 승자인 태종이 집권하고 그 직계 후손들이 국왕으로 즉위하면서 태종의 입장이 옹호되고 그에 반대되는 정도전은 간

嗚呼 靡不有初, 鮮克有終, 非忠烈之謂乎?"
73) 『三峯集』 권12, 經濟文鑑別集 下 高麗國 忠宣王 ; 『高麗史』 世家 권34 忠宣王2(12년 11월) ; 『東史綱目』 忠宣王 12년 11월.
74) 『三峯集』 권12, 經濟文鑑別集 下 高麗國 熙王.

신으로 규정되는 것이 자연스러운 일이었기 때문이다.

태종 13년에 완성된 『태조실록』의 정도전 졸기는 부정적으로 서술되었다. 여기에서 정도전은 "총명하고 민첩하고, 학문을 좋아하여 많은 책을 읽고 의논이 두루 미쳤으며, 항상 후생을 가르치고 이단을 배척하는 일로써 자기의 임무로 삼았다"고 하였으나 "도량이 좁고 시기가 많아 자기보다 나은 사람들을 해쳐서 묵은 감정을 보복하고자 하였다"[75]고 기술하였다. 이와 함께 『고려사』는 조선 건국을 합리화하기 위해 편찬한 관찬 사서인데 조선 개국 공신인 정도전에 대해서는 고려말의 행적을 서술하면서도 그가 천인 신분임을 명시하였다.[76]

성종 년간에 중간본『삼봉집』이 간행되고 널리 읽혀지지만, 정도전의 성리학 확립은 공식적으로 인정받지 못하였다. 천하의 통사는 오직 문묘뿐이라고 한 정도전이지만,[77] 문묘 종사에 배향되지 못한 것은 말할 것도 없고, 수많은 서원이 세워졌지만 그 학문적 가치는 인정받지 못했다. 정통 성리학에 충실한 사림파가 등장하고 선조 이후 주자학의 시대가 도래한 뒤에도 그런 상황은 마찬가지였다.

경장을 주장하는 이율곡이나 주자학 연구에 몰두한 이황 역시 정도전을 주목하지 않았다. 김종직(1431-92)은 정도전을 순 임금때 현실인 고요(皐陶)·기(夔)·후설(后稷)·설(契)에 비유하기 어렵고, 조정에서 위태

---

75) 『太祖實錄』 권14, 7년 8월 己巳, "······ 道傳天資聰敏, 自幼好學, 博覽群書, 議論該洽, 常以訓後生闢異端爲己任. 嘗窮居優仰, 自謂有文武才. ······ 然以量狹, 多忌且怯, 必欲害其勝己, 報其宿憾, 每勸上殺人立威, 上皆不聽 ······"
76) 『高麗史』 권119, 列傳32 鄭道傳, "初玄寶族人金戩, 嘗爲僧, 私其奴樹伊妻, 生一女. 人皆以爲樹伊女戩, 獨以爲己女, 密加愛護, 以嫁士人禹延, 生女, 女適云敬, 生道傳, 故云······"
77) 『三峯集』 권13, 朝鮮經國典 上 禮典, "天下之通祀, 惟文廟爲是."

로운 일만을 지질렀으니 오히려 우왕 원년 북원 사신의 영접에 반대하여 나주 회진현으로 유배갔을 때 거기에서 가만히 눌러앉아 있는 것이 좋았을 것이라 하였다.[78] 박상(1474-1530)은 『동국사략』에서 조선 건국에 참여하지 않거나 비협조적인 인물을 평가하면서 정도전과 같은 개국 공신에 대한 언급을 거의 하지 않았다. 특히 그는 정도전이 천인 출신이라는 것을 세자(細字)로 표시하고 있다.[79] 문묘종사 논의에서 절의와 도의를 일차적인 기준으로 삼아 정몽주-김숙자-김종직-김굉필-조광조로 이어지는 동방 오현을 문묘에 배향하였다.[80] 성리학을 국시로 하는 조선 사회에서는 성리학의 학통을 학문 수수의 사실 여부나 학문 업적보다는 의리 정신의 실천으로 그 기준을 삼은 것이다. 실천적 절의 정신을 강조한 성리학의 계통이 정리됨에 따라 정도전과 조준·윤소종 등 조선 개국의 공신들은 조선 성리학에서 배제되었다.

조선 후기에 성리학의 의리론이 강조되면서 조선 건국에 참여한 개국 공신에 비판은 강화되었다. 허균(1569~1618)은 정도전과 권근을 비교하여 두 사람은 고려와 조선에서 벼슬을 얻었지만, 정도전은 자기 몸을 이롭게 하려고 하였고, 부귀만을 생각하여 지혜가 어두워지고, 공로만을 추구하여 군왕에게 어린 아들을 세자로 세울 것을 권하여 세력을 굳게 하려고 하였다[81]고 비판하였던[82] 태종 이방원의 주장을 그대로 받아

---

78) 『佔畢齋集』 권22, 錦城曲(『삼봉집』 권14, 題羅州東樓諭父老書後).
79) 『東國史略』 권6, 恭讓王4년(세주)에 『高麗史』 기사("初玄寶族人金戩, 嘗爲僧, 私其奴樹伊妻, 生一女, 人皆以爲樹伊女戩, 獨以爲己女, 密加愛護, 以嫁士人禹延, 生女, 女適云敬生道傳, 故云" 『高麗史』 권119, 列傳32 鄭道傳)를 그대로 실었다.
80) 李義權, 「鄭夢周 文廟從祀에 관한 一考察」, 『人文論叢』 10, 1982 ; 池斗煥, 「朝鮮初期 文廟從祀論議 – 鄭夢周·權近을 중심으로」, 『釜大史學』 9, 1985.
81) 『惺所覆瓿藁』 권11, 文部八-鄭道傳權近論.

들였다. 송시열(1607-1689)은 이색의 신도비를 찬술하면서,[83] 성리학의 의리를 기준으로 왜곡된 사필을 바로잡고자 하였다. 송시열은 정도전이 목은의 제자임에도 스승과 왕조를 배반하였다고 비판하였다. 특히 우암은 창왕을 세운 목은에 대한 정도전의 비판을 소개하면서 정도전의 호(號) 혹은 관작을 제시하지 않고 '오호'를 2번 연발하는 가운데 정도전의 고집하는 말(執言)에 비판적인 입장을 취하였다.[84] 이규경(1788-1856)은 우왕을 공민왕이 자신의 아들로 분명하게 선언한 정통성 있는 고려의 국왕으로 보았고, 윤이·이초 사건을 비롯한 고려말의 사건 역시 정치적으로 꾸며진 것으로 보았다. 이러한 사건을 꾸민 정도전과 조준은 하늘의 도리를 저버린 인물로 보았다.[85] 조선후기에 성리학의 절의가 강조되면서 조선 건국을 주도한 정도전을 긍정하기는 어려웠던 것이다.

다만 이덕무(1741-1793)는 "정도전이 국초에 죄를 얻어 죽었지만, 고려말 불교에 아첨하던 시대에 책을 지어 불교를 물리칠 수 있었다. 그의 논리가 확고하였고, 정몽주가 불교를 친근히 하는 것을 막았으니 이는 공이 될 만하다"[86]고 하였다.

---

82) 광해군 9년 예조좌랑 기준격은 "허균은 역적의 뿌리, 주모자라고 하며, 한평생 정도전을 흠모하여 항상 '賢人'이라고 칭찬하였으며, 『동인시문』을 뽑을 때에도 정도전의 시를 가장 먼저 썼고 (심)우영의 시도 그 안에 뽑아 넣었다"고 하였다(『光海君日記』 권122, 9년 12월 을묘). 이에 대하여 허균은 답변하기를 『동문선』이나 『청구풍아』 등의 책을 보아도 국초의 시문에는 도전의 작품이 으레 앞자리를 차지하고 있다(『光海君日記』 권128, 10년 5월 경인)고 하였다.
83) 『宋子大全』 권6, 牧隱碑陰記.
84) 朴冠奎, 「尤庵 宋時烈의 碑誌文 硏究」, 고려대 박사논문, 2011, 48-52쪽.
85) 『五洲衍文長箋散稿』 經史篇 史籍類 史籍總說 二十三代史及東國正史辨證說 東國正史.
86) 『靑莊館全書』 권5, 嬰處雜稿1 歲情惜譚. "三峯鄭道傳國初罪死, 然生於麗季佞佛之世, 能著書鬪佛, 辨破甚確, 又抵書圃隱詆其親近釋子, 此事足爲儒門有功人."

조선시기 전반에 걸쳐 정치적으로는 정도전을 부정적으로 인식하였음에도, 부분적으로 그의 이단 배척에 대한 공은 인정되었다고 하겠다.

정도전에 대한 인식은 정조대에 이르러 변한다. 정조는 중국과 구별되는 조선의 학술과 문화를 드러내고 새로운 지식 창출의 기반을 마련하려는 목표 아래 각종 서적의 편찬·간행 작업을 펼쳤다. 정조는 "문장이 뛰어날 뿐만 아니라 경의를 따지고 논란한 것에 볼만한 내용이 많다"[87]고 하여 신원과 복작이 되지 않은 정도전을 높이 평가하여 규장각에 『삼봉집』을 간행하도록 명하였다.[88] 규장각 학사들은 단순한 정도전 저서의 수집 간행이 아니라 정도전 글의 전거와 문집의 체제 정리까지 시도하였다. 이를 통해서 정도전이 성리학을 조선화하여 유교 국가 조선왕조의 이론적 틀을 제시함을 알게 하였다.

고종대에는 경복궁을 중건하는 과정에서 경복궁 건립에 공이 큰 정도전을 높이 평가하게 되었다. 그리하여 1865년에 공신의 칭호를 회복시키고 시호를 내려주도록 하였다.[89] 그리하여 문헌(文憲)이라는 시호와 함께 '유학에 으뜸이요 공적도 으뜸'(儒宗功宗)이라는 편액을 하사하였고, 지방관이 치제하도록 하였다.[90]

---

87) 『弘齋全書』 권171, 日得錄11, 人物1, "三峯集印本絶希, 向令嶺伯謄進, 其後孫家舊藏, 不但文章奇偉, 發難經義處, 又多可觀."
88) 末松保和, 「三峯集編刊考」, 『朝鮮學報』 11, 1951(『靑丘史草』 제2, 1965) : 한영우, 「解題」, 『국역삼봉집』Ⅰ, 민족문화추진회, 1977 : 강경훈, 「鄭道傳의 문집 『三峯集』」, 『정조의 시문집 편찬』, 태학사, 2000.
89) 『高宗實錄』 권2, 2년 9월 신사.
90) 『高宗實錄』 권9, 9년 3월 정미.

5. 맺음말 : 시대 변화에 부응하여 백성을 위한 개혁과 유교 문명론의 시대정신을 제시하다

정도전은 유교의 이상사회인 하은주 삼대를 모델로 개혁 정치를 추진하고 새로운 왕조를 개창하려고 하였다. 그는 예와 덕에 의한 정치로 교화된 윤리도덕이 확립된 문치가 행해지는 문명사회를 모색하였다. 그는 위화도 회군이 단행되고 개혁정치가 활발하게 전개될 무렵인 1388년 10월 「도은문집서」에서 명나라가 천명을 받아 홍무제가 천하를 차지하게 되자, 덕을 닦고 무를 지양하여 문자와 제도가 통일되었으니, 예악을 제정하여 인문을 화성(化成)해서 천지의 질서를 바로 세우는 일이 지금인 바로 그때라[91]고 하였다. 정도전은 천자국이면서 문명국인 명이 중국을 통일한 이때가 유교 문명으로 천하를 일신하여 인문으로 천지의 질서를 세울 때라고 판단하였던 것이다. 여기에서 인문은 인간의 문명을 지칭한다. 『주역』에서 인간 만사의 변화를 해명하는데,[92] 인간이 공력을 가해 빛나게 하는 상태를 문명으로 형상화한다.[93] 천지간에서 인간 사회의 제도를 마련하고 그 삶을 위해 문물을 개발한다. 문명은 마치 해가 떠서 어둠이 걷히고 세상이 밝아오는 인류적 이상의 구현태라고 할 수 있다.[94] 인간의 도덕적 본성을 전제로 인간 상호 간의 신뢰와 존중으로 인륜 도덕 사회를 실현하는 것이다.

---

91) 『三峯集』 권3, 陶隱文集序(무진 10월).
92) 『周易』, 乾卦. "見龍在田 天下文明."
93) 『周易』, 賁卦. "文明以止, 人文也" "觀乎天文, 以察時變, 觀乎人文, 化成天下."
94) 林熒澤, 「고려말 文人知識層의 東人意識과 文明意識」, 『牧隱 李穡의 生涯와 思想』, 일조각, 1997.

원래 유학은 인간의 도덕적 신뢰를 바탕으로 대화, 설득, 자각을 통해 합리적인 도덕 사회를 지향하고, 예와 덕에 의한 정치를 통해 문치사회를 추구한다. 부국강병을 지향하는 공리적 국가나 형정 위주의 국가 운영에 대비해서 성인의 도를 실현하기 위하여 교화를 넓히고 명분과 의리를 밝혀 백성을 설득하고 각성하게 하는 문치국가를 추구한다는 것이다. 또한 유학은 예와 덕에 의한 정치를 지향한다. 공자는 덕·예에 의한 정치인 인정(仁政)으로, 맹자는 인륜적 덕성에 기반하여 인을 구현하는 왕도정치로 구체화한다. 공자와 맹자는 이러한 것들을 춘추전국 시대의 사회적 모순, 곧 사유와 세습의 욕망에서 기인하는 약육강식의 논리와 이에 기반하여 전개된 법술(法術)을 위주로 한 정치가 횡행하면서 발생시킨 쟁탈성을 해소하기 위한 대안으로 제시하였다. 이 같은 유학 본연의 문제의식과 대응이 송·원대에 이르러 형이상학적 이론화와 정치·경제적 제도화의 과정을 거쳐 성리학의 체계로 정립되었다.[95]

정도전은 이러한 윤리와 도덕이 확립된 사회를 실현하기 위하여 백성의 생업 보장과 경제적인 안정이 필요하다고 보았다. 인성(人性)은 누구나 선한 것으로 수오지심은 누구나 다 갖고 있다. 물론 도덕적 수양이 깊은 사(士)만이 항산(恒産)이 없이도 항심(恒心)을 가질 수 있다.[96] 그러나 소수의 사를 제외하고 범민들은 경제적 여건 여하에 따라서 도덕 윤리의 흥폐가 크게 좌우된다. 항산이 없는 사람은 항심이 생기지 않는 까닭에 추위와 배고픔이 몸에 절박하면 예의와 염치를 돌아보지 않

---

95) 이봉규, 「인륜 : 쟁탈성 해소를 위한 유교적 구성」, 『泰東古典硏究』 31, 2013.
96) 『孟子』 梁惠王章句上.

는다.[97] 의식이 족해야 예의를 알고 창고가 가득차야 염치를 안다.[98] 항산이라는 물질적, 사회적인 보장을 통하여 항심을 가질 수 있다. 염치와 예의를 저버리고 남의 재물을 훔치는 행위는 그 근본 원인이 인성에 있는 것이 아니라 경제적 불안정에 있다는 것이다. 그리하여 정도전은 당시 개혁론자와 농민 경제를 우선하는 입장에서 항산을 중시하고 이것이야말로 윤리 도덕이 확립되고 나라를 튼튼히 하는 것으로 이해하였다.[99]

정도전은 백성은 하늘과 같다는 천명론과 민본론의 유교 정치론을 전개했다. 그는 하늘과 같은 백성의 뜻을 따르는 정치를 추구했다. 그는 "민은 국가의 근본인 동시에 군주의 하늘이다"[100]라고 하여 군주보다 우위에 있는 백성을 상정하고 천(天)이 곧 백성[民]이라고 주장하였다. 따라서 군주는 하늘인 백성의 의견을 존중하는 백성을 위한 정치를 해야 하고 이를 저버리는 포악한 정치를 하는 군주는 교체할 수 있다는 역성 혁명론을 견지하였다. 그는 중국의 은·주 혁명이라는 왕조교체의 합리화 논리를 바탕으로 고려에서 조선으로의 왕조교체를 합리화했다. 곧 하늘의 명을 받아 즉위한 군주는 하늘을 대신해서 백성을 다스리는데,[101] 군주가 하늘의 뜻을 저버리면 한 사람의 필부에 지나지 않게 되

---

97) 『三峯集』 권8, 朝鮮經國典 下 憲典 盜賊, "人性皆善, 羞惡之心, 人皆有之, 盜賊豈人之情哉. 無恒産者因無恒心, 飢寒切身, 不暇顧禮義, 多迫於不得已而爲之耳. 故長民者, 能施仁政, 民安其業, 使之不奪其時, 取之不傷其力, 男有餘粟, 女有餘布, 上足以事父母, 下足以育妻子, 則民知禮義, 俗尙廉恥, 盜不待弭而自息矣."
98) 『三峯集』 권7, 朝鮮經國典 上 賦典 農桑, "農桑衣食之本, 王政之所先. …… 殿下屢降德音, 必以勸農桑爲首, 敦其本而取其實也. 將見衣食足而知廉恥, 倉廩實而禮義興, 太平之業, 基於此矣."
99) 『高麗史』 권120, 列傳33 尹紹宗(恭愍), "民者王之天, 食者民之天也"; 『高麗史』 권78, 志32 食貨1 田制, "典法判書趙仁沃上疏曰, …… 厚民生而殖邦本也."
100) 『三峯集』 권5, 朝鮮經國典 賦典 版籍, "蓋君依於國, 國依於民. 民者, 國之本而君之天."

고 새로운 왕을 구해야 한다[102]고 하였다. 하(夏)의 걸(桀)이나 은(殷)의 주(紂)처럼 폭군은 한 사람의 필부에 지나지 않으므로, 은의 탕이나 주의 무왕처럼 하늘의 명을 받은 성군이 군주가 되어야 한다는 것이다.

정도전은 "군주의 지위는 높기로 말하면 높고, 귀하기로 말하면 귀하다. 그러나 천하는 지극히 넓고 만민은 지극히 많으니, 한번 그들의 마음을 잃으면 크게 염려할 일이 생긴다. 백성은 지극히 약하지만 힘으로 위협할 수 없고, 지극히 어리석지만 꾀로 속일 수 없다. 그들의 마음을 얻으면 복종하고, 그들의 마음을 얻지 못하면 군주를 버리는데, 버리는 것과 따르는 것 사이에는 그 간격이 털끝만큼의 차이도 되지 않는다"[103]라고 하여, 군주가 백성의 마음을 얻지 못할 때 군주가 교체될 수 있다고 보았다. 정도전은 고려말에 이미 춘추시대 진(晉)의 조순(趙盾)의 일, 당(唐)의 측천무후(則天武后)의 일 등을 통하여 왕의 교체에 관한 시시비비를 가리고 엄정한 평가를 내렸다.[104] 곧 정도전은 주어진 군신 관계보다는 천명의 대행자, 왕정의 최고 책임자인 군주를 객관화시켜 그 존립 이유와 근거를 되돌아보았고 정당성 여부를 따졌다.

이때 역성 혁명론은 군신 사이의 명분론과 모순되지 않는다. 군신 간에 문제가 되는 것은 군주와 신하, 즉 통치자 집단 내부의 인간관계이고, 역성혁명은 군주를 포함한 천을 대변한 민, 즉 피치자 집단 사이의 관계로 나타나기 때문이다. 군신 관계의 성립 자체가 민의 존재를 매개

---

101) 『書經』 周書 泰誓 ; 『孟子』 萬章章句 ; 『孟子』 梁惠王章句.
102) 『太祖實錄』 권1, 원년 7월 정미 ; 『三峯集』 권12, 經濟文鑑別集下 元 順帝; 高麗 恭讓王
103) 『三峯集』 권7, 朝鮮經國典 上 正寶位.
104) 『高麗史』 권119, 列傳32 鄭道傳.

로 해서만 가능하고, 이념적으로 민(民)은 절대화하여 천(天)으로 관념화된다. 군신 관계의 존립을 위해서는 민에 대한 온정적 배려가 요청되고, 이것이 포기되었을 때 군신 관계는 성립하지 않는다. 역성혁명의 정당성은 이 지점에서 성립한다. 역성 혁명론에서 민에 대한 실정(失政)의 책임은 신하가 아니라 군주에게 있으며 군주의 실정에 대한 책임을 물을 수 있는 것은 민의의 관념화된 상징인 천이 되는 것이다.[105]

정도전은 당대 최고의 사상인 유교를 철학화, 이론화한 성리학의 정치사상을 활용하여 세계와 인간에 대한 정치이론을 바탕으로 국가와 인간사회에 대한 존재 의의를 설명하고, 유교 사회를 실현하려고 하였다. 이를 위해서 유교 이념을 추구하지만 불교가 우세하고 이와 연결된 문벌 귀족과 호족과 사원 등에 의한 지방의 사적 지배가 인정되는 고려 사회를 개혁하고 중앙집권적 정치체제와 공적 지배를 확립하고 무엇보다 재상정치, 공론 정치를 추구하였다. 이는 곧 왕조교체를 모색하는 안이 되었다. 고려후기 사회는 생산력이 발전하고 농민층이 성장하고, 중소 지주의 하급 지배층이 성장하여 중앙으로 진출하는데, 지배 이념인 불교는 변화하는 현실을 반영하는 이념보다도 출세간의 내세를 중시하고 인과응보를 강조하여 시대 변화를 따라가지 못하였고, 귀족적 성격의 3성6부제는 성장하는 신흥세력을 포용하는데 한계가 있었다. 고려 후기의 변화·변동을 고려왕조는 이념적으로 체제적으로 담아내는 탄력적인 대응에 힘이 부쳤다. 곧 정도전의 사상은 성리학을 통한 개혁 정치의 집약으로 사회변화를 반영하여 농민층의 성장을 인정하고 신흥세력을 포

---

105) 김훈식, 「여말선초의 민본사상과 명분론」, 『애산학보』 4, 1986.

섭하는 새로운 국가체제를 모색하였으며 이것이 조선왕조의 건국으로 이어졌다.

말하자면 정도전의 선진 사상은 당대 최신 사상인 성리학을 수용하여 사회 모순으로 지목된 불교와 불교와 결합된 권세가 그리고 고려의 정치체제를 비판하고, 『주례』에 기초한 보다 강화된 중앙집권적 정치체제와 재상정치론으로 유교 사회를 만들고자 하였다. 그의 구상은 왕자의 난으로 실현할 기회가 좌절되고, 조선시대 내내 부정적으로 평가되었지만, 비공식적으로 계승되고, 조선왕조 500년 유교 왕조 국가를 운영하는 하나의 모델이 되었다. 정도전의 업적 평가는 연구자마다 표현은 다르지만,[106] 시대 변화에 맞는 개혁을 추진한 개혁의 상징 인물로 말해지고 있다. 이렇게 볼 때 정도전은 사회와 시대 변화에 조응하는 현실적이고 실용적인 개혁 사상을 제출하여 한국사의 변화, 변동을 추동한 개혁사상가라고 하겠다.

---

106) 한영우는 정도전을 '붓·칼로 '민본개혁' 꽃피운 사상가'(한영우,「삼봉 정도전」,『시대가 선비를 부른다』(효형출판, 1996)), 문철영은 '아무도 믿지 않은 새 미래를 열어줄 예언자적 상상력'을 제공한 자(문철영,『인간 정도전』(새문사, 2014), 박홍규는 '주자주의라는 이념으로 현실을 변혁시킨 정치가'(박홍규,「삼봉 정도전; 생애와 사상」(도서출판 선비, 2016), 이익주는 '책임정치의 씨앗을 뿌린 혁명적 정치사상가'(이익주,「서문」,『정도전』(한국사상선1)(창비, 2024)))라고 하였다. 이와 달리 일본인 학자는 정도전은 주자학을 기초로 지주전호제를 옹호하고 사대부가 주체가 되는 봉건적 질서를 도모하였다(江原謙,「三峰 鄭道傳の改革思想」,『朝鮮史硏究會論文集』9, 1972)고 하였다.

〈참고문헌〉

도현철, 『고려말 사대부의 정치사상 연구』, 일조각, 1999.
_____, 『조선전기정치사상사-『삼봉집』·『경제문감』의 실증적 분석을 중심으로』, 태학사, 2013.
_____, 『조선건국의 개혁사상과 문명론』, 지식산업사, 2024.
문철영, 『인간 정도전』, 새문사, 2014.
朴冠奎, 『尤庵 宋時烈의 碑誌文 硏究』, 고려대 박사논문, 2011.
박홍규, 『삼봉 정도전 ; 생애와 사상』, 도서출판 선비, 2016.
邊太燮, 『『高麗史』의 硏究』, 삼영사, 1982.
_____, 『高麗政治制度史硏究』, 1971.
윤훈표·임용한·김인호, 『경제육전과 육전체제의 성립』, 혜안, 2007.
이익주, 『정도전』(한국사상선1), 창비, 2024.
한영우, 『정도전 사상의 연구』, 서울대출판부, 1983.

金駿錫, 「儒敎思想論」, 『韓國史認識과 歷史理論』(金容燮敎授停年紀念韓國史學論叢 1), 지식산업사, 1997.
김훈식, 「여말선초의 민본사상과 명분론」, 『애산학보』 4, 1986.
琴章泰, 「三峯 鄭道傳의 佛敎批判論과 社會思想」, 『朝鮮前期의 儒學思想』 서울대출판부, 1997.
남동신, 「중세 한국 사회와 불교」, 『인문과학연구』 8, 2003. 덕성여대 인문과학연구소.
도현철, 「고려말 유학자의 성장과 재상정치론의 의의」, 『한국사상사학』 72, 2022.
민현구, 「조선 태조대 국정운영과 군신공치」, 『사총』 61, 2005.

박용운, 「중앙 정치체제의 권력구조와 그 성격」, 『한국사』 13, 국사편찬위원회, 1993.

이봉규, 「인륜 : 쟁탈성 해소를 위한 유교적 구성」, 『泰東古典硏究』 31, 2013.

이익주, 「서문 책임정치의 씨앗을 뿌린 혁명적 정치사상가」, 『정도전』(한국사상선1), 창비, 2024.

林熒澤, 「고려말 文人知識層의 東人意識과 文明意識」, 『牧隱 李穡의 生涯와 思想』, 일조각, 1997.

정긍식, 「《조선경국전》과 조선초기 법제정비」, 『법학』 56-2(서울대학교 법학연구소, 2015).

정재훈, 「정도전 연구의 회고와 사상사적 모색」, 『韓國思想史學』 28, 2007.

정호훈, 「조선전기 법전의 정비와 경국대전체제의 성립」, 『조선건국과 경국대전체제의 형성』, 혜안, 2004.

池斗煥, 「朝鮮初期 文廟從祀論議 - 鄭夢周·權近을 중심으로」, 『釜大史學』 9, 1985.

하현강, 「지방 통치조직과 그 구조」, 『한국사』 13, 국사편찬위원회, 1993.

한정길, 「朱子의 佛敎批判」, 『東方學志』 116, 2002.

江原謙, 「三峰鄭道傳の改革思想」, 『朝鮮史硏究會論文集』 9, 1972.

제2장 정도전 『삼봉집』의 판본과 연구 자료

최민규(연세대)

1. 머리말
2. 선행연구의 검토
3. 판본과 『삼봉집』에 없는 정도전의 글
   1) 판본과 조력자
   2) 『삼봉집』에 없는 정도전의 글
4. 연구 자료와 인용 전거
   1) 송·원대 성리학과 유서학의 활용
   2) 자료 인용 상의 특징
5. 맺음말

1. 머리말

정도전 연구는 조선건국과 조선 성리학을 연구하고 이해하는 출발점이라고 할 수 있다. 정도전 연구의 필수적인 자료는 『삼봉집』이다. 『삼봉집』은 정도전 개인의 사상뿐만 아니라, 조선건국의 역사적 의미를 이해하고 조선 성리학의 지향을 파악할 수 있다.

『삼봉집』은 조선왕조에서 4번 간행되었다. 1397년(태조 6) 2권의 초간본, 1465년(세조 11) 7권의 중간본, 1487년(성종 18) 8권의 중간속간본, 즉 성종본, 1791년(정조 15) 14권의 정조본이 그것이다.『삼봉집』의 간행과 각 판본별의 특성을 면밀하게 검토한 연구가 진행되었을 뿐만 아니라,[1] 권근의 비(批)·정(訂)·주(註)와 같이 조력자가 표시된 문집 특성에 주목해서『삼봉집』 간행에 기여한 권근의 역할을 밝힌 연구가 발표되었다.[2]

또한 최근에는『삼봉집』에 반영된 인용전거를 밝히는 연구가 이루어졌다. 이 연구들을 통해서 송·원대 성리서, 백과사전식 유서(類書) 등이 정도전 사상의 전거로서 활용되었다는 점이 밝혀졌다.[3] 이를 통해 정도전 개인 사상의 연구 자료 확대뿐만 아니라, 여말선초 성리학 수용과 조선건국에 참조된 전거를 확인할 수 있게 되었다.

정리하자면『삼봉집』은 정도전 개인의 문집이면서도 조력자가 있고, 인용전거가 제시되어 있다는 특성이 있다. 이와 같은『삼봉집』의 특성을 이해한다면, 정도전 사상과 함께 조선 건국과 성리학의 성격을 이해할 수 있을 것으로 기대한다.[4]

1) 末松保和,「三峯集編刊考」『朝鮮學報』11, 1951a ; 한영우,「해제」『국역삼봉집』Ⅰ, 민족문화추진위원회, 1977 ; 강경훈,「정도전의 문집『삼봉집』」『정조의 시문집 편찬』, 태학사, 2000 ; 吳龍燮,「『삼봉집』의 간행과 편성」『서지학연구』48, 2011 ; 심경호,「조선시대 문집 편찬의 역사적 특징과 문집체제」『한국문화』72, 2015.
2) 도현철,「『삼봉집』과 권근의 역할」『민족문화』40, 2012.
3) 도현철,『조선전기 정치사상사』, 태학사, 2013 ; 송재혁,「『경제문감별집』의 인용전거 탐색」『아세아연구』63, 2020 ; 송재혁,「정도전의 국가론 –『조선경국전』과 원 제국의 유산」『한국사상사학』65, 2020 ; 송재혁,「정도전 저작의 군신공치론적 구조 :『진서산독서기』와의 연관성을 중심으로」『공자학』52, 2024.

2. 선행연구의 검토

정도전 『삼봉집』은 조선 건국과 관련된 제반 사항을 확인하고 성리학 수용을 토대로 한 개혁사상의 형성 과정을 알 수 있는 핵심적인 자료라 할 수 있다. 그런 까닭에 조선시대부터 『삼봉집』 간행경위, 조력자의 문제, 그리고 인용전거의 특성에 대해 관심을 가졌다.

조선시대 『삼봉집』의 판본이면서 동시에 주목할만한 연구서로는 정조본 『삼봉집』을 들 수 있다.[5] 정조본은 1791년(정조 15) 정조의 명에 따라 규장각 학사들이 주도해서 간행했다. 정조본의 간행 의도로는 크게 정조대 개혁 사상 형성[6]과 문체반정을 위한 것이었다는 견해[7]로 대별된다. 당대 최고 엘리트집단인 규장각 학사들을 동원한 정조본은 1487년의 성종본을 바탕으로 해서 간행되었다. 정조본은 새로 찾은 시문 자료를 추가하고, 『조선경국전』과 『경제문감별집』을 상·하로 나누었고, 『불씨잡변』을 1권으로 독립시켰고, 「진법」·「습유」·「부록」을 따로 2권으로 마련해서 분량이 전체적으로 14권으로 확대되었다.

이와 같은 분량상의 변화 외에도 정조본 『삼봉집』은 내용적인 측면에서도 조력자의 표시를 명확히 하고 그 전거를 밝히는 등, 정도전 연구자

---

4) 이 글을 작성하기 위해서 참조한 『삼봉집』의 판본은 다음과 같다. 성종본의 경우에는 국립중앙도서관 소장 日本 名古屋 蓬左文庫本의 마이크로 필름본(청구기호 : M古1-1999-372)을 참조했다. 정조본의 경우에는 민족문화추진위원회에서 편찬한 『韓國文集叢刊』 5책의 『삼봉집』을 활용했다.
5) 정조본 『삼봉집』과 관련해서는 다음의 연구를 참고했다. 末松保和, 앞 논문, 1951, 56~57쪽 ; 강경훈, 앞 글, 2000 ; 오용섭, 앞 논문, 2006, 245~249쪽 ; 도현철, 앞 책, 2013, 21~36쪽.
6) 김문식, 『조선후기 경학사상 연구』, 1996, 57쪽.
7) 강혜선, 「정조의 문예정책과 시문집 편찬활동」, 『정조의 시문집 편찬』, 문헌과 해석사, 2000.

료의 기초적인 토대를 형성했다. 가령 권1·2 시(詩)·부(賦)에 '봉화 정도전 저(著), 창녕 성석린 선(選), 안동 권근 비(批)', 그리고『경제문감』상과 권10의「심기리편」·「심문천답」등에서 '봉화 정도전 저, 안동 권근 주(註)'라고 표기함으로써,『삼봉집』편찬에 기여한 조력자와 그 역할에 대해 분명히 했다. 이와 함께 세주를 통해서『불씨잡변』,『경제문감별집』의 전거를 밝혔다는 특징이 있다.

정리하자면 정조본은『삼봉집』의 판본들 중에서 선본(善本)이자『삼봉집』연구의 기초 연구 자료로서 의의가 있다. 다만 정조본 역시 미수록한 시문들이 있을 뿐만 아니라,『경제문감』·『조선경국전』등의 전거를 명확하게 밝히지 못했다는 한계가 있었다.

근현대『삼봉집』에 대한 연구는 일본인 관학자들에 의해 체계적으로 이루어졌다.[8] 일본인 관학자들은 이에 따라『삼봉집』판본과 편찬경위에 대한 조사를 실시했다. 또한『조선경국전』이 서문을 중심으로 한 법전집으로『주례』의 육전체제를 지향했고,『경세대전』의 영향이라는 점이 밝혀졌다. 물론 일본인 관학자들에 의해 이루어진『삼봉집』연구는 어디까지나 일본 관학에 의해 만들어진 한국의 정체성론을 법제사적인 차원에서 실증적으로 뒷받침하기 위한 결과물이었다.[9] 그럼에도 일본인 관학자에 의한『삼봉집』연구는『삼봉집』편찬 과정과 함께『삼봉집』연구에서 중국 자료를 살펴볼 필요성을 제시했다는 점에서 의미가 있다.

---

8) 末松保和의 일련의 연구들이 그것이다. 末松保和, 앞 논문, 1951a ; 末松保和,「朝鮮經國典再考―李朝の法源に關する一考察」,『和田博士還暦記念 東洋史論叢』, 1951b.
9) 일제 관학자들의 한국 법제사 연구와 관련해서는 다음과 같은 논고를 참고했다. 김인호,「경제육전 연구와 시각」,『경제육전과 육전체제의 성립』, 혜안, 2007, 31~43쪽.

그 후 한국인에 의한 『삼봉집』에 대한 체계적인 연구는 1970년대부터 이루어졌다.[10] 이 연구에 따르면 정도전은 양인을 근간으로 하는 민본적 민족국가 체제를 지향했고, 독자적인 『주례』 연구를 통해 농민적 성리학을 제시했다고 한다. 이를 통해 조선의 건국 의미를 고려와는 질적으로 다른 근세국가의 성립으로 이해하면서 정도전의 연구를 살핀 것이었다.[11] 연구와 함께 『삼봉집』에 대한 해제가 이루어지고,[12] 민족문화연구회의 주관으로 국역이 함께 이루어졌다.[13] 이때 국역을 하면서 『삼봉집』에 반영된 유교 경전 전거가 각주를 통해서 제시됨으로써 향후 연구의 기본 토대를 마련할 수 있게 되었다.

이와 같은 1970년대 정도전 『삼봉집』에 관한 연구는 종래 일제 관학에 의한 한국사의 정체성론을 사상사적인 차원에서 극복하면서 한국사 시대구분에 대한 적극적인 평가를 제기했다고 할 수 있다. 그리고 동시에 이루어진 해제와 국역은 『삼봉집』이 가진 여말선초 개혁사상으로서 의미와 함께, 연구 기반을 확대할 수 있는 초석을 닦았다고 할 수 있다. 그럼에도 불구하고 이 당시에는 정도전의 사상을 『주례』에 기반한 독자적인 연구로 파악함으로써 『삼봉집』 속 문헌적 전거 파악에는 다소 소홀했다. 그리고 국역본에 반영된 전거 역시도 불충분한 것이었다.

이후 『삼봉집』 자체에 대한 실증적인 연구의 필요성이 군제사 연구를

---

10) 한영우, 1973, 『鄭道傳思想의 硏究』, 서울대학교 출판부.
11) 1970년대 한영우의 정도전 사상이 지니는 연구사적 의미에 대해서는 다음과 논고를 참고했다. 정재훈, 「정도전 연구의 회고와 새로운 사상사적 모색」, 『韓國思想史學』 28, 2007, 198~199쪽.
12) 한영우, 「三峯集」, 『民族文化』 3, 1977.
13) 『국역 삼봉집』 1·2, 민족문화추진회, 1977.

중심으로 해서 제기되었다. 대표적으로 1980년 진단학회의 『삼봉집』관련 심포지엄에서 발표된 연구에 따르면, 『경제문감』 하 위병조가 정도전이 개국 초에 올린 일련의 상소문을 반영한 것이라고 했다. 그 후에 『경제문감』·「진법」 연구를 통해서 『악기경(握奇經)』·『관자(管子)』·『오자(吳子)』 등과 같은 무경칠서(武經七書)의 내용이 활용되었다는 점이 지적되었다.[14] 이러한 연구들은 『삼봉집』에 반영된 전거를 통해서 정도전 사상의 특질을 파악하는 단계에까지는 이르지 못했지만, 『삼봉집』에 대한 실증적인 연구를 통해서 정도전 사상, 나아가서는 여말선초 개혁사상의 특질을 파악할 필요성을 환기시킨 연구라는 점에서 의미가 있다.

그 이후 『삼봉집』에 대한 실증적인 연구를 통한 정도전 사상 연구는 2000년대 초반에 집중적으로 이루어졌다.[15] 이 연구는 『경제문감』의 전거 탐색을 통해서, 『삼봉집』이 『산당고색(山堂考索)』·『서산독서기(西山讀書記)』·『문헌통고(文獻通考)』 등을 인용했음을 밝혔다. 이러한 저술들은 남송대 대외적으로는 대금항쟁을 통한 실지회복, 내부적으로는 지주전호제의 모순으로 인한 농민항쟁의 상황 속에서 주자학을 중심으로 해서 실천적인 학문을 포용하는 사공학 계열의 저술이라 한다. 그런 까닭에 『경제문감』을 중심으로 보았을 때, 정도전의 사상은 주자의 논지를 보충하는 입장에 있었던 사공학, 즉 영가학을 원용했다고 할 수 있다.

이 연구는 단순히 전거 파악에만 그친 것이 아니라 전거 인용 상의 특

---

14) 김광수, 「정도전의 「진법」에 대한 고찰」, 『陸士論文集』 50, 1996, 218~230쪽.
15) 도현철, 「鄭道傳 『經濟文鑑』의 朱子 글 援用과 그 意圖」, 『實學思想研究』 10·11, 1999 ; 도현철, 「『經濟文鑑』의 인용전거로 본 정도전의 정치사상」, 『역사학보』 165 ; 도현철, 「鄭道傳의 사공학 수용과 정치사상」, 『韓國思想史學』 21, 2003. 이와 같은 연구 성과는 도현철, 『조선전기 정치사상사』, 태학사, 2013으로 집약 정리되었다.

성까지도 규명했다는 특징이 있다. 가령 『주례정의』의 우안(愚案), 즉 저자 왕여지의 말이 근안(近按), 즉 권근의 말로 인용되거나, 도전안(道傳按)이라고 하는 정도전의 말로 바뀌어 인용되기도 했다. 이와 같은 전거 인용상의 불철저는 사공학을 수용하면서도, 원 관학 성리학의 수용 이래로 정주학(程朱學), 곧 도학을 정통으로 삼아 진량·왕안석 등 사공학 계열 인물들을 비판한 결과라고 한다. 그럼에도 정도전이 사공학 계열의 저술을 원용한 것은 유교의 이상적인 정치 형태와 현실화된 중국 왕조의 내력이 충분히 정리되었기 때문이라는 것이었다. 이러한 연구를 통해서 종래 한당유학, 혹은 『주례』에 대한 독자연구 등으로 이해되던 정도전 사상이 이른바 남송대 형성된 사대부 사상으로서 성리학에 충실했다는 점을 지적한 것이었다.

그러나 이 연구가 가진 한계로는 『경제문감』의 전거만을 탐색했다는 점에 있었다. 이러한 한계는 『경제문감』뿐만 아니라, 『경제문감별집』, 『조선경국전』 등에 대한 추가적인 전거 탐색을 통해 극복할 수 있었다.[16] 이러한 연구를 통해서 정도전이 『경제문감』에서 『고금원류지론』, 『조선경국전』에서는 『경세대전』, 『경세대전서록』 등을 원용했고 『경제문감별집』에서는 『십칠사찬고금통요(十七史纂古今通要)』, 『역조통략(歷朝通略)』,

---

16) 이와 관련된 연구 성과로는 다음과 같은 것이 있다. 송재혁, 「정도전(鄭道傳)의 국가론 : 『조선격욱전(조선경국전)』과 원(元) 제국의 유산」, 『韓國思想史學』 65, 2020a ; 송재혁, 「『경제문감별집(經濟文鑑別集)』의 인용전거 탐색: 『사림광기(事林廣記)』, 『서전집록찬주(書傳輯錄纂注)』, 『십칠사찬고금통요(十七史纂古今通要)』를 중심으로」, 『아세아연구』 63, 2020b ; 송재혁, 「『經濟文鑑別集』의 『十七史纂古今通要』 인용 분석」, 『고전번역연구』 11, 2020c ; 송재혁·이아영, 「『경제문감(經濟文鑑)』 재상편의 『고금원류지론(古今源流至論)』」, 『한국사연구』 188. 이와 같은 연구는 송재혁, 「정도전은 왜 인용한 자료를 밝히지 않았나?」, 『한국동양정치사상사연구』 20, 2021로 집약정리되었다.

『서전집록찬주(書傳輯錄纂注)』와 같은 자료들을 활용했다고 한다. 이러한 전거들을 통해서 정도전이 남송대의 사공학뿐만 아니라, 원대의 학문과 정치체제를 활용했다는 분석결과가 나오기도 했다. 이와 같은 연구는 정도전『삼봉집』의 연구자료의 규모를 확대시켰다는 점에서 의미가 있다. 그러나 원이 한족적인 정치 제도를 일부 수용했음에도, 여전히 유목적 정치체제의 특성을 지니는 원의 정치체제를 정도전이 활용했다는 결론은 다소 주의할 필요가 있지 않을까 한다.

이와 함께 판본 자체에 대한 연구가 정치해졌을 뿐만 아니라,[17]『삼봉집』중에서 독립된 단행본으로 간행된 서적 연구도 이루어졌다. 대표적으로 아사미 문고본『불씨잡변(佛氏雜辨)』에 대한 연구가 그것이다. 아사미 문고본『불씨잡변』은 윤기견이 1438년(세종 20) 한혁에게서 원고를 입수하여 1456년(세조 2) 처음으로 양양으로 간행한 초간 단행본이라 한다. 이때 초간단행본은 현행 정조본을 대본으로 한『불씨잡변』에서 변을 한자 辨을 쓰는 것과 달리 辯으로 되어 있다. 이는『맹자』의 好辯을 따른 것이라 한다.[18] 이를 통해 볼 때 현행 정조본 판본을 넘어서는『삼봉집』에 대한 정본화 작업이 필요해 보인다.

지금까지의 연구사 정리를 통해 볼 때,『삼봉집』에 대한 연구는 간행 과정 상의 조력자 역할, 그리고 인용자료의 범주와 인용 상의 특색 등에 주목하면서 여말선초의 개혁 사상 형성과 그 성격을 밝히는 작업으로 확대되어 가고 있음을 알 수 있다. 그런 까닭에『삼봉집』을 통한 정도전

---

17) 吳龍燮, 앞 논문, 2006.
18) 吳龍燮,「『불씨잡변』초간본의 서지적 연구」,『書誌學硏究』33, 2006.

사상 연구 나아가서는 여말선초 개혁사상의 특색을 이해하기 위해서는 우선 『삼봉집』 판본과 그 간행 과정에 정리하면서, 간행에 기여한 조력자의 특색을 규명하고, 정조본 『삼봉집』에 수록되지 않은 정도전의 글을 파악할 필요가 있어 보인다. 이를 토대로 기왕의 연구에서 제시된 연구 자료들의 전체 규모를 확인함으로써, 여말선초 개혁 사상에 반영된 사상적 토대를 확인할 필요가 있다고 하겠다.

3. 판본과 『삼봉집』에 없는 정도전의 글

1) 판본과 조력자

정도전의 『삼봉집』은 여말선초 성리학 수용 이래 왕조 교체와 관련된 정치, 사회, 사상 문제를 이해할 수 있는 핵심 자료이다. 이에 따라 조선시대에 총 4차례 간행되었고, 이를 기왕의 연구들을 바탕으로 제시하자면 〈표-1〉과 같다.

〈표-1〉 『삼봉집』 판본과 개별저서 현황

서명	간행년	판본	권	간행 관련 사항	불씨잡변	소장처
三峯集	1384년 1397년 (정축본)	없음	2	정진 주도 성석린 選, 권근 批 권근 서문, 이색·권중화 발문		현재 판본 없음
佛氏雜辯	1456년			권근 序, 정도전識, 윤기견 跋		미국 버클리 대학 아사미 문고
三峯先生集	1465년 (重刊本)	木版本	7	증손 정문형(경상도관찰사) 주도 신숙주 서문. 초간본에 미수록 시문, 『경제문감』, 『조선경국전』, 『불씨잡변』, 『심문천답』, 『심즉기』, 「진법」 수록	佛氏雜辯 (권7)	국립중앙도서관(권1, 2, 4, 5, 7) 성암고서박물관(권2-3, 7) 간송문고(권3, 4) 蓬左문고(7권4책)

三峯先生集	1487년 (重刊) 續刊本	木版本	8	증손 정문형(강원도 관찰사) 「安邊樓韻」 이하 시부 100수, 『경제문감별집』 모아 8권으로 증보	佛氏雜辨 (권7)	계명대도서관(권1,8) 보물 1702 京都府立綜合資料館·足利學校(8권 4책) 국립중앙도서관·고려대학교 도서관(8)
三峯集	1791년 (三刊本)	木版本	14	정조, 규장각 학사 시문 3권에서 4권 증보 『조선경국전』과 『경제문감』 상·하로 분리 『불씨잡변』 1권 독립 「진법」·「습유」·「부록」 2권	佛氏雜辨 (권9)	규장각 등

정도전 최초의 문집으로 추정되는 것은 고려 말인 1384년 본이다. 1384년(우왕 10)에 작성된 이색의 발문에서는 정도전이 시문을 가지고 와서, 그 끝에 발문을 작성해 달라고 했다.[19] 또한 권근이 『삼봉집』의 서문을 써주었는데, 권근의 직책이 '봉익대부 성균관대사성진현관제학 지제교(奉翊大夫 成均大司成進賢館提學知製敎)'라 되어 있다. 해당 직책은 1385년(우왕 11)에 제수된 만큼, 권근이 이 직임을 수행한 1385년(우왕 11)~1386년(우왕 13)에 『삼봉집』이 간행되었을 것으로 추정하기도 한다.[20] 실제 편찬 여부는 불분명하나 권근의 서문을 통해 본다면, 「팔진삼십육변도보(八陣三十六變圖譜)」·「태을칠십이국도(太乙七十二局圖)」·「학자지남도(學者指南圖)」를 비롯해서, 유배 시절의 「금남잡영(錦南雜詠)」·「금남잡제(錦南雜題)」, 명 수도 금릉(남경)에 다녀온 후에 작성한 봉사, 악부소서(악부서) 등으로 구성되어 있었을 것으로 추정된다.[21]

기록상으로 확실하게 『삼봉집』이 간행된 것은 1397년(태조 6)에 편찬

---
19) 李穡, 『三峯集』 권14, 附錄, 諸賢敍述, 「鄭宗之詩文跋(甲子秋)」.
20) 한영우, 앞 책, 1998, 142쪽.
21) 權近, 『三峯集』(정조본), 序, 「三峯集序」.

된 2권본의 『삼봉집』이다. 흔히 태조정축본(太祖丁丑本) 혹은 초간본(初刊本)으로 부르는 판본으로 현재는 남아 있지 않다. 정도전의 아들인 정진이 주도하여 편찬했다. 「금남잡영」·「금남잡제」·「봉사록」 등과 권근 서문, 이색·권중화 발문을 붙여서 2권으로 편찬되었다고 한다.[22] 이 판본에서 주목할 점으로는 정도전의 시문에 대한 '성석린(成石璘) 선(選), 권근(權近) 비(批)', 즉 성석린이 선별하고 권근이 비점을 찍었다고 한다. 이는 『삼봉집』이 개인의 문집이면서도 동시에 조력자가 있는 특색을 보여준다.

1465년에 정도전의 증손자인 경상도 관찰사인 정문형에 의해 7권 4책분의 세조본이 편찬되었다. 세조을유본 혹은 중간본(이하 세조본)으로 불리는 판본이다. 정문형은 신숙주의 서문을 받아 초간본에 있던 권근의 서문 다음에 수록하고, 이어 시문·잡제·「진법」·「경제문감」 상·하·『조선경국전』·「불씨잡변」·「심기리삼편」·「심문천답」 수록했다. 이 중에서 시문은 「잡영(雜詠)」, 「금남잡영」, 「잡영」, 「봉사잡영」, 잡영, 「중봉사록」, 잡영, 「후중봉사록」, 「잡영」 등의 시간 순서로 구성되어 있다.[23] 원래 독립적인 판본으로 있었던 시문, 「심기리삼편」, 「불씨잡변」, 「경제문감」, 『조선경국전』 등을 합쳐서 만들었다고 추정하기도 한다.[24]

그 후 정문형은 정도전의 산일된 시문들을 모으고자 노력했고, 그러한 노력은 1487년(성종 18) 8권본인 성종본의 간행으로 이어졌다. 이른

---

22) 오용섭, 「『삼봉집』의 간행과 편성」, 『서지학연구』 48, 2011, 235쪽.
23) 오용섭, 앞 논문, 2011, 237쪽.
24) 末松保和, 앞 논문, 1951, 65쪽 ; 정문형은 그 후 성종본을 간행하고 발문을 작성하면서 여러 편들이 옛날에는 판본이 있었으나 중간에 흩어져 없어진 것이 많다고 하기도 했다. 「三峯集」(정조본) 권8, 「重刊三峯集跋(丁未)」.

바 성종정축본 혹은 중간속간본으로 불리는 판본(이하 성종본)이 그것이다. 세조본에서 증보된 부분은 「안변루운(安邊樓韻)」이하 시부 100수와 「경제문감별집」이다. 권1에는 잡영·금남잡영, 권2에는 잡제·금남잡제, 권3에는 「봉사잡록(奉使雜題)」·「책(策)」·「진법(陣法)」, 권4에는 『경제문감』 상, 권5에는 『경제문감』 하, 권6에는 『조선경국전』·『불씨잡변』·「심기리편」·「심문천답」, 권8에는 『경제문감별집』이 수록되어 있다. 다만, 이 당시 판본은 정조대 간행된 『삼봉집』의 「범례」에서 지적하듯이 태조본에 있었던 권근의 비점이 사라졌다고 한다.[25]

그 후 정도전의 문집은 정조대인 1791년(정조 15)에 14권 7책으로 간행되었다. 이른바 정조신축본 또는 정조본, 그리고 삼간본으로 불리고 형식상으로 가장 완비가 잘된 판본이다. 『삼봉집』의 편성과 수정 보완사실이 간본의 범례에 소개되어 있고, 각 권의 머리에는 각 저작마다 목록제에 이어 목차를 간략하게 기술되어 있다. 이후의 『삼봉집』은 이 판본을 바탕으로 해서 보급되었다.[26]

간본의 앞부분에 부기되어 있는 「범례」에 따르면 태조본, 성종본, 규장각 소장의 초본을 주된 자료로 하고,[27] 세조본의 경우에는 참조하지 않은 것으로 보인다.[28] 아마도 정조본을 편찬한 규장각 학사들은 1465년(세조 11)에 간행된 『삼봉집』의 존재를 몰랐거나, 혹은 알고 있더라도 성종본이 더욱 완벽한 판본으로 이해한 것으로 보인다. 따라서 정조본의

---

25) 『三峯集』(정조본) 凡例, 「三峯集凡例」.
26) 오용섭, 앞 논문, 2011, 245~246쪽.
27) 『三峯集』(정조본) 凡例, 「三峯集凡例」.
28) 末松保和, 앞 논문, 1951, 57쪽.

의의는 성종본과의 비교를 통해서 그 특성을 명확하게 이해할 수 있다.

첫째, 정조본은 성종본에 비해서 그 권수가 늘어났다. 형태상으로 시문이 3권에서 4권 증보되었고, 『조선경국전』과 『경제문감』 상·하로 분리, 『불씨잡변』 1권이 독립했고, 「진법」·「습유」·「부록」 2권. 권수가 2배 가까이 증가했다. 분량이 늘어난 이유는 새로운 자료를 찾아 보완하고 또 편집하는 과정에서 전거를 찾아 세주로 보충·설명하는 과정에서 권수가 늘어났기 때문이라 할 수 있다.[29] 이렇게 해서 정조본은 책머리에 권근의 서, 신숙주의 후서, 범례, 총목 등을 두고, 권1~4에는 시문, 권5~6에는 「경제문감」 상하, 권7~8에는 「조선경국전」 상하, 권9에는 「불씨잡변」, 권10에는 「심기리편」, 「심문·천답」, 권11~12에는 「경제문감별집」 상하, 권13에는 「진법」, 습유, 권14에는 부록으로 편성했다.[30]

둘째, 정조본은 성종본의 단순한 확대 재편이 아니라 편차를 조정했고 목차에 정밀함을 가하면서, 각 글의 세부적인 사항 역시 변화했다. 「범례」에 의하면 정조본을 편찬한 규장각 학사들은 종래 성종본의 분류 방식이 명확하지 못하다고 인식했다. 그래서 시는 오언과 칠언으로 문은 소(疏)·전(箋)·서(書) 등으로 별도로 표제를 만들었다고 한다. 또한, 구본의 유례를 모두 삭제하지 않고 시문편의 제(題) 아래에 '이하 몇 수' '모편(某篇)'을 써서 본래의 면목을 보존하고 『경제문감』 이하로는 중첩된 기록을 삭제했다고 한다. 이때 성종본 권2에 있는 「걸식론」이 『불씨잡변』의 「불씨걸식지변」과 동일하다고 판단해서 제외되었다.[31]

---

29) 도현철, 앞 논문, 2012, 141쪽.
30) 오용섭, 앞 논문, 2011, 248쪽.
31) 『三峯集』(정조본), 凡例, 「三峯集凡例」.

이와 같은 과정을 거치면서 시문의 권차가 변경되거나 세부적인 위치가 변화한 글들이 있었다. 가령 성종본 권1 잡영이라는 표제 하에 2번째로 수록되어 있었던 출성(出城)의 시가 정조본에서는 권2 칠언절구 갑진으로 옮겨진 것이 그 사례이다. 이와 같은 시문 상의 변화는 「범례」에서 말했듯이, 문체와 작성 연도를 고려한 결과물로 보인다.[32] 그리고 정조본 기준 권 10에 있는 「심기리편」과 「심문천답」 간의 순서가 변화했다. 성종본은 『심기리편』 다음에 권근이 쓴 「심기리삼편후부집서(心氣理三篇後附集序)」가 있고, 『심문천답』이 있고, 권근이 쓴 「심기리서」가 있다. 그에 비해 정조본에서는 『심기리편』 다음에 권근이 쓴 「심기리서」가 있고, 그 다음에 『심문천답』 맨 뒤에 권근이 쓴 「심기리삼편후부집서」가 있다.[33] 또한 아들 정진이 작성한 태조본 「삼봉집발문」과 증손인 정문형이 작성한 성종본 「삼봉집발문」이 정조본 권 14 부록 「제현사실(諸賢事實)」에 포함되어 있다.

셋째, 가장 중요한 부분은 내용 상의 세밀한 고증이 추가되었다는 점이다. 정조본에서는 성석린의 비, 권근의 (訂)과 (註) 등 조력자와 그 역할을 명확하게 명기해 두었다. 시문 중에서 자구·사실·인물 등 고거할 수 있는 것은 주석을 넣고 안(按) 자로 구별하고자 했다.[34] 또한 『불씨잡변』과 『경제문감별집』 등은 세주(細註)로 그것의 전거를 밝혀두었다.[35] 이와 같은 세밀한 고증은 정조본에 새롭게 첨가된 권 14 부록의 「사실

---

32) 『三峯集』(정조본), 凡例, 「三峯集凡例」.
33) 도현철, 앞 논문, 2012, 154쪽.
34) 『三峯集』(정조본) 凡例, 「三峯集凡例」.
35) 도현철, 앞 논문, 2012, 153쪽.

(事實)」에도 반영되었다. 이때「사실」을 작성하기 위해『고려사』를 비롯한 여러 사승(史乘)과 제서를 참고하여 그 연대를 쓰고 사적을 모았을 뿐만 아니라, 그 근거가 되는 서목을 조목별로 주석하기도 했다.[36]

한편,『삼봉집』의 문집 간행 못지않게 주목해보아야 하는 문제는 정도전의 개별저서 간행이다. 최근 오용섭에 의해 미국 버클리 대학 아사미 문고 소장『불씨잡변(佛氏雜辯)』단행본(이하 초간 단행본)이 확인되었다. 그에 의해 발굴된 초간단행본은 권근 서(序)·정도전 지(識)·윤기견 발(跋)이 제시되어 있다. 초간단행본은 윤기견이 1438년(세종 20) 한혁에게서 원고를 입수하여 1456년(세조 2)에 처음으로 양양에서 간행했다고 한다. 이때 초간단행본은 현행 정조본을 대본으로 한「불씨잡변」에서 변을 한자 辨을 쓰는 것과 달리 辯으로 되어 있다. 이는 정조본『삼봉집』이 편찬될 때 규장각 학사들이 참조한 저본 상의 문제일 가능성이 크다. 정조본을 작성한 규장각 학사들은 성종본『삼봉집』에 의지해서 편찬했는데, 성종본『삼봉집』은 불씨잡변의 변을 辨으로 작성한 최초의 판본이기도 했다. 辯은『맹자』가 양주와 묵적과 같은 이단에서부터 정학으로 유학을 수호하기 위한 호변(好辯)에서 나온 만큼, 정도전의「불씨잡변」저술 동기와 연계시켜 고려할 필요가 있다고 하겠다.[37]

지금까지 보았을때『삼봉집』의 중요한 특성은 조력자가 명기되어 있다는 점이다.『삼봉집』의 조력자 표시는 태조본에 '성석린(成石璘) 선(選), 권근(權近) 비(批)'로 되어 있다. 이는 다음과 같은 정도전의 저술 특성에

---

36)『三峯集』(정조본) 凡例,「三峯集凡例」.
37) 오용섭, 앞 논문, 2006.

서 비롯된 것이었다.

 가군(家君, 정도전)은 시문을 지으실때에 대개는 직접 쓰지 않고 구술하여 남에게 쓰도록 했다. 글을 쓰는 사람이 미처 써놓지 못한 것도 있고, 또는 써놓았던 것도 마음에 들지 않아 문고(文藁) 중에 넣지 않은 것도 있다. 그래서 저술한 것은 많았으나 남은 것은 얼마 되지 않는다. 제(정진)가 모시고 있을때에 기록한 것도 있고, 혹은 천행으로 타인이 보관하여 없어지지 않은 것도 있으니 지금 간행하는 시문 약간 권이 바로 이것이다. 보는 사람이 남아 있는 것을 가지고 의론과 제작한 체제를 알게 되면, 그 나머지도 이것을 미루어 알 수 있을 것이다.[38]

여기서 볼 수 있듯이 정도전은 스스로 생각을 정리해서 저술을 남기기보다는 다른 사람들의 도움이 필요했다. 그런 까닭에 시문들을 정리하고 선별해야 하는 작업이 필요했을 것이다. 따라서 정진은 태조본 『삼봉집』을 편찬하면서 조력자들의 공을 인정했던 것이었다.

 그 후 정문형은 성종본을 편찬할 당시에 권근의 비점을 삭제했다. 정조본은 원본, 즉 태조본에 의거해서 비점했고, 정선 가운데 있지만 비점이 없는 것은 각 편의 제목 위에 비점했다. 그리고 후대인들의 평석(評釋)은 하나나 둘만을 채택했다고 한다.[39] 정조대 학사들은 『삼봉집』을 중간할 당시에 『삼봉집』의 조력자들을 조사했고, '선(選), 비(批), 정(訂)'

---

38) 『三峯集』(정조본) 권14, 「三峯集跋(鄭津)」.
39) 『三峯集』(정조본), 「凡例」.

으로 표시했다.[40] 부와 시에는 '봉화 정도전 저, 창녕 성석린 선, 안동 권근 비'로 되어 있다. 성석린은 부와 시를 선별하고, 권근은 비점을 찍었다는 것이다. 비점은 잘된 부분 위에 점을 찍고 더 잘된 부분은 권점을 찍는다는 의미이다. 「심기리편」과 「심문천답」은 '奉化 鄭道傳 著, 安東 權近 註'로 되어 있다. 정도전이 지침을 주면 권근이 이에 주석을 달았던 것이다.

그러나 권근은 단순히 비점을 찍고 주석을 다는 보조적 역할을 한 것이 아니었다. 권근은 「心氣理三篇」・「心問天答」・『조선경국전』・『경제문감』・『監司要約』・『佛氏雜辨』・『경제문감별집』의 서를 썼다. 이러한 서문들에서 권근은 성리학적 도통론의 입장에서 정도전의 학문적 특성을 밝히고 새로운 국가체제를 확립하려는 인물로 높이 평가했다. 이는 곧 권근이 정도전의 새로운 국가상을 지지하면서 이를 이론적으로 뒷받침하려 했다는 것이다.

40) 〈표〉 정조본 목차와 조력자 표시

정조본	조력자
권1. 賦(五言古詩, 七言古詩, 五言絶句, 六言絶句)	奉化 鄭道傳 著 昌寧 成石璘 選 安東 權近 批
권2. 七言絶句, 五言律詩, 七言律詩, 詞, 樂章	위와 같음
권3. 疏 箋 書 啓 序	奉化 鄭道傳 著
권4. 記, 說	奉化 鄭道傳 著
권5. 經濟文鑑(상)	奉化 鄭道傳 著 安東 權近 訂
권6. 經濟文鑑(하)	奉化 鄭道傳 著
권7. 朝鮮經國典(상)	奉化 鄭道傳 著
권8. 朝鮮經國典(하)	奉化 鄭道傳 著
권9. 佛氏雜辨	奉化 鄭道傳 著
권10. 心氣理篇	奉化 鄭道傳 著 安東 權近 註
권11, 12 經濟文鑑別集	奉化 鄭道傳 著
권13. 陣法, 拾遺	
권14. 附錄	

이때 주목되는 것은 『경제문감』 상·하이다. 『경제문감』 상 재상조에만 '봉화 정도전 저, 권근 정'으로 표시되었다. '정(訂)'은 의미의 옳고 그름을 가려 판단한다는 것이다. 또한 재상조에 있는 13개의 근안(近按)에서 권근은 재상과 관련된 자료를 중국의 경전과 역사적 사례를 선별하여 보충 설명하고 있다. 정도전의 재상에 대한 선언적 지침에 대해, 권근이 '근안'으로 재상의 역할을 중국의 경전과 역사적 사례를 들어 부연함으로써 재상 정치론을 주장하는 정도전의 의도에 부응했다. 그 과정에서 자료의 근거를 보다 명료하게 하기 위하여 아무런 표시가 없는 글의 전거를 찾아 '주문공왈(朱文公曰)'로, 선생왈(先生曰)을 '주문공왈'로, 오위(吾謂)를 우위(愚謂)로 수정했다. 정조대 학사들은 이를 근거로 권근 정으로 표시했다는 것이다.

후술하겠지만, 『경제문감』은 중국 송대의 자료인 『주례정의』·『산당고색』·『서산독서기』·『문헌통고』를 인용하면서 전거를 표시하지 않거나 혼동하는 사례들도 있었다. 정도전은 『경제문감』을 완성하면서 『주례정의』와 같은 여러 책을 그대로 옮겨오면서 인용 전거를 잘못 표시하였고 권근은 정도전의 오류를 알면서도 방임하거나 혹은 동조하여 그대로 제시했다고도 볼 수 있다.[41]

이와 달리 성종본과 정조본 『삼봉집』 권10 「심문천답」과 「심기리삼편」은 모두 권근이 주석한 사실을 표시했다. 「심문천답」과 「심기리삼편」은 각각 1398년(태조 7)과 1394년(태조 3) 모두 정도전이 짓고 권근이 주석을 쓴 것이다. 1547년(명종 2)에 간행된 『입학도설』에는 『삼봉집』에 있는

---

41) 도현철, 앞 책, 2013, 81쪽.

「심문천답」과 「심기리삼편」이 실려 있다. 이 두 편은 권근이 주석한 것이다. 그런데 『삼봉집』과 『입학도설』에는 「심문천답」과 「심기리삼편」에 대한 권근의 주석 방법이 다르게 표시되어 있다. 전자에는 권근이 주석한 사실이 애매하게 표시되어 있고, 정도전이 저술한 부분과 권근이 주석한 부분의 구분이 명료하지 않다. 그러나 1547년에 간행된 『입학도설』에는 권근이 주석한 사실이 세주로 표시되어 있어 이를 통해 정도전이 저술한 부분은 선언적인 몇 구에 불과하고, 권근이 주석한 부분이 주요 부분을 이루고 있다는 사실이 분명하게 드러나고 두 작품은 결국 권근의 저술이라는 것을 암묵적으로 보여준다는 것이다.

말하자면, 정조본 『삼봉집』은 성종본에 비하여 새로운 자료를 찾고 편차를 조정하였으며 고증을 통해, '비', '정', '주' 등 조력자와 그 역할을 명기하고 저서의 전거를 밝혔다. 『입학도설』에는 정도전이 권근을 통해 알게 된 내용을 소개하고, 「심문천답」과 「심기리삼편」을 실어 권근이 행한 역할을 부각시켰다. 『삼봉집』의 편찬에는 권근의 절대적인 참여하에 이루어지고 있음을 보여준다.

2) 『삼봉집』에 없는 정도전의 글

정도전의 『삼봉집』에는 현재 남아 있지 않은 글들이 있다. 정조본 『삼봉집』을 편찬한 규장각 학사들은 『삼봉집』 권13, 「습유(拾遺)」(이하 「습유」)에 당시까지 제목은 전하지만 내용은 전해지지 않던 글들의 목록을 게재해두었다. 그 후 정도전 연구가 진행되면서 『삼봉집』에 수록되지 않은 글들의 제목과 내용이 추가적으로 발견되기도 했다. 기왕의 연구들을 토대로 『삼봉집』에 수록되지 않은 글들을 제시하면 〈표-2〉과 같다.

〈표-2〉『삼봉집』에 없는 정도전의 글들

순		제목	시기	본문 현존	전거
詩		平昌郡	미상	현존	『三峯集』 권13, 「拾遺」. 『新增東國輿地勝覽』 권46, 江原道, 平昌郡
		無題	미상	현존	『三峯集』 권13, 「拾遺」. 『鄭氏家傳』
		驪江	미상	현존	『三峯集』 권13, 「拾遺」. 『新增東國輿地勝覽』 권7, 京畿, 驪州牧
表		辛禑請賜盆表	1385년 (우왕11)	현존	『三峯集』 권13, 「拾遺」. 『高麗史』 권135, 세가, 우왕 11년 10월
		辛禑請承襲表			
		本朝辨明誘遼東邊將女直登事表略	1394년 (태조3)	현존	『三峯集』 권13, 「拾遺」. 『國朝寶鑑』 권1, 太祖朝, 甲戌 3년. 『攷事撮要』
箋		恭讓朝辭右軍摠制使箋	1391년 (공양왕3)	현존	『三峯集』 권13, 「拾遺」. 『高麗史』 권119, 列傳 32, 諸臣, 鄭道傳.
記		白巖山淨土寺橋樓記	1377년 (우왕3)	현존	『三峯集』 권13, 「拾遺」. 『牧隱集』 文藁, 권3, 記, 雙溪樓記 신대현, 2011, 『한국의 사찰현판』3, 혜안
跋		本朝勅慰聖旨跋語	1397년 (태조6)	없음	『三峯集』 권13, 「拾遺」.
碑		積慶園中興碑	1390년 (공양왕2)	있음	『高麗史』 권45, 세가 45, 恭讓王 2년 『高麗史』 권119, 列傳 32, 諸臣, 鄭道傳
		楊根舍那寺圓證國師舍利石鐘碑文	1386년 (우왕12) 10월	현존	허흥식, 1984, 『韓國金石文全文』, 亞細亞文化社 이지관, 1997, 『歷代高僧碑文(高麗篇4)』, 伽山佛教文化研究院.
圖		學者指南圖	1385년 (우왕11) 이전	없음	『三峯集』(정조본) 權近序
		八陣三十六變圖譜			
		太乙七十二局圖			
		五行陳出奇圖	1392년 (태조 원년)	없음	『三峯集』 권8, 「朝鮮經國典下」, 政典, 敎習
		講武圖			
		四時蒐狩圖	1393년 (태조2)	없음	『太祖實錄』 권4, 2년 8월 癸巳.
雜著		監司要約	1395년 (태조4)	없음	『三峯集』(정조본), 權近序
		詳明太一除算法	1388년 (우왕14)	없음	권근, 『三峯集』(정조본) 序
		診脈道訣			『陶隱集』 권4, 「診脈圖誌」.
		歷代府兵侍衛之制	1394년 (태조3)6월	없음	『太祖實錄』 권6, 3년 6월 壬辰.
		高麗國史(37권)	1395년 (태조4)1월	없음	『東文選』 권92, 序, 高麗國史序文

현재까지 정도전의 시문 중에서 정조본 『삼봉집』에 미수록된 것으로는 23개로 파악되고, 정조본의 목록에 반영되지 않은 것은 6가지이다. 수록되지 않은 시문에 대한 간략한 해제를 위해서 유사한 내용을 묶어서 설명해보도록 하겠다.

먼저, 「平昌郡」, 「無題」, 「驪江」은 정조본 『삼봉집』을 편찬한 규장각 학사들이 새롭게 수집한 시문들이다. 「평창군」[42]과 「여강」[43]은 『신증동국여지승람』에서, 「무제」[44]는 『정씨가전』에서 발굴한 시문이다. 이 시문들은 「습유」 부분에 게재되어 있다.

「신우청사익표(辛禑請賜諡表)」, 「신우승습표(辛禑請承襲表)」, 「본조변명유요동변장여직등사표략(本朝辨明誘遼東邊將女直登事表略)」, 「본조칙위성지발어(本朝勅慰聖旨跋語)」은 여말 선초의 대명 외교와 관련된 글들이다. 이중 「본조칙위성지발어」의 경우에는 1397년(태조 6)에 작성된 글이라는 점만 밝혀지고 그 본문은 전해지지 않는다.

「신우청사익표」[45]와 「신우승습표」[46]는 우왕이 왕위에 오른 것을 승인받

---

42) 『三峯集』(정조본) 권13, 拾遺, 詩, "中原書記今何方 古縣蕭條舊山角 地到門前容兩車 天低嶺上僅三尺 秋深禾穗散沙田 歲久松根繞石壁 行路難於蜀道難 還家樂勝錦城樂"

43) 『三峯集』(정조본) 권13, 拾遺, 詩, "江山雪月客登樓 把酒吟詩作勝遊 水落貢船推不下 萬夫疏鑿使君憂"

44) 『三峯集』(정조본) 권13, 拾遺, 詩, "問水一官淸 論文千載事 唯有古人書 手編已就次"

45) 『三峯集』(정조본) 권13, 拾遺, 表, "賜諡 實勸忠之方 顯親 爲致孝之本 玆陳危懇 庸瀆聰聞 竊念臣父先臣顓 當聖上之勃興 先諸藩而歸附 欽遵正朔 謹守封疆 不弔昊天 奄爾昭代 若稽示終之典 敢請節惠之名 伏望陛下垂日月之明 廓乾坤之度 特頒殊寵 以慰貞魂 則臣謹當效先臣之精誠 祈一人之壽考"

46) 『三峯集』(정조본) 권13, 拾遺, 表, "建侯 所以綏遠 襲爵 所以紹先 此帝王之常規 而人子之至願 竊念臣禑爰從弱齒 遽喪嚴顔 念歲月之云徂 撫霜露以增感 第以藩宣之難曠 玆用呼籲之益勤 伏望陛下大度包荒 同仁無外 優垂景命 被及微躬 則臣謹當保民庶於一方 祝聖人之萬壽"

고 공민왕의 시호를 받는 것이 목표인 글이다. 정도전은 1375년(우왕 원년) 북원 사신 영접 사건으로 인해 귀양살이를 해야 했고, 1384년(우왕 10)에 다시 관직에 복귀했다. 이해 7월에 전의부령으로 서장관이 되어 성절사 정몽주를 따라 명 수도인 금릉으로 갔다. 당시 사신 파견 목적이 공민왕의 시호를 받고, 우왕의 승습을 인정받는 것이었다.[47] 정조본의 안설(按說)에서는 정도전이 남양부사로 도임하여 사례하는 표를 전제하면서, 왕명으로 자신이 표문을 지었고 황제로부터 칭찬을 들었다고 하는 내용을 수록하고 있다.[48]

그리고 「본조변명유요동변장여직등사표략」은 조선 건국 후 요동을 둘러싼 조명 간의 대립과 갈등 문제와 관련된 글이다. 『국조보감』의 기사에 따르면 명 태조 홍무제가 조선이 요동에 포백(布帛)과 금은(金銀)을 보내어 예를 행하듯이 하면서 변장과 여진을 유인해서 조선의 편으로 만들었다는 것에 대해 질책한 것에 대해 답한 것이다.[49] 이때 정도전의 표문 말투가 거만하다는 이유로 노여움을 샀고, 그로 인해서 조명 관계가 경색되었으나, 정안군, 즉 태종의 외교적 노력으로 인해서 조명 관계가 다시 원만해졌다고 했다.[50]

---

47) 『高麗史』 권135, 世家, 列傳 권48, 禑王 11년 10월.
48) 『三峯集』(정조본) 권13, 拾遺, 表, "按公到南陽 謝上表曰 使還之日 卽授臣知製敎 殿下請承襲 俾臣草表文 天子嘉之曰 表辭誠切 高皇帝賜諡制亦曰 表辭懇切"
49) 『國朝寶鑑』 권1, 太祖朝, 甲戌三年, "帝 以本國遣人至遼東 賫布帛金銀假以行禮 誘邊將 又遣人說誘女直 潛度鴨綠江等事 下手詔責之 上表辨明 其略曰 至若 行禮於遼東 是亦景仰於上國 當使介往來之際 有賓主交接之儀 在禮則然 於誘何敢 其有女直隸于東寧 旣皆作軍而當差 安肯遣人而說誘 但遼東都司起取脫歡不花之時 其管下人民或有不卽隨行者 由彼安土 非臣勒îng 無所供於我邦 各自守其舊業 鄭道傳之辭也"
50) 『國朝寶鑑』 권1, 太祖朝, 甲戌三年.

「적경원중흥비(麗朝積慶園中興碑)」와 「공양조사우군총제사전(恭讓朝辭右軍總制使箋)」는 고려 말 정치사와 관련된 글이다. 전자는 1390년(공양왕 2) 정월 예조에서 서원군 이하 4대를 봉숭해서 원(園)을 세우고 사관(祠官) 설치해야 함으로써 신우로 인해 단절된 왕씨를 계승해야 한다는 건의에 따라 적경원을 짓고,[51] 왕명으로 지은 비문이다.[52] 이 글은 『고려사』 권45, 세가 45, 공양왕 2년 7월 교서로 반영되었다. 이에 따르면 적경원의 설치는 위로는 조상을 존숭하는 대의(大義)를 받들고 아래로는 부모를 친애하는 사은(私恩)을 펼친 점에서 의의가 있다고 했다.[53]

후자는 정도전이 50세가 되던 해인 1391년(공양왕 3)에 작성한 글이다. 현재 『고려사』 권119, 열전 32, 제신, 정도전에 요약본이 수록되어 있다.[54] 1391년 정월에 종래의 5군 제도를 혁파하고, 삼군도총제부(三軍都摠制府)를 신설했다. 도총제사에 이성계, 좌군총제사에 조준, 우군총제사에 정도전이 임명되었다. 이를 통해 이성계 일파는 서울과 지방의 군사를 모두 통솔하는 등 고려의 군권을 완전히 장악하게 된다.[55] 정도전은 우군총제사를 사양하는 글을 작성해서 군사권 장악에 대한 정치적 반대파의 혐의를 완화시키고자 한 것으로 보인다.[56]

---

51) 『高麗史』 권61, 志, 禮3, 吉禮大祀, 諸陵.
52) 『高麗史』 권119, 권119, 열전 32, 諸臣, 鄭道傳, "王命撰 積慶園中興碑 賜衣一襲 廐馬一匹"
53) 『高麗史』 권45, 세가 45, 공양왕 2년 7월, "高曾以下四代之親 封高官而置園 命母弟以主祀 上以奉尊祖之大義 下以伸敬親之私恩"
54) 『高麗史』 권119, 권119, 열전 32, 諸臣, 鄭道傳, "爲三軍都摠制府 以道傳爲右軍摠制使 道傳辭曰 '三軍之作 臣在中朝 憲司所建白 臣不知也 然罷元帥爲三軍 以臣爲摠制使 則諸帥失職者 必怏怏曰 道傳革元帥 自爲摠制 怨刺並興 臣又不便弓馬 不敢當 且革私田改冠服等事 皆非臣所爲也 左右皆目臣 臣又冒處是任 則讒言日至 臣其危乎 願更命他人'"
55) 홍영의, 『고려말 정치사 연구』, 혜안, 2005, 307쪽.
56) 『高麗史』 권119, 鄭道傳, "爲三軍都摠制府 以道傳爲右軍摠制使 道傳辭曰 '三軍之作 臣

「학자지남도(學者指南圖)」는 권근이 1385년(우왕 11)에 쓴 『삼봉집』의 서문에 이 책이 언급되어 그 이전에 작성되었음을 알 수 있다. 「학자지남도」는 권근의 『입학도설』에 영향을 준 것으로 보인다. 『입학도설』은 1397년(태조 6) 김이음이 진양에서 간행하고, 1425년(세종 7) 아들 권도가 권근 사후 발견된 후집의 원고를 빅융 등에게 부탁하여 변계량의 발문을 받아 간행하였으며, 1547년(명종 2) 경상도 감사 안현이 황효공에게 간행을 권했다. 1425년(세종 7) 간본에는 '天人心性合一之圖'에서 '無逸之圖'까지 25종의 도설 뒤에, '十二月卦之圖'에서 '公族及太宗之圖'까지 14종의 도설을 후집으로 추가했다. 『입학도설』의 '십이월괘지도'에는 복괘(復卦)와 구괘(姤卦)가 정도전이 그린 그림을 바탕으로 했다는 점을 밝히고 있다.[57] 이 점에서 권근이 『입학도설』을 작성하면서 정도전의 「학자지남도」를 참고했다고 추정할 수 있다.

추가적으로 『입학도설』에는 『삼봉집』에 없는 정도전의 식(識)이 수록되어 있다.

나 도전이 어느 날 시초를 손가락에 끼워 계산하는 것의 법식을 가지고 반복해서 연구해보았지만, 그 설을 알 수 없었다. 그래서 가원(可遠, 권근)에게 보여주며 설명해줄 것을 청하였다. 가원은 이 법식을 풀이하여 하나의 작은 그림으로 만들고, 조목별로 나누어 종류별로 설명하였는데 마치 손바

在中朝 憲司所建白 臣不知也 然罷元帥爲三軍 以臣爲摠制使 則諸帥失職者 必怏怏曰 道傳革元帥 自爲摠制 怨刺並興 臣又不便弓馬 不敢當 且革私田改冠服等事 皆非臣所爲也 左右皆目臣 臣又冒處是任 則讒言日至 臣其危乎 願更命他人"
57) 『入學圖說』 十二月卦之圖.

닥에 보여주는 것처럼 쉬워 나같이 혼몽한 사람도 한번 보면 명확히 이해되었다. 아, 친구와 강론하는 것이 공부에 도움되는 바가 있음이 이와 같다. 홍무(洪武) 무인(戊寅) 하(夏) 5월 16일 삼봉 정도전은 쓴다.[58]

정도전은 『주역』의 괘륵과설 부분을 권근에게 설명해달라고 요청했고, 권근이 그에 대해 그림을 만들어주었다는 것이다. 그가 권근을 통해 알게 되었다는 이 내용이 『입학도설』에 실리게 된 것은 『입학도설』 편목 중 '괘륵과설'의 성립 과정에 대한 설명이 되면서 학문적으로 정도전과 권근이 성리학을 매개로 연결되어 있음을 보여주는 것이라 할 수 있다.[59]

「팔진삼십육변도보(八陣三十六變圖譜)」・「오행진출기도(五行陳出奇圖)」・「강무도(講武圖)」・「사시수수도(四時蒐狩圖)」 등은 병서이다. 이 중에서 「팔진삼십육변도보」는 1385년(우왕 11) 『삼봉집』의 서문에 언급되어 있는 것으로 보아 그 이전에 작성된 것으1로 보인다. 권근에 따르면 "8진을 祖로 하여 36變의 계보를 만들었다"고 했다. 8진이란 원래 제갈량이 지은 병법으로 정도전은 이를 토대로 해서 독자적인 병법을 만든 것으로 보인다. 개국 뒤 쓴 『진법』은 이 책을 더욱 발전시킨 것으로 이해된다.[60] 「오행진출기도」・「강무도」는 모두 1392년(태조 원년) 7월 개국 직후에 만들어 태조에게 바친 병서이다. 이 두 서적에 대해서 정도전은 「조선경국전」 하, 교습(敎習)에서 제갈량의 용병술을 바탕으로 「오행진」과 「출

---

58) 『入學圖說』 後集, 識, "道傳一日得掛扐過揲之法 反復參究 莫知其說 示可遠請講焉 可遠解之 爲一小圖 條分類釋 如指諸掌 雖以余之昏蒙 一覽了然 噫朋友講論 其有益於學也 如此夫 洪武戊寅夏五旣望 三峰道人鄭道傳識."
59) 도현철, 앞 책, 2013, 184쪽.
60) 한영우, 앞 책, 1999, 109~110쪽.

기도」를 지었고, 사마양저의 병법을 가감해서 「강무도」를 지었다고 한다.[61] 「사시수수도」는 1393년(태조 2) 8월에 찬성사 정도전이 바친 글이라 한다.[62] 『조선경국전』(하) 전렵에 언급된 『주례』의 군사훈련법인 사시강무(四時講武)에 관한 것으로 추정된다.[63]

앞의 글들이 군사 훈련과 관련된 구체적인 매뉴얼이라면, 「역대부병시위지제(歷代府兵侍衛之制)」는 군사제도 전반의 방향을 제시하기 위한 글이라 할 수 있다. 1394년(태조 3) 6월에 지었다고 한다. 이 글은 부위제의 폐단과 부병의 연혁과 내용을 그림으로 설명했다고 한다.[64] 그는 이 글을 작성한 1년 후인 1395년(태조 4) 6월에 『경제문감』 위병조를 작성했다. 『경제문감』의 서술 방식이 중국 역대 사실을 먼저 서술한 다음에 한국의 사례를 언급했는데, 위병조(衛兵條) 역시 마찬가지였다고 한다. 「역대부병시위지제」를 서술할 때에 그는 중국의 병제에 대해 언급했을 가능성이 높았다고 하고, 위병조의 앞 부분은 이것을 기초로 해서 쓰여졌을 것이라 추측된다.[65]

「감사요약(監司要約)」의 경우에는 권근이 쓴 발문만이 정조본 『삼봉집』 권14, 제현서술(諸賢敍述)에 수록되어 있다. 이에 따르면 1395년(태조 4)에 판중추사 이무가 전라도 진무사로 나갔다가 관찰사로 승진할 때

---

61) 『三峯集』(정조본) 권8, 「朝鮮經國典下」, 敎習.
62) 『太祖實錄』 권4, 2년 8월 20일 癸巳.
63) 『三峯集』(정조본) 권8, 「朝鮮經國典下」, 畋獵 ; 허대영, 「조선 초기 국왕의 사냥에 대한 인식 변화와 '講武'의 의례화」, 『朝鮮時代史學報』 106, 2023, 15쪽.
64) 『太祖實錄』 권6, 3년 6월 壬辰, "判三司事鄭道傳撰歷代府兵侍衛之制 論府衛之弊與今府兵沿革事宜 爲圖以獻"
65) 정두희, 「『삼봉집』에 나타난 정도전의 병제개혁안의 성격」, 『진단학보』 50, 1980.

에 쓴 글이다. 그는 중국의 주나라와 한나라의 사례와 조선에 이르기까지 감사의 연혁과 득실을 개관하고 선유들의 논설을 첨가해서 수령에 대한 고과법을 만든 것이라 한다.[66] 발문 간행 시기는 1396년(태조 4) 9월로『경제문감』을 찬진한 1396년 6월 이후의 일이다.[67]

『고려국사』는 1395년(태조 4) 1월에 총 권37으로 편찬한 고려시대 역사서로 현존은 하지 않는다. 그러나 정총의 서문이『동문선(東文選)』에 수록되어 있고,[68] 정도전이 지은『경제문감별집』(하)에 고려 역대 왕의 치적을 정리한 글이 실려 있다.[69] 정총의 서문에 의하면 이 책은 고려말에 이인복·이색이 지은『금경록(金鏡錄)』을 참작하고, 이제현을 비롯한 사신들이 쓴 사찬을 수록하여 편년체로 엮은 것이라 한다.[70]

불교 관계 자료들인「백암사정토기교루기(白巖寺淨土記橋樓記)」와「양근사나사원증국사사리석종비문(楊根舍那寺圓澄國師舍利石鐘碑文)」역시 누락되어 있다. 전자는 이색의「장성현백암사쌍계루기(長城縣白巖寺雙溪樓記)」에 "중대광(三重大匡) 복리군 운암징공 청수(三重大匡福利君雲巖澄公清叟)가 절간윤공(絶磵倫公)을 통해 그 누의 이름을 지어달라고 하고 또 삼봉 정씨가 지은 기를 보이는데 그 기에 정토사의 내력이 자세히 나왔으나 계(溪)의 내력과 누(樓)의 내력은 모두 생략하고 쓰지 않는다"[71]고 했다. 이 기문은 1377년 2월에 쓰여진 것으로, 정조본『삼봉집』에는 이

---

66) 권근,『三峯集』(정조본), 序.
67) 한영우, 1999, 위 책, 128쪽.
68)『東文選』권92, 序,「高麗國史序」.
69)『三峯集』(정조본) 권12,「經濟文鑑別集下」.
70)『東文選』권92, 序,「高麗國史序」.
71)『牧隱藁』권3, 記,「長城縣白巖寺雙溪樓記」.

기문이 유실되어 제목만 남아 있다고 했으나, 비문으로 남아 있다.[72] 이 글에는 무열장로에게 들은 정토사의 설립 경위, 그 부탁에 따라 기문을 짓게된 경위를 남겨 두었다.[73]

후자는 1385년(우왕 11) 성균관좨주(成均館祭酒) 지제교(知製敎)로 있을 때 작성했다. 이 비는 정도전이 지은 글을 승려 의문(誼聞)이 해서로 쓰고 훈곡과 명호가 새겨 국사의 입적 4년 후 1386년 10월에 세웠다. 전액(篆額)은 '원징국사석종명(圓澄國師石鐘銘)'이며, 원증국사는 태고보우(1301~1382)이다. 정도전은 종명에서 원징국사가 원에 들어가 임제종의 법을 전수받은 사실, 공민왕이 국사로 책봉하고 국사의 고향을 군으로 승격시킨 사실, 고을 사람들이 국사를 기리는 뜻에서 석종 비를 건립한 사실을 차례로 적었다. 비석의 음기(陰記)에는 조력자들의 직책, 명단이 수록되어 있다.[74]

마지막으로 점술·역법·의학 등과 같은 실용학과 관계되어 있는 서적이 있다. 먼저, 「태을칠십이국도(太乙七十二局圖)」는 권근의 설명에 따르면, "태을을 간추려서 72국의 그림을 만들었다"고 한다.[75] 태을은 별이름으로서 도가의 점치는 법과 관련되어 있다. 이점으로 인해 정도전이 역성혁명을 준비하면서 시운의 변화를 예견하려는 목적이 있었고, 함주로 이성계를 찾아가던 무렵에 작성한 것으로 추측된다는 견해가 있다.[76] 그리고 「상명태일제산법(詳明太一除算法)」은 태일성을 이용한 역산

---

72) 한영우, 1999, 앞 책, 104쪽.
73) 鄭廣淳, 1992, 「三峯集에 없는 자료」, 『三峯鄭道傳硏究』, 三峯先生記念事業會, 501~512쪽.
74) 심경호, 앞 논문, 2015, 120쪽.
75) 권근, 『三峯集』(정조본), 序.
76) 한영우, 앞 책, 1999, 109~110쪽.

법이란 한다. 또한 「진맥도결(診脈圖訣)」은 1389년(창왕 원년) 7월 이숭인이 쓴 『도은집(陶隱集)』 권4, 「진맥도지(診脈圖誌)」를 통해 그 대략을 확인할 수 있다. 이에 따르면, 정도전이 의원이 맥을 차질없이 짚어야 처방이 유효한 만큼, 여러 견해들을 참고하여 도해를 만들고 범례를 해설한 서적을 만들고 이숭인에게 서문을 부탁했다고 한다.[77]

지금까지 살펴본 것과 같이 『삼봉집』에 수록되지 않은 글들은 조선 건국기 정치 변동, 개혁논의, 불교 관계 자료 등으로 확인된다. 이러한 자료들은 조선 건국의 성격을 해명할 수 있는 추가적이면서 중요한 자료로 이해된다. 아울러서 불교 관계 자료의 경우에는 현재 그 원문이 남아 있음에도 『삼봉집』에 수록하지 않았다. 아마도 조선 건국기 유불교체의 문제와 연계되어 있는 것으로 이해된다. 그런 까닭에 불교 관련 글들이 반영되지 않은 원인에 대해서도 확인할 필요가 있다고 하겠다.

4. 연구자료와 인용전거

1) 송·원대 성리학과 유서학의 활용

정도전의 『삼봉집』이 지니고 있는 특성은 인용 전거가 표시되었다는 점이다. 이와 같은 전거의 표시는 수용된 성리학의 성격을 자료적인 측면에서 이해할 수 있는 방법이 된다.

『삼봉집』에 반영된 성리학 전거의 구체적인 내용은 정조본 『삼봉집』

---

77) 『陶隱集』 권4, 「診脈圖誌」.

을 통해서 확인 가능하다. 주지하다시피, 정조본 『삼봉집』 간행에 관여한 규장각 학사들은 교정을 보는 한편, 내용상의 세밀한 고증을 통해서 조력자와 그 역할을 밝혔을 뿐만 아니라, 추가적으로 안설을 부기해서 전거를 밝혀놓았다. 이를 통해 『삼봉집』의 인용 전거가 밝혀진 부분은 권9인 「불씨잡변」과 권 11·12의 『경제문감별집』 부분이다.

우선 권9인 『불씨잡변』에 인용된 자료들을 살펴보면 〈표-3〉와 같다.

〈표-3〉 정조본 『삼봉집』 권9 「佛氏雜辨」의 인용전거

편명	안설	출전
佛氏心性之辨	按楞嚴經曰 汝等遺失本妙 圓妙明心 寶明妙性 認悟中迷 言心則從妙起明 圓融照了 如鏡之光 故曰 圓明妙心 性則卽明而妙 凝然寂湛 如鏡之體 故曰 寶明妙性	楞嚴經
佛氏作用是性之辨	按龐居士偈曰 日用事無別 唯吾自偶諧 頭頭須取舍 處處勿張乖 神通幷妙用 運水及搬柴	龐居士偈
佛氏昧於道器之辨	按此一段 出般若經 言目前無法 觸目皆如 但知如是 卽見如來	般若經
佛氏眞假之辨	按此一段 出圓覺經 言衆生業識 不知自身內如來圓覺妙心 若以智照用 則法界之無實 如空華 衆生之妄相 如第二月 妙心 本月 第二月 影也	圓覺經
	按此一段 出楞嚴經 言大覺海中 本絶空有 由迷風飄鼓 妄發空漚 而諸有生焉 迷風旣息 則空漚亦滅 所依諸有 遽不可得 而空覺圓融 復歸元妙	楞嚴經
儒釋同異之辨	按此一段 出般若經 言應無所住者 了無內外 中虛無物 而不以善惡是非 介於胸中也 而生其心者 以無住之心 應之於外 而不爲物累也 謝氏解論語無適無莫 引此語	般若經
佛法入中國	按此以下至事佛甚謹年代尤促 引用眞氏大學衍義說	大學衍義

〈표-3〉에서 볼 수 있듯이, 정조본을 편찬한 규장각 학사들은 안설을 통해서 정도전이 불교 비판에 활용한 전거들을 밝혀 두었다. 정조본 『삼봉집』에서 정도전의 불교 비판과 관련된 전거들을 살핀 까닭은 조선 후기 불교의 이단성을 인지하면서도 국가 경세에 도움이 되는 측면을 찾

으려한 학문적 분위기의 결과라 할 수 있다.[78] 이와 함께 '불법입중국(佛法入中國)' 이하의 편목인 '사불득화(事佛得禍)', '사천도이담불과(舍天道而談佛果)', '벽이단지변(闢異端之辨)'까지의 내용에 대해 '안차이하……인용진씨대학연의설(按此以下……引用眞氏大學衍義說)'라고 해서 진덕수의 『대학연의』가 활용된 것을 확인할 수 있다.

또한, 권11·12인 『경제문감별집』에서는 〈표-4〉와 같이 세주로 전거를 밝혀놓았다.

〈표-4〉 정조본 『경제문감별집』 의론의 정자 『역전』 인용

순	『경제문감별집』 의론	정자 『역전』
1	君德首出庶物 乾象曰 首出庶物 萬國咸寧 天爲萬物之祖 王爲萬邦之宗 乾道首出庶物而萬彙亨 君道尊臨天位而四海從 王者體天之道 則萬國咸寧也	乾
2	人君至誠任賢以成其功	蒙六五傳
3	王者顯明其批道 天下自然來批	批九五傳
4	聖人未嘗不盡天下之議	履九五傳
5	休息天下之否	否九五傳
6	人君孚信以接下 又有威嚴 使之有畏	大有六五傳
7	威德並著	謙六五傳
8	不自任其知	臨六五傳
9	止惡之道 在知其本得其要而已	大畜六五傳
10	賴人養己 以濟天下	頤六五傳
11	通天下之志 勿復自任其明	晉六五傳
12	有家之道旣至 則不憂勞而天下治矣	家人九五傳
13	濟天下之蹇 未有不由聖賢之臣爲之佐	蹇九五傳

---

78) 김준혁, 1999, 「조선후기 정조의 불교인식과 정책」, 『중앙사론』 12·13 ; 「正祖의 佛敎認識 變化」, 『中央史論』 16, 2002.

14	人君能虛中自損 以順從在下之賢	損六五傳
15	至誠益於天下 天下受其大福	益九五傳
16	人君至誠降屈 以中正之道 求天下 而賢未有不遇者也	姤九五傳
17	萃天下之道 當正其位修其德	萃九五傳

    규장각 학사들은 권11, 12의 『경제문감별집』의 의론 부분에 대한 전거를 통해 "안차편집역괘오효정전설(按此篇輯易卦五爻程傳說)"이라 해서 정이의 『역전』을 인용했음을 밝혔다.[79] 이와 함께 『경제문감별집』에는 중국과 고려 국왕의 행적을 서술해 두었다. 이때 정조본 『삼봉집』을 편찬한 규장각 학사들은 사론 부분에 "…… 안차이하지공양왕 채용이제현찬급사신찬(按 此以下至恭讓王 採用李齊賢贊及史臣贊)"이라고 해서, 『익제난고』와 『고려사』, 『고려사절요』의 사론 부분에 있는 내용임을 표시했다.[80]

    근현대에 들어서 일본인 학자 스에마쓰 야스카즈(末松保和, 1904~1992)는 『조선경국전』에 원 법전류의 영향을 지적하는 연구를 발표했다.[81] 그는 『조선경국전』의 특징이 본문이 아닌 서문 중심의 법전이라는 점과 함께 『주례』의 육전체제를 따랐다는 점을 제시했다. 다만, 육전체제의 경우, 『주례』 그대로가 아닌 1332년(원 무종 3)에 편찬된 원의 법전인 『경세대전』을 통한 2차 수용일 것이라는 점을 지적했다. 이를 〈표-5〉를 통해 확인해보면 다음과 같다.

---

79) 도현철, 앞 책, 2013, 35쪽.
80) 도현철, 앞 책, 2013, 35쪽.
81) 末松保和, 앞 글, 1951, 317~325쪽.

〈표-5〉『경세대전』과『조선경국전』편목 비교

	『경세대전』	『조선경국전』
君事	帝號	定寶位
		國號
	–	定國本
	帝訓	–
	帝制	世系
	帝系	敎書
臣事	治典, 賦典, 憲典, 禮典, 政典, 工典	治典, 賦典, 禮典, 政典, 憲典, 工典

〈표-5〉에서 볼 수 있듯이,『경세대전』은 군사와 신사로 구분되어 있다. 이 중에서『조선경국전』은『경세대전』의 군사부분을 참조하되, 정국본 등의 신항목을 설정했다. 그리고 신사의 편목을 활용하면서 헌전에서는『대명률』을 활용했다는 점을 제시했다. 이를 통해 보았을 때, 스에마쓰 연구는『삼봉집』이 정도전의 독자적인 연구 결과물이 아닌 다양한 참고자료가 있을 것임을 시사해주는 연구라 할 수 있다.

그 후 정도전 연구는 1970년대 연구에서 본격화된다. 이때 정도전의 정치개혁사상, 사회·정치사상을 조명하고, 이를 종합한 단행본인『鄭道傳 思想의 硏究』가 발표되었다. 그 후 그는 1977년 민족문화추진위원회에서『삼봉집』국역을 추진했고, 해제를 통해서 정도전의 저술과 그 출간 경위에 대해 저술했다. 이에 따르면 정도전 사상은『주례』를 기반으로 해서 유교적 이상 국가를 실현하기 위한 것이라고 한다. 그는 정도전이 성리학을 수용하더라도 송대 지주 중심의 성리학을 그대로 수용한 것이 아니라, 자작농이 중심이 되는 농민적 성리학을 지향한 것이라 했다.[82] 그런 까닭에 이 연구는 정도전『주례』연구의 독자성에 주목하여『삼봉집』에 반영된 전거 인용 표시 등에는 주의를 기울이지 않았다. 그럼에도 그의 해제와 짝을 이루어서 번역된『국역삼봉집』에서 정도전이 활용한 유교 경전이 각주의 형태로 제시되었다. 말하자면『삼봉집』의 출처에 대해 부분적으로 밝힘으로써『삼봉집』연구의 기초토대를 마련했다.

한편, 1980년에 진단학회에서 한국고전연구심포지움의 일환으로『삼봉집』에 대한 검토가 이루어졌다.[83] 이 중 정도전 연구 자료의 측면에서 군제 관련 연구가 주목된다. 이에 따르면『경제문감』하, 위병조가 1394년(태조 3) 2월 판의흥삼군부사로서 올린 상소문 중 전문을 포함한 3개 조목과 일치한다고 했다. 그리고 1395년(태조 4) 2월 서반관제 개혁의 내용이「본조부병개제」에 반영되어 있다고 한다. 따라서 정도전의『경제문감』위병조는 서반관제가 개혁된 1395년(태조 4) 2월 이후,『경제문감』이 찬진된 1395년 6월 사이의 약 4개월 동안 서술된 것이라고 한다. 이 연구는 정도전 사상 연구에 있어서『태조실록』에 수록된 개혁 상소안에 주목해야 한다는 점을 환기시킨 것이었다.[84]

---

82) 정재훈, 「정도전 연구의 회고와 새로운 사상사적 모색」, 『韓國思想史學』 28, 2007.
83) 이때 발표된 논문들로는 다음과 같은 것들이 있다. 한영우, 「정도전의 인간과 사회사상」; 정두희, 「삼봉집에 나타난 정도전의 병제개혁안의 성격」; 윤사순, 「정도전 성리학의 특성과 그 평가문제」.
84) 정두희, 「『三峯集』에 나타난 정도전의 兵制改革案의 성격」, 『진단학보』 50, 1980 ; 한편 최근 정도전의 핵심저작인『조선경국전』,『경제문감』,『경제문감별집』과 함께 기타 산문에 대한 번역에서도『조선경국전』각 항목에 조선왕조에 들어 실시된 제도와 관련된 교서, 상소문에 대해서 밝혀두고 있다. 가령 예를 들어서『朝鮮經國典』治典 官制에서 "즉위 총에 가장 먼저 유신들에게 명하여 역대의 제도를 연구하고 前朝(고려)의 옛 사례를 참고하여 관청을 세우고 이름을 정하게 하셨으니"의 경우에는 태조 1년 7월 28일에 실시된 관제 개혁을 반영했다는 점을 밝히고 있다(이익주, 『정도전』, 창작과 비평사, 2024). 여기서 볼 수 있듯이,『조선경국전』과『경제문감』,『경제문감별집』등은 신국가 운영을 위한 청사진이자 동시에 이념적 전거를 밝히고 있는 서적인 만큼, 그 실천과 관련된 조선건국기 개혁상소와 연관성을 찾을 필요가 있다고 보인다.

그 후 정도전 연구는 그 양과 질이 심화되어 가면서 『삼봉집』에 대한 실증적인 연구로 발전되었다. 이와 관련해서 『삼봉집』 속 『경제문감』에 인용되어 있는 전거들을 살핌으로써 정도전 사상의 특질을 규명하고자 한 연구가 주목된다. 이에 따르면 『경제문감』에는 『주례정의』·『산당고색』·『서산독서기』·『문헌통고』·『고금원류지론』·『책부원귀』 외에 『서경』·『소학』 등이 원용되어 있다고 한다. 이를 계산하면 『경제문감』 전체의 60%로, 중국 측 자료가 전체 5분의 3을 차지하고,[85] 나머지는 고려의 실태와 정도전과 권근의 견해가 제시되어 있다.[86]

『산당고색』은 『경제문감』 84장 9줄 중에서 29장이 인용되어 34%를 차지한다. 찬자인 장여우는 영가학 계열의 인물로서, 그의 『산당고색』 각 부문에는 주자의 견해가 많이 인용되어 있다고 한다. 정도전은 『산당고색』을 통해서 주자의 중앙집권적 정치체제와 재상 정치론을 수용했다. 『주례정의』는 『경제문감』 전체 중 11장 13줄이 인용되어 14%를 차지한다. 왕여지 역시 영가학 계열의 인물이다. 그는 『주례』 본문에 대한 송대 유학자의 설을 편집하고 자신의 견해를 우안(愚案)으로 작성했다. 정도전은 『주례정의』에 있는 『주례』 「천관」에 대한 본문과 그에 대한 유학자

---

85) 〈표〉 『경제문감』 전거의 원용 비율

이용자료	이용분량(50張6줄/84張9줄)	이용비율(59/100퍼센트)
『山堂考索』	29장	34.3%
『周禮訂義』	11장 13줄	13.7%
『西山讀書記』	2장 17줄	3.4%
『文獻通考』	3장	3.5%
『古今源流至論』·『玉海』·『册府元龜』	9줄+6줄+7줄	1.2%
『宋名臣言行錄』·上范司諫書	7줄+18줄	1.4%
『書經』·『孟子』·『小學』	19줄+3줄+11줄	1.5%

도현철, 앞 책, 2013, 124쪽 표11.

86) 도현철, 앞 책, 2013, 123쪽.

의 해설을 끌어와 재상의 역할을 설명했는데, 이때 주자가 지향하는 재상이 육전 전체를 총괄하고 궁정사무까지를 맡는 재상정치론의 이상을 수용했다는 것이다. 『서산독서기』는 『경제문감』의 84장 9줄 중 2장 17줄이 인용되어 있다고 한다. 『서산독서기』는 진덕수가 주자학을 이해하는 데 긴요한 사항을 성현들의 격언이나 경전에서 모은 일종의 독서록이나, 주자학을 현실에 전파하고 활용하려는 현실 정치가로서 진덕수의 고심이 담겨 있는 서적이다. 정도전은 진덕수가 군주론적인 차원에서 정이의 『역전』을 인용한 것을 활용해서 군주에 대한 신하의 역할을 강조했다고 한다.

또한 정도전은 각 관직에 대한 중국 역대 왕조의 연혁·변천에 대해서는 송원 대에 간행된 『문헌통고(文獻通考)』·『고금원류지론(古今源流至論)』·『책부원귀(冊府元龜)』·『옥해(玉海)』와 같은 유서들을 활용했다고 한다. 특히 『경제문감』의 수령이나 감사 부분은 『문헌통고』에서 3장, 대관 부분에서 『고금원류지론』은 9줄, 『책부원귀』는 7줄, 『옥해』는 6줄을 활용했다고 한다. 『문헌통고』는 원의 마단림(馬端臨, 1254~1323)이 중국 고대에서 송대에 이르는 문물제도를 기록한 서적으로, 한족의 부흥을 기약하면서 송을 중심으로 한 중국 역대 왕조의 전장·제도를 총괄했다고 한다. 『고금원류지론』은 전집·후집·속집 10권으로 송 임경이, 별집 10권은 송 황이옹이 편찬한 것으로 송대 조장국전(朝章國典)에 대한 설명이 상세하다고 한다. 『옥해』는 남송대 왕응린(1223~1296)이 박학홍사과에 응시하는 사람을 위해 편찬한 것으로 모두 200권이라 한다. 상고시대부터 송대까지의 전장제도를 비롯한 중국에 관한 모든 사항을 망라한 서적이다. 말하자면 정도전은 박문고거의 유서학 등을 활용해서 중국 역대 왕조의 문물제도에 대한 기초정보를 얻어 조선의 통치체제 기본틀을 형성한 것이었다.

이와 같이 『삼봉집』에 수록된 전거 탐색을 통해서 종래 연구에서와 같이 정도전이 『주례』라는 유교 경전을 직접 연구한 것이 아니라 『주례』에 기초한 송대 정치체제와 『주례』가 제시하는 중앙 집권적 정치 체제가 현실화된 송의 정치 체제와, 송의 정치 체제를 전제로 재상 정치를 주장한 주자의 정치사상을 참고했다고 한다. 그리고 이 과정에서 사공학. 유서학을 원용했다. 정도전이 원용한 영가학은 절동성(浙東省) 영가(永嘉) 지방의 출신자를 중심으로 설사용(薛士龍)·진군거(陳君擧)·섭적(葉適) 등으로 이어진 학문이다. 영가학은 북방 민족의 위협과 실지회복 등 실천적인 학문을 중시하는 경세치용의 학문으로서 성격을 지니고 있다. 이들은 『산당고색』·『옥해』 등 백과사전식 유서에 주의를 기울였다. 영가학(사공학)에서는 주자학과의 연계를 모색하고 같은 범주의 학문으로 동일시하려는 경향이 강했으며, 주자의 사상을 그 핵심으로 정리하는 특색을 지닌다고 한다. 그런 까닭에 정도전은 당시 주류를 이루던 정자와 주자 중심의 도학과 배치되지 않은 선에서 사공학과 유서학의 성과를 원용해서 신왕조 체제 정비에 나선 것이었다.[87]

지금까지 소개한 연구는 『삼봉집』에 반영되어 있는 정도전 개혁사상의 이념적 근거 탐색의 필요성을 제시했을 뿐만 아니라, 여말선초 성리학에 입각한 국가운영의 실체를 밝혔다는 점에서 정도전 연구의 수준을 한 단계 상승시킨 것으로 평가될 수 있다.[88]

---

87) 도현철, 앞 책, 2013, 137쪽.

그 후 『경제문감』 외의 다른 부분들에 반영된 인용 전거가 부분적으로 밝혀졌다. 정도전의 역사론을 살피면서 『경제문감별집』에서는 『문헌통고』 제계고편(帝系考篇) 등이 활용되었을 것이라는 추정이 그것이다. 그리고 중국사의 정통과 관련해서는 삼국시대의 촉한정통론을 인정하고 있다는 점에서 주자의 『자치통감강목』을 활용했을 것이라 추정했다.[89] 또한 『조선경국전』과 『주례』, 『대당육전』, 『고려사』 백관지, 『경세대전』, 『주관육익』, 『경제육전』, 『경국대전』 등의 편목을 비교해 본 결과, 『조선경국전』 속 육전(六典)의 명칭과 배열 순서를 『경세대전』을 따랐다는 점이 구체적으로 밝혀졌다.[90] 아울러서 「헌전」과 『대명률』「형률」 간의 비교를 통해서 『대명률』 30편의 조목이 『조선경국전』에 반영되었다는 사실과 함께, 「헌전」의 전체 47개 조문 중에서 첫머리에 오복(五服)·십악(十惡)·팔의(八議)를 다룬 것은 『경세대전』의 영향이라는 점도 구체적으로 밝혀졌다.[91]

---

88) 정재훈, 앞 논문, 2007, 212쪽.
89) 김인호, 「鄭道傳의 역사인식과 군주론의 기반 - 〈경제문감〉의 분석을 중심으로 -」, 『韓國史硏究』 131, 2005, 264쪽.
90) 〈표〉 典章書의 六典 명칭 변천

周禮	治典	敎典	禮典	政典	刑典	事典
大唐六典	吏部	戶部	禮部	兵部	刑部	工部
高麗史 百官志	吏曹	兵曹	戶曹	刑曹	禮曹	工曹
經世大典	治典	賦典	禮典	政典	憲典	工典
周官六翼	典理	軍簿	版圖	典法	禮儀	典工
朝鮮經國典	治典	賦典	禮典	政典	憲典	工典
經濟六典	吏典	戶典	禮典	兵典	刑典	工典
經國大典	吏典	戶典	禮典	兵典	刑典	工典

※ 출전 : 정긍식, 「≪朝鮮經國典≫과 朝鮮初期 法制整備」, 『서울대학교 法學』 제56권 제2호, 2015, 108쪽, 〈표-4〉 인용.
91) 정긍식, 위 논문, 2015, 110~111쪽.

그 이후 최근에 들어서는 기왕의 추정 정도였던 『경제문감』·『조선경국전』·『경제문감별집』의 추가적인 전거를 탐색하는 작업을 시도했다. 이에 따르면 『경제문감』 재상편에서는 『고금원류지론』 속집 권5에 포함된 논설인 재상 상하 편을 골자로 해서 정돈을 했다고 한다.[92] 군주론과 관련된 『경제문감별집』의 경우 당우부터 오대까지를 다룬 상권은 주로 1302년 호일계가 편찬한 『십칠사찬고금통요』를 요약한 것이라 한다. 그리고 하권은 『십칠사찬고금통요』에서 다루지 않은 송, 원, 고려의 군주들에 대해 다룬 서적이다. 정도전은 호일계가 별도로 남긴 송에 대한 기록과 함께 『역조통략』, 『원사』, 『고려국사』 등을 활용해서 저작을 완성했다고 한다. 호일계의 『십칠사찬고금요』는 1302년에, 진력(陳櫟, 1252~1334)의 『역조통략』은 1310년에 완성된 저작이다. 동정의 『서전집록찬주』는 편찬연대를 정확하게 상고할 수는 없지만, 원나라 당시의 저작이라 한다. 다시말해 정도전은 원나라 당시의 저작들을 활용해서 『경제문감별집』을 완성했다는 것이다. 마지막으로 『조선경국전』의 경우에는 원의 『경세대전』 혹은 그 서문 모음집인 『경세대전서록』을 인용했다고 한다. 이와 같은 전거 탐색을 통해서 정도전이 원나라에서 형성된 정치, 학문적 성과를 내밀하게 수용했다고 한다.

또한 『삼봉집』의 인용전거 연구는 『삼봉집』 전체로 확대되어 가고 있는 추세이다. 이에 따라 「진법」 등의 인용 자료에 대한 검토 역시 이루어졌다. 「진법」의 인용 전거를 분석해서 『옥기경(握奇經)』·『관자(管子)』·『오자(吳子)』 등과 같은 무경칠서(武經七書)의 영향을 받았을 것이라는 견해[93]

---

92) 송재혁, 「『경제문감』 재상 편의 「고금원류지론」 인용」, 『한국사연구』 188, 2020.

와 『통전』을 재인용했을 것이라는 견해가 있다.[94] 이 중 후자는 『통전』의 내용을 일부 옮기면서 일부분은 그대로 서술하고, 일부는 문구를 변용하거나 배제하기도 했는데, 이때 비유교적인 요소의 배제와 보병 중심의 진법 훈련을 강조하는 일정한 경향성을 보여주었다고 한다.

지금까지의 연구를 통해서 『삼봉집』의 인용전거를 통해 본 정도전 사상 연구 자료를 『경제문감』·『경제문감별집』·『조선경국전』을 중심으로 정리해보면 〈부표〉와 같다. 이와 같이 정도전 사상 연구자료는 유교경전을 비롯해서 송·원대의 저술들, 특히 백과사전적인 지식들이 망라되어 있는 유서학의 연구 성과를 활용하고 있다. 이는 곧 여말선초라는 변동기에 대응하고 신왕조의 체제를 정비하기 위해 성리학의 발원지인 중국 역대 왕조의 사례를 참고하면서, 중국의 자료를 조선 현실에 맞게 선별하고 조합하여 조선적 성리학 사회가 되도록 재구성한 노력의 소산이기도 했다.[95]

2) 자료 인용 상의 특징

정도전은 『삼봉집』에서 송·원대 성리학자들의 저술과 함께 중국 유서들이 활용되었다. 그는 『경제문감』을 완성하는데 중국 자료를 광범위하게 수집하고 선별적으로 취사하였으나 그 전거를 분명히 밝히지 않았다. 그 사례를 〈표-6〉로 제시하면 다음과 같다.[96]

---

93) 김광수, 「정도전의 『진법』에 대한 고찰」, 『陸士論文集』 50, 1996.
94) 하대영, 「정도전의 진법에 보이는 병학사상에 대한 검토」, 『朝鮮時代史學報』 92, 2020.
95) 도현철, 앞 책, 2013, 204쪽.
96) 아래의 부분은 도현철, 앞 책, 2013, 126~134쪽 부분을 활용해서 서술했다.

〈표-6〉『경제문감』의 전거인용 방법

순	『삼봉집』	원출처
1	A.『三峯集』 권6, 經濟文鑑 下 監司 考課法 善 德義 淸謹 公平 恪勤 最 獄訟無冤 催科不擾 稅賦無欠 　　賦書齊整 差役均平爲治事之最 　　農桑懇殖 野廣土闢 水利興修爲勸課之最 　　屛除姦盜 賑恤窮困爲撫養之最 政績尤異者爲上 各居官次 職務粗治者爲中 臨事弛慢 所莅無狀者爲下	A-1.『山堂考索』後集 권15, 官制門, 考課類 唐置考功郞中員外郞各一人 掌文武百官功課善惡之考法 凡考課有四善德義靑謹公平恪勤 A-2.『山堂考索』後集 권15, 官制門, 考課類 (宋) 哲宗元祐七年四月 …… 以獄訟無冤 催科不擾 賦稅別無 失陷宣敕 條貫經帳 簿書整齊 差役均平 爲治事之最 農桑墾殖 野廣土闢 修利興修 民賴其用 爲勸課之最 屛除奸盜 人獲安處 賑恤窮困 不致流移 爲撫養之最(『會要』) A-3.『山堂考索』後集 권15, 官制門, 考課類 (宋) 政績尤異者爲上 各居官次 職務粗治者爲中 臨事弛慢 所莅無狀者爲下 歲終以聞將大行誅賞焉(『長篇』)
2	B.『三峯集』 권5, 經濟文鑑 上, 宰相 (『周禮』본문) 周官大宰之職 掌建邦之六典 以佐王治邦國 近按 大宰則天官冢宰也 天於萬物 無所不覆 冢宰於百官 無所不統 以冢宰屬天官 帥百官以亮天工也 然列職於王則與六卿同謂之大 百官總焉則獨謂之冢	B-1『周禮訂義』 권1, 天官 (『周禮』본문) 天官冢宰 愚按 天於萬物 無所不覆 冢宰於百官 無所不統 以冢宰屬之天官 俾帥百官以亮天工歟 賈氏曰 冢大也 ○ 王氏曰 爾雅曰山 頂曰冢 冢於地特高 列職於王則冢宰與六卿同謂之大 百官冢宰 焉則太宰於六卿 獨謂之冢
	C.『三峯集』 권6, 經濟文鑑 下, 衛兵 (『주례』 본문) 授八次八舍之職事 道傳按 宮正宮伯 皆冢宰之屬 先王陳設兵衛 皆使冢宰統之 召公以西伯爲相 命中桓南宮毛俾爰齊候呂伋 呂伋大司馬之屬 亦須命而後行 蓋宰相統宿衛 此最有意	C-1『周禮訂義』 권5, 天官 愚按 先王陳設兵衛 皆使冢宰統之 召伯以西伯爲相 命中桓南宮毛俾爰齊候呂伋 呂伋大司馬之屬 亦須命而後行 皆宰臣統宿衛 此最有意
3	D.『三峯集』 권5, 經濟文鑑 上, 宰相 (『주례』 본문) 以八柄詔王於羣臣 …… 八曰誅 置以馭其過 王氏曰 於六典曰佐王治邦國者 大治 王與大宰共之也 於八法八則 直曰治官府都鄙 小治 大宰得傳之也 於八柄八統曰詔王者 是獨王之事也 大宰以其議詔之而已	D-1『周禮訂義』 권2, 天官 (『周禮』본문) 以八柄詔王馭羣臣 王氏曰 於六典曰佐王治邦國 大治 王與大宰共之也 於八法八則 直曰治官府都鄙 小治 大宰得專之也 於八柄八統曰詔王馭羣臣馭萬民 則是獨王之事也 大宰以其義詔之而已

출전 : 도현철, 2013, 앞 책, 126~134쪽.

첫 번째 사례는 『경제문감』을 완성할 때에 그 전거를 분명히 밝히지 않은 사례이다. A와 같이 『경제문감』 감사조에서 수령 고과법을 만들

때 정도전은 『산당고색』에 수록된 당나라의 사례인 A-1과 송의 사례인 A-2, A-3을 활용해서 만들었다. 그런데 정도전은 그 인용 전거가 되는 『산당고색』과 같은 유서를 명확하게 밝히지 않았고, 필요에 따라 선택적으로 원용한 것이었다. 이러한 현상은 중국 역대 왕조의 연혁과 변천 혹은 격언과 관련된 부분에서 두드러지게 나타난다고 한다.

두 번째 사례는 자신의 생각인 것처럼 서술하고 있는 경우이다. B는 재상에 해당하는 총재의 항목과 관련된 것이다. B는 B-1을 인용한 것으로, 『주례정의』에서 『주례』 본문을 제시하고 여기에 자신이나 유학자들의 견해를 덧붙인 것이다. 그리고 근안(近按)은 권근을 의미한다고 한다. B를 작성하면서 B-1에 있는 『주례정의』의 찬자인 왕여지와 왕안석의 말을 선택적으로 조합하여 만들었다. 그럼에도 권근은 왕여지와 왕안석의 글을 별다른 주석을 달지 않고 자신의 말로 바꾸어 인용해 두었다.

그뿐만 아니라, 정도전 자신의 글로 변경하기도 했다. C는 『경제문감』 하의 위병조이다. C를 만들면서 정도전은 『주례정의』 권5, 천관에 나오는 '우안(愚按)'을 활용하면서, 도전안(道傳按)으로 바꾸어 활용했다. 이렇게 놓고 보면 우안, 즉 왕여지의 말이 정도전의 말처럼 되는 것이다. 이처럼 『경제문감』은 『주례정의』나 『산당고색』에서 많은 부분을 인용하면서도 그 서지명을 정확하게 밝히지 않았고 그 책 속에 기록된 특정 인물의 견해를 정확하게 표시하지 않았다.

세 번째 사례는 왕안석의 말을 왕씨왈로 모호하게 처리한 사례이다. D는 『경제문감』 상, 재상조의 부분으로 『주례정의』 권2 천관의 '왕씨왈(王氏曰)' 부분을 그대로 가지고 왔다. 이때 왕씨는 『주관신의』의 저자인 왕안석이라고 한다. 『주례정의』에서 명확하게 인용임을 밝히면서도 왕안석에 대해서는 '왕씨'로 표현하였고, 『경제문감』에서도 그대로 '왕씨'로 기록한 것이었다. 이는 왕안석을 의도적으로 밝히지 않았다는 의심을 자아낸다.

그렇다면 정도전이 왕안석의 글인지 몰랐기 때문인지를 확인해 보아야 한다. 정도전은 왕안석의 『주관신의(周官新義)』를 보았다고 한다. 이는 아래를 통해 알 수 있다.

① 『周禮訂義』 권2, 天官(『周官新義』 권1, 天官)
(『주례』 본문) 歲終則令百官府各正其治 受其會 聽其致事 而詔王廢置
王昭禹曰 受其一勢功事財用之計 聽其所致 以告于上之事 則其吏之治行可知矣 於是乎 詔王廢置

② 『三峯集』 권5, 經濟文鑑 上, 宰相
(『주례』 본문) 歲終則令百官府各正其治 受其會 聽其致事 而詔王廢置
三歲則大計羣吏之治而誅賞之
王氏曰 受其一歲功事財用之計 聽其所致 以告于上之事 則其吏之治可知矣 於是乎詔王廢置

①·②에서 볼 수 있듯이, 정도전은『주례정의』의 '왕소우왈'을 활용하면서도 왕씨왈로 표시하고 있다. ①은 원래『주례정의』가 왕소우가 편찬한『주례상해(周禮詳解)』를 인용한 글이라고 한다.『주례정의』는『주례상해』를 인용할 때에 '왕소우왈'로 표시했고, 정도전 역시 마찬가지라고 했다. 그런데 ①의 글은 원래 왕안석의『주관신의』에 나오는 글로, 『주례

정의』가 『주례상해』를 인용하면서 '왕소우왈'로 표시했다. 이 점에서 정도전은 ①의 글이 왕안석의 글임을 알고 ②와 같이 '왕씨왈'로 변경한 것이었다.[97]

이와 같이 왕안석에 대해서는 왕씨왈(王氏曰)로 애매하게 처리하면서도, 주자의 글은 '주문공왈(朱文公曰)'이라고 해서 명확하게 출처 표기를 해두었다.

① 『三峯集』 권5, 經濟文鑑 上 宰相 大臣慮四方

朱文公曰 客有爲固始尉 言淮甸無備具 大臣慮四方 若位居宰相也 須慮周四方始得 如今宰相思量得一邊 便全然掉却那邊 如人爲一家之長 一家上下也 須常常都掛在自家心下 始得

② 『山堂考索』別集 권18, 人臣門 宰相

客有爲固始尉 言淮甸無備具 大臣慮四方 若位居宰相 也須慮周四方 始得 如今宰相思量得一邊 便全然掉却那一邊 如人爲一家之長 一家上下也 須常常都計掛在自家心下 始得(『文公語錄』)

①은 ②를 인용한 것이다. ②에서는 『朱子語類』 권112, 朱子, 論官을 인용하면서 「문공어록」이라고만 표시했다. ①에서는 ②를 인용하면서 ②에서 표시하지 않은 '주문공왈(朱文公曰)'을 명확하게 했다. 말하자면 2차 인용을 하면서 원출처 표기에 충실한 것이었다.

---

97) 도현철, 앞 책, 2013, 133쪽 주10번.

요약하자면, 『경제문감』의 인용 방식은 인용 전거 상의 불철저라 할 수 있다. 물론 인용 전거 상의 불철저는 정도전이 참조한 『문헌통고』・『산당고색』 등이 지식인들 사이에 널리 알려져 있고, 또한 역대 왕조의 제도와 관련된 부분이어서 불필요했을 수 있다. 그럼에도 『경제문감』의 조력자인 권근이 『주역천견록』을 작성하면서 자신의 생각과 주자, 정자, 오징의 주장 등을 명확하게 구분하면서 의견을 피력하던 것과도 차별되는 것이었다.[98]

이 점에서 불철저한 인용 방식에 담긴 숨은 의도는 역성혁명기 혹은 조선 건국기의 정치상황과 연계되어 있다는 것이다. 정도전은 사대부 국가로서 주자학의 탄생지이며 중앙집권적 정치체제를 실현하고 있는 송의 정치체제 그리고 그 속에 포함된 『주례』의 육전체제를 연구했다고 한다. 그런데 당시로서는 『주자대전』, 『주자어류』 등과 같은 자료를 확보하기 용이하지 않았고, 압축된 주자학 연구서가 필요했다는 것이다. 이에 따라 『산당고색』을 새로운 정치체제를 확립하는 참고도서로 활용했던 것이었다. 문제는 고려후기에는 정자와 주자로 이어지는 정주학, 곧 도학을 정통으로 삼는 원 관학 주자학을 수용하여 진량이나 왕안석 등에 대한 비판적인 인식이 있었다. 그런 까닭에 왕조교체기에 성리학이 보편이념으로 자리잡으면서 사공학 저서를 이용했다는 사실을 드러내기 곤란한 정치적 상황이 전거 인용을 불명확하게 한 원인이 되었다고 할 수 있다.[99]

---

98) 도현철, 앞 책, 2013, 134쪽.
99) 도현철, 앞 책, 2013, 159쪽.

추가적으로 최근에 송재혁은 인용 출처 상의 불철저는 원대 정치체제를 참조한 결과라는 견해를 제시했다. 그는 『조선경국전』에서 『경세대전』을 원용했음에도 명확하게 밝히지 않고, 대신 『주례』와 사서집주를 내세우는 특성을 보인다는 점을 지적했다. 이를 통해 정도전은 『조선경국전』에서 사서집주를 중심으로 한 신유학의 학술을 새로운 국가의 정치 이데올로기로 내세우려고 했다는 것이다. 『경제문감』에서는 원나라의 제도와 관련해서 『고금사문유취』을 통해 좌우승상제도, 어사대, 간의대부를 소개한 것을 제외하고서는 원의 제도에 대해서 소개를 하지 않았다고 한다. 그럼에도 『경제문감』 재상편에서 육조의 총재를 강조하는 재상론을 제시함으로써 원의 정치체제인 1성 6부제의 영향을 받았을 가능성을 제시했다. 또한 『경제문감별집』에서 원대 남방 휘주학파의 『십칠사찬고금통요』, 『역조통략』, 『서전집록찬주』 등의 다양한 자료들을 요약하고 정리하면서도 그 전거를 밝히지 않았다고 한다. 이와 같이 원대 학문·정치적 성과에 대한 불충분한 전거 제시는 이른바 자신의 구상이 신유학, 즉 성리학에 입각해 있음을 내세우기 위함이라고 보았다.[100]

지금까지 살펴본 것과 같이 정도전 자료의 인용상의 불철저성은 유학의 원론에 충실하면서도 왕조 개창, 신국가의 체제 건설이라는 당면한 현실 문제를 해결하기 위한 정치, 학문적 모색의 결과라 할 수 있다. 이와 같은 인용 문제에 주목한다면, 향후 고려말 수용된 성리학의 성격과 함께, 정도전이 지향한 조선 왕조 체제의 특성과 성리학의 성격이 명료해질 것으로 기대한다.

---

100) 송재혁, 앞 논문, 2021.

5. 맺음말

지금까지 살펴본 것과 같이 『삼봉집』은 여말선초라는 변동기에 대응하고 신왕조의 체제를 정비하기 위해 성리학의 발원지인 중국 역대 왕조의 사례를 참고하면서, 중국의 자료를 조선 현실에 맞게 선별하고 조합하여 조선적 성리학 사회가 되도록 재구성한 노력의 소산이기도 했다.[101]

지금까지의 연구를 토대로 해서 향후 연구 과제를 간략하게 제시함으로써 결론을 작성해 보고자 한다. 먼저 정도전이 인용한 서적들이 가지는 고려 후기 성리학 수용상의 의미를 여타 유학자들의 독서목록과 면밀하게 비교할 필요가 있다. 최신의 연구에 의해서 권근의 『오경천견록』·『입학도설』 등에 반영되어 있는 원명대 학자들의 학설에 대한 연구가 이루어졌을 뿐만 아니라,[102] 이색의 『목은집』에 인용되어 있는 서적들의 규모가 밝혀지기도 했다.[103] 이와 같은 독서목록에 대한 탐구는 고려 후기 성리학 수용에 있어서 논점이 되는 원 관학 성리학적 경향과 남송 성리학적 경향의 분기에 대해 실증적인 근거를 제시해 줄 수 있을 것이라 보기 때문이다.[104]

이와 함께 한문학계의 연구를 통해서 정도전 시문 전거 찾기 성과 역시 반영할 필요가 있다. 정도전의 시문에서는 주로 고려 말 북원 사신 영접 반대 이후 유배, 정치적 소외의 차원에서 도연명에 대한 애호가 나

---

101) 도현철, 2013, 앞 책, 204쪽.
102) 강문식, 2008, 『권근의 경학사상 연구』, 일지사.
103) 도현철, 2013, 『목은 이색 정치사상 연구』, 혜안.
104) 여말선초 성리학 경향에 대한 연구사적 정리로는 다음과 같은 연구를 참고했다. 강문식, 2018, 「여말선초 성리학의 수용과 그 성격」, 『역사비평』 122.

타나는 것 외에는 다른 시인, 특히 당시 지식계에서 성행하던 당과 소식에 대한 애호가 잘 드러나지 않는다고 한다.[105] 이는 주자가 소식의 학문과 문학을 기변(機變)의 술(術), 즉 상대적인 가치판단과 계산에 따른 행위를 옹호한다고 비판한 것과 연계되어 있는 것으로 보인다. 실제로도 정도전은 1391년(공양왕 3)에 도당에 올리는 글에서 주자가 소식에 대해 괴이한 논의를 해서 예악을 멸하고 명교(名敎), 즉 유교를 무너뜨렸다는 점을 비판해서 자신의 선배인 이색과 우현보를 탄핵하는 것이 정당하다고 변호하기도 했다.[106] 그런 까닭에 성리학 수용기인 고려 후기에도 고문가·문학가로서 소식을 중시하는 이색 등과 다르게, 정도전은 주자의 입장에 충실한 면모를 보여주고 있다고 하겠다. 따라서 정도전 시문에 인용된 전거들을 이색 등과 비교 대조함으로써 성리학 수용에 대한 이른바 개혁파와 보수파 사대부들의 입장 차이를 살펴볼 수 있을 것으로 기대된다.

 그럼에도 무엇보다 역사학 연구, 특히 사상사 연구는 단순한 전거 찾기에만 머물러서는 안 되고 그것이 가지고 있는 당대 역사상의 조응, 맥락 등에 대한 충실한 이해가 전제되는 가운데, 정도전 『삼봉집』의 연구자료에 대한 탐색이 이루어질 필요가 있다고 하겠다.

---

105) 김종진, 2008, 「정도전 문학관의 몇 가지 양상들」, 『국어교육』 125, 455~456쪽.
106) 『三峯集』(정조본) 권3, 「上都堂書(辛未)」.

〈부표-1〉 『경제문감』의 조항별 인용 전거

<table>
<tr><th colspan="4">구성</th><th>주요 인용 자료</th></tr>
<tr><td rowspan="15">『經濟文鑑』 上</td><td rowspan="13">宰相</td><td colspan="2">당, 우, 하</td><td>『書經』堯典,『書經集傳』,『書經輯錄纂註』</td></tr>
<tr><td colspan="2">상</td><td>『書經』,『古今源流至論』</td></tr>
<tr><td rowspan="3">주</td><td>서론</td><td>『書經』</td></tr>
<tr><td>주관</td><td>『周禮』,『周禮訂義』,『山堂考索』</td></tr>
<tr><td>총론</td><td>『古今源流至論』</td></tr>
<tr><td colspan="2">진, 한</td><td>『古今源流至論』,『山堂考索』續集 권31, 官制門 宰輔</td></tr>
<tr><td colspan="2">촉한</td><td></td></tr>
<tr><td colspan="2">위진
남북조
당, 송</td><td>『古今源流至論』,『宋名臣言行錄』</td></tr>
<tr><td colspan="2">원</td><td>『古今事文類聚』新集</td></tr>
<tr><td colspan="2">고려</td><td>-</td></tr>
<tr><td colspan="2">조선</td><td>-</td></tr>
<tr><td colspan="2">宰相之職</td><td>『孟子』,『書經』,『小學』,『眞西山讀書記』,『山堂考索』,『古今源流至論』</td></tr>
<tr><td colspan="2">相業</td><td>『眞西山讀書記』</td></tr>
<tr><td colspan="3">議論</td><td>『眞西山讀書記』,『山堂考索』,『古今源流至論』</td></tr>
<tr></tr>
<tr><td rowspan="7">『經濟文鑑』 下</td><td colspan="3">臺官</td><td>『山堂考索』,『玉海』,『冊府元龜』,『文獻通考』,『古今源流至論』,『古今事文類聚』</td></tr>
<tr><td colspan="3">諫官</td><td>『山堂考索』,『古今源流至論』,『書經集傳』,『文忠集』</td></tr>
<tr><td colspan="3">衛兵</td><td>『周禮訂義』,『山堂考索』</td></tr>
<tr><td colspan="3">監司</td><td>『山堂考索』,『古今源流至論』,『記纂淵海』</td></tr>
<tr><td colspan="3">州牧</td><td>『文獻通考』</td></tr>
<tr><td colspan="3">郡太守</td><td>『文獻通考』</td></tr>
<tr><td colspan="3">縣令</td><td>『文獻通考』,『山堂考索』,『宋史全文』</td></tr>
</table>

〈부표-2〉 『경제문감별집』의 인용전거

<table>
<tr><th colspan="3">구성</th><th rowspan="2">인용서목</th></tr>
<tr><th>구분</th><th>왕조</th><th>군왕</th></tr>
<tr><td rowspan="6">상권</td><td>당</td><td>요</td><td rowspan="4">『史記』,『書經』,『書經集傳』,『書傳輯錄纂注』,『資治鑑』,『士林廣記』,『十七史纂古今通要』</td></tr>
<tr><td>우</td><td>순</td></tr>
<tr><td>하</td><td>우~걸</td></tr>
<tr><td>은</td><td>탕~주</td></tr>
<tr><td>주</td><td>무왕~유왕</td><td></td></tr>
<tr><td>한</td><td>고조~애제
광무~헌제</td><td>『漢書』,『後漢書』,『士林廣記』,『十七史纂古今通要』</td></tr>
<tr><td></td><td>삼국</td><td></td><td>『三國志』,『士林廣記』,『十七史纂古今通要』</td></tr>
</table>

	진		「晉書」, 「士林廣記」, 「十七史纂古今通要」
	남북조	남조	「宋書」, 「南齊書」, 「梁書」, 「陳書」, 「南史」, 「士林廣記」, 「十七史纂古今通要」
		북조	「後魏書」, 「北齊書」, 「周書」, 「北史」, 「十七史纂古今通要」
	수	문제, 양제	「隋書」, 「士林廣記」, 「十七史纂古今通要」
	당	고조~애제	「舊唐書」, 「新唐書」, 「士林廣記」, 「十七史纂古今通要」
	오대		「新五代史」, 「士林廣記」, 「十七史纂古今通要」
하권	송	태조-도종	「宋史」, 「士林廣記」, 「歷朝通略」, 「宋史全文」, 「宋大事記講義」, 「宋名臣言行錄」, 「十七史纂古今通要」
	원	태조-순제	「元史」
	고려국	태조-공양왕	「高麗國史」

〈부표-3〉『조선경국전』의 인용 자료

『조선경국전』		『경세대전』
正寶位		「經世大典序錄」 君事 帝號
國號		「經世大典序錄」 君事 帝號
定國本		–
世系		「經世大典序錄」 君事 帝系
敎書		「經世大典序錄」 君事 帝制
治典	總書, 官制, 宰相年表, 入官, 補吏, 軍官, 錢穀, 封贈承襲	治典	總書(「春秋胡氏傳」) 宰相年表(「經世大典序錄」 臣事 總序) 官制(「經世大典序錄」 臣事 治典 官制) 入官(「經世大典序錄」 臣事 治典 入官)
賦典	摠序, 州郡, 版籍, 經理, 農桑, 賦稅	賦典	摠序(「大學章句」 10장 전문, 「經世大典序錄」 賦典 總序)
政典	摠序, 軍制, 軍器, 敎習, 整點, 賞罰, 宿衛, 屯戍, 功役, 存恤, 馬政, 屯田, 驛傳, 騶邏, 畋獵	政典	摠序(「經世大典序錄」 臣事 治典 總序)
憲典	摠序, 名例, 職制, 公式, 戶役, 祭祀, 漕運, 鹽法, 山場水梁, 金銀珠玉銅鐵, 工商稅, 船稅, 上供, 國用, 軍資, 祿俸, 義倉, 惠民典樂局, 蠲免	憲典	總序(「經世大典序錄」 臣事 憲典 總序) 「大明律」
禮典	摠序, 朝會, 宗廟, 社稷, 耤田, 風雲雷雨, 文廟, 諸神祀典, 燕享, 符瑞, 輿服, 樂, 曆, 經筵, 學校, 貢擧, 擧遺逸, 求言進書, 遣使, 功臣圖形賜碑, 謚, 旌表, 宮衛, 軍政, 關津, 廏牧, 郵驛, 盜賊, 人命鬪毆, 罵詈訴訟, 受贓詐僞, 犯姦, 雜犯, 捕亡斷獄, 營造, 河防, 後序	禮典	總序(「經世大典序錄」 臣事 禮典 總序)
工典	摠序, 宮苑, 官府, 倉庫, 城郭, 宗廟, 橋梁, 兵器, 鹵簿, 帳幕, 金玉石木攻皮塼埴等工, 冠禮, 婚姻, 喪制, 家廟	工典	總序(「經世大典序錄」 臣事 工典 總序)

〈참고문헌〉

『삼봉집』(성종본, 국립중앙도서관본), 『삼봉집』(정조본, 민족문화추진위원회 한국문집총간).

강혜선, 『정조의 시문집 편찬』, 태학사, 2000.

도현철, 『조선전기 정치사상사』, 태학사, 2013.

한영우, 『왕조의 설계자 정도전』, 지식산업사, 1999.

이익주, 『정도전(백성을 위한 나라 만들기)』, 창비, 2024.

강문식, 「여말선초 성리학의 수용과 그 성격」, 『역사비평』 122, 2018.

김인호, 「鄭道傳의 역사인식과 군주론의 기반 -〈經濟文鑑〉의 분석을 중심으로-」, 『한국사연구』 131, 2005.

김인호, 「조선경국전과 경제육전의 성격」, 『경제육전과 육전체제의 성립』, 혜안, 2007.

김종진, 「정도전 문학관의 몇 가지 양상들」, 『국어교육』 125, 2008.

도현철, 「『삼봉집』과 권근의 역할」, 『민족문화』 40, 2012.

송재혁, 「『경제문감별집』의 인용전거 탐색」, 『아세아연구』 63, 2020.

송재혁, 「정도전의 국가론 -『조선경국전』과 원 제국의 유산」, 『한국사상사학』 65, 2020.

송재혁, 「정도전은 왜 인용한 자료를 밝히지 않았나?」, 『한국동양정치사상사연구』 20-2, 2021.

심경호, 「조선시대 문집 편찬의 역사적 특징과 문집체제」, 『한국문화』 72, 2015.

오용섭, 「『불씨잡변』 초간본의 서지적 연구」, 『서지학연구』 33, 2006.

오용섭, 「『삼봉집』의 간행과 편성」, 『서지학연구』 48, 2011.

정긍식, 「≪朝鮮經國典≫과 朝鮮初期 法制整備」, 『서울대학교 法學』 제56권 제2호,

2015.

정두희, 「『三峯集』에 나타난 정도전의 兵制改革案의 성격」, 『진단학보』 50, 1980.

정재훈, 「정도전 연구의 회고와 새로운 사상사적 모색」, 『韓國思想史學』 28, 2007.

한영우, 「해제」, 『국역삼봉집』 I, 민족문화추진회, 1977.

이봉규, 「入學圖說」, 『고서해제』 X, 평민사, 2008.

末松保和, 「三峯集編刊考」, 『朝鮮學報』 第1輯, 奈良: 朝鮮學會, 1951.

末宋保和, 「朝鮮經國典再考」, 『和田博士還曆記念 東洋史論叢』, 講談社, 1951.

II
생애와 사상 형성

제3장. 정도전의 혁명적 삶의 굴곡과 쟁점들
/ 문철영(단국대)

제4장. 정도전의 사상 형성과 네트워크
/ 강문식(숭실대)

제3장 정도전의 혁명적 삶의 굴곡과 쟁점들

문철영(단국대 명예교수)

1. 머리말
2. 출생 연도와 출생지, 그리고 신분 문제
3. 성리학 수용과 청년기 정체성 형성 문제
4. 관료로의 성장과 좌절, 정체성 갈등
5. 유랑과 이성계와의 만남, 이색·정몽주·조준과의 관계
6. 맺음말

1. 머리말

정도전(충혜왕 3·1342년~태조 7·1398년)은 14세기 후반의 동아시아의 정세변화 속에서 주자학이라는 이념을 가지고 피비린내 나는 권력투쟁을 거쳐 새로운 정치공동체 — 조선왕조를 탄생시킨 '정치가'이자 사상가였다. 정도전은 대륙에서 원이 명으로 바뀌고 왜구의 침투가 극심하

던 동아시아의 정치 상황 하에서 도덕과 경제의 파탄, 정치의 혼란에 허덕이던 고려말의 위기상황을 극복하고 새로운 정치공동체-조선왕조를 건설하기 위해 사상과 행동 양면에서 투철했던 정치가이다. 그는 성리학을 기반으로 당시 상황에 맞는 개혁 이념을 창출하여 역성혁명에 성공하였고, 새로운 왕조 조선의 통치원리를 제시하였다. 그리하여 조선왕조를 디자인하였다는 평가를 받고 있다.

조선 왕조가 고려와 다른 성리학적 민본 국가의 성격을 띠고 태어날 수 있었던 배경에는 정도전의 노력이 절대적이었다. 흔히 혁명은 목숨을 거는 일이라고 말하지만, 정도전이야말로 목숨을 걸고 혁명을 주도하고, 실제로 그 때문에 목숨을 잃었다고 볼 수 있다. 고려 말 조선 초의 변화를 살펴보았을 때 왕조 교체, 나아가 문명 교체의 거대한 변화에서 가장 이것을 주동적으로 이끌었던 사람이 정도전이었다. 그는 나이 육십 살을 넘기지 못했으나, 그의 정신적 생명은 왕조의 창업과 중흥, 왕조의 근대화, 그리고 지금 우리가 사는 21세기에도 여전히 그 광채를 발휘하고 있다. 그런 까닭에 그의 혁명적 삶에 대한 관심은 대중적인 드라마에까지 이어질 정도로 주목을 받아 왔다. 이러한 대중적인 관심도의 증가와 함께 학계에서의 정도전에 대한 연구도 폭과 깊이를 더해 왔다.[1]

정도전 생애 연구라는 시각에서 볼 때, 정도전이라는 인물의 생애에 대한 최초의 연구는 이상백의 「三峯人物考」이다.[2] 이상백은 1935년에

---

1) 정도전의 생애 연구 뿐만 아니라 전반적인 연구 성과와 관련해서는, 본화정씨영남문회와 (사)삼봉연구원이 공동으로 편찬한 '(삼봉 정도전 관련 논저목록 작성 및 수합) 사업 결과보고서, 2023'이 참고된다.
2) 李相栢, 「三峯人物考(一)·(完)」, 『震檀學報』 2, 3(1935).

이 논고를 제출하였는데, 정도전의 삶보다는 주로 정도전의 죽음을 둘러싼 정치적 이유를 검토하였다. 그 결과 주로 정도전의 죽음을 합리화하기 위해 기록에 남겨진 이유만 살펴보았을 때에는 역죄(逆罪)의 근거를 찾을 수 없다고 결론지었다.

정도전의 생애를 유교와 불교라는 사상적 측면에서 접근한 이병도의 논고가 1950년대에 제출되었다.[3] 이 연구에서는 정도전에 대한 본격적인 논고로서는 처음으로 그가 유교와 불교를 어떻게 보았는지를 살피고 있다. 모두 9쪽이 전부인 이 논고에서는 정도전의 생애를 먼저 살피고, 성리학과 관련해서는 「심기리편(心氣理篇)」과 「심문천답(心問天答)」을 살폈고, 불교와 관련해서는 『불씨잡변(佛氏雜辨)』을 살폈으며, 『학자지남도(學者指南圖)』에 대해서도 추론한 것을 내용으로 삼았다. 대체로 간략하게 정도전의 성리학과 불교에 대한 인식을 요약적으로 살폈으며, 성리학 수입 시기에 이 정도의 저술이 흔치 않음을 지적하였다. 이 논고에서 조선 초 배불과 관련되어 바로 『불씨잡변』이 지적됨으로써 이후 정도전에 대한 관심이 배불론과 관련되어 지속되는 시발점이 되었다.

이우성은 고려말기 나주목의 거평부곡(居平部曲)을 연구한 논문에서 연구의 소재로 정도전이 적거(謫居) 생활을 하며 쓴 기록을 활용하였다.[4] 종래까지의 부곡에 대한 연구가 부곡이 천민집단이라는 점에 초점을 맞추었던 것에 비해, 이 연구에서는 정도전이 쓴 〈소재동기(消災洞記)〉 등의 기록을 활용하여 주민의 상태와 농민의 성격 및 가족·촌락형

---

3) 李丙燾, 「鄭三峰의 儒·佛觀」, 『白性郁博士頌壽記念佛教學論文集』(1959).
4) 李佑成, 「高麗末期 羅州牧 居平部曲에 對하여―鄭道傳의 謫居生活을 通해 본 部曲의 內部關係―」, 『震檀學報』 29·30(1966).

태를 살펴서 부곡민이 일반군현의 양민(良民)과 큰 차이가 없음을 밝혔다. 생애 연구라는 측면에서 볼 때 비록 유배기간에 한정되긴 했지만 정도전의 삶을 유배기에 초점을 맞추어 일정한 내러티브를 갖춘 논고라는 점에서 의미가 있다. 이러한 내러티브형 생애 연구는 '유배기'라는 정도전 삶의 한 시기를 미시적으로 들여다볼 수 있는 계기를 제공하였다.

1970년대에는 한국사연구가 전면적으로 활성화되고, 조선전기 연구도 이전에 비해 크게 활발해졌다. 당시 고려말 조선초의 변화를 긍적적으로 보면서 조선건국을 한국역사의 새로운 장으로 설정하려 했던 한영우는 조선건국의 주역이었던 정도전에 주목하였다. 한영우는 정도전의 정치개혁사상과 사회·정치사상을 잇달아 조명하고, 이를 종합하여 단행본으로 출간하여 정도전 사상의 전체상을 제시하였다.[5] 우선 정도전의 정치개혁사상과 사회·정치사상을 다룬 일련의 논고에서 그의 출신배경에서부터 혁명사상, 신분·직업론, 교육·선거론, 통치체제론 등이 객관적인 형태로 제시되었다. 곧 정치사상에서는 정도전이 주례(周禮)를 모델로 하여 유교적 이상 국가를 실현하려고 하였다고 주장하였다. 모든 인민을 평등화하고, 능력에 따라 직업을 나누며, 관료집단에 의해 운영되는 중앙집권적 관료지배체제를 지향하였다고 하였다. 따라서 통치자는 인민의 민본과 애민, 위민정신에 따라 정치를 해야 하며, 이를 위배했을 때는 교체될 수 있는 것으로 보았다. 또 재상이 정치에 참여함으로써 세습군주는 용인되나 군주의 전제는 배격되는 것으로 보았다. 한영우는 정도전이 지주적 성리학보다는 농민적 성리학, 즉 자작농국가의

---

5) 韓永愚, 『鄭道傳 思想의 硏究』(서울大學校文理大 韓國文化硏究所, 1973).

건설을 목표로 한 농민적 성리학의 단계를 목표로 하였다고 보았다. 이를 위해 양인(良人)을 근간으로 하는 민본국가의 건설과 민족국가의 확립이 제시되었는데, 민본적 민족국가의 체제는 주례=주대국가체제이며, 이를 성리학이 뒷받침하고 있었다고 보았다. 이러한 설명은 종래 성리학은 중소지주의 이데올로기로서 중세국가의 사상적 기반에 불과하다는 통설에 대한 반박으로서 참신한 견해였다고 할 수 있다. 정도전이 단순히 지주에만 머문 것이 아니라 농민의 이익을 대변하는 사(士, 지식인)의 역할을 감당하였으며, 이는 곧 민본(民本)의 실현이었다는 것이다. 따라서 이런 의미에서 조선 초에도 조선 후기와 같은 실학(實學)이 존재하였다고 보았다.

정도전이라는 인물보다 그의 정치개혁 사상을 고려말 조선 초의 변화 속에서 살피려 했던 한영우의 문제의식은 1980년대에 들어서서 정도전이라는 인물의 생애에 좀더 주목하게 된다.[6] 사상이란 그 인물의 생애 변화 속에 역동적으로 움직인다고 볼 때, 어찌 보면 앞뒤가 바뀐 느낌이지만 그럼에도 불구하고 1970년대 골격뿐이었던 그의 정도전 연구에 보다 생동하는 육체를 덧입힌 느낌이었다. 한영우는 정도전의 가계(家系)에 대해 이전에 다루지 못했던 부분을 상세하게 고찰하면서 그의 모계의 혈통에서 차씨(車氏) 노비의 피가 섞였고, 처계의 혈통에서도 정도전의 처가 차씨 집안의 서얼녀(庶孼女)였기 때문에 신분적으로 하자가 있음을 밝혔다.[7] 이런 신분상의 하자는 정도전이 정주학을 받아들

---

6) 韓永愚,「鄭道傳의 人間과 社會思想」,『震檀學報』50(1980).
7) 이런 주장에 대해서는 봉화정씨 문중을 중심으로 여러 문제 제기가 있다. 특히 연안 차씨와 관련한 부분은 『차원부 설원기』가 위서로 판명되어 이를 바탕으로 쓰여진 글들이 문제

이는 문제에서도 정주학의 명분에 적극성을 띠지 못하는 이유가 된다고 하였다. 나아가 정주학의 한계를 불교와 도교의 부분적 절충을 통해 극복하였다고 지적하였다.

인간 정도전을 이해하기 위해서는 조선경국전 분석 위주의 딱딱한 정치개혁 구상이 아니라 그의 진솔한 시문 중심으로 접근해야 한다는 시각에서 문철영은 시문을 중심으로 한 그의 내면세계에 접근하려 하였다.[8] 이러한 그의 연구 방향은 차후 정도전 생애 연구에 있어서 더욱 확대 발전하였다.[9]

1990년대 이후 정도전의 연구에서 보이는 변화의 징표는 삼봉정도전선생기념사업회에서 2003년에 개최한 삼봉학학술회의와 그 결과로서 이듬해 출간된『정치가 정도전의 재조명』을 통해 확인할 수 있다.[10] 대체로 이전에 발표한 논고이기는 하지만 최상용과 이익주, 박홍규, 문철영은 각각 정치가로서의 정도전, 시문(詩文)을 통해 본 정도전의 교유관계, '공요(攻遼)'기도로 본 전술가로서의 정도전, 역사심리학적 고찰로 본 정도전 등 정도전 연구의 다양한 측면을 검토하였다. 종합토론에서의 언급처럼 정도전 연구의 새로운 전기가 될 정도로 이전의 연구보다는 심화된 면이 있었다. 즉 기왕의 연구가 정치사상이나 개혁사상, 배불사상 등 과학적이고 합리적인 해석을 중심으로 전개된 면이 있었던 것

가 된다고 지적한다.
8) 문철영,「詩文을 통해 본 鄭道傳의 內面世界」,『한국학보』 12-1(1986).
9) 문철영, 정치가 정도전에 대한 역사심리학적 고찰,『정치가 정도전의 재조명』(경세원, 2004).
문철영,「삼봉 정도전의 의식세계(意識世界) 연구 – 해배(解配) 이후 조선 건국 시기를 중심으로 –」,『동양학』 44(2008).
10) 삼봉정도전선생기념사업회, 정치가 정도전의 재조명(경세원, 2004).

에 비해, 시대적인 여건 속에서 정도전이라는 인물이 어떤 정서적인 판단을 하였는지, 교유관계를 유지하였는지, 또 정치적인 판단을 하였는지에 이르기까지 한 인물의 깊숙한 내면적인 곳까지 이해를 시도하였다는 점에서 의미가 있다고 할 수 있다.

2000년대 중반 이후 정도전에 대한 연구 경향을 보면 대체로 이전에 다루었던 주제에 비해 좀 더 심층적인 연구가 되고 있음을 알 수 있다. 특히 정도전에 대한 연구 가운데 정치사상과 역사인식, 그의 내면에 대한 이해, 신분 문제 등에서 깊이 있는 연구가 진행되었다.

이미 2004년의 논문에서 역사심리학적 관점에서 정도전을 살펴본 문철영은 사상가로서만이 아니라 한 '인간'으로서의 정도전을 설명하고자 시도하였다.[11] 정도전이 쓴 글만 가지고 그의 사상이나 철학을 분석하다 보니까 '위인 정도전'은 멀찌기 보이는데, 우리와 같은 연약한 '인간 정도전'의 모습은 어느새 사라지고 없는 것이다. 우리가 흔히 '역사'에서 교훈을 얻고 싶어하다보니까, 어떤 역사적 인물을 내세울 때 '교훈'만이 남고 '인간'은 사라져서, 그를 '안다'고는 하지만 그를 '느끼지'는 못하게 되는 문제의식에서 출발하였다. 정작 정도전 연구를 할 때에 삼봉집을 가지고서 연구를 했는데 막상 연구가 끝나고 나니까 우리와 같은 성정(性情)을 가진 삼봉 정도전은 없어지는 연구들, 마치 박물관에 전시되어 있는 딱딱한 하나의 완성된 동상처럼 역사의 위인이라고 해서 우리 보통의 인간들과는 무관하게 교과서적으로 서술하고 있는 연구들을 극복하고, 같은 인간으로서 인간의 아픔과 연약함을 우리처럼 똑같이 겪

---

11) 문철영, 『인간 정도전 – 순수 이성에서 예언자적 죽음으로의 여정 –』(새문사, 2014).

으면서 우리처럼 시험에 넘어지기도 하고 또 끙끙거리면서 일어나 그걸 극복하고 이제 새로운 길을 제시하는 그런 삼봉 정도전을 대면하려는 시도였다.

그러면 이제 이러한 기존의 정도전의 생애 연구 성과를 바탕으로, 앞으로의 생애 연구사에서 주목해야 할 쟁점들을 정도전의 혁명적 삶의 굴곡을 따라가면서 만나보기로 하자.

2. 출생 연도와 출생지, 그리고 신분 문제

정도전은 1342년(충혜왕 복위 3)에 아버지 정운경과 어머니 우씨와의 사이에서 3남 1녀 가운데 맏아들로 태어났다. 정도전이 태어난 해에 대한 기록도 명확한 기록은 없다. 다만 1396년(태조 5)에 명나라와 외교 문서로 인해 정도전을 압송하려는 압력이 있을 때 정도전이 자신의 나이가 55세라고 밝힌 것을 근거로 하여 1342년으로 보고 있다. (『태조실록』 태조 5년 7월 19일(갑술) ; 한영우, 『왕조의 설계자 정도전』(지식산업사, 1999), 28쪽.) 지금까지 대부분의 정도전 연구가 이러한 추정을 바탕으로 이루어 진 것인데, 앞으로 이 부분에서도 새로운 자료 발굴이나 해석이 나온다면, 1342년을 정도전의 출생연도로 상정해서 나온 기존의 모든 연구들이 재검토될 것이다.

그의 출생지에 관한 기록도 명확하지 않다. 확실한 기록이 없기에 그의 출생 당시 부친인 정운경이 흥복도감의 판관에 있었으므로 개경에서 출생했을 가능성도 있지만 당시 일반적으로 외가에서 출생하던 가능성이 있음을 고려해 보면 영주(榮州)일 가능성이 높다.

기존에는 단양지방에서 내려오는 정도전에 관한 전설을 연결하여 충청북도 단양이 그의 출생지일 가능성을 높게 보기도 했다. 그러나 정도전의 출생, 특히 어머니와 관련된 가장 믿을만한 기록인 정운경의 행장에는 "이해 겨울 12월 18일에 부인 우씨(禹氏)가 돌아가서 선생과 부장(祔葬)하였는데, 우씨는 영주(榮州)의 사족(士族) 산원(散員) 우연(禹淵)의 딸이다."라고 서술되어 있다. 선친의 행장에 기록한 모친에 관한 내용이므로 가장 신뢰할 수 있는 기록이라는 점을 고려하면 모친인 우씨는 영주가 고향일 가능성이 높고 따라서 정도전의 경우도 외가에서 태어났다면 영주일 가능성이 높다. 『삼봉집』에 고향을 가리키는 구절이 몇 군데 나오는 것을 기준으로 볼 때도 영주를 자신의 고향으로 인식하였을 가능성이 배가된다고 할 수 있다.[12] 이러한 출생지를 두고도 앞으로 계속적인 연구가 필요하다고 하겠다.

어린 시절의 정도전에 대한 기록은 유네스코 세계 기록문화 유산으로 등재될 정도로 사료적 가치가 높은 조선왕조실록에 이렇게 단 한 구절이 남아 있다.

> 타고난 자질이 총명하고 명민했으며, 어려서부터 공부하기를 좋아하여 널리 많은 책을 보았다.(『태조실록』 권14, 태조 7년 8월 을사)

이렇게 추상적인 진술로는 우리가 인간 정도전을 만날 수 없다. 사료

---

12) 박홍규, 『삼봉 정도전 생애와 사상』(선비, 2016), 43-46쪽.

의 한계를 뛰어넘어 역사적 상상력을 동원해야 하는 이유이다. 따라서 어린 시절 정도전의 자아의 성장과 발달에 대해서 우리는 어느 정도 알려진 정도전의 부모와의 관계를 통해서 유추·해석해 볼 수밖에 없다. 왜냐하면 인간이 태어나 성장해 가면서 겪기 마련인 부모와의 관계가 매우 강력한 삶의 지표가 될 수 있음을 우리 자신들의 경험과 비교하여 실감할 수 있다고 보기 때문이다. 특히 어느 가정이나 마찬가지로 부모와 자식 간에는 나름대로의 갈등이 존재하고 있고, 그러한 갈등을 토대로 노출된 가족 역동이 가족 구성원들의 성장과 발달에 영향을 끼친다는 정신분석의 이론적 도구들은 이러한 해석에 의미 있는 관점을 제공할 수 있을 것이다.

먼저 아버지 정운경을 보자. 아버지 정운경은 아들 정도전의 자부심이자 봉화정씨 가문의 영광이었다. 정도전의 고조부·증조부·조부에 이르기까지 이들 윗대 어른들은 뜻은 깊고 넓었을지 모르나 한 번도 큰 빛을 보지 못한 채 이승을 떠났다. 정도전의 고조부인 정공미가 호장을 지낸 것으로 되어 있고, 그가 뒷 날 봉화정씨의 시조로 된 것을 보면, 그의 선대는 평민이었거나 기껏해야 하급향리였던 것 같다. 정공미의 아들인 영찬은 실직관리가 아니라 하급산직에 불과한 비서랑동정을 지냈고, 영찬의 아들 균은 검교군기감이었다 한다. 이 역시 종3품의 산관직에 불과하였다. 아마 영찬과 균은 호장직을 세습하면서 뒤에 산관직에 추증되었거나, 아니면 향역을 지면서 산직을 받은 것 같다. 이처럼 대대로 하급 향리직을 세습해오던 봉화 정씨 가문에서 처음으로 실직관리가 된 인물이 바로 정도전의 아버지 정운경이다.

정도전이 아버지 정운경을 어떻게 바라보았는가 하는 것은, 정운경이 죽자 그의 삶을 축약적으로 기록한 정도전이 쓴 그의 행장(行狀)에 잘 나타나 있다. 행장이란 죽은 사람의 행실을 간명하게 써서 보는 이로 하여금 죽은 사람을 직접 보는 것처럼 살펴볼 수 있도록 하는 데에 사명이 있다. 이러한 면에서 보면 행장은 전기(傳記)보다는 보다 사실적이라 할 수 있을 것이다.

정도전은 이 행장의 첫머리에 아버지 정운경이 어려서 어머니를 여의고 이모 집에서 자란 것과 10여 세 때부터 학문에 분발해 봉화 부근에 있는 영주향교(榮州鄕校)에 들어갔다가, 훗날 그보다 격이 높은 복주목(福州牧, 지금의 안동)의 향교로 이적하였는데, 처음 향교에 들어갔을 때는 여러 학생들이 업신여겼지만 학교 성적이 매우 뛰어나서 나중에는 오히려 존경을 받았다는 것을 특별히 기록하고 있다. 이러한 아버지 정운경의 어린 시절 이야기는 아마 아버지 정운경으로부터 직접 들은 것으로 아마 정도전의 뇌리에 각인되어 있었던 것 같다. 정도전의 아버지 정운경은 어려서 어머니를 잃고 자란 외로움과 수모를 이기려고 더욱 공부에 매달렸을 것이고, 그 결과 그를 업신여기는 학생들을 제치고 보란 듯이 매번 수석을 했다는 것이다. 그리고 정운경은 이런 사실을 재상감으로 지목된 어린 아들에게 늘 자랑삼아 이야기했을 것이라고 생각된다. 더욱이 어린 정도전이 어머니의 신분에 대한 구설[13]로 주눅들지나 않을까 염려해서였는지, 자신이 어린 시절 어머니 없는 아이로 자라면서 겪었던 일들을 떠올리며 아들 정도전을 위로하고 격려하였을 것이다. 어린 정도전에게도 이처럼 역경을 극복하고 실력으로 입신한 아버지의 어

---

13) 어머니가 영주의 사족 산원 출신의 딸이라면 이러한 해석이 달라진다. 앞으로의 연구에서 보다 진전되어야 할 것이다.

린 시절이 큰 격려가 됐을 것이고, 어머니의 신분에 대한 구설을 당당히 이겨내 자신도 아버지처럼 성공해야 한다고 다짐했을 것이다. 이렇듯 어린 정도전에게 아버지는 곧 자기가 되고 싶어 하는 대상이었다.

정도전의 신분문제는 연구의 초기부터 쟁점이 되는 문제 가운데 하나였는데, 이에 대해서 이종서는 당대가 신분질서가 고정된 상황이 아니라 변화하였던 시기임을 고려하여 정도전의 처지를 살피는 연구를 제시하였다.[14] 곧 정도전은 외조모가 '얼녀'였지만 고려말 '일천즉천(一賤則賤)'의 원리가 약화되었던 시기에 관리로 진출하여 활동하였다가, 구래의 질서가 강화되면서 탄핵을 받게 되었다고 하였다. 정도전이 새 왕조의 개창 세력에 참여한 것은 구 신분질서에 대한 저항의 성격이 강하다고 본 것이다. 이는 한영우에 의해 제기되었던 신분적인 한계를 극복한 점을 보다 구체적인 상황의 변화 속에서 설명한 점에서 의미가 있다.

3. 성리학 수용과 청년기 정체성 형성 문제

정도전은 16~17세 때까지 성률(聲律)을 공부하고 대우(對偶)를 만드는 등 무신의 난 이후의 부용적(附庸的)인 유학인 사장학(詞章學)에서 벗어나지 못하고 있었다. 이것은 이색이 당시 상서(上書)를 올리기를, "옛날 사람들은 성인을 본받기 위해 공부하는데 요즘 사람들은 벼슬을 하기 위해 공부합니다. 그 결과 시서(詩書)를 공부함에 그 도를 깊이 이해하기

---
14) 이종서, 「고려말의 신분 질서와 정도전의 왕조 교체 세력 합류」, 『역사와 현실』 112(2019).

도 전에 화려하게 과시하고자 하는 욕구가 일어나 문장과 시구를 조탁(彫琢)하는 데 마음 씀이 지나치니 성의정심(誠意正心)의 공부를 할 겨를이 어디 있겠습니까?"(『고려사』 열전28, 이색)라고 하여, 당시 사대부들이 문장과 시구를 조탁하는 데 마음을 지나치게 써 성의정심의 도(道)를 알지 못한다고 했던 것과 같았다.

그러다가 민자복(閔子復)을 통해 정몽주의 "사장(詞章)은 말예(末藝)일 뿐이고 진정한 심신(心身)의 학이 있는데, 그것은 『대학』과 『중용』 두 책에 갖추어져 있다"는 말을 전해 듣게 된다. 그 후 이 두 책을 구해 강구했는데, 잘 알지는 못하지만 못내 기뻤다고 한다. 그러고 나서 과거에 급제한 정몽주를 찾아가 인사하고 "선생(정몽주)은 더불어 이야기하기를 평생의 친구처럼 하시고 드디어 가르침을 주시어 날마다 듣지 못한 바를 들었다"고 감격적으로 기록했다.

정도전이 부모상을 당해 영주에서 3년상을 치르고 있을 때 정몽주가 『맹자』를 보내주기도 했다. 정도전은 정몽주가 보내준 『맹자』를 하루에 한 장 또는 반 장을 넘기지 않을 정도로 정독했고, 책을 읽는 중에 "알 듯 하다가도 의심이 나서 모르는 것이 있으면 선생(정몽주)에게 가르침을 받으려고 생각했다"고 했다. 그 후 그에게 이렇게 신유학의 경전을 소개해주고 신유학의 길로 인도해준 동료와 선배들의 추천을 받아 학관이 되어 그들과 오래도록 사귀며 관감(觀感)했다고 한다.

주자학이라는 새로운 유학을 매개로 한 이들은 공민왕 14년에서 16년 사이에 이미 정치적 모임을 결성한 것으로 여겨지는데, 박의중은 후일 성균관 교관들을 중심으로 한 자신들의 모임을 '당(黨)'으로 표현할 정도였다. 이는 그만큼 그들의 결속력이 강했음을 암시해 준다. 그들의 모임에서는 강론만이 아니라, 정치문제에 관해서도 상호 토론했음이 분명하다. 그들이 정치세력화 되었음을 엿볼 수 있다.

이처럼 이색이 원을 통하여 궁구하고 돌아와서 가르침을 편 이래로 흥기하기 시작한 실천적 신유학 이념은, 성균관을 통하여 그의 제자들의 무리들로, 또한 그의 제자들에게서 또 다른 제자들의 무리에게로 확산되고 있음을 볼 수 있다. 이러한 확산은 중앙의 유학계에만 국한된 것은 아니었으니,

> 내가 친상을 당하고는 그대로 영주에 사노라니, 남방의 학자들이 많이 종유하였는데, 지금의 양광도 안렴부사 유공도 그중에 있었다. 유공은 동배들 가운데서 나이는 가장 젊었지만, 도리나 고금의 일을 말하면 묵묵히 마음으로 이해하고 정사나 이치를 논하면 하나하나 받아들여 물러갈 적에는 꼭 소득이 있는 듯하였다. 나는 그를 달리 보고서 제생들에게 이르기를, '이 사람은 후일에 반드시 유용한 인재가 되리라'고 하였더니, 그는 과거 공부를 버리고서 문묵에 종사하였는데, 조정에서 그더러 통민한 인재라고 해서 감찰규정을 제수하였다 … 나는 학식이 퍽 고루하지만 나를 따르는 이 가운데에는 비서성판사 안공 같은 이가 있어 양광도를 안찰하고, 대호군 이공은 경상도를 안찰하며 중서성공 사농김공은 교주도를 안찰하여 모두 탁월한 성적이 있었으니, 지금에 판도 유공이 또한 중선으로 양광도를 안찰하게 되었다. 이들은 모두가 유자로서 본받을 만하고 관리로서 순량한 이들이다. (『삼봉집』 권3, 「송양광안렴유정랑시서」)

이처럼 심지어 정도전이 친상을 당하여 영주에 머무르고 있을 때에

도, 남방의 학자들이 많이 몰려들어서 새로운 유학을 배우고자 하였다.[15] 이 때 그 가르침은 형이상학적인 도리에만 그친 것이 아니라 고금의 일, 즉 역사인식을 기르고 있고, 나아가 정사나 이치 등 현실인식을 토대로 한 실제적이고 실천적인 가르침이었음을 알 수 있다. 그리고 이러한 가르침에 대한 '유공의 자세를 보면, 묵묵히 마음으로 이해하고 하나하나 받아들여 꼭 소득이 있는 듯 하였다'고 묘사되고 있는데, 그를 포함한 남방의 학자들이 얼마나 그의 가르침을 경청하고 있는가를 보여준다. 그 결과 이들 중에서 순량한 지방 관리가 많이 배출되었다고 한다. 이처럼 그의 가르침은 '유'와 '리'가 하나 되어 '진유이면서 순리'가 되게 하는 실천적 신유학이었고, 이러한 새로운 유학이 지방의 학자들에게까지 확산되어 그들의 삶의 현장에서 실천되고 구현되고 있음을 볼 수 있다.

한편 신유학에 힘입은 새로운 물결은, 이단을 물리치는 것을 자신들의 책임으로 삼는 벽이단(闢異端) 의식과 관련해 전개됐다. 권근은 당시 성균관을 중심으로 진행됐던 이런 역동적인 움직임을 이렇게 전했다.

> 우리 좌주 목은 선생이 일찍 가훈을 받들어 벽옹(辟雍)에 입학함으로써 정대정미한 학문을 이루었으며, 돌아오자 유림들이 다 존중했으니, 이를 테면 포은 정공, 도은 이공, 삼봉 정공, 반양 박공, 무송 윤공 등이 모두 다 승당(昇堂)한 분들이었다. 삼봉은 포은·도은과 더불어 서로 친하여 강론하고 갈고닦아 더욱 얻은 바 있었고, 항상 후진을 가르치고 이단을 물리치는 것

---

15) 이처럼 '영주'는 정도전에게 있어서 그의 사상을 더욱 숙성시키고 현실적인 실천적인 가르침으로 현장에 적용시키는 모태가 되었다.

으로 자기 책임을 삼아왔다.(권근,「삼봉집서」)

특히 당시 이들은 이런 신유학의 강론과 실천을 통하여 후진들을 신유학적 이념으로 무장시키고 이단을 물리치는 것을 자신들의 임무로 여기고 있었다. 이처럼 그들은 신유학의 수용을 통한 '벽이단'의 실천을, 신흥사대부인 자신들의 공통적인 사명으로 공감하게 되고, 이것은 그들 동년배뿐만 아니라 후진들까지를 함께 묶어줄 수 있는 울타리의 역할을 하고 있었던 것이다. 이러한 과정을 겪으면서, 정도전은 신유학 수용과 함께 신흥사대부로서 집합적 정체성을 함께 나누고 있던 동료 집단에 커다란 동지애(同志愛)를 느끼고 있었다.

포은 정몽주에게 붙이는 시에 나타나고 있는 '마음을 함께 나누는 친구(同心友)'라는 고백과 '굳고 곧은 지조를 함께 지키며 서로 잊지 말자'라는 다짐 속에서, 정도전의 그러한 뜨거운 동지애를 느낄 수 있다. 이 시는 정도전 자신이 "기쁨과 느껴움이 어울려 격동하므로 운(韻)에 의해 지었다"(『三峰集』권1,「次韻寄鄭達可」)고 해설을 붙이고 있다.

그런 까닭에, '마음을 함께 나누는 친구(同心友)'로서 정몽주에게 거는 기대도 남달랐다. 그런데 자신의 정신적 지주로서 신유학 이념으로 자신을 교화하고 그 길을 걷게 만들었던 정몽주가 불교 경전인 『능엄경』(楞嚴經) 보기를 좋아한다는 소문이 들려왔다. 그 소문을 듣자마자 정도전은 그것이 곧 우리 도(道)의 흥폐와 관련이 있다면서 자중을 촉구하는 다음과 같은 편지를 정몽주에게 보냈다.

이단이 날로 성하고 우리의 도는 날로 쇠잔해져서 백성들을 금수와 같은 지경에 몰아넣고 도탄에 빠뜨렸습니다. 온 천하가 그 풍조에 휘말려 끝이 없으니, 아아 통탄할 일입니다. 그 누가 이를 바로잡겠습니까? 반드시 학술이 바르게 닦이고 덕(德)·위(位)가 뛰어나서 사람들이 믿고 복종할 자만이 이를 바로잡을 수 있을 것입니다. … 송이 융성함에 미쳐 진유(眞儒)들이 번갈아 일어났습니다. 남겨진 경전을 바탕으로 끊어진 도통을 계승해 우리 도(道)를 붙들고 이단을 물리치는 데 학자들이 거기에 쏠리어 따르게 되었으니, 이것 역시 덕이 뛰어나 사람들이 믿고 복종했기 때문입니다.(『삼봉집』 권3, 「상정달가서」)

이 편지에는 정도전이 자신을 포함한 신흥사대부 집단을 어떻게 인식하고 있는지 잘 나타나 있다. 여기서 신흥사대부라는 정도전의 집합적이면서 개별적 정체성 인식을 볼 수 있다. 그는 결국 고려 후기라는 자신의 시대적 상황에 대처하면서 그 시대를 바로잡고 쇠잔해진 유학의 도를 새롭게 할 수 있는 집단으로 '학술이 바르게 닦이고 덕(德)·위(位)가 뛰어나서 사람들이 믿고 복종할 자'를 제시하고 있는 것이다.[16] 그리고 이런 모델로서 곧 송대의 진유들, 곧 신유학적 이념으로 새롭게 무장하고 그것을 현실 속에서 실천하는 유학자들을 들었다.

---

16) 정도전이 정몽주에게 보낸 이 편지에는 이단과 우리를 분리하는 분리의 수사학, 어린 아이들의 소꿉장난을 불교제의로 형상화하는 시각적 수사학, 정몽주에게 하고싶은 말을 편지 말미까지 미루면서 효과를 극대화하는 지연의 수사학이 사용되고 있다. 앞으로의 생애 연구에서 수사학적인 방법론의 도입이 필요한 부분이다. 이 편지뿐만 아니라 정도전의 시문과 논설 곳곳에서 수사학적인 방법론이 사용되고 있다. 이 부분은 앞으로 별고로 다룰 예정이다.

4. 관료로의 성장과 좌절, 정체성 갈등

정도전은 성균관이 중수되기 한 해 전에 부친상으로 영주에 내려갔다가 이어 모친상을 당해서 공민왕 18년까지 머물고 있었다. 이후 탈상을 마친 뒤에 공민왕 19년(1370) 여름에 성균관 학관들의 천거로 성균박사(정7품)에 임명되어 성리학을 강론하기 시작하였다. 다음 해에 30세인 정도전은 국가의 제사의식을 관장하는 태상박사가 되었다. 이곳에서 예악에 밝고 일처리가 매끄럽다고 하여서 직책을 잘 수행한 것을 인정받아서 종6품의 예의정랑(禮儀正郞)으로 승진하면서 성균박사와 태상박사를 겸임하는 직책을 맡았다.

정도전은 21세에 진사시에 합격하고, 22세부터 충주목의 사록(司錄)에 임명되어 관료생활을 한 지도 10년이 지났을 무렵인 33세, 공민왕 23년(1374) 9월 공민왕이 시해되면서 고난의 길을 걷게 되었다. 이전의 비교적 평탄했던 관료생활과는 다른 길이었다. 더구나 당시 외교문제는 큰 어려움에 봉착하게 되었는데, 1368년의 명의 건국으로 공민왕 때에는 명과 조공책봉 관계를 맺고 반원친명 정책을 펼치다가 공민왕의 죽음으로 인해 애매한 상황이 된 것이다. 권력을 장악한 이인임은 원과 명 사이에서 줄타기를 하면서도 명의 사신을 죽이고, 북원에 부고를 알리는 등 친원으로 기우는 조치를 한 것이 문제였다.

이에 신흥유신 세력들은 공민왕의 친명 정책을 지지하였고, 특히 정도전은 우왕이 명에 공민왕의 부고를 보내지 않자, 신속하게 사신을 명에 파견할 것을 주장하였다. 또 명 사신을 죽이고, 북원에만 부고를 알린 사실에 대해 박상충, 정몽주 등과 함께 이를 명에 보고하지 않으면 고려가 위태로울 것이니 명에 사신을 파견할 것을 요청하였다.

이에 이인임은 결국 1375년 1월에 명으로 사신을 파견하나 사신이 명의 국경을 넘지 못한 사이에 북원으로부터 사신이 도착하였다. 이인임은 결국 김구용, 이숭인, 정도전, 권근 등의 반대를 물리치고 친원으로 외교정책을 변경하려고 하였다. 그래서 당시 성균사예, 예문관 응교와 지제교 등으로서 문한(文翰)의 일을 도맡은 정도전에게 북원의 사신을 영접하도록 영접사에 명하였다. 정도전은 이 명령에 대해 "나는 사신의 머리를 베어 가지고 오든가 그렇지 않으면 명나라에 묶어 보내겠다"라고 하여 강하게 거부하였다. 이는 고려의 외교관계를 멀리까지 내다본 결정이 아닐 수 없었다.

결국 정도전은 유배를 가게 되었고, 성균대사성 정몽주 등도 반발하는 사이 북원의 사신은 돌아가게 되었다. 이인임은 이에 반대한 자들에 대해 탄핵하는 상소를 유도하여 정몽주, 김구용, 이숭인 등도 유배를 가게 되었다. 우왕 원년(1375) 여름 34세의 정도전은 전라도 나주의 회진현(會津縣)에 속한 거평부곡(居平部曲)의 소재동, 지금의 나주시 다시면 운봉리 백동마을의 백룡산 서편 자락으로 가게 되었다.

정도전은 귀양살이를 떠나면서 자신의 단호한 심경을 「감흥」(感興)이라는 시에 담아 후세에 남겼다. 자신의 심정을 중국 하(夏)나라 충신 용방(龍逄)과 은(殷)나라 충신 비간(比干)에 빗대어 지은 시다.

> 조국의 멸망을 차마 못 본 체 할 수 없어
> 충의의 심장이 찢어지고
> 대궐 문 손수 밀고 들어가

임금 앞에서 언성 높여 간했더라오.
예부터 한 번 죽음 뉘나 있으니
구차한 삶은 처할 바 아니지 않은가.(『삼봉집』 권1, 「감흥」)

용방은 하나라 폭군 걸왕에게 충언을 하다가 불로 지지는 포락형을 받은 인물이고, 비간은 은나라 폭군 주왕에게 충언을 하다 주왕이, "듣자니 성인의 심장에는 구멍이 일곱 개 있다 한다" 하고 배를 갈라 죽인 인물이다. 정도전은 이 시를 통해 의를 위해서 죽을지언정 구차하게 살지 않겠다는 기상을 표현했다. 자신의 청년기의 정체성에 따른 맹렬한 헌신과 단호한 거부를 함께 보여주고 있는 것이다. 이렇듯 정도전은 유배를 계기로, 죽는 것이 오히려 사는 것이라는 사생관(死生觀)을 확고히 하여 현실 안주에 대한 미련이나 현실 타협적 자세를 청산하고 있었다. 이렇듯 유배를 계기로 하여 '죽는 것이 오히려 사는 것'이라는 사생관을 확고히 하고 있는 정도전의 불굴의 자세는, 같은 사건에 연루되어 유배를 갔으면서도 그 유배를 받아들이는 자세에 있어, 정몽주와 이숭인과는 다른 내면세계를 보여 준다. 유배 당시 정몽주는

나그네 마음 오늘 따라 처량해져
물가에 가나 산에 오르나 바다 기운만 으시시
…… ……
노란 꽃 손에 꺾어들고 부질없이 취해 보니
옥 같은 아름다운 사람 구름 안개 저 너머에 있네.
(『포은집』 권 2, 「언양구일유회차유종지운」)

라고 하여 '옥 같은 아름다운 사람' 즉 임금을 그리워하는 신하의 심정을 담은 연군시(戀君詩)를 남기고 있고, 이숭인 또한 유배에서 풀려나 고향에 돌아왔을 때

> 띠로 지은 집이 산골 물가에 한적하니
> 내 돌아옴에 소나무와 대나무도 기뻐하도다.
> 온 집안식구 모두 군은(君恩)의 두터움을 기뻐하니
> 바라옵건데 천년 만년 장수하소서.
> (『도은집』권 3, 「십일월초오일몽은환향」)

라고 하여 임금님 은혜(君恩)의 망극함을 노래하고 있지만, 정도전의 회진현 유배시의 모음인 「금남잡영」 속에는 단 한 편의 연군시(戀君詩)나 신원시(伸寃詩) 혹은 자송(自訟詩)도 전하지 않고 있는 것이다.

하지만 젊은이들은 어떤 일에 가장 맹렬하게 헌신하고 있는 동안에도 급격하게 변해간다. 특히 30대의 젊은이들은 변화를 지향하지만 또 한편으로는 정착도 지향하는 시기이기도 하다. 더욱이 박탈과 고립을 의미하는 유배라는 상황은 이러한 30대 젊은이의 변화와 정착 사이의 갈등을 증폭시킬 수 있다. 유배 이전에 획득한 자아 정체성에 입각해서 가장 정력적으로 일하며 '정착'을 지향해야 하는 30대에 있어서 사회로부터 격리되었다는 것은, 당연히 박탈과 고립을 통한 사회적 공허감이나 소외감을 불러일으킨다. 따라서 이런 불안한 자아를 잠재우기 위한 새로운 헌신 대상을 향한 결단의 필요성을 통감하는 것과 함께 그 내면 깊숙한 곳에서 치밀어 오르는 질문에 힘겨워하기도 하는 복잡한 심리를

나타내게 된다.

이처럼 내부에서 치밀어 오르는 질문을 회피하지 않고 정직하게 맞섰음을 보여주는 것이 유배 첫 해인 1375년 12월 34세 때 쓴「심문천답」이라는 글이다. 그 질문은 한마디로 말하면, "왜 선한 사람이 화를 입고 악한 사람이 도리어 복을 받느냐"는 인류의 고전적이고 공통적인 질문이었다. 이것은 사실 정도전 자신이 스스로에게 던지는 질문이기도 했다. 과연 하늘이 존재한다면 어찌하여 의로운 일에 목숨을 걸고 행동하는 자신과 같은 선한 사람이 사회에서 격리된 채 박탈과 고립을 경험해야만 하는가 하는 질문이었던 것이다. 어찌하여 옳은 일을 하는 사람이 핍박받고 위선자와 타락한 자들이 부귀영화를 누리는가. 그렇다면 과연 정의롭게 살 필요가 있는 것인가. 원칙을 지키며 의롭게 산다는 것은 진정 손해를 보는 일인가. 이래서 세상 사람들은 선하게 살면 오히려 손해를 본다고 생각하게 되니 도대체 하늘은 왜 의인을 시련에 빠뜨리고 악인에게 부귀를 주는 것인가 하는 질문이었다. 이런 질문은 자신의 유배 상황을 인정할 수 없다는 마음속 깊은 곳에서의 울림이었다.

하지만 이 울림은 "네가 나를 병 되게 한 것이 많았는데, 어찌 스스로 반성하지 않고 문득 나를 책망하는가" 하는 하늘의 꾸짖음에 눌려버린다. "인사(人事)가 옳으면 재앙(災殃)과 상서(祥瑞)가 그 항상 의로운 것을 따를 것이요, 인사가 그릇되면 재앙과 상서가 그 바른 것을 잃는 것이다. 어찌 이것으로써 스스로 그 몸을 반성하여 너(汝)의 당연히 할 바를 닦지 않고 하늘을 책망하는가. …… 너는 그 바른 것을 지켜서 나(吾)의 정하는 때를 기다릴 지어다"라는 신유학의 천인감응설에 따른 도덕적·관념적 해답에 눌려버리고 만다. 정도전은 다른 성리학자들과 마찬

가지로 '기(氣)' 또는 '기의 작용성'을 악의 원인으로 간주한다. 하지만 기의 작용이 항상 리의 실현을 방해하면서 악과 재앙만 일으키지는 않는다. "기는 줄고 늘고(消長)"하는 등 변화를 하는데 반하여 "리는 불변"하므로, 긴 시간이 흐르면 "리는 반드시 그 정상을 찾고 기도 리를 따라 바르게 작용"하여, 마침내 "선행에 복이, 악행에 화가 따르는 결과"에 이른다. 선악 행위에 상응하는 복과 화의 과보는 리(의리)에 담지된 불변적인 원리이기 때문에 결코 소멸되지 않는다. 그것이 소멸되지 않으므로 끝내는 실현된다는 것이 정도전의 주장이다(삼봉정도전선생기념사업회, 2008: 35). 다만 정상적인 '응보'의 현상이 즉시에 일어나지 않고 지체될(其道遲而常) 따름이다. 이것은 곧 유배와 격리 속에 고립되어 있는 정도전 자신의 실존적 고민에 대해 정도전 스스로 자신을 설득시켜야 했던 철학적·이론적 해답이었다.

하지만 이런 철학적·이론적 해답만으로 유배지의 실존적 삶의 문제가 풀리지 않는다는데 그의 고민은 이어진다. 그렇기 때문에 이런 도덕적·관념적 설득에도 불구하고 정도전의 유배 생활의 주된 정조는 고독이요, 비애요, 괴로움이었다. 유배 2년째인 1376년 1월에 지은 것으로 추정되는 시 「동정에게 올리다」(奉寄東亭)에도 날이 새도록 잠 못 이루며 괴로워하는 그의 심사가 묘사되어 있었다.

> 하늘이 네 철을 나눠놓으니
> 추위와 더위가 다 때가 있다네.
> 정월이라 설도 이미 지나가고
> 입춘도 다가오건만

추위는 아직도 위세를 부려

으스스 살갗에 스며드누나.

이역에 묶여 있는 오랜 나그네

떨어진 옷에 헌 솜이 뭉쳤네.

새벽 닭이 좀처럼 울지 않으니

밤새도록 부질없이 슬퍼만 하네.(『삼봉집』 권1, 「봉기동정」)

이렇게 '밤새도록 부질없이 슬퍼하는' 이런 고통은 육체적인 고통에 그치는 것이 아니었다. 그것은 실상 정신적인 고통을 억압하는 데서 오는 육체적 표현이었을 뿐이다. 자신이 지금껏 쌓아올린 학문과 명성 그리고 입신양명의 꿈이 좌절되는 데서 오는 정체성의 위기로 그는 밤새 잠 못 이루며 뒤척였던 것이다. 이런 정체성의 위기의식은, 아내와 주고받은 편지를 적은 「가난」(家難)이라는 글에서, "내가 죄를 얻어 남쪽 변방으로 귀양 간 후부터 비방이 벌 떼처럼 일어나고 구설이 터무니없이 퍼져서 화가 측량할 수 없게 되었다"며 정직하게 토로했다. 그는 유배가 풀릴 조짐은 커녕 화가 어디까지 이를지 측량할 수 없는 위기의식을 느끼고 있었다. 게다가 위기의식의 저변에는 "나는 누구며, 왜 여기까지 흘러왔으며, 앞으로 어떻게 해야하는가" 하는 정체성의 위기의식까지 깔려 있었다. 정도전은 이런 위기의식을 아내의 입을 빌려 이렇게 질문했다.

당신은 평일에 부지런히 글만 읽으면서 아침에 밥이 끓는지 저녁에 죽이 끓는지 간섭하지 않았습니다. 그 결과 집안에는 경쇠를 걸어놓은 것처럼 한 섬의 식량도 없는데 아이들은 방에 가득하여 춥고 배고프다고 울어댔습니다. 제가 끼니를 맡아 그때 그때 어떻게 꾸려나가면서도 당신이 독실하게 공부하시니 뒷날에 입신양명해 처자들이 우러러 의지하고 가문에 영광을 가져오리라고 기대하였습니다. 그런데 끝내는 국법에 저촉되어서 이름이 욕되고 행적이 깎이며, 몸은 남쪽 변방에 귀양을 가서 독한 장기(瘴氣)나 마시고 형제들은 나가 쓰러져서 가문이 여지없이 망해, 세상 사람의 웃음거리가 되는 지경에 이르렀으니 현인군자라는 것이 진실로 이런 것입니까.(『삼봉집』 권4, 「가난」)

정도전의 정체성의 갈등-'존재의 고통'의 찢어짐-을 보여주는 글들인 「금남야인」, 「답전부」, 「사이매문」 등이 야인·농부·도깨비와의 계속되는 질문과 대답—여기에 반복적 질문과 반복적 대답이 나온다. 이때 그 주된 내용은 '자신의 힘을 헤아리지도 않고 바른 말 하다가 쫓겨났다'는 것이다—으로 이어지고 있고, 끝에서는 어떤 구체적이고 교훈적인 결론 대신 야인·농부·도깨비들이 사라지는 은유적 형식을 띠고 있음이 주목된다.[17]

유배지에서 쓴 「사이매문」(謝魑魅文)이라는 글에서도 그가 처한 상황 속에서 느낀 정체성의 위기와 갈등, 그리고 극복에 대해서 잘 보여주고 있다. 이 글의 서두에서 정도전은 유배 상황 속에서 버려지고 고립되어

---

17) 라캉은 은유란 "의미가 무의미 속에서 산출되는" 곳에 위치되어 있다고 말한다. 특히, 라캉이 무의식을 '반복의 지식' 혹은 '반복을 보장하는 움직임'이라 하여, '반복'을 강조하고 있음이 주목된다. 야인과 농부와 도깨비와의 계속되는 반복적 질문과 반복적 대답을 통하여 볼 때, 정도전은 결국 '자신의 힘을 헤아리지도 않고 바른 말 하다가 쫓겨났다'는 솔직한 심정이 무의식 속에서 의식으로 표출되는 것을 누르고 있는 것인지도 모르겠다.

있는 심사를, 흐리고 자주 비가 오는 칙칙한 날씨와 흐린 하늘 그리고 어두운 들로 나타냈다. 그러면서 "눈에 보이는 것이 모두 쓸쓸하다"고 외로움을 고백했다. 산책을 나가도 쓸쓸하고 집으로 돌아와도 울적하다고 했고 이런 혼란과 갈등 속에서 정도전의 자아는 분열을 경험했다. 그리하여 결벽증적으로 이전까지의 정체성과 생활양식을 고집하던 자아와 그 자아를 극복하고자 하는 또 다른 자아 사이에서 투쟁이 일어나게 된다. 그는 이런 정체성의 혼란과 갈등을 도깨비로 형상화했다.

서술자 '선생'은 성가시게 구는 이매(사람을 홀려 해친다는 산도깨비)들을 성을 내며 쫓아낸다. 그는 도깨비가 싫다. 떠드는 것도 싫고 상서롭지 못한 것도 싫다. 싫은 것은 싫은 것이다. 밖에 나가도 눈에 보이는 모든 것이 쓸쓸하고 집으로 돌아와도 울적할 뿐인데, 어찌 도깨비 따위를 용납할 수 있겠느냐는 것이다. 모든 것이 귀찮고 짜증날 뿐이었다.

이런 울적함, 짜증, 분노, 슬픔은 사실 유배 생활 가운데서 떨쳐버릴 수 없는 도깨비 같은 것이었다. 손을 들어 쫓아내면 또 어디선가 나타나고, 잠깐 마음이 풀려서 한동안 잊고 있노라면 또 어디선가 나타난다. 그런데 이런 도깨비들이 어느 날 깨끗하게 사라졌다가 선생의 꿈속에 떼로 나타나 이렇게 항변을 한다.

> 뿐만 아니라 당신은 자기의 힘을 헤아리지도 않고 기휘(忌諱)를 범하여 태평성세에서 쫓겨났으니 가소롭지 않습니까? 그대는 또 힘써 배우고 뜻을 두터이 하며 바르게 행하고 곧게 나가다가, 끝내는 화를 당하여 귀양을 왔는데도 스스로 밝혀야 할 길이 없으니 또한 슬프지 아니합니까? … 우리들은 당신이 오는 것을 좋아하여 같이 놀아주거늘, 지금 동류가 아니라고 배

척하니 우리를 버리고서 그 누구와 벗을 한단 말입니까?(『삼봉집』 권4, 「사이매문」)

선생은 이 같은 도깨비들의 말을 듣고 부끄러워하는 동시에 그 뜻을 후하게 여겨 사과하는 글을 지어 사례한다. 깊은 뜻을 몰라주고 쫓아버리려 했던 것에 대한 사과이자 후의에 대한 감사였다. 실로 울적함, 짜증, 분노, 슬픔처럼 유배 생활 가운데서 떨쳐버리려야 떨쳐버릴 수 없는 도깨비 같은 것들이 있다 하더라도, 그것이 자신에게 속한 것인 한 오히려 감사하면서 껴안을 일이다. 이것은 곧 내부에서 서로 갈등하고 싸우는 자아의 화해를 뜻하며, 분열된 자아의 통합을 통한 새로운 정체성의 형성을 의미하는 것이었다.

5. 유랑과 이성계와의 만남, 이색·정몽주·조준과의 관계

정도전은 우왕 3년(1377) 7월에 나주의 유배지에서 벗어나서 고향으로 돌아갔다. 그러나 이는 관료로 복직하는 것은 아니었고, 거주지를 조금 편한 곳으로 옮긴 것이었다. 이때부터 7년 동안 영주와 삼봉·부평·김포 등의 지역을 전전하게 되었다. 어떻게 보면 나주에 유배되었던 때보다 정신적으로는 더욱 힘든 시기를 보냈을 수도 있다. 함께 유배되었던 동지들은 우왕 원년을 즈음으로 복귀하기 시작하였던 것에 비해 정도전은 한 곳에 정착하지도 못하고 떠도는 신세였기 때문이다.

정도전은 먼저 개경 부근의 삼각산(三角山) 아래의 옛집으로 돌아왔다. 개경 인근이므로 현재 북한산 부근으로 추정하는 곳이다. 그는 이 산 아래에 삼봉재(三峯齋)라는 집을 짓고, 사방에서 찾아온 제자들을 가르치는 것으로 생계를 이은 것으로 추정된다.

그런데 이곳 출신의 사람〔鄕人〕으로 재상이 된 사람이 정도전을 시기하여 초막을 철거하였다. 정도전은 할 수 없이 여러 학생들을 데리고 부평부사 정의(鄭義)에게 가서 의지하여서 부평부의 남쪽에 살았다. 그런데 여기서도 전임 재상인 왕모(王某)가 그 땅을 자기의 별장으로 만들려고 집을 철거함에 따라서 김포로 거처를 옮길 수밖에 없었다. 유배를 가기 전에는 전도가 유망한 관료였다가 한 순간에 전락하면서 이제는 살 집 까지 핍박을 받으며 유랑하며 전전할 수밖에 없는 처지로 떨어진 정도전은 삶에서 가장 위태로운 시기로 느꼈을 수도 있을 때였다.

이처럼 수 년 동안 정도전은 삼각산, 부평, 김포 등지를 전전하면서 학문과 교육에 종사하였다. 이때 항상 후생을 가르치는 데에 이단을 배척하는 것을 자신의 책임으로 생각하였다. 어느 날 이금(伊金)이라는 고성 사람이 자칭 미륵불을 자칭하며, "나는 석가불도 오게 할 수 있으며, 누구든지 신에게 기도하면서 쇠고기와 말고기를 먹는 사람과, 재물을 남에게 나누어 주지 않는 사람은 모두 죽는다. 만약 나의 말을 믿지 않는다면 3월에 가서 보아라. 일월은 모두 광채가 없어질 것이다." 하고, 대중을 현혹하였다. 또 말하기를, "내가 조화를 부리면 풀에 파란 꽃이 피고, 나무에 곡식이 열리는데, 어떤 것은 1년에 한 번 심어서 두 번 수확한다." 하고, 또 말하기를, "내가 산천의 귀신들을 보내면 왜적도 사로잡아 올 수 있다." 하니, 어리석은 백성들은 모두 그 말을 믿어서 성황

사를 훼철하고, 이금을 부처처럼 섬겼다. 이에 대해서 승려 찬영은 말하기를, "이금의 하는 말은 모두 황당무계하다. 그 중에도 '일월이 광채가 없어진다.'는 말은 더욱 가소롭다. 그런데 온 나라 사람들은 어째서 이다지도 믿는단 말이냐?" 하였다.

이때 정도전은 "이금이나 석가나 그 말은 다르지 않다. 다만 석가는 멀리 타생(他生)의 일을 말하여 사람들이 그 허망한 것을 알지 못하지만, 이금은 가까이 3월의 일을 말하여 당장 그 허망한 것을 눈앞에 보게 되는 것뿐이다."라고 반박하였다. 이에 찬영이 아무 말도 못하고 가버렸다고 한다(『삼봉집』 권8, 부록 사실). 이것은 현상의 본질적 측면을 꿰뚫어 보는 정도전의 혜안을 보여 주고 있다. 이때 이미 그의 배불이 단지 당시 몇몇 승려들의 부패나 사원의 타락 정도를 향한 데서 그치지 않고 '석가'를 향해 정조준할 것을 예고하고 있다. 이때 이미 한국 역사 속에서 최초의 불교 이론적 비판서로 평가받고 있는 정도전의 "불씨잡변"이 배태(胚胎)되고 있는 것이다. 이 일화는 정도전이 불교에 대해 어떻게 인식했는지를 잘 보여준다. 불교는 대중을 속여서 현혹시키고 있었다. 정도전은 왜구의 침략과 민생이 파탄이 나는 현실에서 종교에 빠지는 민중들에게 그것은 더 이상 근원적인 해결책이 아님을 제시하고 싶었던 것이다. 이러한 현실에 대한 처절한 경험은 이후에 불교에 대해 체계적인 이론적 비판서인 『불씨잡변(佛氏雜辨)』을 저술하는 토대가 되었음은 물론이다.

이런 생활을 하는 가운데 정도전은 이성계를 찾아가게 되었다. 우왕 9년(1383) 42세가 되던 가을, 함경도의 함주, 지금의 함흥으로 이성계를 만나러 갔다. 이때 이성계는 동북면도지휘사(東北面都指揮使)로서 동북면의 방위를 책임지고 있었다. 정도전과 이성계의 이 만남은 조선왕조의 건국을 위한 혁명을 모의하기 위한 만남으로 널리 알려져 있다.[18]

이미 왜구의 토벌로 인해서 명성이 높았던 이성계 역시 당시 무장 가운데서 가장 인기가 있었다. 그런데 이성계에게는 이미 신흥의 문신세력과의 접점이 있는 상태였다. 이를테면 정몽주 역시 이성계와 이미 관계를 맺고 있었다. 정몽주는 이미 공민왕 13년(1364) 동북면도지휘사 한방신의 종사관으로 삼선·삼개를 치는 데 파견되었는데, 이 때 구원병을 이끌고 온 이성계와 만났다. 이후 우왕 6년(1380)에는 이성계의 조전원수로서 왜구와의 운봉전투를 치르기도 했다. 그리고 바로 이해인 우왕 9년에 호발도(胡拔都)가 동북면을 침범했을 때에도 이성계의 조전원수로 출전하였다. 따라서 정몽주와 이성계는 매우 긴밀한 관계였다. 정몽주와 이미 성균관을 통해 친숙하였던 정도전은 그를 매개로 이성계와 만났을 가능성이 있다. 누가 먼저 만남을 제안했는지는 몰라도 정몽주와 정도전이라는 신흥 유신들이 무장인 이성계와 함께 뜻을 모색한 것은 사실로 받아들일 수 있지만 아직 이것이 어떠한 형태로 결실을 맺을지는 아무도 모르는 일이었다.

9년여에 걸친 낭인생활에 모두에게 잊혀져가던 정도전에게 극적인 재기의 기회를 제공한 것도 정몽주였다.[19] 1384년 7월 조정은 명나라와의 외교 분쟁으로 골머리를 썩이고 있었다. 중원을 장악한 주원장은 우

---

18) 그러나 이 때는 아직 조선왕조의 개창까지는 10년 가까이나 남은 먼 시기였다. 굳이 강산이 변할 만큼의 긴 시간만이 문제가 아니라 이성계 역시 고려왕조에 대해 반역의 마음을 품을 만큼의 때는 아니었다는 반론도 만만치 않다. 앞으로의 연구에서 주목할 부분이다.
19) 이성계, 정몽주, 정도전 관계에 대한 앞으로의 생동적인 연구가 필요하다.

왕의 친원정책을 문제 삼아, 그간 밀린 5년치 조공을 한 번에 내지 않으면 수륙으로 침략하겠다고 위협하고 있었다. 이에 고려 조정은 주원장에게 생일축하 사절을 보내 선물을 바치고 성의를 표함으로써 긴장을 완화하자고 뜻을 모았다. 그러나 막상 고양이 목에 방울을 달자고 하니 아무도 자원하는 자가 없었다. 이에 권신 임견미가 강직한 정몽주를 사신으로 천거하였고 정몽주는 두말없이 왕명을 받들 것을 맹세했다. 상황이 이러하니 정몽주는 자기를 따라 명나라에 갈 서장관을 구하기도 힘들었다. 망해가는 고려 조정에서 나라를 위해 한 몸 바칠 인물을 구하기란 쉽지 않았다. 이 난국을 맞아 정몽주의 머리에 문득 떠오른 인물이 바로 오랜 벗 정도전이었다. 조국을 위해 생사를 함께할 동지로, 호랑이 굴에서도 살아 돌아올 유능한 재사로, 정몽주가 믿고 부를 수 있는 인물이 바로 정도전이었다.

이처럼 이때 정도전이 서장관이 되어 중국에 다녀온 것은 정몽주의 천거에 의한 것이었다(『태조실록』 권14, 태조 7년 8월 기사 정도전졸기). 두 사람은 이색 문하에서 만난 이후 이때까지 가장 막역한 친구이자 동지였고, 실제로 이 무렵에 정도전은 정몽주에 대하여 "비록 선생을 내가 가장 잘 안다고 하여도 참람한 말은 아닐 것이다"라고 하였다(삼봉기념사업회, 2004: 78).

이렇게 정도전이 재기할 수 있는 발판을 다름 아닌 정몽주가 제공하였다는 것도 역사의 아이러니다. 두 사람은 특유의 설득력과 친화력을 바탕으로 임무 수행에도 성공하여 밀린 조공도 면제받고, 구류했던 사신들도 돌아오게 하는 공을 세웠다. 훗날 공양왕은 이때 정도전이 세운 공을 평하여 "우리나라가 명나라와 국교를 유지할 수 있었고 나라와 생령이 영원토록 편안하게 된 것은 그대와 정몽주의 힘"이라고 하였다.

우왕과 창왕의 폐위 사건을 둘러싸고 정도전은 스승인 이색과 사이가 나빠지기 시작하였다. 이색은 우왕과 창왕의 폐위를 반대하였고, 이들 부자가 신돈의 후손이라는 주장도 믿지 않았다. 우왕이 과연 신돈의 아들인가 아닌가는 명백한 증거가 없다. 다만 중요한 것은, 개혁과 혁명을 꿈꾸는 이들에게는 수구정치의 상징인 우왕의 폐위가 절대 필요했다는 것이고, 수구파에게는 우왕의 폐위가 부당하게 보였다는 점이다. 그런 까닭에 일찍이 스승인 이색과는 같이 갈수 없으리라는 것을 정도전은 깨달았다. 하지만 정몽주만은 끝까지 함께 할 동지로 믿었다.

실제로 정몽주는 창왕 원년(1388)에 예문관대제학으로 전임했는데, 이 때 이성계를 따라 공양왕을 옹립하기로 대책을 세워 후에 익양군 충의군으로 봉해졌고 순충논도좌명공신의 칭호를 하사받기도 하였다(『고려사』 열전30, 정몽주). 그리고 당시의 정계에서도 정몽주를 이성계파로 인식하고 있었다.

> 종연이 두 번째 도망할 때에 방춘의 집에 가서 말하기를, "이 시중(李侍中)은 성품이 본래 인자한데 다만 정몽주·설장수·조준·정도전 등에게 꾀임을 당해 나로 하여금 이 지경에 이르게 하였다. 내가 서울에 들어가서 박가흥에게 의탁하려고 하니, 정양군(定陽君) 우(瑀)와 지용기(池湧奇)·윤귀택(尹龜澤) 등에게 알려서 함께 모의하여 이 시중과 정몽주만 해친다면 내가 죽음을 면할 수 있을 것이다." 하였다. (『고려사절요』 공양왕 2년 12월)

이처럼 김종연은 이성계를 암살하고 우왕을 복립하려던 계획에 연루

되어 공양왕 2년(1390) 12월에 처형되었는데, 그의 첫 번째 살해 대상이 이성계와 정몽주였던 것이다.

공양왕 2년에 마음 정리를 끝낸 정도전은 윤이·이초의 옥사를 해명하기 위해 명에 다녀왔고, 다음 해에 삼군도총제부가 설치되자 우군총제사가 되어 도총제사 이성계, 중군총제사 배극렴, 좌군총제사 조준과 함께 병권을 장악하였다(『고려사』 권46 공양왕 3년 정월). 그리고 몇 달 뒤부터 스승 이색과 그를 따르는 성균관 동지들을 향한 공격의 포문을 전방위적으로 열기 시작한다. 그 신호탄이 공양왕 3년 5월에 진행된 척불운동이다.

> 성균 생원 박초 등이 상소하기를, "겸대사성(兼大司成) 정도전은 천인성명(天人性命)의 연원을 발휘하고, 공맹정주의 도학을 창도하여, 불교 백대(百代)의 속임수를 타파하고, 삼한 천고(千古)의 미혹을 깨우쳐서 이단을 배척하고, 사설(邪說)을 지식(止息)시키며, 천리를 밝히고, 인심을 바르게 했으니, 우리나라의 진유(眞儒)는 이 한 사람뿐입니다. …… 신 등은 감히 알 수 없는 일입니다. 전하께서 도전의 정학(正學)은 믿지 않으시고 김전의 사설(邪說)을 믿으신다면, 어찌 천하의 비웃음을 받지 않을 수 있으며, 만세의 나무람을 듣지 않을 수 있겠습니까?" 하였다. (『삼봉집』 권8, 「부록 사실」)

이 때 성균대사성 김자수의 척불상소를 시작으로 성균박사 김초, 성균 생원 박초 등이 연달아 상소하여 척불론을 개진하였는데, 이들은 모두 성균관과 관계된 사람이라는 공통점을 갖고 있다. 즉 성균관이 척불

운동의 근원지가 되었던 것으로, 성균관이 공민왕 때 중영된 뒤로 성리학을 교육하고 연구하는 기능을 담당하고 있었다는 점을 감안한다면 당연한 일이라고도 할 수 있다. 그런데 박초의 상소 가운데 정도전에 대하여 '대사성 정도전은 천인성명(天人性命)의 연원을 발휘하고, 공맹정주의 도학을 창도하여, 불교 백대의 속임수를 타파하고, 천리를 밝히고 인심을 바르게 한, 우리 동방의 단 하나뿐인 진유(眞儒)'라고 묘사하여, 이 척물론이 정도전과 관련된 것임이 드러나 있다.

공양왕 3년의 척불운동은 공양왕이 개혁파에 의해 옹립되었음에도 불구하고 개혁파의 정책에 비협조적이던 것을 겨냥한, 정치적 성격이 짙은 것이었다. 또한 이 척불운동은 정도전이 벽이단이란 명분을 앞세워 신흥유신 내에서 주도권을 장악하려는 의도를 담고 있었다. 당시 '유종(儒宗)'으로 추앙받던 이색은 불교계와 친밀한 관계를 맺고 있었고, 공양왕 즉위 이후 개혁파와 대립하던 정몽주는 사상적으로는 척불론에 동의하면서도 그것이 정치 문제로 비화되었을 때에는 척불론자들과 대립해야 하는 딜레마에 빠졌던 것이다(삼봉기념사업회, 2004: 88-89).

이러한 척불 상소 직후에 정도전은 장문의 상소를 올려, "전하께서 평일에 글을 읽어 성현의 성법(成法)을 고찰하지 않으시고, 일을 처리하여 당세의 통무(通務)를 알지 못하시니, 어떻게 덕이 닦아지고 정령에 잘못이 없겠습니까"(『삼봉집』 권3, 「상공양왕소」)라고 공양왕의 정치를 비난하고, 이어서

> 우(禑)·창(昌)은 우리 왕씨(王氏)의 왕위를 빼앗았으니 실로 조종의 죄인입니다. 왕씨의 자손이나 그 신서(臣庶)라면 다 원수로 여겨야 할 바이므로,

그 친족이나 당여(黨與)는 형으로 베지 않는다면 사예(四裔 사방의 국경)로 내쳐야만 인신(人神)의 마음을 상쾌하게 될 것입니다. …… 모든 장수가 회군한 뒤에 왕씨를 세울 것을 의논하였습니다. 이것은 하늘이 화(禍)를 뉘우치고 조종(祖宗)이 가만히 왕씨가 부흥할 기회를 마련하여 주는 것이어늘, 그 의논을 저해하여 마침내 아들 창(昌)을 세워서 왕씨를 부흥하지 못하게 한 자가 있으며 신우(辛禑)를 맞아다가 길이 왕씨를 끊어버리려 하는 자도 있었습니다. 이는 난적(亂賊)의 무리로서 왕법(王法)에 용납되지 못할 바입니다.(『삼봉집』 권3, 「상공양왕소」)

라고 하여, 우왕과 창왕이 공민왕의 아들이 아닌 신돈의 아들이라는 믿음이 불변의 진리로 전제되어 있다. 우왕과 창왕이 공민왕의 아들인지 신돈의 아들인지 어느 누구도 단정적으로 말할 수 없는데도 불구하고, 정도전에게는 '신우(辛禑)와 신창(辛昌)'이라는 믿음이 '하늘이 화를 뉘우치고 조종이 가만히 왕씨가 부흥할 기회를 마련하여 준' 것으로, 마치 종교적 신앙의 차원으로 전제되어 있다. 정도전에게 있어서 '신우(辛禑)와 신창(辛昌)'은 이제 합리적 이성으로 설명하거나 증명하는 차원을 떠난 일종의 종교적 믿음의 차원인 것이다. 이러한 믿음을 바탕으로, '아들 창(昌)을 세워서 왕씨를 부흥하지 못하게 한 자'로서 자신의 스승이었던 이색을 지목하여 공격하고 있는 것은, 성리학적 학문세계를 바탕으로 형성된 '스승과 제자'라는 주자학적 명분론보다 더 높은 차원의 '인신(人神)의 마음을 상쾌하게 하는' 신적 차원의 일인 것이다. 그런 까닭에 이제 그는 유종(儒宗)인 이색이든 혹은 왕실과 연혼(連婚) 관계에 있는 우현보이든 구애받지 않고, 그리고 선배이든 동료이든 사문(斯文)의 옛 의

(誼)와 고구(故舊)의 정에 좌우됨이 없이, 「춘추」의 난적을 주토하는 법을 규범으로 삼아 이색과 우현보 등을 강력하게 탄핵하고 있으니, 곧 이미 현실개혁에 신명을 바친 이상 간당의 화를 두려워하여 침묵을 지켜 구차하게 화를 면하지는 않겠다는 결연한 자세를 보이고 있는 것이다. 그리고 이러한 결연한 자세로 인해 당시 정도전은 옛 동료들로부터도 원망을 받고 고립되어 있었으니, 「상공양왕소(上恭讓王疏)」에서는 이러한 자신의 처지를 다음과 같이 절박하게 표현하고 있다.

> 사람이 비록 지극히 어리석더라도 모두 자기 자신은 사랑할 줄 알며, 그 처자의 생계를 위하는 그런 마음이야 누가 없겠습니까 …… 신이 비록 광망(狂妄)하오나 풍병(風病)은 들지 않았는데 어찌 자신을 사랑하지 않겠습니까. 신이 홀로 뭇 원망 가운데에 고립되어 있으니, 이 말이 나가면 화가 이른다는 것을 알지 못하는 것이 아닙니다.(『삼봉집』 권3, 「상공양왕소」)

즉, 자신도 다른 모든 사람들처럼 자신의 몸이 아까운 줄 알고 처자를 위하는 마음도 있지만, 이제 뭇 원망 가운데에 고립되어 있으면서 장차 화가 닥칠 줄 뻔히 알면서도 현실개혁을 위해 이런 상소를 올리고 있다는 것이다. 실상 정도전이 이미 예견했듯이, 이 상소를 올린 후 몇 개월도 안 돼서 두 번째 유배생활을 시작하게 된다. 정도전의 불운은 그 뒤에도 계속되었다. 이 해 3월 이성계가 해주에서 사냥을 하다가 말에서 떨어져 부상을 당하는 사고가 생겼다. 이 사건은 혁명파에게는 최대의 위기를 가져왔다. 이 기회를 포착하여 시중의 자리에 있던 정몽주는 정도전, 조준, 남은 등 이성계의 핵심세력을 제거하기 위하여 간관 김진양 등으로 하여금 탄핵상소를 올리게 하였다. 1392년 4월, "굳고 곧은 지조를 함께 지키며, 서로 잊지 말자 길이 맹세를 하며"(『삼봉집』권1, 「차운기정달가」), 동지의식을 느꼈던 정몽주 등으로부터 정도전은 탄핵을 받게 된다. 정몽주는 대간 김진양 등에게 지시하여 탄핵을 주도했다. 우상시 이화, 우사의 이래, 좌헌납 이감, 우헌납 권홍, 정언 유기 등은 삼사좌사 조준, 전 정당문학 정도전, 전 밀직부사 남은, 전 판서 윤소종, 전 판사 남재, 청주목사 조박 등을 탄핵했다. 이성계파의 핵심인물이 모두 망라되어 있었다.

> 정도전은 미천한 신분에서 시작해 외람되게 높은 벼슬에 오르게 되자 천한 출신을 감추기 위해 본래의 주인을 제거하려는 음모를 꾸몄습니다. 혼자서 실행할 수가 없자 참언으로 죄를 만들어내어 많은 사람을 몰아넣었습니다. 조준은 한두 사람의 재상들이 서로 우연히 원한 관계를 맺자 정도전과 공모해 변란을 선동하고 권력을 농단하면서 여러 사람을 꾀고 협박하였습니다. 그 결과 이익을 잃을까봐 걱정하는 자들이 일을 일으키려는 일당들의 뜻에 따라 서로 작당하게 되었습니다. …… 엎드려 바라옵건대 전하께서는 조준·남은·남재·윤소종·조박 등의 직첩과 공신녹권을 거두어들이시고 그 죄를 국문하여 법을 밝혀 바르게 하소서. 또한 정도전은 유배지에서 처형하여 뒷사람들의 경계로 삼으소서.(『고려사』열전30 김진양)

왕은 심덕부·정몽주 등 대신과 협의하여 정도전을 영주 봉화에서 체포하여 보주(예천)의 감옥에 가두었다. 그리고 곧이어 광주로 이배되었다.

> 사군이 이곳에 와 잠깐 동안 머물면서
> 남방이라 수십 주에 사랑을 남기었네
> 사조(謝朓)의 높은 노래 산세가 아름답고
> 유양((庾亮))의 밝은 흥취 월파가 흐르누나
> 서울은 아스라이 흰 구름 북쪽인데
> 성곽은 우뚝하다 푸른 바닷가로세
> 적객이 오르니 생각이 한 없다오
> 유량한 젓대 소리 저 누에서 들려오네.
> (『삼봉집』 권2, 「광주절제루판상　　차운」)

정도전은 이때 흰 구름 너머 아스라이 북쪽에 있는 서울을 바라보며 끝없는 생각에 잠긴다. 더욱이 이숭인이나 정몽주와 같이 젊은 시절부터 학문적 교감을 나누면서 같은 꿈을 꾸어온 오랜 동료들로부터 고립되었고, 그들로부터 혈통이 불분명하고 가풍(家風)이 바르지 못한 사람이 조정을 더럽히고 있다는 공격을 받아 다시 귀양길에 올랐으니, 착잡한 마음에 서울을 아스라이 바라보며 한없는 생각에 자신을 내맡기고 있는 것이다.

이 때 정도전은 계속 이렇게 되뇌었을 것이다. "정몽주는 누구인가? 나를 이성계와 연결시켜줬고, 나를 정계에 복귀할 수 있도록 천거한 사람이 아닌가. 위화도 회군도 지지했고, 전제개혁도 좀 혼란을 겪긴 했지만 결국 찬성하지 않았는가. 그리고 흥국사에서 창왕을 폐위하고 공양왕을 추대할 것을 결의하여 함께 공신에 책봉되지 않았는가. 바로 얼마 전까지만 해도 이판서 집에서 비파소리와 함께 시를 지으며, 동이 술이

넘실대도록 함께 즐거움을 나누지 않았던가(『삼봉집』 권2, 「이판서석상동포은부시」)"라고.

1392년 7월 이성계가 즉위하여 조선이 건국되었다. 정도전이 자신의 이상을 실현하고 개혁의 경륜을 펴기 위해 함주에서 이성계를 만난 지 실로 9년 만에, 신명을 건 혁명운동은 성공을 거두게 된 것이다.

6. 맺음말

새 왕조 창업과 더불어 정도전은 최고급 두뇌이자 실질적인 실권자의 위치에서 새 왕조의 기초를 다지는 일에 투신하였다. 정도전이 장악한 직책은 1품에 해당하는 숭록대부로서, 문하부의 시중 다음의 직책인 문하시랑찬성사, 최고정책기구의 수장인 동판도평의사사, 국가 경제를 총괄하는 판호조사, 인사 행정을 총괄하는 판상서사사, 문한의 책임을 맡은 보문각대학사, 왕을 교육시키고 역사를 편찬하는 지경연예문춘추관사, 그리고 이성계의 친병인 의흥천군위의 두 번째 책임자인 의흥친군위 절제사의 직책을 겸임하였으며, 봉화백이라는 직위를 받았다. 이는 말하자면 정책 결정, 관료 인사, 국가 재정, 군사 지휘권, 그리고 왕의 교육과 왕의 교서 작성, 역사 편찬 등 국가 경영에 필요한 핵심적인 자리를 그가 겸직한 것을 의미한다.

7월 28일에 정도전은 전국의 대소신료와 한량·기로(耆老)·군민(軍民)에게 알리는 17조의 「편민사목(便民事目)」을 지어 왕명으로 교시하였다. 이성계가 왕이 된 뒤 최초로 선포한 개혁사업인 이 「편민사목」을 정도전이 지었다는 것은 그가 왕조의 설계자임을 극명하게 보여 준다. 9월 17일에는 개국에 공이 큰 인사들을 차등을 두어 개국공신으로 책봉하였는데, 정도전은 1등공신으로 책록되고 토지 200결과 노비 25구를 받았다. 이때 책봉된 공신은 모두 44명으로서, 며칠 뒤에 7명이 추가로 책봉되고, 11월에 황희석이 추가되어 모두 52명이 확정되었다. 그러나 정몽주를 제거하여 개국에 적지 않은 공을 세웠던 이방원은 공신 대열에 끼지 못했다. 그 이유는 확실하지 않으나, 이성계와의 불편한 관계가 주 원인이 아니었을까 추측된다. 이방원은 정도전이 죽고 태조가 물러난 다음에 비로소 1등공신으로 책록되었다. 말하자면 이방원 스스로 자신을 공신으로 책록한 셈이다. 어쨌든 이방원이 태조와 정도전에 대하여 불만을 가진 원인의 하나가 여기에 있었다.

「신도가」를 비롯한 「정동방곡」, 「문덕곡」 등 조선 건국 이후의 정도전의 악장시에는 창업의 쇠망치 소리와 약동하는 힘으로 넘쳐 있다. 기쁨과 희망으로 가득 찬 그것은 고려말의 암울하고 옹색한 시대적 분위기를 떨쳐 버리고 새롭게 일어서려는 의지가 담긴, 새로운 시대의 개막을 찬미하는 시들이다.

> 제택(第宅)은 구름 위로 우뚝 솟고,
> 여염(閭閻)은 땅에 가득 서로 연달았네.
> 아침과 저녁에 연화(煙火) 잇달아,
> 한 시대는 번화롭고 태평하다오.
> (『삼봉집』 권1, 「진신도팔경시」 제방기　포)

새 시대는 평화와 번영으로 다시 새롭게 태어난다. 그동안 백성들 마음 속에 짙게 드리웠던 잿빛 구름은 사라지고 밝은 태양이 비춰고 있다. 서로 물고 물리고, 뜯고 뜯기는 증오의 시대를 넘어, 집들이 사이좋게 연달아 모여 있고 아침 저녁으로 밥 짓는 연기가 태평스럽다. 이제 성리학에 입각한 민본정치가 펼쳐지고, "덕교(德敎)에다 형세마저 아울렀으니, 역년(歷年)은 천세기를 기약"(『삼봉집』 권1, 「진신도팔경시」 기전산하)할 만하지 않겠는가. 이것은 곧 새로운 시대를 맞은 한 시대의 태평을 구가함과 동시에 정도전 자신의 고려말의 음울한 내면세계에서 벗어난 밝은 마음을 노래하고 있는 것이다.

정도전이 조선 건국 직후(태조 원년, 1392) 지은 '어휘표덕설(御諱表德說)'에도 새 왕조를 개창한 데 대한 정도전 스스로의 뿌듯함과 자부심이 잘 나타나 있다.

> 하늘에 해가 떠올라 그 광명이 넓게 비쳐서 음예가 흩어지고 만상이 뚜렷해짐은, 곧 인군의 처음 정사가 맑고 밝아서 온갖 사악한 것은 다 없어지고 모든 법이 새로워지는 것이오며, 하늘에 해가 떠오른 다음 그 밝음이 점점 더해짐은, 곧 인군이 처음 등극해서부터 천만대까지 전승하는 것을 말합니다.(『삼봉집』 권3, 「찬진어휘표덕설전」)

하늘에 해가 떠올라 모든 어둠을 물리치듯, 이제 새로운 왕조인 조선의 건국으로 덕(德)의 광명이 모든 백성에게 비춰서 그동안 그들을 옥죄었던 온갖 사악한 것을 물리칠 것이라는 것이다. 정도전의 조선 건국에 대한 자부심은, "이제 비로소 백성을 위한 정치를 펼칠 수 있게 되었다"

는 이러한 새 왕조 개창의 의미에서 오는 것이다.

정도전의 이러한 뿌듯함과 자부심은 태조 2년 가을 임금을 모시고 장단(長湍)에 노닐며 지은 다음 시에 단적으로 표현되어 있다.

> 가을 물 맑고 맑아 하늘 함께 짙푸른데,
> 우리 임금 여가를 내 누선에 오르셨네.
> 사공은 장단곡(長湍曲)을 부르지 마소,
> 지금이 바로 조선나라 제 2년일세. (『삼봉집』 권2, 「어가유장단작」)

역성혁명의 최전선에 서서 새로운 왕조 창업이라는 한국 역사에 획을 긋는 대역사(大役事)를 이룬 후, 잠시 숨을 고르는 듯 태조 2년 가을 임금을 모시고 장단에서 배를 타고 맑은 하늘 아래 노닐 때의 감회를 읊은 것이다.

그런데 이 짤막한 시의 결구인 "지금이 바로 조선나라 제 2년일세(此是朝鮮第二年)"라는 구절에는 정도전이 내면에 품고 있는 혁명의 당위성에 대한 자신감과 새 왕조 개창에 대한 자부심이 집약되어 있다. 혁명 과정에서의 격동과 불안과 위기의식 같은 모든 파도가 이제 잠잠해지고, 고요함과 평안함이 맑은 가을 하늘 아래 유유하게 흐르고 있는 한 누선을 평온하게 감싸고 있는 분위기가 전해진다.

그러면서도 이 시는 그 평온함으로 마무리되는 것이 아니라, 마치 과거의 악몽을 떨쳐버리고 다시 두 주먹 불끈 쥐고 일어서면서 "이제부터 다시 시작이야"를 다짐하듯, 그리고 오늘 이러한 평화를 얻기까지 따를 수밖에 없었던 수많은 희생의 어두운 그늘을 벗어 던지듯, 마음 속으로 되뇌이고 있는 것이다. "사공은 이제 더 이상 고려 태조의 은덕이나 칭송하는 장단곡(『고려사』「악지(樂誌)」) 같은 것을 부르지 마라. 이제 더 이상 고려는 없다. 이미 여기까지 오기까지 얼마나 많은 백성들의 피눈물이 있었던가. 이제는 그 피눈물을 닦아줄 새로운 시대가 시작되었다. 이때야말로(此是) 새로운 시작인 조선(朝鮮)이 어느덧 2년차(第二年)로 접어들고 있지 않은가. 이제야말로 고려 태조가 아니라 조선 태조의 은덕이 펼쳐지고 칭송될 때이다."라고. 이처럼 짤막한 한 편의 시를 통하여, 우리는 새로운 시대의 개막과 함께 정도전의 마음속에서 솟구치고 있는 새로운 희망과 고려말의 암울하고 옹색한 시대적 분위기를 떨쳐 버리고 새롭게 일어서려는 의지를 읽을 수 있는 것이다. 이처럼 "차시 조선 제2년(此是朝鮮第二年)"이라는 구절에는 정도전의 내면에 품고 있던 혁명의 당위성에 대한 자신감과 새 왕조 개창에 대한 자부심이 집약되어 나타나고 있다.

정도전의 혁명사상은 『맹자』의 혁명사상에 의거하여 조선왕조 건국의 이론적 근거를 제공하였으며, 또한 조선왕조의 건국 과정 그 자체가 그러한 혁명 사상에 입각하여 진행되기도 하였다. 그에 따르면 신왕 이성계는 스스로 왕위를 찬탈한 것이 아니라 민심의 추대와 천명의 허락을 받아서 이루어졌다고 본다. 이것이 이른바 '응천순인(應天順人)'이다. 이것이야말로 역성혁명의 당위성이다. 또한 덕을 상실한 고려왕조의 최후에서 볼 때, 이것이야말로 보위(寶位)를 바로잡고 그 보위를 천만세까지 전할 수 있는 길인 것이다.

주상전하는 '천리와 인심에 순응(應天順人)하여 보위를 신속히 바로잡았으니, 인은 심덕의 온전한 것이 되고 사랑은 바로 인의 발임을 알았다. 그래서 자신의 마음을 바루어서 인을 체득하고, 사랑을 미루어서 인민에게 미쳤으니, 인의 체(體)가 서고, 인의 용(用)이 행해진 것이다. 아! 위(位)를 보유하여 천만세에 길이 전하여질 것을 누가 믿지 않으랴.(『삼봉집』 권13, 「조선경국전」「정보위」)

이것이 그가 새로운 왕조를 설계한 책인 『조선경국전』을 「정보위(正寶位)」에서 시작하고 있는 이유이기도 하다.

57세가 되던 1398년(태조 7)은 정도전이 문명개혁의 마지막 이상을 불태우고, 파란만장한 혁명가의 일생을 마감하던 비운의 해였다. 당시 정도전은 남은과 함께 사병(私兵)을 혁파하여 국가의 관군으로 개편하고 군대에 대한 통수권을 왕에게 몰아주려 하였다. 이러한 사병 혁파는 요동정벌을 위해서도 필요한 일이었다. 그리하여 왕명에 의한 군사 훈련이 강화되었다. 태조는 이 해 윤5월 28일부터 정도전이 지은 「진도(陣圖)」에 의거하여 양주목장에서 군사훈련을 시작하였으며, 이후에도 '진도 훈련'을 계속 진행하였다. 양주는 많은 군마를 기르고 있던 국영 목장이 있어서 군사 훈련에 적합한 곳이었다. 이 '진도 훈련'은 이 해 8월까지 계속되었고 이 훈련을 게을리 하는 자는 누구를 막론하고 문책하였다. 이 해 8월 1일에는 왕이 사헌부로 하여금 「진도」를 배우지 않는 여러 왕자와 남은, 참찬문화부사 이무, 상장군, 대장군 등을 문책하도록 하였으며, 8월 4일에는 역시 사헌부에서 「진도」를 익히지 않는 삼군절제사와 상장군, 대장군, 군관 등 292명을 대거 탄핵하는 사건이 일어났다. 말하자면 전시동원체제에 가까운 긴장이 계속된 것이다. 8월에 들어와 전쟁 준비가 최고조에 오르고 사병이 혁파되고 이에 협조를 거부하던 반대세력들이 궁지에 몰려 있을 대, 갑자기 이방원 일파가 정도전 일파를 기습하여 살해하는 사건이 일어났다. 8월 26일 새벽 2시경에 일어난 사건이었다. 정도전의 죽음과 관련된 이 사건을 『조선왕조실록』에서는 '공소(恭昭)의 난' 혹은 '무인(戊寅)난'이라고 하며, 후세의 역사가들은 '제1차 왕자의 난'이라고도 한다. 정도전의 죽음을 병석에서 전해 들은 태조는 크게 놀라서 "나의 원훈(元勳)을 죽였구나"라고 탄식하였다.

정도전의 죽음에는 의문점이 많다. 죽은 자는 말이 없고, 기록은 죽인 자에 의해 쓰여 졌다. 정도전의 죽음에 대하여 『조선왕조실록』에는 정도전이 서얼 왕자[방석]을 끼고 다른 왕자들과 종친을 모해하려고 하였기 때문에 이방원이 선수를 쳐서 정도전 일파를 제거하게 되었다고 변명(?)하고 있다. 그러나 『실록』의 기록을 자세히 읽어 보면 앞뒤가 맞지 않고, 납득이 되지 않는 대목이 너무 많다. 그래서 일찍이 이상백 선생은 「삼봉 인물고 – 무인난 설원을 중심으로」(1935)를 발표하여 정도전이 억울하게 죽었음을 해명한 바 있다. 신석호 선생 또한 국사편찬위원회에서 『삼봉집』을 출간(1974)하면서, 이 사건에 대해 "태종은 정도전이 세자 방석에게 당부(黨附)하여 먼저 난을 일으켰기 때문에 군사를 일으켰다 하나, 실은 태종이 정권을 잡기 위하여 일으킨 변란으로서 삼봉선생은 아무 것도 모르는 사이에 불의의 습격을 당하여 억울하게 역적으로 몰리게 된 것이었다"고 해설한 바 있다.

57세라는 비교적 짧은 생애를 마감한 정도전은 한 개인의 사업, 한 개인의 능력이라고 보기에는 너무나 많은 재능을 겸비하였다. 초인적이라고 할 만큼 건국사업에 혼신의 열과 성을 쏟았다. 그는 지성과 실천력을 겸비한 점에서 다른 이의 추종을 불허하였다. 그러나 많은 민인(民人)들에게 혜택을 준 반면에, 그 피해자들로부터 수많은 적을 만들었다. 특히 군사개혁과 요동정벌운동은 권력 경쟁자들을 벼랑 끝으로 내몬 결과를 가져왔다. 그러나 그가 남긴 발자취는 역사를 바꾸어 놓았고, 그가 뿌린 씨는 오래도록 꽃을 피웠다.

정도전이 역적의 누명에서 벗어나 왕조의 신원(伸冤)을 얻게 된 것은 사후 450여년이 지난 고종 때이다. 대원군이 임진왜란 때 불탄 경복궁을 중건하면서 한성부의 설계자인 그의 공로를 인정하여 문헌공(文憲公)이라는 시호를 내렸다. 1865년(고종2) 대왕대비의 전교에 의하여 삼봉의 훈작이 회복되고, 1870년에 문헌이라는 시호와 '유종공종(儒宗功宗)'이라는 편액이 하사되었다. 학문을 좋아하고 박식한 재능을 가졌다는 뜻에서 문헌이라 하였고, 편액에는 유학의 시조이고 나라를 세운 공업이 으뜸이라는 뜻이 담겨있다.

정도전은 죽어서도 어디에 묻혔는지도 확실하지 않다. 「봉화정씨족보」에 따르면, "정도전의 무덤은 광주(廣州) 사리현(士里峴)에 있다"고 적혀 있다. 특히 김정호의 「동국여지지」 과천현편에는 "정도전의 묘가 과천현 동쪽 18리에 있다"고 되어 있다. 이 기록을 근거로 1989년에 한양대학교 박물관에서는 지금의 서울 양재역 부근의 외교안보연구원 뒤편에 있는 우면산의 기슭에서 조선초기의 무덤을 발굴했는데, 그곳에서 몸통이 없고 머리만 있는 인골을 수습하였다. 정도전이 참수되었으므로 이 인골의 주인공이 정도전일지도 모른다는 추측을 낳았으나, 무덤 주인공의 신원을 알려주는 지석(誌石)이 없어서 단정할 수 없었다.

"산천은 의구하되, 인걸(人傑)은 간 데 없다더니…역사에서 진정한 승자는 누구인가? 왕릉을 무색케 할 정도로 잘 보존되어 오늘날까지 전해지는 호화무덤의 주인공들인가? 아니면 그렇게 껍데기로만 살아 역사의 화석화되기를 거부한 위대한 패배자들이 진정한 승자는 아닐까? 난세의 영웅은 죽어서조차 무덤에서 편안하게 추앙받는 것을 거부하고, 죽은 껍데기가 아니라 살아있는 정신이 영원히 이어지기를 바라고 있는 것이 아닌가?"

〈참고문헌〉

강문식, 「鄭道傳과 權近의 생애와 思想比較」, 韓國學報 115(2004).

강문식, 권근의 경학사상 연구(일지사, 2008).

김당택, 『이성계와 조준·정도전의 조선왕조 개창』(전남대학교출판부, 2012).

김영수, 건국의 정치-여말선초 혁명과 문명 전환-(이학사, 2006).

金龍國, 「서울 建設의 功勞者-鄭道傳과 朴子靑-」, 『향토서울』 4(1958).

金宗鎭, 「鄭道傳의 陶淵明에 대한 好尙」, 벽사이우성선생정년퇴직기념논총간행위원회, 벽사 이우성선생정년퇴직기념국어국문학논총(1990).

도현철, 「권근의 유교 정치 이념과 정도전과의 관계」, 『역사와 현실』 84(2012).

도현철, 「조선건국기 성리학 지식인의 네트워크와 개혁사상」, 역사학보 240(2018).

문철영, 『인간 정도전 - 순수 이성에서 예언자적 죽음으로의 여정 -』(새문사, 2014).

민병희, 「道統과 治統, 聖人과 帝王: 宋 ~ 淸中期의 道統論을 통해본 士大夫社會에서의 君主權」, 『역사문화연구』 40(2011).

朴元熇, 「朝鮮初期의 遼東攻伐論争」, 『韓國史硏究』 14(1976).

박현숙, 「天命의 역설, 정도전의 武德曲 연구」, 『한국사상과 문화』 57(2011).

박홍규, 『삼봉 정도전 생애와 사상』(선비, 2016).

삼봉정도전선생기념사업회 편, 정치가 정도전의 재조명(경세원, 2004).

삼봉정도전선생기념사업회 편, 성리학자 정도전의 국제적 위상(경세원, 2008).

송재혁, 「정도전(鄭道傳)의 국가론 - 『조선경국전(朝鮮經國典)』과 원(元) 제국의 유산 -」, 『韓國思想史學』 65(2020).

尹絲淳, 「鄭道傳 性理學의 特性과 그 評價問題」, 『震檀學報』 50(1980).

윤사순, 『韓國儒學思想論』(열음사, 1986).

李丙燾,「鄭三峰의 儒佛觀」,『白性郁博士頌壽記念佛敎學論文集』(1959).

李相栢,「三峯人物考(一)·(完)」,『震檀學報』2, 3(1935).

李佑成,「高麗末期 羅州牧 居平部曲에 對하여-鄭道傳의 謫居生活을 通해 본 部曲의 內部關係-」,『震檀學報』29·30(1966).

이익주,「고려 말 정도전의 정치세력 형성 과정 연구」, 東方學志 134(2006).

이정주,「공양왕대의 정국동향과 척불운동의 성격」,『한국사연구』120(2003).

이종서,「고려말의 신분 질서와 정도전의 왕조 교체 세력 합류」,『역사와 현실』112(2019).

이종서,「조선초 정도전의 공적과 과오 규정」,『역사와 현실』122(2021).

장지연,「태조대 경복궁 전각명에 담긴 의미와 사상」,『한국문화』39(2007).

정재철,「정도전의 포은 시 비평과 그 의미 -「포은봉사고서(圃隱奉使藁序)」를 중심으로 -」,『圃隱學硏究』23(2019).

정재훈,「정도전 연구의 회고와 새로운 사상사적 모색」,『한국사상사학』28(2007).

정재훈,「여말선초의 성리학과 경세론」,『한국사상과 문화』10(2010).

정호훈,「鄭道傳의 학문과 功業 지향의 정치론」, 韓國史硏究 135(2006).

채웅석,「원간섭기 성리학자들의 화이관과 국가관」,『역사와 현실』49(2003).

최봉준,「정도전의 箕子 중심의 역사관과 급진적 문명론」,『한국사학사학보』29(2014).

최상용, 박홍규, 정치가 정도전(까치, 2007).

韓永愚,『鄭道傳 思想의 硏究』(서울大學校文理大 韓國文化硏究所, 1973) ; 한영우,『(개정판)鄭道傳思想의 硏究』(서울대학교출판부, 1989).

韓永愚,「鄭道傳의 人間과 社會思想」,『震檀學報』50(1980).

한영우,『왕조의 설계자 정도전』(지식산업사, 1999).

제4장 정도전의 사상 형성과 네트워크

강문식(숭실대학교 사학과)

1. 머리말
2. 선행 연구 개관
3. 출사 이전의 교유관계
4. 공민왕 대 관직 활동과 네트워크의 공고화
5. 유배·유랑기의 교유관계
6. 우왕 말~공양왕 대 네트워크의 분화와 결합
7. 맺음말

1. 머리말

고려 말 원(元)으로부터의 성리학 수용과 국내에서의 확산은 외래의 지식·사상이 국내에 수용되어 새로운 주도 사상으로 정착된 사례를 보여준다는 점에서 중요한 역사적 의의가 있다. 14세기 초부터 본격적으로 고려에 수용된 성리학은 14세기 후반 공민왕 대 성균관(成均館) 중영 이후 연구와 교육이 활발하게 진행되면서 그 깊이가 더해졌고, 그에 따라 성리학 이념으로 무장한 많은 신흥유신들이 배출되었다. 신흥유신들은 고려 말의 정치·사회 현실을 비판하면서 성리학 이념에 입각한 개혁을 추진해 나갔으며, 그들 중 일부는 낡은 고려가 존재하는 한 근본적인 개혁은 불가능하다는 판단 아래 새로운 국가 건설을 위한 역성혁명(易姓革命)을 추진하였다.

정도전(鄭道傳, 1342~1398)은 고려 말 역성혁명을 주도적으로 이끌어 갔으며, 여말선초에 가장 뚜렷한 학문적·정치적 업적을 남긴 사상가이자 정치가이다. 그는 고려 말에 척불(斥佛) 운동을 주도하면서 구세력의 척결을 추진하였고, 『심기리편(心氣理篇)』·『불씨잡변(佛氏雜辨)』 등 성리학의 입장에서 불교를 비판한 여러 저술을 통해 억불(抑佛) 이념의 확립에 앞장섰다. 또 그는 조선 건국 후 『조선경국전(朝鮮經國典)』·『경제문감(經濟文鑑)』 등의 저술을 통해 새 나라 조선의 국정 방향과 정치 운영의 원칙을 제시하였다.

정도전이 여말선초의 학계와 정계에서 주도적인 역할을 할 수 있었던 가장 중요한 기반은 성리학자로서의 학문적 능력이었다. 그가 탁월한 학문적 능력을 갖출 수 있었던 것에는, 물론 본인의 뛰어난 자질과 노력이 가장 중요했겠지만, 그가 만나고 교유했던 여러 선·후배와 동료 학자들의 학문적 영향도 중요한 토대가 되었다. 또 우왕 대 유배기에 지방 농민 및 지식인들과의 만남, 그리고 혁명이라는 목표를 공유하며 결합한 새로운 정치세력과의 만남 등은 정치가 정도전의 일생에서 매우 중요한 전환점이 되었다.

이처럼 정도전이 일생 동안 많은 사람을 만나면서 구축했던 학문적·정치적 네트워크는 그의 학문적 성장과 사상 형성, 그리고 정치적 선택에 매우 중요한 영향을 끼쳤다. 이에 따라 많은 연구자가 정도전의 교유관계 및 네트워크에 주목하였고, 그 결과 여러 편의 관련 연구들이 제출되었다. 이에 본고는 선행 연구성과들을 바탕으로 정도전의 교유관계 및 학문적·정치적 네트워크 형성의 과정과 의미를 종합·정리해 보고자 한다.

　사단법인 삼봉연구원에서는 정도전에 관한 기존 연구성과를 정리하고 향후의 연구 방향을 모색하기 위한 사전 준비 작업의 일환으로 '삼봉 정도전 관련 논저목록 작성 및 수합 사업'을 추진하였다. 2023년 4월부터 11월까지 진행된 이 사업에서는 정도전을 주제로 한 학위 논문, 학술지 게재 논문, 연구 저서 등을 망라·정리하여 약 400여 편의 연구 현황이 수록된 논저목록을 작성하였다.[1]

　본고에서는 이 논저목록 사업의 성과를 기반으로, 정도전의 교유관계 및 네트워크 형성을 다룬 선행 연구들을 선별하였다. 그리고 이들 선행 연구에서 확인된 내용을 중심으로 정도전의 교유 및 네트워크 형성의 양상을 ① 출사 이전, ② 공민왕 대 관직활동기, ③ 유배·유랑기, ④ 우왕 말~공양왕 대 관직 활동기 등 네 시기로 나누어 정리하였다. 선행 연구의 성과를 소개하는 것을 위주로 집필하면서 특히 연구자들 사이에 이견이 있는 부분을 중점적으로 다루었으며, 관련된 중요 자료들도 함께 제시하였다. 또 정도전의 교유관계와 관련하여 정치적·사상적으로

---

1) 봉화정씨영남문회·삼봉연구원 편, 『삼봉 정도전 관련 논저목록 작성 및 수합 사업 결과 보고서』, 2023.

중요한 의미가 있지만 아직까지 크게 주목하지 않았던 인물이나 주제들은 본문 및 맺음말을 통해 향후 연구 과제로 제시하였다.

2. 선행 연구 개관

2장에서는 정도전의 교유관계에 관한 본격적인 검토에 앞서 본고에서 주로 참고·인용한, 정도전의 교유관계 관련 주요 연구성과들을 간략히 개관하도록 하겠다. 앞서 언급한 바와 같이 삼봉연구원에서 정리한 정도전 관련 논저목록에 따르면 정도전을 주제로 한 선행 연구는 학위 논문, 학술지 게재 논문, 연구 저서 등을 망라하여 약 400여 편에 달한다. 이중 정도전의 교유 및 인적 네트워크 형성과 관련된 주요 논저는 대략 15편 정도로, 다른 주제에 비해 많은 편은 아니다. 이 중에서 특히 중요한 의미를 갖는 연구성과로는 한영우, 이익주, 도현철의 논저를 들 수 있다.

한영우는 정도전 연구를 실질적으로 개척한, 가장 대표적인 정도전 연구자이다. 1973년 『정도전 사상의 연구』(서울대학교 출판부)를 처음 발표한 이후 1983년에 『개정판 정도전 사상의 연구』(서울대학교 출판부)를 발간했고, 이어 1999년에 세 번째 단행본인 『왕조의 설계자 정도전』(지식산업사)을 출간하였다. 특히 『왕조의 설계자 정도전』에는 이전의 단행본에서 비교적 소략하게 다루어졌던 정도전의 생애 부분이 상당히 자세하게 서술되어 있으며, 책의 말미에는 부록으로 정도전의 연보도 수록되어 있다. 이러한 내용은 정도전의 교유 관계에 관한 많은 정보들을 제공해 주고 있으며, 이에 본고에서도 이 연구를 가장 중요한 선행 연구의 하나로 다루었다.

이익주의 일련의 연구도 정도전의 교유관계에 관한 대표 연구로 꼽을 수 있다. 먼저 「삼봉집 시문을 통해 본 고려말 정도전의 교유관계」(『정치가 정도전의 재조명』, 경세원, 2004)는 『삼봉집』에 수록된 정도전의 교유 시문을 통해 정도전이 실제 어떤 인물들과 교유했는가를 확인한 연구이다. 이 논문에서 이익주는 고려말 정도전의 교유관계를 공민왕 대, 우왕 대, 위화도회군 이후 등 세 시기로 구분하고, 각 시기별로 정도전이 시문을 나누었던 인물들을 분석하여 그의 교유관계를 파악하였다. 그 결과 기존 연구에서 주장했던 것과는 상당히 다른 모습의 교유 양상을 확인할 수 있었으며, 이 점에서 매우 중요한 의미를 갖는 성과라고 할 수 있다. 한편, 이익주는 이 연구의 기반 위에서 고려말에 정도전을 중심으로 하는 정치세력의 형성 과정을 고찰한 「고려 말 정도전의 정치세력 형성 과정 연구」(『동방학지』 134, 2006)를 발표했는데, 이 논문 역시 본고에서 중요하게 참고하였다.

도현철의 연구도 정도전의 교유 및 인적 네트워크를 확인하는 데 있어 매우 중요한 의미를 갖는다. 도현철은 『高麗末 士大夫의 政治思想硏究』(일조각, 2002)를 비롯하여 정도전을 다룬 수많은 학술 논문과 단행본을 발표하였고, 이를 통해 정도전의 정치사상, 학문관, 인간관계 등 다양한 주제들을 고찰하였다. 그중에서 정도전의 인적 네트워크와 그것이 그의 사상 형성에 끼친 영향에 관한 도현철의 견해를 가장 잘 보여주는 논문은 「조선 건국기 성리학 지식인의 네트워크와 개혁사상」(『역사학보』 240, 2018)이라고 생각된다. 또 도현철은 「권근의 유교 정치 이념과 정도전과의 관계」(『역사와 현실』 84, 2012), 「『삼봉집』과 권근의 역할」(『민족문화』 40, 2012) 등을 통해 정도전의 교유관계 연구를 조선 건국 이후까지 확장하였다. 본고에서는 이상의 논문들을 중심으로 정도전의 교유와 네트워크 형성에 관한 도현철의 견해를 정리하였다.

이상 세 분의 연구 외에도 본고에서는 류창규, 김당택의 논문과 문학 분야의 연구성과들도 중요하게 활용하였다. 류창규는 역성혁명 세력의 핵심 인물이었던 조준과 정도전의 개혁 방안을 비교 검토한 「고려 말 조준과 정도전의 개혁 방안」(『국사관논총』 46, 1993)를 통해 두 사람의 개혁 방안에 상당한 차이가 있었음을 밝혔다. 이 연구는 내용적인 면에서 이견의 여지가 있기는 하지만, 기존 연구에서 동지적 관계로 파악했던 조준과 정도전의 정치적 지향이 서로 달랐음을 밝힘으로써 두 사람의 관계를 새롭게 재정립할 필요성을 제시했다는 점에서 중요한 의미를 갖는다. 또 류창규는 「나주 회진 유배 시절 삼봉 정도전의 유배지 사람과의 소통 과정-농민에 대한 인식 변화와 정체성 찾아가기」(『역사학연구』 27, 2006)에서 거평 부곡 유배기에 형성된 정도전의 새로운 인간관계를 검토하고 그것이 정도전에게 끼친 영향을 고찰하였다.

김당택은 「高麗 禑王代 李成桂와 鄭夢周·鄭道傳의 정치적 결합」(『역사학보』 158, 1998)에서 정도전·정몽주 등 신흥유신들과 무장 이성계가 정치적으로 결합하게 된 배경과 과정을 고찰하였다. 정도전의 인간관계에서 대단히 큰 비중을 차지했던 이성계와의 교유를 다루었다는 점에서 의미 있는 연구하고 할 수 있다.

문학 분야에서는 정도전을 비롯하여 고려말 신흥유신들의 교유시에 대한 분석을 통해 그들의 교유 실상을 확인한 연구들을 참고하였다. 김대중의 「정도전의 『금남잡영』(錦南雜詠) 연구」(『동방학지』 161, 2013), 강혜선의 「고려 말 사대부의 교유시(交遊詩) 연구」(『韓國漢詩研究』 22, 2014), 하정승의 「14세기 후반 목은 그룹의 형성과 둔촌(遁村) 이집(李集)의 문학활동」(『한문학보』 44, 2021) 등이 본고에서 주로 검토한 연구들이다.

한편, 본문에서 직접 인용하지는 않았지만 본고를 작성하는 데 있어 중요하게 참고했던 연구들이 있다. 문철영의 『인간 정도전(鄭道傳): 순수 이성에서 예언자적 죽음으로의 여정』(새문사, 2014)은 정신분석학의 관점을 원용하여 정도전의 생애와 사상 형성 과정을 새롭게 조명한 연구로서 정도전의 교유관계 형성을 이해하는 데 많은 시사점을 주었다. 또 정도전과 이색·정몽주·권근 등의 성리학 이해, 역사인식, 정치사상 등을 비교한 정치학, 철학 분야의 연구들도 일부 참고하였다.[2]

3. 출사 이전의 교유관계

정도전이 1362년(공민왕 11) 문과에 급제하여 출사하기 이전, 즉 성

---

[2] 김석근, 「개혁과 혁명 그리고 주자학—'여말선초'를 산 정몽주와 정도전의 현실인식과 비전—」 『아세아연구』 40-1, 1997.
정성식, 「여말선초 성리학파의 역사의식—정포은과 정삼봉의 사상적 특성을 중심으로—」 『유교사상문화연구』 9, 1997.
최연식, 「麗末鮮初의 政治認識과 體制改革의 方向設定—李穡, 鄭道傳, 權近을 중심으로」 『한국정치외교사논총』 17, 1997.
김성문, 「유교적 급진주의에 대한 연구—이색과 정도전의 정치적 분열을 중심으로」 『역사와 사회』 26, 2001.
김영수, 「여말선초의 역사적 도전과 실천 성리학—정몽주와 정도전의 《역사—천도》론을 중심으로」 『한국정치연구』 10-1, 2001.
최천식, 「정도전과 권근의 마음이론 비교연구」 『철학연구』 80, 2008.

장·수학기라 할 수 있는 시기에 그의 삶의 궤적을 확인할 수 있는 자료는 매우 부족하다. 이 때문에 출사 이전 정도전의 학문적 교유의 실상을 확인하는 것은 상당히 어렵고, 선행 연구 중에서 정도전의 출사 이전 교유 양상을 언급한 경우도 많지 않은 편이다. 그 중 대표적인 성과로는 한영우와 이익주의 연구를 들 수 있다.[3]

정도전의 성장·수학기 학문적 교유와 관련하여 선행 연구에서 중요하게 강조한 인물은 이색(李穡, 1328~1396)이다. 한영우는 정도전과 이색의 학문적 인연의 시작에 대해 다음과 같이 서술하였다.

> 정도전은 어려서부터 타고난 자질이 총명하고 글공부를 좋아하였으며, 많은 책을 읽어서 지식이 넓었다고 한다. 그는 당시 유학자로서 가장 명망이 높았던 이색(李穡)의 문하에서 공부하였다. 이색의 아버지 이곡(李穀)과 정도전의 아버지 정운경은 모두 향리 출신으로 젊은 시절에 경상도 복주[안동]에서 만나 나이를 따지지 않는 친구가 되었다고 한다. 아마 이것이 인연이 되어 정도전이 이색의 문하에서 공부하게 된 것으로 보인다.[4]

한영우는 정도전이 이색의 문하에 들어가게 된 가장 중요한 요인으로 부친 정운경과 이색의 부친 이곡의 친밀한 관계를 강조하였다. 그리고 정도전이 이색 문하에서 함께 공부한 학우로 정몽주(鄭夢周, 1337~1392),

---

3) 한영우, 『왕조의 설계자 정도전』, 지식산업사, 1999.
  이익주, 「삼봉집 시문을 통해 본 고려말 정도전의 교유관계」, 『정치가 정도전의 재조명』, 경세원, 2004.
4) 한영우, 위의 책(1999), 29쪽.

이숭인(李崇仁, 1347~1392), 이존오(李存吾, 1341~1371), 김구용(金九容, 1338~1384), 김제안(金齊顔, ?~1368), 박의중(朴宜中, 1337~1403), 윤소종(尹紹宗, 1345~1393) 등을 언급하였다.

　위 인용문을 보면 정도전이 이색의 문하에 들어간 시기가 언제인지는 정확히 언급하고 있지 않다. 다만, 정도전이 어려서부터 총명하고 글공부를 좋아했다는 문장 다음에 바로 이색 문하에서 공부했다는 내용이 이어지고 있어서, 아마도 정도전이 어린 시절부터 이색에게 수학했던 것으로 이해한 것이 아닌가 생각된다. 하지만 이러한 이해에는 재고의 여지가 있다. 정도전의 10대 시절 행적의 일단을 확인할 수 있는 중요 자료로 그가 1386년(우왕 12)에 지은 「포은봉사고서(圃隱奉使藁序)」가 있다. 이 글에서 정도전은 자신이 16~17세 무렵에 정몽주에 대해 처음 알게 되었으며, 정몽주를 직접 만난 것은 1360년(공민왕 9) 정몽주가 문과에 급제한 이후였음을 밝히고 있다.[5] 이때 정도전의 나이가 19세였다. 이를 고려하면, 정도전과 정몽주의 학문적 교유가 본격화된 것은 정도전이 성년에 들어선 이후라고 할 수 있으며, 따라서 두 사람이 어려서부터 이색의 문하에서 동문수학했다고 보기는 어렵다.

　이점은 이익주의 연구에서 이미 지적되었다. 이익주 역시 "정도전은 일찍이 이색의 문하에 들어가 수학함으로써 자연스럽게 이색을 중심으로 하는 신흥유신 집단에 속할 수 있었다."라고 하여, 정도전이 이색의 학문적 영향을 받았다는 점을 강조하였다.[6] 이익주는 정도전이 아버지

---

5) 정도전, 「三峯集」 권3, 「圃隱奉使稿序」.
6) 이익주, 앞의 논문(2004), 52쪽.

정운경으로부터 성리학에 대한 기본적인 교육을 받은 상태에서 이색의 문하에 들어간 것으로 추측하였다. 그리고 정도전이 이색의 문하에서 수학한 것은 그가 정치적으로 두각을 나타낼 수 있었던 첫 번째 전기가 되었다고 하였다.[7]

이익주는 정도전이 언제 이색의 문하에 들어갔는지는 분명하지 않지만, 그가 10대 말에서 20대 초반이었던 1360년 이후일 것으로 추정하였다. 이러한 추정은 당시 이색과 정도전의 행적에 근거하고 있다. 즉, 이색이 21세 때인 1348년(충목왕 4)에 원나라로 유학을 떠난 뒤 1355년(공민왕 4)까지는 거의 원나라에 있거나 상중(喪中)이었기 때문에 그가 제자들을 모아 성리학을 가르친 것은 1356년 원나라에서 완전히 귀국한 다음일 것으로 판단하였다.[8] 여기에 정도전이 정몽주를 처음 만난 것이 1360년 정몽주가 문과에 급제한 이후이므로, 정도전이 이색의 문하에 들어간 시기도 그 이후일 가능성이 크다고 보았다. 그리고 1360년에 정도전이 19세였음을 고려할 때 그가 이색 문하에서 성리학을 배운 시기는 대략 10대 말에서 20대 초반 무렵일 것이라고 하였다.[9]

한영우와 이익주의 연구는 참여 시기 추정에서 차이가 있기는 하지만, 정도전이 1362년 문과에 급제하기 전에 이색 중심의 신흥유신 그룹

---

7) 이익주, 앞의 논문(2004), 54쪽.
8) 이색은 아버지 이곡(李穀)의 후광에 힘입어 1348년부터 원의 국자감(國子監)에서 3년간 유학한 후 1351년(충정왕 3)에 귀국하였다. 같은 해 부친상을 당한 이색은 상기를 마친 후 1353년(공민왕 2) 정동행성(征東行省) 향시(鄕試)에 응시하여 합격하였고, 이듬해(1354)에는 원에 가서 제과(制科)에 합격하였다. 이후 고려로 귀국하여 관직 생활을 하던 이색은 1355년 3월 원으로 사행(使行)을 떠났으며, 이때 원 한림원(翰林院)의 관직을 제수받은 후 1356년 1월에 귀국하였다.
9) 이익주, 앞의 논문(2004), 54~55쪽.

에 들어가서 이색에게 성리학을 배웠으며, 박상충(朴尙衷, 1332~1375), 정몽주, 박의중, 김구용, 윤소종, 이숭인, 하륜, 권근(權近, 1352~1409) 등과 깊이 교유했다는 점에 있어서는 견해가 일치하였다. 그렇다면 이색 중심의 신흥유신 그룹이 결집한 것은 언제로 보아야 할까? 아래의 자료에서 그 단서를 찾아볼 수 있다.

> 우리 좌주(座主) 목은(牧隱) 선생[이색]이 일찍이 가훈을 받들어 벽옹(辟廱)에 입학함으로써 정대정미(正大精微)한 학문을 이루었으며, 돌아오자 유림(儒林)들이 다 존숭하였다. 이를테면 포은(圃隱) 정공(鄭公: 정몽주), 도은(陶隱) 이공(李公: 이숭인), 삼봉(三峰) 정공(鄭公: 정도전), 반양(潘陽) 박공 상충(朴公尙衷), 무송(茂松) 윤공 소종(尹公紹宗) 등이 모두 다 승당(升堂)한 분들이었다.[10]

윗글은 권근이 지은 『삼봉집(三峯集)』의 서문이다. 이글에서 권근은 이색이 원나라에서 유학을 마치고 고려에 돌아오자 유림들이 다 그를 존숭하였고, 정몽주 등 여러 학자들이 이색의 영향을 받아 학문이 더욱 깊어졌다고 하였다. 여기에서 관건은 이색이 귀국 후 고려 학자들에게 학문적 영향을 끼치기 시작한 것이 1367년 성균관이 중영되기 이전인가, 이후인가 하는 점이다. 이에 관해서는 다음 자료가 주목된다.

---

10) 정도전, 『三峯集』 卷首, 「三峯集序」(권근 지음), "吾座主牧隱先生 早承家訓 得齒辟廱 以極正大精微之學 旣還 儒士皆宗之. 若圃隱鄭公 陶隱李公 三峯鄭公 潘陽朴公─尙衷 茂松尹公─紹宗 皆其升堂者也."

> 목은 선생이 재상으로 성균관을 영도하여 성명(性命)의 학을 제창하고 부화(浮華)한 풍습을 배척하였으며, 선생[정몽주]과 이자안(李子安: 이숭인), 박자허(朴子虛: 박의중), 박성지(朴誠之: 박상충), 김경지(金敬之: 김구용)를 천거하여 학관(學官)에 충임하고 경학(經學)을 강론하게 하였다.[11]

윗글은 정도전이 지은 「포은봉사고서」의 일부이다. 이에 따르면 1367년 성균관 중영 당시 정몽주·이숭인·박의중·박상충·김구용 등을 성균관 교관으로 추천한 사람이 바로 이색이었다. 그리고 정몽주 등은 모두 이색을 중심으로 결집한 신흥유신 그룹의 핵심 인물들이다. 이색이 이들을 추천했다는 것은 이색이 전부터 이미 정몽주 등의 학문적 능력이 탁월하다는 점을 알고 있었음을 보여준다. 이점을 고려하면, 1356년 이색이 원나라에서 완전히 귀국한 이후, 그리고 1367년 성균관 중영 이전에 이색을 중심으로 신흥유신 그룹이 결집하기 시작하여 이색이 원나라에서 공부한 성리학을 전수받았다고 보는 것이 타당하다고 생각된다. 그리고 그 과정에서 이색은 그룹 내 신흥유신들의 학문적 능력을 확인했고, 그중에서 뛰어난 인물들을 성균관 교관으로 천거했던 것으로 보인다.

이상에서 검토한, 이색 중심의 신흥유신 그룹의 결집 시기를 고려한다면, 정도전이 이 그룹에 참여한 것은 이익주의 연구에서 추정한 것처럼, 1360년 정몽주를 만난 이후로 보는 것이 맞다고 생각된다. 이와 관련하여 주목해 볼 자료는 위에서도 언급했던 정도전의 「포은봉사고서」

---

11) 정도전, 『三峯集』 권3, 「圃隱奉使藁序」, "牧隱先生 以宰相領成均 倡性命之說 斥浮華之習 擧先生及李子安·朴子虛·朴誠之·金敬之 充學官 講論經學."

이다.

> 도전이 16~17세 때에 성률(聲律)을 공부하느라고 대우(對偶)를 만들고 있었는데, 하루는 여강(驪江) 민자복(閔子復)이 도전에게 하는 말이, "내가 정 선생 달가(鄭先生達可)를 뵈었더니, 선생이 '사장(詞章)은 말예(末藝)이고, 이른바 신심(身心)의 학문이 있는데 그 말은 『대학(大學)』과 『중용(中庸)』 두 책에 갖추어져 있다.'라고 하시기에 이순경(李順卿)과 함께 두 책을 가지고 삼각산(三角山) 절집에 가서 강구하고 있다. 그대는 그 사실을 아는가?"라고 하였다. 나는 그 말을 듣고 그 두 책을 구하여 읽었더니 비록 잘 알지는 못하겠으나 못내 기뻤다. 그때 마침 국가에서 빈흥과(賓興科)를 베풀었는데, 선생[정몽주]이 삼각산에서 내려와 연속 삼장(三場)에서 장원하여 명성이 자자하였다. 그래서 나는 급히 찾아가 뵈었더니, 선생은 더불어 이야기하기를 평생의 친구처럼 하시고 드디어 가르침을 주셔서 날마다 듣지 못한 바를 들었다.[12]

윗글은 정도전이 정몽주를 처음 만나게 된 과정을 설명한 것이다. 이에 따르면, 정도전은 16~17세 때, 즉 1357~1358년경까지 성률(聲律)과 대우(對偶)를 공부하다가 친구 '민자복(閔子復)'으로부터 정몽주에 관한 이야기를 듣고 나서 『대학』과 『중용』을 읽었으며, 1360년 정몽주가 문과

---

12) 정도전, 『三峯集』 권3, 「圃隱奉使藁序」. "道傳十六七 習聲律爲對偶語 一日驪江閔子復謂道傳曰 吾見鄭先生達可曰 詞章末藝耳 有所謂身心之學 其說具大學中庸二書. 今與李順卿携二書 往于三角山僧舍講究之. 子知之乎. 予旣聞之 求二書以讀 雖未有得頗自喜. 屬國家設賓興科 先生來自三角山 連冠三場 名聲藉藉 予亟往謁 則與語如平生 遂賜之敎 日聞所未聞."

에 급제한 후 그를 직접 만나 교유하면서 '날마다 듣지 못한 바'를 들었다고 술회하고 있다. 이는 정도전이 정몽주와 연결되면서 본격적인 성리학 공부를 시작했음을 보여준다. 이를 고려하면, 정도전이 이색 중심의 신흥유신 그룹의 일원이 된 것은 정몽주와의 교유를 통해 성리학 공부를 시작한 이후로 보는 것이 타당하며, 그 과정에서 정몽주가 가교 역할을 했을 가능성이 높다고 생각된다.

정도전은 「이 목은이 자허를 전송한 시서(詩序)의 권후제[李牧隱送子虛詩序卷後題]」에서 당시 신흥유신 그룹에서 이색이 차지했던 학문적 위상을 다음과 같이 서술하였다.

> 목은 선생께서 우리 도의 맹주(盟主)가 되어 유학(儒學)의 흥기를 자신의 임무로 삼았으며, 이에 대해 근심한 지 오래되었다. 이제 달가(達可: 정몽주)를 일컬어 말하기를, '호상(豪爽)하고 탁월하다.'라고 하였고 자허(子虛: 박의중)를 일컬어 '면밀하고 정절하다.'라고 하였으니, 이것은 대개 영재(英才) 얻은 것을 즐거워하고 몹시 기뻐한 말이다. 옛사람이 일찍이 유학의 흥하고 쇠하는 것을 하늘에 미루면서 사람 얻는 것을 어렵게 여기지 않은 적이 없었다. 이제 두 사람이 목은 선생을 만난 것도 하늘의 뜻이며 선생이 두 사람을 얻은 것 또한 하늘의 뜻이다.[13]

윗글에서 이색이 우리 도[吾道], 즉 유학의 맹주가 되었다거나, 정몽

---

13) 정도전, 『三峯集』 권4, 「李牧隱送子虛詩序卷後題」, "牧隱先生主盟吾道 以興起斯文爲己任 有憂於此 其亦久矣. 今稱達可則曰豪爽卓越 子虛則曰縝密精切 蓋亦樂得英才 深喜之之辭也. 古人於斯文之興喪 未嘗不推之於天 而以得人爲難. 今二子之遇先生 天也."

주와 박의중에 대한 이색의 평가를 '영재를 얻은 것을 기뻐한 말'이라고 규정한 것은 당시 신흥유신 그룹 내에서 이색이 '스승'의 위상을 갖고 있었음을 보여준다. 정도전을 포함하여 이색을 중심으로 결집했던 신흥유신들의 나이를 고려할 때 이들이 이색 문하에서 학문을 처음 시작했던 것은 아니고, 가학(家學) 등을 통해 상당한 수준의 학문적 기반을 이미 갖춘 상태에서 이색으로부터 그가 원나라에서 공부한 성리학을 전수받았다고 할 수 있다. 이색이 가진 스승의 위상은 바로 그런 의미라고 생각된다. 선행 연구에서는 이들이 이색으로부터 '제대로 된' 성리학을 배운다는 자부심을 바탕으로 강한 동지적 결속을 보였을 것으로 추정하였다.[14]

정도전은 이색 중심의 신흥유신 그룹에 참여하여 이색의 영향을 받으며 학문적 깊이를 더해갔다. 이는 위에서 본 권근의 『삼봉집』 서문에서 정도전을 이색 문하에서 '승당(升堂)'한 인물의 한 사람으로 꼽은 것이나, 정도전 본인이 「도은문집서(陶隱文集序)」에서 이색의 학문적 영향을 받은 것에 대해 강한 자부심을 표출한 것을 통해 확인할 수 있다.[15] 그리고 이 신흥유신 그룹에서의 학문적 교유는 정도전이 1362년 문과에 급제하여 관직에 나간 이후에도 계속되었고, 특히 성균관에서의 연구와 교육 활동을 통해 더욱 공고한 관계를 형성하였다. 이 점에서 이색 및 그를 중심으로 한 신흥유신 그룹과의 교유는 정도전의 학문과 사상 형성에서 가장 중요한 기반이 되었다고 할 수 있다.

한편, 위에서 인용한 「포은봉사고서」의 내용은 정도전의 10대 시절

---

14) 이익주, 앞의 논문(2004), 55쪽.
15) 정도전이 지은 「도은문집서(陶隱文集序)」에 관한 내용은 본고 6장 2절을 참조.

교유의 일단을 보여준다는 점에서도 중요하다. 윗글에서 정도전은 친구 민자복, 즉 민안인(閔安仁, 1343~1398)이 자신에게 정몽주에 관한 이야기를 처음 전해 주었다고 하였다. 민안인은 1365년(공민왕 14) 진사시(進士試)에서 장원으로 급제하였으며, 여말선초에 유학 교육과 의례 정비에 중요한 역할을 담당했던 인물로 알려져 있다. 민안인의 자(字) '자복(子復)'은 성균관 유생 시절 이색이 지어준 것으로,[16] 민안인 또한 이색의 학문적 영향을 받았던 인물이었음을 알 수 있다. 윗글은 정도전이 16~17세 이전, 즉 10대 중반부터 민안인과 친교를 맺고 있었음을 보여준다. 민안인은 비교적 이른 시기 정도전의 교유관계를 보여준다는 점에서, 또 정도전의 일생에서 가장 중요한 교유 인물인 정몽주를 정도전에게 소개해 주었다는 점에서 상당히 주목되는 인물이라고 할 수 있다.

「포은봉사고서」에는 정도전과 일찍부터 교유했고, 정몽주와의 만남에서 연결 고리가 되었을 것으로 짐작되는 인물이 하나 더 등장하는데, 바로 '이순경(李順卿)', 즉 이존오(李存吾, 1341~1371)이다. 윗글에서 민안인이 정도전에게 이존오와 함께 공부하고 있는 것을 말하면서 이존오를 '순경'이라는 자(字)로 지칭한 것은 정도전과 이존오가 이전부터 서로 잘 아는 사이임을 보여준다고 할 수 있다. 정도전의 시문을 분석한 연구에 따르면, 이존오는 신돈(辛旽)을 비난하다가 관직에서 물러나 공주의 석탄(石灘)에 은거하고 있을 때 정도전은 그를 그리워하는 시를 지었으며, 또 정도전이 거주하던 삼봉(三峯)으로 찾아가 만났을 정도로 가까운 사이였다고 한다.[17] 즉, 이존오는 10대 중반부터 정도전과 가깝게 교

---

16) 이색, 『牧隱文藁』 권10, 「子復說」.

유했으며, 두 사람의 친분은 1371년 이존오가 사망할 때까지 계속 이어졌다. 『고려사』의 이존오 열전에는 이존오가 "정몽주·박상충·이숭인·정도전·김구용·김제안과 함께 서로 벗하며 친하게 지냈고 강론을 쉬는 날이 없었다."라고 기록되어 있다.[18] 이존오와 정도전이 비교적 이른 시기부터 교유했음을 고려한다면, 정도전이 정몽주·박상충·이숭인·김구용 등과 교유하는 과정에서 이존오가 매개 역할을 했을 가능성도 충분하다고 생각된다.

4. 공민왕 대 관직 활동과 네트워크의 공고화

정도전은 1362년(공민왕 11) 문과에 급제하여 관직 생활을 시작하였다. 이후 1366년 1월에 부친상, 같은 해 12월에 모친상을 당한 정도전은 고향 영주로 낙향하여 부모상을 마친 후 1369년에 삼봉(三峯)의 옛집으로 돌아왔다.[19] 그리고 1370년(공민왕 19) 관직에 복귀하여 1375년(우왕 1) 북원 사신 영접을 반대하다가 나주 거평부곡으로 유배될 때까지 중앙 관료로 활동하였다.

선행 연구에서 정도전의 공민왕 대 관직 활동기 교유관계 중 가장 중요하게 강조했던 것은 성균관(成均館)에서의 학문적 교유였다. 정도전

---

17) 이익주, 앞의 논문(2004), 60쪽.
18) 『高麗史』 권112, 列傳 25, 「李存吾」.
19) 정도전, 『三峯集』 권1, 「登三峯憶京都故舊」. "公自丙午年 繼有兩親之喪 居榮州終制. 己酉 還三峯舊居."

은 부모상을 마치고 관직에 복귀한 후 1370년(공민왕 19)에 성균관 박사(成均館博士)에 임명되었다.[20] 정도전의 성균관 박사 임명은 출사 전부터 구축되었던 그의 학문적 네트워크가 더욱 공고화되는 중요한 계기가 되었다.

주지하는 바와 같이 고려의 성균관은 1367년(공민왕 16) 중영(重營)을 통해 명실상부한 관학(官學) 교육의 중심 기구로 거듭났다. 1361년 홍건적의 침입 이후 성균관을 비롯한 고려의 관학은 제반 여건이 황폐해지면서 교육이 제대로 이루어지지 못했다. 이에 고려 정부는 1367년에 임박(林樸)의 건의에 따라 성균관 중영을 추진하여, 숭문관(崇文館)의 옛터에 성균관 건물을 새로 짓고 학제를 개편했으며 성균관 생도의 정원을 늘렸다. 그리고 당시 판개성부사(判開城府事)였던 이색을 성균관 겸대사성(兼大司成)으로 임명하여 관학 교육을 총괄하도록 하였다. 이색은 원나라 태학(太學)에 유학하여 성리학을 연구한 후 귀국하였고, 당시 고려 학계에서 '유종(儒宗)'으로 존경받고 있었다는 점에서 성균관 교육을 책임지는 자리에 가장 적합한 인물이었다. 『고려사(高麗史)』의 이색 열전(列傳)에는 성균관 중영 당시의 모습을 다음과 같이 기록하고 있다.

> 성균관을 다시 짓고 이색을 판개성부사 겸 성균관 대사성으로 삼았다. 학생 수를 늘리고 경학(經學)에 밝은 김구용·정몽주·박상충·박의중·이숭인

---

20) 『삼봉집』 권8 부록의 「사실(事實)」에는 정도전이 경술년(庚戌年, 1370년) 여름에 성균관 박사를 제수받았다고 기록되어 있다. 반면 한영우의 연구에서는 1371년에 성균관 박사에 임명되었다고 하였다[한영우, 앞의 책(1999), 358쪽]. 이는 아마도 정도전의 시 「추야(秋夜)」에 부기된 "신해년(1371) 가을 7월에 공은 신돈(辛旽)이 처형됐다는 말을 듣고 개경(開京)에 달려왔다."라는 주석에 근거하여 1371년 7월 이후 정도전이 관직에 복귀했다고 판단한 것이 아닌가 생각된다. 본고에서는 일단 『삼봉집』「사실(事實)」의 기록을 따른다.

등에게 다른 관직을 가지면서 교관을 겸하게 하였다. 이전에는 학생 수가 수십 명에 불과했는데, 이색이 학식(學式)을 고치고 매일 명륜당(明倫堂)에 앉아 경서(經書)를 나누어 수업하며 강의를 마친 후에는 서로 모여 토론하면서 한가함을 잊으니, 학자들이 모여들어 정주(程朱)의 성리학이 크게 일어났다.[21]

윗글은 1367년 성균관의 중영이 고려의 관학에서 성리학 교육과 연구가 크게 활성화되는 데 결정적인 계기가 되었음을 잘 보여준다. 이때 성균관의 교관을 맡았던 김구용·정몽주·박상충·박의중·이숭인 등은 모두 이색이 원나라에서 귀국한 이후 그를 중심으로 결집하여 성리학을 연구하던 신흥유신들이다. 즉, 1367년의 성균관 중영과 성리학 연구·교육의 활성화는 이색 중심의 신흥유신들이 주도한 것이라고 할 수 있다. 그리고 정도전도 다른 동료들보다 조금 늦기는 했지만, 성균관 박사 임명을 통해 이 대열에 합류하였다.

선행 연구에 따르면, 정도전이 성균관 박사로 임명된 것은 그보다 먼저 성균관직에 임명되어 교관으로 활동하던 김구용·박상충·정몽주 등의 추천 때문이었다고 한다.[22] 이들이 정도전을 자신들과 함께 성균관에서 근무할 교관으로 추천했다는 것은 이들이 정도전에 대해 잘 알고 있었으며, 정도전의 학문적 능력을 인정하고 있었다는 사실을 잘 보여준다. 이는 정도전이 이미 이전부터 이색을 중심으로 하는 신흥유신 그

---

21) 『高麗史』 권113, 列傳 28, 「李穡」.
22) 한영우, 앞의 책(1999), 30쪽.

룹에 참여하여 이들과 학문적 네트워크를 형성하고 있었다는 중요한 증거가 된다.

당시 성균관 교관들의 인적 구성 및 정도전이 이들과 이전부터 교유하고 있었던 것을 고려하면, 공민왕 대 성균관 재직 시절 정도전의 교유관계는 출사 이전의 교유 범위에서 크게 벗어나지 않았다고 할 수 있다.[23] 하지만 "매일 명륜당(明倫堂)에 앉아 경서(經書)를 나누어 수업하였고, 강의를 마친 후에는 서로 모여 토론하면서 한가함을 잊으니, 학자들이 모여들어 정주(程朱)의 성리학이 크게 일어났다."라는 위 인용문의 내용을 볼 때, 이들과의 학문적 교유의 깊이는 이전보다 훨씬 깊어졌을 것으로 보인다. 이점은 선행 연구들도 대부분 동의하는 바다.

한영우는 정도전이 성균관에서의 교유를 통해 경서에 대한 해박한 지식을 갖추게 되었고 뛰어난 성리학자로 성장하는 계기가 이때 마련되었다고 평가하였다.[24] 도현철은 1367년 성균관 중영 이후 성균관에서 성리학을 공부한 이들은 이색을 중심으로 네트워크를 형성하면서 지식과 정보를 교환하고 정치·사회 활동의 기반을 구축했으며, 성리학을 기반으로 한 토론을 통해 성리학이 지향하는 도(道)에 대한 정서적 공감대를 형성하는 한편, 현실 문제를 이해하는 논리를 구성할 수 있었다고

---

23) 공민왕 대에 정도전이 지은 시문들을 분석한 이익주의 연구에 따르면, 이 시기에 정도전이 교유했던 인물로는 이존오·이숭인·김구용·양곡역사(陽谷易使)·안정(安定)·강호문(康好文)·김극평(金克平)·정몽주·이집·박의중 등이 확인된다. 이익주는 이들 중 이숭인·김구용·박의중·정몽주는 이색 문하에서 함께 수학한 사이이고, 이존오와 이집 역시 학문적 교류를 통해 가까워진 사이였다고 하였다[이익주, 앞의 논문(2004), 60쪽]. 이처럼 정도전의 시문 분석 결과에서도 공민왕 대 관직 활동기 정도전의 교유 대상 인물은 이색 중심의 신흥유신 그룹을 비롯하여 그가 이전부터 교유했던 사람들이 주류를 이루었다는 점이 확인된다.
24) 한영우, 앞의 책(1999), 35쪽.

평가하였다. 또 성균관에서 성리학을 익히고 자연과 사회에 대한 문제 의식을 공유한 이들은 인적 관계망과 함께 정서적 유대감도 한층 높아졌다고 하였다.[25] 이와 같은 선행 연구들의 평가를 고려할 때, 성균관을 통해 이색을 중심으로 하는 학문적 네트워크는 더욱 공고해졌다고 할 수 있으며, 정도전 역시 그 일원이었다는 점에서 정도전에 대한 이색의 학문적 영향력이 매우 컸다는 점을 부정하기 어렵다.

한편, 성균관을 중심으로 더욱 공고화된 이색 중심 신흥유신 그룹의 네트워크는 점차 학문적 차원을 넘어서 정치적인 차원으로 발전해 나갔다. 이를 가장 잘 보여주는 것이 우왕 즉위 초 북원(北元) 사신 영접이라는 외교 현안을 앞에 두고 이들이 일치된 반대 입장을 표출했던 사건이다. 1375년(우왕 1)에 북원이 고려에 사신을 보내자 당시 집권자 이인임(李仁任) 등은 북원 사신을 받아들이려고 했던 반면, 정도전·정몽주·박상충·이숭인 등 성균관에서 함께 했던 신흥유신들은 이에 강력히 반대하면서, 공민왕의 친명(親明) 정책을 계속 준수할 것을 주장하였다. 그 결과 정도전·정몽주 등 신흥유신 대부분이 지방으로 유배되었고, 박상충과 전녹생(田祿生)은 심문 과정에서 모진 고문을 당해 결국 유배지로 가는 도중에 사망하였다. 신흥유신들의 친명반원(親明反元) 주장은 성균관에서 함께 공부했던 이들이 현실의 정치·사회적 변화와 국제 정세에 대한 의견을 나누면서 정치적 공감대를 형성하고 있었음을 보여준다.[26]

---

25) 도현철, 「조선 건국기 성리학 지식인의 네트워크와 개혁사상」, 『역사학보』 240, 2018, 251~254쪽.
26) 도현철은 정도전·정몽주 등 신흥유신들이 친명반원 노선에 일치된 입장을 보였던 것이 대해 이들이 정치·사회의 현안에 대한 의견을 통합하고 현실 변혁의 거대한 역사적 흐름에 혁명동지로 참여하는 지적 기반을 형성할 수 있었으며, 고려 후기 지식인의 인적

이상과 같이 공민왕 대 정도전의 성균관 교관 활동은 성리학자로서 개인적인 성장에 큰 영향을 끼쳤을 뿐만 아니라 그가 이색을 중심으로 결집한 신흥유신의 일원으로서 이들과의 학문적 네트워크를 더욱 공고히 하고 나아가 이들과 정치적 동지 관계로까지 발전해 나가는 데 있어 중요한 토대가 되었다. 이 점에서 성균관은 이 시기 정도전의 교유관계에서 가장 큰 비중을 차지했다고 평가할 수 있으며, 선행 연구에서 정도전의 성균관 활동을 중요하게 다루었던 것도 바로 이 때문이었다고 생각된다.

한편, 선행 연구에서 공민왕 대 정도전의 교유와 관련하여 공통적으로 중요하게 언급했던 또 하나의 관계는 부모 상중에 있었던 정몽주와의 서책 교유이다. 이에 대해 정도전은 「포은봉사고서(圃隱奉使藁序)」에서 다음과 같이 기록하고 있다.

> 그 후 아버지의 초상을 당하여 영주(榮州)로 내려가 2년을 살았으며, 이어 어머니 상을 당하여 그곳에서 5년을 지냈다. 그 사이 선생[정몽주]이 『맹자(孟子)』 한 부를 보내 주셔서 삭망전(朔望奠)을 지내고 겨를이 있으면 하루에 한 장 또는 반 장을 연구했는데, 알 듯하기도 하고 의심이 나기도 해서 (후에) 선생에게 가르침을 받으려고 생각하였다.[27]

네트워크가 지식 네트워크로 확장해 갈 지적 분위기를 만들어 가고 있었다고 평가하였다[도현철, 위의 논문, 256쪽].
27) 정도전, 『三峯集』 권3, 「圃隱奉使藁序」. "後奔父喪榮州 居二年 繼有母喪 凡五年. 先生送孟子一部 朔望之暇 日究一紙或半紙 且信且疑 思欲取正於先生."

앞 장에서 보았듯이 정도전은 출사 이전에 이미 민안인 등의 소개로 정몽주를 알게 되었고 첫 만남부터 친밀하게 교유하였다. 또, 기록으로 확인되지는 않지만, 정도전이 이색 중심의 신흥유신 그룹과 교유하고 그 일원으로 참여하는 과정에서도 정몽주가 중요한 역할을 했을 것으로 추정된다. 이처럼 돈독한 관계를 가졌던 두 사람은 정도전이 부모상으로 낙향해 있는 동안에도 교유를 이어갔다. 특히 정몽주가 정도전에게 『맹자』를 보내주었고, 정도전이 이를 깊이 연구했던 것은 정도전의 민본(民本) 사상 형성에 큰 영향을 끼쳤던 것으로 평가받고 있다. 이 점에서 정몽주는 이색 중심의 신흥유신 그룹에서 정도전이 가장 가깝게 교유했으며, 정도전의 학문과 사상에 가장 큰 영향을 주었던 인물이라고 할 수 있다.

공민왕 대 정도전과 정몽주의 친밀한 관계는 정도전이 정몽주에게 보낸 「정달가에게 올리는 글[上鄭達可書]」에서도 잘 나타난다. 이 글에서 정도전은 정몽주가 이단을 물리치고 현혹된 백성들을 바르게 인도할 적임자라고 평가하고, 자신이 이단 배척에 뜻을 두게 된 것도 정몽주를 의지하기 때문이라고 하였다. 이어 정도전은 근래 정몽주가 『능엄경(楞嚴經)』을 읽는다는 소문에 대해 우려의 뜻을 전달하였다.

> 요즈음 오고 가는 말을 들으니, '달가가 『능엄경』을 읽고 있으니 불교에 현혹된 것 같다.'라고 합니다. 그래서 나는, '달가가 『능엄경』을 보지 않으면 어찌 그 설의 사특함을 알 것인가? 달가가 『능엄경』을 보는 것은 그 속의 병통을 알아서 치료하려는 것이지 그 도를 좋아해서 정진하려는 것이 아니다.'라고 했습니다. 얼마 후 나는 스스로 생각하기를 '나는 달가가 부처에게

아첨하지 않는다는 것을 보증할 수 있다. 하지만 옛날에 한창려(韓昌黎: 한유(韓愈))가 승려 태전(太顚)과 한 번 이야기했던 것이 결국 후대에 구실(口實)이 되었다. 달가는 사람들의 믿음과 존경을 받고 있으며 그가 하는 바는 우리 도의 흥폐(興廢)와 관련이 있으니 자중(自重)하지 않을 수 없다.'라고 하였습니다. 또 백성들은 어둡고 어리석어서 의혹되기는 쉽지만 깨닫게 하기는 어려우니 달가는 한 번 생각해 주기를 바랍니다.[28]

윗글을 보면 정도전은 정몽주가 결코 불교에 빠지지 않았다는 강한 믿음과 함께 정몽주의 위상을 고려할 때 사람들이 오해할 수 있는 행동을 자제해야 한다는 우려의 마음도 가지고 있었음을 확인할 수 있다. 정도전이 이와 같은 자신의 속마음을 글을 통해 기탄없이 정몽주에게 전할 수 있었던 것은 두 사람이 격의 없이 마음을 나누는 '동심우(同心友)'였다는 점을 분명하게 보여준다.[29]

한편, 기존 연구에서 크게 주목하지는 않았지만, 공민왕 대 정도전의 교유관계에서 중요하게 다루어져야 할 부분이 하나 있다. 바로 정도전이 과거에 급제하면서 형성된 좌주(座主)-문생(門生) 관계이다. 앞서 언급한 바와 같이 정도전은 1362년(공민왕 11) 과거에 급제함으로써 좌주-문생 및 동년(同年) 관계를 통해 교유 범위를 확대하게 된다. 과거의 고

---

28) 정도전, 『三峯集』 권3, 「上鄭達可書」, "近聞往來之言 達可看楞嚴 似佞佛者也. 予曰 不看楞嚴 曷知其說之邪. 達可看楞嚴 欲得其病而藥之 非好其道而欲精之也. 旣而私自語曰 吾保達可必不佞佛 然昌黎一與太顚言 後世遂以爲口實. 達可爲人所信服 其所爲繫於斯道之廢興 不可不自重也. 且下民昏愚 易惑難曉 達可幸思之."

29) 정도전은 정몽주에게 보낸 시에서 정몽주를 '마음을 나눈 친구[同心友]'로 표현한 바가 있다[정도전, 『三峯集』 권1, 「次韻寄鄭達可-夢周」, "夫何同心友 各在天一方 時時念至此 不覺令人傷."].

시관과 급제자들이 스스로 부자 관계를 의제하면서 사적으로 결속하는 현상은 고려시대 과거제에서 나타나는 중요한 특징이었다. 특히 충목왕 때 과거제도가 개편된 이후 그러한 양상은 더욱 두드러졌고, 정도전이 과거에 급제했을 때는 좌주-문생 간의 결속이 거의 절정에 이르렀다고 할 수 있다.[30]

선행 연구에서 정도전의 좌주-문생 관계를 언급한 경우는 이익주의 연구가 거의 유일하다. 정도전이 과거에 급제할 당시 시험을 주관했던 정도전의 좌주는 홍언박(洪彦博)과 유숙(柳淑)이었다. 이들은 모두 공민왕의 측근으로, 충목왕 대 이후 성장한 신흥유신들과는 정치적·학문적으로 성향을 달리하는 인물이었다. 또 이들은 공민왕 대에 치열한 정쟁의 일선에 있었고, 그 결과 홍언박은 1363년(공민왕 12) 김용(金鏞)이 일으킨 '흥왕사의 변'에서 피살되었고, 유숙은 1368년(공민왕 17)에 신돈에게 살해되었다. 즉 두 사람 모두 정도전이 관직 생활을 시작한 초기에 목숨을 잃었으며, 그 결과 홍언박과 유숙의 문생들은 좌주의 정치적 후원을 받거나 좌주를 중심으로 세력을 결집할 기회를 얻지 못했다.[31]

이익주는 정도전이 좌주로부터의 정치적·학문적 후원은 받지 못했지만, 당시 과거에 함께 급제했던 동년들과의 개인적인 친교는 어느 정도 이어갔던 것으로 보았는데,[32] 이는 매우 중요한 점을 지적한 것이라고 생각한다. 이와 관련하여 1362년에 홍언박·유숙이 주관한 과거에서 정도전과 함께 급제했던 동년들의 명단을 정리하면 다음과 같다.

---

30) 이익주, 앞의 논문(2004), 56쪽.
31) 이익주, 앞의 논문(2004), 56~57쪽.
32) 이익주, 앞의 논문(2004), 57쪽.

을과(乙科, 3인): 박실(朴實), 김도(金濤), 김지(金祗)
병과(丙科, 7인): 정이(鄭履), 이숭인(李崇仁), 김중권(金仲權), 박희도(朴希道), 강호문(康好文), 조덕겸(趙德謙), 허시(許時)
동진사(同進士, 23인): 이유(李猷), 정가종(鄭可宗), 이유(李䂊), 김순생(金順生), 이처겸(李處謙), 황길무(黃吉茂), 방득수(方得珠), 안경온(安景溫), 김문현(金文鉉), 김존성(金存誠), 설장수(偰長壽), 정도전(鄭道傳), 김을초(金乙貂), 박원빈(朴元彬), 이방해(李芳垓), 나중우(羅仲祐), 한리(韓理), 이복해(李福海), 김자앙(金子盎), 송명의(宋明誼), 최자비(崔自卑), 권규(權揆), 배중선(裵仲線)[33]

　이상 선행 연구에서 확인된 정도전의 동년 명단을 살펴보았다. 이를 보면, 정도전의 인간관계에서 매우 중요한 위치를 차지하고 있었던 사람들이 몇몇 보인다. 우선 병과 2인으로 급제한 이숭인이 눈에 띈다. 이숭인은 이색 중심의 신흥유신 중 한 사람으로서 정도전과 일찍부터 교유했고 성균관의 교관으로 함께 활동했으며, 서로 간에 상당히 많은 시문을 주고받은 인물이다. 권근은 『삼봉집』 서문에서 정도전이 이색 중심의 신흥유신들 중에서 이숭인과 특히 가까웠다고 기록하였는데,[34] 이와 같은 친밀한 관계에는 두 사람이 동년이었다는 인연도 중요하게 작용했을 것으로 생각된다. 한편 1362년 과거에서 을과 1인으로 장원급제한

---

33) 許興植, 『高麗科擧制度史硏究』, 일조각, 1981, 298~299쪽.
34) 권근, 『陽村集』 권16, 「鄭三峯―道傳文集序」, "三峯與圃隱陶隱 尤相親善 講論切磋 盖有所得."

박실은 박의중의 개명 전 이름이다. 박의중 역시 이색 중심의 신흥유신 그룹의 일원으로 성균관에서 정도전과 같이 교관으로 활동했으며, 조선 건국 후에도 관직 생활을 이어가면서 정도전과 『고려사(高麗史)』 수찬에도 함께 참여했던 인물이다. 이처럼 정도전의 동년 중에는 그가 과거 급제 전부터 학문적으로나 인간적으로 가깝게 교유했던 신흥유신들이 포함되어 있었다.

강호문과 이유(李猷)는 정도전과의 교유를 확인할 수 있는 시문들이 『삼봉집』에 수록되어 있다. 강호문은 정도전의 공민왕 대 관직 활동기뿐만 아니라 이후 유배기에도 시문을 주고받으며 교유했던 인물이다. 정도전은 1373년(공민왕 22)경에 강호문에게 지어준 「영주 강중정의 시에 차운하다[次寧州康中正韻]」에서 "나이를 헤아리면 그대가 위지만 교분은 내가 가장 친하다네"[35]라고 하여 강호문에 대한 친밀감을 드러내었다.[36] 또 정도전이 유배기에 지은 「자야(子野)의 거문고 연주를 듣고 호연(浩然)의 운을 써서 보이다[聽子野琴用浩然韻示之]」는 유배지에 찾아와 정도전을 위로했던 강호문의 모습을 잘 보여준다.[37] 정도전의 「차운하여 정달가—몽주—에게 부치다[次韻寄鄭達可—夢周]」에 따르면, 강호문은 정몽주의 편지를 정도전에게 전달하는 등 유배 시기 두 사람의 교유를 연결해 주는 역할도 하였다.[38]

---

35) 정도전, 『三峯集』 권2, 「次寧州康中正韻」, "論齒君爲長 相交我最親."
　　이 시에는 "영주(寧州)는 천안군(天安郡)의 옛 이름인데 계축년(1373)에 강호문이 이 고을의 군수였다."라는 주석이 붙어 있다. 이를 통해 이 시가 1373년(공민왕 22)경에 지어진 것을 확인할 수 있다.
36) 이익주, 앞의 논문(2004), 60쪽.
37) 정도전, 『三峯集』 권3, 「聽子野琴用浩然韻示之」.
38) 「차운하여 정달가—몽주—에게 부치다」에는 "유락(流落)과 이별 속에 해가 가고 달이 가니

이유(李䟽)도 공민왕 대의 교유시는 확인되지 않지만, 정도전이 나주 거평부곡에 유배되어 있을 때 유배지로 직접 찾아와서 만났으며, 정도전의 유배 시기 저술을 모은 「금남잡제(錦南雜題)」의 서문을 썼다.[39] 정도전이 가장 큰 어려움에 처해 있었던 시기에 유배지까지 찾아와서 함께 교유했던 이들의 모습은 정도전과 강호문·이유 등이 동년으로서 매우 친밀한 관계를 유지하고 있었음을 잘 보여준다. 한편, 설장수도 정도전의 동년으로 시문 교유가 있었고, 특히 1389년 창왕을 폐위하고 공양왕을 옹립한 아홉 공신 중에 한 사람으로 정도전과 함께했다는 점에서 주목된다.

이상에서 정도전과 1362년에 동방(同榜) 급제했던 동년 중 정도전과 교유가 확인되는 몇 사람을 살펴보았다. 이를 보면, 정도전과 동년들은 학문적으로나 인간적으로 상당히 친밀한 관계를 유지하였으며, 설장수처럼 정도전과 정치적 입장을 함께 했던 경우도 있었다. 이 점에서 동년들과의 교유는 정도전의 인간관계에서 상당히 중요한 비중을 차지했던 것으로 볼 수 있다. 하지만, 앞서 언급한 것처럼 이익주의 연구를 제외하면 정도전과 동년들의 교유를 주목한 선행 연구는 찾아보기 어렵다. 물론 자료적인 한계 때문에 여의치 않은 부분이 많은 것이 사실이지만, 동년들의 명단이 확인되는 만큼 향후 연구에서는 정도전과 동년과의 교유 측면에 좀 더 주목해 볼 필요가 있지 않은가 생각된다.

그리운 정회는 어찌 끝이 있겠습니까? 자야(子野)의 편에 서찰을 받들어 두세 번 읽어보니 기쁨과 감동이 어울려 격동하므로 운(韻)에 의해 지었거니와 사(辭)는 달(達)에 그쳤을 따름입니다."라는 정도전의 주석이 있어서, 강호문이 정몽주의 편지를 정도전에게 전달했던 사실을 확인할 수 있다[정도전, 「三峯集」 권1, 「次韻寄鄭達可-夢周」].

39) 정도전, 「三峯集」 권8, 附錄—諸賢著述, 「鄭三峯錦南雜題序-丙辰」(李䟽 撰).

5. 유배·유랑기의 교유관계

1) 유배기의 교유관계(1375.5.~1377.7)

정도전은 4장에서 본 바와 같이 이인임 등의 북원 사신 영접 추진에 강하게 반대하다가 1375년(우왕 1) 5월에 전라도 나주의 거평부곡(居平部曲)으로 유배되어, 1377년 7월까지 2년 2개월 동안 이곳에서 생활하였다. 이 시기 정도전의 교유관계는 크게 두 개의 범주로 나누어 볼 수 있다. 하나는 이색 중심의 신흥유신 그룹 및 동년(同年) 친구 등 정도전이 이전부터 가깝게 교유했던 사람들과 시문을 주고받으며 관계를 계속 이어나간 것이다. 그리고 다른 하나는 유배지인 거평부곡 및 나주 지역의 사람들과 새로운 인간관계를 형성해 나간 것이다.

한영우의 연구에서는 후자, 즉 유배지 사람들과의 새로운 인간관계 형성에 주목하였다. 한영우는 "귀양살이 중에 정도전을 따뜻하게 감싸 준 것은 지난날의 사우(士友)들이 아니라 열심히 농사를 짓고, 국가에 세금을 바치는 것을 천분으로 생각하고 살아가는 가난하고 순박한 농민들이었다."라고 강조하면서, 정도전의 「소재동기(消災洞記)」는 부곡민들의 따뜻한 정의(情意)에 감사하고 이를 증언하기 위해 쓴 것이라고 하였다.[40] 또 유배지에서 정도전이 일상적으로 접촉한 사람은 전부(田父)·야인(野人)·승려 등이었음을 지적하고, 정도전이 이들로부터 순박한 인정과 의리, 그리고 세태에 대한 날카로운 비판의식을 배웠고, 실천을 모르는 유자들의 박학(博學)이 허위라는 것을 깨닫게 되었다고 주장하였다.[41]

---

40) 한영우, 앞의 책(1999), 35쪽.

이처럼 한영우는 정도전이 거평부곡 농민들과 새로운 인간관계를 형성한 점을 중요하게 부각시킨 반면, 이전 친구들과 교유를 이어나간 것에 관해서는 별다른 언급을 하지 않았다. 그뿐 아니라 정도전이 유배 시기에 지은 「가난(家難)」을 인용한 부분에서는 정도전과 기존 친구들 간의 관계가 단절됐음을 암시하는 듯한 서술을 하였다. 많이 알려진 바와 같이 「가난」에는 정도전이 옛 친구들과의 관계가 소원해졌음을 토로한 내용이 실려 있다.

> 나에게 친구가 있어 정이 형제보다 나았는데, 내가 패한 것을 보더니 뜬구름같이 흩어졌소. 그들이 나를 근심하지 않는 것은 본래 세력으로 맺어지고 은혜로써 맺어지지 않은 까닭이오.[42]

이 글에 대해 한영우는 "친구들의 배신에 대한 분노를 감추고 있는 것이 역력하다."라고 해석했는데,[43] 이는 정도전이 유배 생활을 거치면서 이전 친구들의 관계가 멀어지거나 단절됐음을 지적한 것이라고 할 수 있다. 이처럼 한영우는 유배 시기 정도전의 인간관계에서 가장 큰 비중을 차지했던 사람들은 유배지 거평부곡의 농민들이라는 점을 강조하였다.

한영우의 연구에서 정도전과 거평부곡 농민들 간의 유대를 강조한 것은 유배를 계기로 정도전의 인적 네트워크에 변화가 있었다는 관점에

---

41) 한영우, 앞의 책(1999), 36쪽.
42) 정도전, 『三峯集』 권4, 「家難」, "我有朋友 情逾弟昆 見我之敗 散如浮雲 彼不我憂 以勢非恩."
43) 한영우, 앞의 책(1999), 35쪽.

서 비롯된 것으로 추정된다. 한영우는 정도전의 미천한 신분의 한계가 그의 사상 형성에 매우 중요한 영향을 끼쳤으며, 역성혁명 추진 역시 그와 비슷한 낮은 신분의 사람들 및 농민들과의 연합으로 이루어냈다는 주장을 제시하였다. 이점을 고려할 때 유배 이후 정도전의 인적 네트워크도 하층 신분, 농민층이 중요한 비중을 차지하는 것으로 변화했다는 관점이 위와 같은 서술에 반영되었을 가능성이 높다고 생각된다.

정도전과 유배 지역 사람들과의 교유에 초점을 맞춘 또 다른 연구로 류창규의 논문을 들 수 있다. 류창규는 유배 시기 정도전과 교유했던 지방 사람들을 두 부류로 구분하였다. 하나는 지방의 상층부를 이루는 유학자 및 재지 품관들이고, 다른 하나는 앞서 한영우의 연구에서 강조되었던 거평부곡의 농민들이다.

먼저 지방 상층부와 관련해서 류창규는 정도전이 2~3명의 지방 학자와 함께 글을 강론하였고 유배지 근처의 이곳저곳을 유람했던 것을 언급하였다. 이들은 거평부곡의 주민이 아니라 근처 마을에 살거나 나주목 인근에 거주하는 학자였을 것이며, 농사를 주업으로 하는 사람들이 아니라 글을 배우는 유학자들로서 지방의 상층부였을 것으로 추정하였다.[44] 또 정도전이 유배지 근처의 재지 품관들과 교유하면서 학문을 논하기도 하고 때로는 그들의 자제를 가르치기도 했을 것으로 보았다. 류창규는 이들이 정도전 자신의 유배 동기를 정당화하고 현실에 대한 비판의식을 견지할 수 있는 대상이었을 뿐 정도전의 이웃에서 함께 살았던 사람들은 아니며, 정도전이 유배 생활을 하면서 일상적으로 접촉했

---

44) 류창규, 「나주 회진 유배 시절 삼봉 정도전의 유배지 사람과의 소통 과정—농민에 대한 인식 변화와 정체성 찾아가기」, 『역사학연구』 27, 2006, 152쪽.

던 사람들은 유배지의 농촌 사람들이라고 주장하였다.[45]

이어 류창규는「소재동기」의 내용을 기반으로 유배기 정도전과 농민들의 교유 양상을 정리하였다. 이에 따르면, 정도전은 유배 초기에 황연(黃延)의 집을 빌려서 살았으며, 이곳에서 정도전이 주로 접했던 마을 사람들은 집주인 황연과 김성길·김천 형제, 서안길, 김천부, 조성 등이 있었다. 황연은 집에서 빚은 술이 익으면 정도전을 청하여 함께 술을 마셨으며, 김천부·조성 등도 정도전과 날마다 어울리고 토산물이 나오면 정도전을 찾아와 함께 술을 마시면서 즐겼다고 한다. 류창규는 거평부곡 주민 중 김성길이 약간의 글자를 알았고, 그 아우 김천은 담소를 잘했다고 한 점을 근거로 이들이 어느 정도 공부를 했던 인물로 추정하였다. 또 정도전이 황연의 집에서 나와 따로 거주하고자 했을 때 마을 사람들이 집 짓는 것을 도와주는 등 유배지 농민들이 정도전을 극진하게 대접했던 점을 강조하였다.[46]

류창규는 정도전이 거평부곡에서 2년여의 유배 생활을 하는 동안 일반 농민의 생활에 대해 어느 시기보다 깊이 이해할 수 있는 기회를 가졌다고 하였다. 즉, 이후 야인으로 생활하면서도 농민들을 가까이했겠지만, 자신의 상황을 투영하면서 농민과 더불어 생활할 수 있었던 시기는 유배 시절이었다고 보아 무리가 없다고 주장하였다.[47]

부곡민이라는 신분적 특성 때문에 정도전의 유배기에 그와 함께 생활했던 거평부곡 농민들이 구체적으로 어떤 사람이었는지는 확인하기

---

45) 류창규, 위의 논문, 153쪽.
46) 류창규, 위의 논문, 154~155쪽.
47) 류창규, 위의 논문, 157쪽.

어렵다. 또 정도전이 유배기 동안 부곡민들과 함께 생활하면서 사회에 대한 비판의식도 날카로워졌고 지식인 사회의 문제점에 대해 깊이 성찰하는 등 많은 영향을 받은 것은 분명하다고 할 수 있다. 하지만 그가 유배 이후에도 부곡민 내지는 그와 유사한 계층의 사람들과 계속해서 교유하면서 인적 네트워크를 형성하고 있었는지는 미지수이다.

한편, 정도전이 「가난」에서 언급한, 유배 시절 정도전과 관계가 멀어지거나 단절된 친구가 누구인지는 분명하지 않다. 하지만 유배기 및 유랑기에 정도전이 지은 시문들과 우왕 대 후반 재 출사 이후의 교유 양상을 보면, 정도전이 성균관 시절에 함께 했던 동료들, 즉 이색 중심의 신흥유신 그룹과 관계가 멀어졌다고 보기는 어렵다고 생각된다. 이익주의 연구는 바로 이 점을 밝혔다는 점에서 중요한 의의를 갖는다.

이익주는 정도전이 거평부곡에서 유배 생활을 했던 1375~1377년에 지어진 그의 시문을 검토한 결과, 시문에 나타난 교유 양상은 공민왕 대와 크게 다르지 않았다는 점을 확인하였다.

> 동문 또는 동년으로서 이집·강호문·김구용 등과의 교유는 여전히 계속되었고, 여기에 정몽주·권근과의 교유를 보여주는 시문이 추가되었다. 특히 정몽주에게는 지란(芝蘭)과 양금(良金)에 견주며 지조를 지킬 것을 다짐했는데, 우왕 원년에 두 사람이 각각 성균관의 대사성과 사예로 있으면서 대원 외교 재개에 반대하다가 함께 유배된 점을 감안한다면 둘의 관계가 성리학자로서 학문적인 교류를 넘어 정치적으로도 뜻을 같이하는 것으로 진전되었음을 알 수 있다.[48]

위와 같은 연구 결과는 정도전이 관직 생활 중에 맺었던 인간관계가 유배기에도 계속 유지되고 있었음을 보여준다. 특히 성균관 시절의 동료 학자들, 반원 정책을 함께 주장했던 친구들과는, 유배라는 근본적 한계 때문에 이전만큼 자주 만나면서 돈독한 관계를 갖기는 어려웠지만, 시문을 통한 교유가 계속 유지되고 있었다.

한편 이익주는 유배기 정도전이 선후배 성리학자들에게 시문을 보낸 것에도 주목하면서, 여기에 해당하는 인물로 염흥방(廉興邦)·탁광무(卓光茂)·이행(李行)·염정수(廉廷秀)·이언창(李彦暢)·김미(金彌)·조박(趙璞) 등을 제시하였다. 특히 염흥방에게 많은 시를 보냈던 것은 염흥방이 1375년에 정도전과 같은 사안으로 유배되어 나주와 가까운 광주 무진성(茂珍城)에 있었기 때문이었다고 하였다. 또 이언창과 김미는 정도전의 유배지까지 찾아왔다는 점에서 정도전의 추종자라고 할 수 있는 사람들이라고 보았다. 이밖에 유배지 일대의 지방관, 승려, 지방의 학자들도 정도전의 교유 상대였다는 점을 확인하였다.[49]

정도전이 유배기에 시문을 보낸 선후배 성리학자들 중 염흥방·염정수 형제를 제외하면 정도전과의 관계가 구체적으로 밝혀진 사람은 없다. 이들은 기존 정도전의 인간관계에서 크게 주목하지 않았던 인물들이다. 하지만 유배기라는 정도전의 불우했던 시절에 시문을 주고받았고, 일부는 유배지까지 찾아왔다는 점에서 간과할 수 없는 인물들이라고 할 수 있다. 또 정도전이 시문을 지어준 유배지 일대의 지방관과 지

---

48) 이익주, 「삼봉집 시문을 통해 본 고려말 정도전의 교유관계」 『정치가 정도전의 재조명』, 경세원, 2004, 65쪽.
49) 이익주, 위의 논문, 66쪽.

역 학자들은 정도전 인간관계의 외연이 확장되고 있었음을 확인할 수 있다는 점에서 중요한 의미가 있다고 생각된다. 따라서 향후 연구에서 이 부분을 구체적으로 고찰해 볼 필요가 있다.

이상을 정리라면, 이 시기에 정도전이 유배지의 농민들과 새로운 인간관계를 형성했던 것은 사실이지만, 그의 인적 네트워크에서 여전히 중심을 차지하고 있었던 것은 이전부터 교유했던 신흥유신 그룹이었다고 보는 것이 타당하다. 즉, 정도전의 유배 후에 관계가 소원해지거나 단절된 친구들이 분명 있었겠지만, 유배기의 시문이나 이후의 교유관계를 고려할 때 이색 중심의 신흥유신 그룹과 관계가 소원해졌다고 보기는 어려우며, 특히 이들을 '은혜가 아니라 세력으로 맺어졌던' 친구들이라고 볼 수는 없다고 생각된다.

그렇다면 정도전이 「가난」에서 친구들과의 연락이 끊겼고 관계가 멀어졌다고 말한 까닭은 무엇일까? 문헌 기록을 통해 그 이유를 확인할 수는 없지만, 추측해 보건대 유배라는 환경적 제약 때문에 친구들과 이전만큼 자주, 깊이 교유할 수 없었던 상황에서 느끼는 외로움의 표현이 아니었을까 생각된다. 또 이색 중심의 신흥유신 그룹이나 동년들을 제외한 나머지 친구들 중에서는 실제로 관계가 멀어진 경우가 있었을 가능성 또한 충분하다는 점도 고려될 필요가 있다.

정도전이 유배기에 옛 동료들과 시문을 통해 교유했던 양상은 문학 분야의 연구에서도 확인된다. 강혜선은 고려 말에 이집·김구용·정몽주·이숭인·정도전·권근 등이 이전 시대와는 비교하기 힘들 만큼 양적·질적으로 풍부한 교유시를 남겼음을 지적하고, 학문적·사상적·정치적으로 동지적인 관계를 맺어간 이들에게 인간적인 결속과 유대를 더해

준 것이 바로 문학적인 교유였다고 주장하였다.[50] 특히 강혜선은 성균관 학관으로 관직 생활을 하면서 학문적으로나 문학적으로나 교유의 깊이를 더해갔던 이들이 이후 정치적 동지로까지 발전해 나갔음을 주목할 필요가 있다고 하면서, 이와 관련하여 대원(對元) 외교 재개에 반대하다가 유배당했던 정몽주·정도전·이숭인 등이 유배지에서 주고받은 시문 내용을 분석하였다. 먼저 이숭인이 경산 유배지에서 지은 「삼봉을 생각하며[憶三峯]」는 친명 정책을 지지하다가 제각기 다른 곳으로 유배된 이들이 서로에 대한 믿음과 의지로 위안을 삼고 있는 모습을 잘 보여준다고 하였다.[51] 또 정도전이 지은 「정달가 몽주의 시에 차운하여 보낸 시[次韻寄鄭達可-夢周]」에는 비록 정치적 좌절을 당해 유배지에 낙척해 있지만 서로 굳은 지조를 변치 말자는 뜻이 별다른 해설이 필요 없을 정도로 명료하게 나타나 있다고 강조하였다.[52]

김대중의 『금남잡영』(錦南雜詠) 연구도 정도전의 유배기 시문 교유의 구체적인 양상을 보여준다. 김대중은 먼저 정도전이 1375년에 지은 「중추가(中秋歌)」를 분석하면서 "돌아보니 예전 친구들은 연기처럼 흩어졌네"라는 구절에서 언급된 '흩어진 벗'은 정몽주·김구용·이첨 등 본인과 마찬가지로 각지에 유배되어 있는 동료 사대부를 가리키는 것으로 해석하였다.[53] 그렇다면 이 시는 1년 전 추석에 함께 했던 친구들이 1년이 지난 지금 각자의 유배지에 흩어져 있는 상황을 안타까워하는 정도전의

---

50) 강혜선, 「고려 말 사대부의 교유시(交遊詩) 연구」 『韓國漢詩研究』 22, 2014, 63쪽.
51) 강혜선, 위의 논문, 40쪽.
52) 강혜선, 위의 논문, 55쪽.
53) 김대중, 「정도전의 『금남잡영』(錦南雜詠) 연구」 『동방학지』 161, 2013, 176쪽.

마음이 투영된 것이라고 할 수 있다.

김대중은 「금남잡영」에 수록된 시의 내용을 근거로 정도전이 유배기의 시련을 견디는 데 있어서 벗의 존재가 가장 큰 의지가 되었다고 주장하였다. 정도전이 정몽주에게 보낸 「정달가 몽주의 시에 차운하여 보낸 시」에서는 정몽주와 함께 곧은 지조를 지켜나가겠다는 다짐의 말이 동지적 유대와 결속을 통해 형성된 강고한 정신 자세를 보여준다고 하였다.[54] 또 정도전이 강호문에게 지어준 「자야의 거문고 연주를 듣고 호연의 운을 써서 보이다[聽子野琴用浩然韻示之]」의 경우는 시 전체에서 거문고 소리와 자연, 거문고 소리와 연주자, 거문고 연주자[강호문]와 시인[정도전] 등 세 겹의 일체화가 이루어지고 있으며, 그 귀결은 '위안'이라고 해석하였다.[55] 이는 정도전이 강호문과의 교유를 통해 유배의 시련을 이겨낼 위안을 얻었다는 의미라고 생각된다. 유배지라는 한계 때문에 교유의 폭이 넓지는 못했지만, 학문적·정치적 동지로서 가장 깊이 교유했던 정몽주, 동년으로서 친밀한 관계를 가졌던 강호문과의 교유 실상을 구체적으로 확인할 수 있다는 점에서 중요한 의미를 갖는 연구이다.

2) 유랑기의 교유관계(1377.7.~1384.7.)

1377년(우왕 3) 7월 정도전은 고향 영주로 돌아갔다. 유배에서 풀려난 것은 아니었고, 유배지를 고향으로 옮겨서 조금 편하게 지낼 수 있도록

---

54) 김대중, 위의 논문, 180~182쪽.
55) 김대중, 위의 논문, 188쪽.

한 것이었다. 이후 정도전은 1381년에 종편(從便)되어 거주지를 자유롭게 택할 수 있게 되기까지 약 4년간 영주에서 거주하였다. 이 시기 정도전의 영주 생활이 어떠했는가에 대해서는 관련 기록이 거의 전하지 않아 알기 어렵다. 다만, 왜구의 극성으로 영주가 위험하게 되자 왜구를 피해 단양, 제천, 안동, 원주 등지로 옮겨 다녔다는 내용만 전하고 있다. 그리고 1381년(우왕 7) 종편된 이후에는 영주와 삼봉, 부평, 김포 등지를 전전하며 1384년 7월 출사 전까지 야인으로 생활하였다.

『삼봉집』의 시문을 분석한 이익주의 연구에 따르면, 이 시기 정도전이 시문을 통해 교유한 인물 중 가장 큰 비중을 차지했던 이들은 하륜·김구용·이집·이숭인·설장수 등 젊은 시절부터 친밀한 관계를 맺었던 신흥유신들과 동년들이었다. 여기에 유배기 이후 교유하기 시작한 하유종(河有宗)과 김선생(金先生)·권영해(權寧海)·김총랑(金摠郞)·김부령(金副令) 등 관직명으로만 기록되어 있어 신원을 정확히 알 수 없는 사람들, 그리고 몇몇 승려들이 교유 대상에 포함되었다.[56]

정도전은 1382년경 김포로 집을 옮기는 과정에서 지은 시「집을 옮기다[移家]」에서 "옛 친구는 편지조차 끊어버렸네(故友絶來書)."라며 친구들과의 관계가 소원해진 것에 대한 섭섭한 마음을 토로하였다.[57] 실제로 이익주의 연구에서 1377~1383년에 정도전이 지은 시문의 교유 대상을 분석한 결과를 보면, 교유 인물이 미상인 시문들이 많아서 단정적으로 말하기는 어렵지만, 확인되는 인물만 놓고 보았을 때 이색 중심의 신

---

56) 이익주, 앞의 논문(2004), 70쪽.
57) 정도전, 『三峯集』 권2, 「移家」.

흥유신 그룹에게 보낸 시문이 이전보다 줄어든 것은 분명하다. 단적으로 정도전이 출사 이전부터 가장 돈독한 관계를 가졌던 정몽주에게 보낸 시문이 한 편도 보이지 않는다. 이는 유랑기에 정도전과 신흥유신 그룹 간의 교유 빈도가 이전보다 줄어들었음을 잘 보여준다. 하지만 1384년 출사 이후 다시 예전처럼 신흥유신들과의 시문 교유가 활발해진 것을 볼 때, 이때의 관계 소원은 일시적인 현상이었을 뿐 정도전이 가졌던 인간관계에 큰 변화가 있었던 것은 아니라고 생각된다.

한편, 이익주는 유배·유랑기에 정도전이 이색에게 보낸 시문이 하나도 없다는 점에 주목하면서, 이때부터 정도전과 이색의 관계가 소원해졌을 가능성을 제기하였다. 그리고 그 원인으로 1375년(우왕 1) 정도전이 파직되고 유배될 당시 이색이 아무런 대응을 하지 않고 소극적으로 처신한 점을 들었다.[58] 이는 충분히 가능성이 있는 해석이라고 생각된다. 하지만 이익주도 같은 연구에서 지적한 바와 같이 이색의 『목은시집(牧隱詩集)』에서는 1378~1379년(우왕 4~5)에 이색이 정도전에게 지어준 시들이 수록되어 있으며,[59] 또 1380년 무렵에는 이색과 정도전이 김구용·정몽주·권근과 함께 승려 백정(柏庭)을 전송하는 모임에 참석하여 각자 시를 지은 일도 있었다.[60] 또 유랑기에 정도전이 정몽주에게 보낸 시문이 없다고 해서 두 사람의 관계가 소원해졌다고 보지 않는 점을 고려할 때, 이색의 경우도 비슷했다고 보는 것이 타당하지 않을까 생각된다. 특히 정도전은 1388년에 지은 「도은문집서(陶隱文集序)」에서 자신이

---

58) 이익주, 앞의 논문(2004), 71~72쪽.
59) 이색, 『牧隱詩藁』 권11, 「聞鄭司藝道傳在堤州村莊授徒」; 권14, 「有懷鄭道傳」.
60) 이익주, 앞의 논문(2004), 71쪽.

이색의 학문적 영향을 받은 여러 학자들 중 한 사람임을 분명히 밝히면서 이색에 대한 존숭의 마음을 표현하였다.[61] 이런 점들을 고려할 때 유배와 유랑이라는 상황적 한계로 인해 이색과 정도전의 교유가 일시적으로 중단되거나 소원해졌을 수는 있었겠지만, 이것이 두 사람의 관계가 나빠졌음을 의미한다고 보기는 어렵다고 생각된다. 이익주도 2006년에 발표한 논문에서 이색과 정도전의 관계가 소원해졌다고 해서 이것이 두 사람의 적대 관계를 의미하는 것은 결코 아니라는 점을 분명히 하였다. 또 위에서 언급한 시문 외에도 1382년(우왕 8)에 정도전이 이색을 찾아가서 종유(從遊)했음을 보여주는 사례들을 찾아 제시하였다.[62]

앞서 언급한 것처럼, 유랑기에 정도전은 고향 영주를 비롯하여 제천, 원주, 안동, 부평, 김포 등 여러 곳을 전전하였다. 이중 정도전이 삼각산에서 부평으로 이사한 과정이 『삼봉집』에 다음과 같이 기록되어 있다.

> 정사년(1377, 우왕 3) 7월에 예에 따라 (거처를) 고향으로 옮겼고, 또 4년이 지난 뒤에 서울 밖에서는 마음대로 살게 허가되었다. 그래서 삼각산(三角山) 아래에 집을 짓고 글을 가르치니, 배우러 오는 사람이 많았다.
> 〈주석〉 공[정도전]이 삼봉재(三峯齋)에서 글을 가르치니 사방에서 배우러 오는 사람이 많았다. 그때 같은 고향 사람으로 재상(宰相)이 된 자가 공을 미워하여 그의 서재를 헐어버렸다. 이에 공은 여러 학생들을 거느리고 부평부사(富平府使) 정의(鄭義)를 찾아가서 부평부 남촌(南村)에 자리를 잡았다. 하지만 재상 왕모(王某)가 그곳에 별장을 짓겠다고 서재를 헐어버렸으

---

61) 정도전, 『三峯集』 권3, 「陶隱文集序」.
62) 이익주, 「고려 말 정도전의 정치세력 형성 과정 연구」 『동방학지』 134, 2006, 93쪽.

므로, 공은 할 수 없이 김포(金浦)로 옮겼다.[63]

윗글에 따르면, 정도전은 종편 후 삼각산 아래 삼봉재를 짓고 이곳에서 학생들을 가르쳤는데, 이 지역 출신 재상에 의해 삼봉재가 헐리게 되자 제자들과 함께 부평으로 이주하였다. 이때 정도전이 찾아갔던 사람으로 '부평부사 정의(鄭義)'가 등장한다. 정의가 어떤 인물인지는 다른 기록이 없어서 알기 어렵다.[64] 하지만 집이 헐려 거주할 곳이 없어진 어려움에 처한 정도전이 제자들을 데리고 찾아가서 몸을 의탁했던 인물이었다는 점을 고려하면, 정의는 정도전이 상당히 가깝게 교유했던 인물이 아니었을까 생각된다.

한편, 정도전은 유랑기에 그의 일생에서 가장 중요한 만남을 가지게 된다. 바로 1383년(우왕 9) 이성계(李成桂)와의 만남이다. 이 만남 이후 정도전과 이성계가 함께 고려의 개혁을 추진하였고, 더 나아가 역성혁명(易姓革命)을 통해 고려를 무너뜨리고 새 나라 조선을 세웠다는 점을 고려할 때, 이성계는 정도전의 인적 네트워크에서 매우 큰 비중을 차지했던 인물 중 하나였다.

한영우의 연구에서는 1383년에 정도전이 이성계를 찾아간 것은 두

---

63) 정도전, 『三峯集』 권8, 附錄, 「事實」. "丁巳七月 例徙于鄕 又過四年 許於京外從所便宜. 遂結廬于三角山下講學 學者多從之. 〈按 公講書于三峯齋 四方學者多從之. 時鄕人之爲宰相者惡之 撤齋屋 公率諸生 往依富平府使鄭義 居府之南村. 宰相王某欲以其地爲別業 又撤去齋屋 公乃移金浦.〉"
64) 한영우 연구에서는 정의를 정도전의 '과거 동문'이라고 하였다[한영우, 앞의 책(1999), 38쪽]. 하지만 정도전의 부평 이주와 관련된 시 「이가(移家)」의 주석이나 『삼봉집』 부록의 「사실(事實)」에는 정의가 정도전의 과거 동문, 즉 '동년(同年)'이라는 내용이 없으며, 허흥식의 연구에서 확인된 정도전의 동방(同榜) 급제자 명단에도 정의라는 인물은 보이지 않는다.

말할 나위도 없이 혁명을 모의하기 위함이었으며, 이때 두 사람은 마음을 합했다고 주장하였다.[65] 하지만 이 부분은 재고의 여지가 있다고 생각된다. 문헌 기록상 정도전과 이성계가 만난 것은 이때가 처음이었다. 아무리 두 사람의 뜻이 잘 맞았다고 해도 '혁명'이라는 엄청난 일을 처음 만난 사이에서 논의하고 합의한다는 것은 쉽지 않은 일이라고 생각된다. 지금까지 이를 자연스럽게 받아들인 것은 결국 두 사람이 혁명을 이루어냈다는 결과론에 기인한 것이라고 볼 수 있다. 특히 함주에서 두 사람을 연결해 준 인물이 혁명에 끝까지 반대했던 정몽주였다는 점을 고려할 때,[66] 세 사람이 함께한 자리에서 혁명에 의기투합한다는 것은 어려운 일이라고 판단된다.

『삼봉집』 부록의 「사실」에는 정도전과 이성계의 첫 만남을 묘사한 『용비어천가(龍飛御天歌)』의 내용이 인용되어 있다. 이에 따르면, 정도전이 이성계 부대의 기강이 잡혀있고 대오(隊伍)가 정제된 것을 보고 "이런 군대를 가지고 무슨 일을 못하겠습니까?"라고 하자, 이성계가 무슨 뜻인지를 물었고, 이에 정도전은 왜적을 격퇴할 수 있다는 의미라고 둘러댔다고 한다. 이어 정도전은 영문(營門) 앞의 노송(老松)에 시 한 수를 썼는데, 『용비어천가』의 찬자(撰者)는 정도전의 시가 천명(天命)의 소재(所在)를 알고 그 뜻을 밝힌 것이라고 하였다.[67]

『용비어천가』의 위 내용에서 가장 중요한 핵심은 천명이 이미 이성계

---

65) 한영우, 앞의 책(1999), 40~41쪽.
66) 김당택, 「高麗 禑王代 李成桂와 鄭夢周·鄭道傳의 정치적 결합」 『역사학보』 158, 1998, 34~36쪽. 당시 정몽주는 이성계 부대의 조전원수(助戰元帥)로서 함주에 있었다.
67) 정도전, 『三峯集』 권8, 附錄, 「事實」.

에게 돌아갔으며, 정도전도 그것을 알았기 때문에 이성계를 찾아왔다는 것이라고 할 수 있다. 즉, 이성계는 천명을 받은 인물로 왕위에 오를 수밖에 없었으며, 정도전을 비롯한 당시 사람들이 모두 이것을 알았다는 점을 부각시키는 것이 『용비어천가』의 목적이었다. 이를 고려할 때 『용비어천가』의 내용은 두 사람의 만남을 사실 그대로 기록했다기보다는 목적에 맞게 윤색되었고 실제보다 과장되었을 가능성이 크다고 생각된다.

『용비어천가』의 자료적 성격과 당시 이성계·정도전을 연결해 주며 함께 있었던 정몽주의 존재 등을 고려할 때 정도전과 이성계의 첫 만남에서 바로 혁명이 논의되기는 어려웠을 것으로 보인다. 다만, 당시 이성계·정도전과 정몽주는 모두 고려의 정치·사회 현실에 대해 비판적 입장을 갖고 있었으므로, 이때는 세 사람이 고려의 개혁 필요성에 공감하며 개혁 추진에 함께할 것을 결의한 정도였을 것이다. 그러다가 이후 개혁 과정에서 정도전과 이성계는 고려가 존속하는 한 근본적인 개혁이 어렵다고 판단하면서 역성혁명으로 논의가 확장되었다고 보는 것이 타당하지 않을까 생각된다.

한편, 이성계와의 교유는 정도전의 새로운 인적 네트워크 형성의 매개가 되었다는 점에서도 중요한 의미를 갖는다. 바로 조준(趙浚)을 비롯한 다른 혁명 세력과의 연결인데, 이에 대해서는 다음 장에서 다시 검토하도록 하겠다. 이처럼 정도전과 이성계의 만남은 정도전의 인적 네트워크 형성에 상당히 큰 영향을 끼쳤다고 할 수 있다. 하지만 선행 연구에서 이성계와의 만남에 주목한 경우는 많지 않은데, 그중에서 주목해 볼 성과로는 김당택의 논문이 있다.

김당택은 이성계와 신흥유신들의 정치적 결합 배경, 특히 이성계가 아직 권력을 장악하기 이전에 중앙 정계에서 소외된 동북면 출신의 무장과 중앙의 유신들이 결합하게 된 이유가 무엇인지를 밝힐 필요가 있다고 하였다. 이런 관점에서 김당택은 이성계가 위화도 회군을 전후하여 정치적으로 크게 부상한 이후에 결합한 조준·윤소종보다 이성계가 중앙 정계에서 아직 확고한 세력을 형성하기 전에 결합한 정몽주·정도전 등을 더 중요하게 검토해야 한다고 주장하였다.[68]

김당택은 정몽주·정도전 등이 이성계와 결합한 것은 우왕 대에 정권을 장악하고 있던 무장 세력을 제압하기 위함이었다고 하였다. 논문에 따르면, 우왕 대에 무장들은 정방(政房)과 내재추(內宰樞)를 장악하여 권력의 정점에 서 있었다. 반면 유신들의 정치적 지위는 상당히 열악했으며, 이를 만회하기 위한 유신들의 노력은 모두 실패로 돌아갔다. 이에 유신들은 무장들을 압도할 수 있는 근본적인 방법을 강구하게 되었는데, 그것은 바로 군사력을 가진 무장과의 결합이었다. 그리고 이성계는 강한 군사력을 가지고 있으면서도 중앙에서 소외되어 있었다는 점에서 정몽주·정도전 등이 제휴할 수 있는 가장 적합한 인물이었다는 것이 김당택의 주장이다.[69] 한편, 이성계의 입장에서는 왜구 및 홍건적과의 전투에서 탁월한 군공(軍功)을 세웠음에도 불구하고 여전히 중앙 정계에서 소외되어 있었고, 집권 무장들과의 관계도 원만하지 못했던 한계를 극복하기 위해 유신들과의 결합을 모색했다고 보았다.[70] 김당택은 이성

---

68) 김당택, 앞의 논문(1998), 33쪽.
69) 김당택, 앞의 논문(1998), 34~44쪽.
70) 김당택, 앞의 논문(1998), 45~54쪽.

계와 정몽주·정도전 등은 모두 서로를 필요로 하였고, 그 결과 정도전이 함주로 이성계를 찾아간 것을 계기로 이성계와 정몽주·정도전 등은 하나의 세력을 형성했다고 할 수 있으며, 따라서 이들을 이성계 세력으로 불러도 무리가 없다고 하였다.[71] 김당택의 연구는 정도전의 교유관계를 전적으로 다룬 것은 아니지만, 정도전의 인적 네트워크에서 매우 중요한 비중을 차지하는 이성계와의 결합 과정을 고찰했다는 점에서 상당히 중요한 의미를 갖는다고 할 수 있다.

6. 우왕 말~공양왕 대 네트워크의 분화와 결합

1) 위화도회군 이전의 교유(1384.7~1388.6.)

1375년(우왕 1) 5월 거평부곡으로 유배된 이후 9년여의 유배·유랑기를 보낸 정도전은 1384년(우왕 10) 7월 전의부령(典儀副令)에 임명되어 마침내 관직에 복귀하였다. 이어 그는 같은 해 성절사(聖節使) 정몽주의 서장관으로 명나라에 사행을 다녀왔다. 정도전의 서장관 임명은 오랜 친구인 정몽주의 천거에 의한 것이었다. 1385년 4월 사행을 마치고 귀국한 후 정도전은 성균관 좨주(祭酒)에 임명되었고 지제교(知製教)를 겸직했으며, 1385년에는 외직(外職)을 자청하여 남양부사로 재직하였다.[72]

---

71) 김당택, 앞의 논문(1998), 54쪽.
72) 한영우는 정도전이 남양부사로 나간 것이 1387년이라고 했지만(한영우, 앞의 책(1999), 42쪽 및 359쪽), 본고에서는 『삼봉집』에 실린 「到南陽謝上箋 乙丑」에 근거하여 1385년으로 보았다.

정도전의 관직 복귀 이후 위화도회군 전까지 그의 시문에 나타난 교유 양상을 보면, 정몽주를 비롯하여 이집·이숭인·권근·하륜 등 옛 동료들과의 관계가 여전히 유지되고 있었음이 확인된다.[73] 권근이 『삼봉집』의 서문을 쓴 것도 바로 이 시기였다.[74] 또 앞선 시기에 소원한 모습을 보였던 이색과의 관계도, 1384년과 1385년에 이색이 정도전의 부탁을 받고 「정종지 시문록의 발문[鄭宗之詩文錄跋]」과 「정삼봉 금릉기행시문의 발문[鄭三峯金陵紀行詩文跋]」을 지어 주었던 것을 고려할 때 어느 정도 개선되었던 것으로 보인다. 이밖에 한상질(韓尙質), 전오륜(全五倫), 정홍(鄭洪) 등 후배 성리학자들과 정정랑(鄭正郞)·최부사(崔副使)·황총랑(黃摠郞)·이총랑(李摠郞)·최판서(崔判書)·신사군(申使君)·설부령(偰副令)·유정랑(庾正郞) 등의 소장 관료, 그리고 상린(桑麟)·주탁(周倬)·장보(張溥) 등 명나라 사신들이 이 시기 정도전의 시문 교유 대상이었다.[75] 이렇게 볼 때 우왕 말 관직 복귀 후 위화도 회군 이전까지 정도전의 교유관계는 이색 중심의 신흥유신을 위주로 하는 기존의 관계가 계속 유지되는 가운데, 관직 복귀 후 새롭게 만난 후배 성리학자들이나 신진 관료들로 교유의 폭이 확장되어 갔다고 할 수 있다.

한편, 이익주의 연구에서는 정도전이 전오륜에게 지어 준 「전전객 자

---

73) 이익주, 앞의 논문(2004), 78쪽.
74) 권근이 지은 『삼봉집』 서문에는 작성 연대가 명시되어 있지 않지만, 서문을 지을 당시 권근의 관품과 관직이 '봉익대부(奉翊大夫) 성균대사성 진현관제학 지제교(成均大司成進賢館提學知製敎)'로 기록되어 있다. 그리고 권근의 『양촌집』에 수록된 「양촌선생연보(陽村先生年譜)」에는 권근이 1385년(우왕 11) 12월에 봉익대부 성균대사성 진현관제학 지제교에 제수되었고, 1387년 8월에 봉익대부 예의판서(禮儀判書)에 임명되었다고 기록되어 있다. 이를 통해 권근이 1385년 12월에서 1387년 8월 사이에 『삼봉집』의 서문을 지었음을 알 수 있다.
75) 이익주, 앞의 논문(2004), 78~79쪽.

설의 권에 제하다[題全典客字說卷中]」에서 전오륜을 '오당(吾黨)'이라고 지칭한 것에 특히 주목하였다.

> 전오륜은 뒷날 공양왕 3년에 우상시, 형조판서를 지내는 것으로 보아 정도전보다 아래 세대의 신흥유신임을 알 수 있다. 정도전의 다른 시문들에서 '오도(吾道)'라고 하면 대개 성리학을 가리키므로 여기서 '오당'이란 성리학자들의 무리를 지칭하는 것일 수도 있지만, 그보다는 성리학자 가운데 정도전을 중심으로 하는 모임을 특별히 지칭하는 것으로 볼 수 있지 않을까 한다.[76]

이익주는 '오당'을 '정도전을 중심으로 하는 모임'으로 해석하는 것과 관련하여 같은 시기 조준을 중심으로 결집한 관료들의 모임이 있었던 것에 주목하였다. 즉, 우왕 대의 정치에 실망하여 관직에서 물러나 있었던 조준이 윤소종(尹紹宗), 허금(許錦, 1340~1388), 조인옥(趙仁沃, 1347~1396), 유원정(柳爰廷, ?~1399), 정지(鄭地, 1347~1391), 백군녕(白君寧) 등과 결사를 맺고 부흥의 뜻을 맹세했다는 것이다. 이익주는 조준을 중심으로 결집한 관료들의 모임이 존재했음을 고려할 때, 정도전의 주변에도 전오륜 같은 후배 성리학자들이 정치적으로 뜻을 같이하는 모임을 결성하고 있었을 가능성이 있으며, 그렇다면 고려 말 정도전을 중심으로 하는 정치세력의 형성 시기가 위화도회군 이전으로 앞당겨질 수도 있다고 보았다.[77]

---

76) 이익주, 앞의 논문(2004), 79쪽.

도현철은 이상과 같은 이익주의 '오당' 개념에 대해 이견을 제시한 바 있다. 도현철은 전오륜이 이색과 인척 관계에 있었고, 두문동 72현의 한 사람으로 파악되고 있으며, 조선왕조가 개창된 후 전조(前朝) 말에 당을 만들어서 난을 모의하였다는 이유로 논죄되었던 사람이라는 점을 지적하였다.[78] 즉 전오륜은 이색 계열의 사대부로 파악되며, 전오륜의 이력을 볼 때 그가 정도전을 중심으로 결성된 모임의 일원일 가능성이 없고, 따라서 전오륜을 오당으로 지칭한 것이 정도전 중심의 네트워크를 가리키는 것으로 볼 수 없다는 것이 도현철이 제기한 이견의 요지이다. 이에 대해 이익주는 전오륜이 어느 계열인가는 중요하지 않다는 입장을 피력하였다. 즉 이 시기 정치세력을 이분법적으로 구분하는 것은 당시의 실상을 사실 그대로 파악하는 데 한계가 있음을 지적하고, 고려말에 다양한 사람들이 다양한 자기 생각을 가지고 다양한 정책 방향을 제시한 것으로 보아야 한다고 주장하였다.[79]

2) 위화도회군 이후 네트워크의 분화와 결합

1388년(우왕 14) 6월 위화도 회군으로 정권을 장악한 이성계 세력은 우왕(禑王)을 폐위하고 창왕(昌王)을 세운 후 본격적인 개혁을 추진하였다. 이때 가장 먼저 추진된 개혁이 사전(私田) 혁파를 골자로 하는 전제(田制) 개혁이었다. 전제 개혁은 그 내용도 중요하지만 이를 계기로 신흥유신들이 정치적으로 분화하기 시작했다는 점에서 특히 중요한 의미를

---

77) 이익주, 앞의 논문(2004), 79~80쪽.
78) 삼봉정도전기념사업회 편, 『정치가 정도전의 재조명』, 경세원, 2004, 213~214쪽.
79) 삼봉정도전기념사업회 편, 위의 책, 219~220쪽.

갖는다. 즉 조준이 주도적으로 추진한 전제 개혁에 대해 정도전과 윤소종은 찬성했던 반면, 이색은 "옛 법을 가벼이 고칠 수 없다"라며 반대하였고 우현보(禹玄寶)·변안열(邊安烈)·권근·유백유(柳伯濡) 등도 이에 동조하였다. 정몽주의 경우『고려사(高麗史)』에는 "중간에서 머뭇거렸다"라고 기록되어 있지만, 그의 전후 행적을 볼 때 사실상 찬성했다고 볼 수 있다. 결국 전제 개혁 논의를 거치면서 이색 중심의 신흥유신 그룹은 이색·권근·유백유 등의 반대파와 정도전·정몽주 등의 찬성파로 나누어졌다.

이색 중심 신흥유신 그룹의 의견 차이는 전제 개혁 문제에만 국한된 것이 아니라 고려의 개혁 전반에 관한 입장 차이로 확대되었고, 이는 신흥유신들의 정치적 분화로 이어졌다. 이와 관련하여 도현철은 신흥유신들이 현실 인식과 성리학의 이해, 개혁정치의 목표와 방법에서 의견 차이를 보였다고 하였다. 즉, 공민왕 대의 개혁정치처럼 주어진 제도권 안에서 합리적인 정치운영을 모색하는 흐름과 현실 변화를 보다 심각하게 인식하고 체제변혁까지 고려하는 논자들이 등장하게 되었다는 것이다. 전자는 이숭인과 권근처럼 성리학의 인성(人性)을 중시하는 사고로, 현존하는 제도는 선왕부터 내려온 제도로 존중하고 그것을 운영하는 관리의 자질, 곧 인성을 중시하여 사회 모순을 타개하려는 대응이라고 하였다. 반면 후자는 정도전·조준·윤소종처럼 성리학이 추구하는 이상사회를 실현하기 위하여 인간을 둘러싼 환경, 사회구조 등 고려 사회의 총체적인 변화를 모색하는 흐름으로 보았다. 도현철은 동일한 성리학을 매개로 네트워크를 형성한 이들 가운데도 현실 인식과 대응 논리에서 차이를 보였고, 체제를 유지하는 시각에서 성리학을 활용했던 입장과 체

제를 변혁하는 시각에서 활용했던 입장으로 양립하게 되었다는 점을 강조하였다.[80]

그렇다면 이상과 같은 신흥유신 그룹의 정치적 분화는 정도전의 교유관계 및 인적 네트워크에 어떤 영향을 끼쳤다고 볼 수 있을까? 먼저 한영우의 연구에서는 전제 개혁을 거치면서 정도전의 교유관계가 새롭게 바뀌었다고 보았다.

> 전제개혁을 전후하여 정도전의 교유관계는 새로이 바뀌었다. 그동안 스승으로 모셨던 이색과는 이미 우왕·창왕의 폐위를 계기로 사이가 벌어졌지만, 전제 개혁의 논의를 둘러싸고 더욱 사이가 나빠졌다. 소년 시절부터 절친했던 정몽주도 전제 개혁에는 찬성도 반대도 아닌 어중간한 입장을 취하여 노선의 차이가 드러났다. <u>이제 정도전은 다정했던 스승과 친구를 하나둘 잃어갔다. 고상한 성리학자들과 교유하는 것이 아니라 혁명을 함께 실천할 야성적이고 무인적인 인사들과 친교를 맺었다.</u> 남은(南誾)·심효생(沈孝生)·황거정(黃居正)·이근(李懃) 등 과격한 인물들이 정도전의 새로운 혁명동지로 규합되었다.[81]

윗글에서 보듯이 한영우는 전제 개혁을 계기로 정도전이 이색·정몽주 등 이전의 교유 인물들과 결별하고 남은·심효생·황거정·이근 등과 혁명동지로 결합함으로써 그의 교유관계가 완전히 바뀌었다고 주장하

---

80) 도현철, 「조선 건국기 성리학 지식인의 네트워크와 개혁사상」, 『역사학보』 240, 2018, 256~257쪽.
81) 한영우, 앞의 책(1999), 44~45쪽.

였다. 『태조실록』의 정도전 졸기에는 정도전이 이색을 스승으로 섬기고 정몽주·이숭인과 친구가 되어 친밀한 우정이 깊었는데, 후에 조준과 교제하고자 하여 세 사람을 참소하고 헐뜯어 원수가 되었다는 내용이 기록되어 있다.[82] 한영우의 주장은 정도전 졸기의 기사를 사실로 인정하고, 그 기반 위에서 정립된 것으로 생각된다.

반면 이익주는 위화도 회군 이후 혁명기에도 정도전이 이숭인·권근·정몽주·윤소종 등 옛 동료들과의 시문 교유를 지속하고 있었다는 점을 밝힘으로써 한영우의 연구와는 상반되는 입장을 피력하였다. 이익주는 이 시기 정도전과 이숭인·권근과의 교유는 정치적으로 미묘한 문제를 갖는다고 평가하였다. 그것은 앞서 살펴본 위화도회군 직후 조준이 주도한 전제 개혁 논의에서 정도전이 조준의 개혁안에 찬성했던 반면, 이숭인과 권근은 이색의 주장에 동조하여 전제 개혁에 반대했고, 이 때문에 이숭인과 권근은 이성계 세력의 공격을 받아 차례로 유배되었기 때문이었다. 이익주는 이와 같은 정치적 분화와 대립에도 불구하고 정도전이 권근과 이웃에 살면서 도연명의 시를 함께 읽는 즐거움을 나누었고, 이숭인의 『도은집』에 서문을 써 주었던 점을 중요하게 지적하였다.[83] 특히 정도전이 1388년 10월에 지은 『도은집』 서문은 정도전이 여전히 자신을 이색 중심의 신흥유신 그룹의 일원으로 규정하고 있었음을 보여준다는 점에서 주목된다.

우리나라는 비록 바다 밖에 있으나 대대로 중국의 풍속을 사모하여 문학

---

82) 『태조실록』 권14, 태조 7년 8월 26일.
83) 이익주, 앞의 논문(2004), 84~85쪽.

하는 선비가 전후로 끊어지지 않았다. 고구려에는 을지문덕(乙支文德), 신라에는 최치원(崔致遠), 본조(本朝)에 들어와서는 시중(侍中) 김부식(金富軾), 학사(學士) 이규보(李奎報) 같은 이들이 우뚝한 존재였다. 근세에는 계림(鷄林) 익재(益齋) 이공(李公: 이제현(李齊賢)) 같은 대유(大儒)가 비로소 고문(古文)의 학문을 제창했고, 한산(韓山) 가정(稼亭) 이공(李公: 이곡(李穀)과 경산(京山) 초은(樵隱) 이공(李公: 이인복(李仁復))이 그를 따라 화답하였다. 그리고 목은(牧隱) 이 선생은 일찍이 가정의 교훈을 이어받고 북으로 중원에 유학하여 올바른 사우(師友)와 연원(淵源)을 얻어 성명도덕(性命道德)의 학설을 궁구한 뒤에 귀국하여 여러 선비들을 맞아 가르쳤다. 그래서 그를 보고 흥기한 이가 많았으니, 오천(烏川) 정공 달가(鄭公達可: 정몽주), 경산(京山) 이공 자안(李公子安: 이숭인), 반양(潘陽) 박공 상충(朴公尙衷), 밀양(密陽) 박공 자허(朴公子虛: 박의중), 영가(永嘉) 김공 경지(金公敬之: 김구용)와 권공 가원(權公可遠: 권근), 무송(茂松) 윤공 소종(尹公紹宗) 등이며, 비록 나같이 불초한 자도 또한 그분들의 대열에 함께 하게 되었다.[84]

윗글에서 정도전은 우리나라 학문의 계보가 을지문덕·최치원으로부터 김부식·이규보를 거쳐 이제현·이곡·이인복으로 이어졌다고 보았고,

---

84) 정도전, 『三峯集』 권3, 「陶隱文集序─戊辰十月」. "吾東方雖在海外 世慕華風 文學之儒 前後相望. 在高句麗曰乙支文德 在新羅曰崔致遠 入本朝曰金侍中富軾 李學士奎報 其尤者也. 近世大儒 有若雞林益齋李公 始以古文之學倡焉 韓山稼亭李公 京山樵隱李公 從而和之. 今牧隱李先生 早承家庭之訓 北學中原 得師友淵源之正 窮性命道德之說 旣東還 延引諸生. 見而興起者 烏川鄭公達可 京山李公子安 潘陽朴公尙衷 密陽朴公子虛 永嘉金公敬之 權公可遠 茂松尹公紹宗 雖以予之不肖 亦獲側於數君子之列."

그 뒤로는 이색이 중국에 유학하여 성명도덕의 학설, 즉 성리학을 공부한 사실을 특별히 강조하였다. 그리고 이색이 고려로 돌아온 후 정몽주·이숭인·박상충·박의중·김구용·권근·윤소종 등이 이색으로부터 성리학을 배웠고, 정도전 자신도 그중의 한 사람이었다고 하였다. 이를 통해 정도전은 자신이 이색의 학문적 영향을 받았으며, 이색을 중심으로 결집한 신흥유신 그룹의 일원으로 함께 교유했음을 분명히 밝혔다.

이익주는 이처럼 정도전이 위화도회군 이후에도 이색 중심의 신흥유신들과 계속 교유를 이어갔던 반면, 혁명동지라고 할 수 있는 조준 등과는 교유한 흔적이 보이지 않는다는 점도 주목하였다. 이익주의 연구에 따르면, 정도전은 조준뿐만 아니라 우왕 말년에 조준과 결사를 맺었던 윤소종·허금·조인옥·유원정·정지·백군녕 중에서 윤소종을 제외한 나머지 사람들과도 교유한 바가 없었다. 정도전과 조준의 교유가 없었던 점은 조준의 문집인 『송당집(松塘集)』에 실려 있는 조준의 시문을 통해서도 확인된다. 즉 『송당집』에는 고려말에 조준과 정치적 뜻을 같이하며 결집했던 윤소종·허금·조금옥 등과 교유한 흔적이 보일 뿐이고, 정도전과 교유한 시문으로는 1391년(공양왕 3) 5월에 지은 「대동강 배 위에서 정삼봉의 운에 차운하다」가 유일하다고 한다.[85]

이익주는 이상과 같은 정도전의 시문 교유 양상에 근거하여 "결국 정도전의 개인적인 교유관계는 고려말까지도 조준보다는 정몽주·이숭인·권근 등 젊은 시절부터 학문적 교감을 나누어 왔던 오랜 동료들에게 기울어 있었다고 할 수 있다"라는 결론을 내렸다.[86] 이러한 연구 결과는

---

85) 이익주, 앞의 논문(2004), 85~86쪽.

정도전의 교유 대상이 전제 개혁을 전후하여 옛 친구들, 즉 이색 중심의 신흥유신에서 혁명 참여 세력으로 새롭게 변화했다는 해석에 재고가 필요함을 분명히 보여준다.

위화도회군 이후 정도전의 인간적·학문적 교유는 여전히 이색 중심의 신흥유신 그룹과의 관계가 중심을 이루었지만, 다른 한편으로 정치적인 면에서는 혁명 세력이라는 새로운 인간관계를 갖게 된 것이 사실이다. 이에 해당하는 대표적인 인물들이 바로 조준 및 그와 결집했던 인사들이다. 그런데, 앞서 본 바와 같이 정도전과 조준 등은 인간적으로 친밀하게 교유하는 관계가 아니었으며, 또 정치적인 면에서도 상당한 차이가 있었던 것으로 확인되고 있다. 이점은 여러 연구에서 공통적으로 지적되고 있다.

류창규의 연구에서는 조준과 정도전이 제시했던 개혁안을 통치체제론, 경제개혁안, 병제개혁안의 세 가지 주제로 나누어 비교 검토하였다.[87] 그에 따르면, 먼저 통치체제론에서 조준은 6부(部)가 실질적인 권한을 가지고 행정 실무를 관장하며 재상은 이를 감독하는 형태를 주장하였고, 재상에게 권력이 집중되는 것에는 부정적이었다. 반면, 정도전은 재상이 인사권·군사권·재정관할권·형벌권 등 국정 전반에 걸친 최고 정책 집행권과 결정권을 가져야 하며, 총재(冢宰)가 6부의 업무를 직접 관장하고 집행할 것을 주장했다고 보았다.[88]

---

86) 이익주, 앞의 논문(2004), 86쪽.
87) 류창규, 「고려 말 조준과 정도전의 개혁 방안」, 『국사관논총』 46, 1993.
88) 류창규, 위의 논문, 128~136쪽.
　　류창규는 정도전이 총재가 6부 업무의 집행까지 관할해야 한다는 입장을 가졌다고 주장하였다. 하지만, 정도전은 『경제문감(經濟文鑑)』에서 "천하의 재물을 들어서 사농(司農)

다음으로 경제개혁안에서 조준은 고려 전기의 전시과 제도를 긍정하면서 권세가들이 불법적으로 겸병한 수조지(收租地)의 혁파를 추구했던 것에 비해, 정도전은 소유권 측면의 토지 겸병을 더 심각하게 인식하였고, 그에 따라 모든 토지를 몰수하여 국가에 귀속시킨 후 인구수에 따라 다시 분배하는 방안을 이상적인 제도로 생각했다고 하였다.[89] 마지막으로 병제개혁안에서 조준은 고려 전기의 군사제도를 긍정하면서 8위(衛) 중심의 일원적 군사 편제와 군사지휘권의 병부(兵部) 귀속을 주장한 반면, 정도전은 군대를 10위(衛) 체제로 정비하고 의흥삼군부(義興三軍府)에서 군령권(軍令權)을 가지며 의흥삼군부와 10위를 재상이 관장할 것과 절제사의 권한 축소를 강조했다고 지적하였다.[90]

이익주의 연구에서는 위화도회군 이후 정도전과 조준이 각기 주도적으로 추진했던 개혁의 내용과 지향이 달랐다는 점에 주목하였다. 위화도회군 이후 가장 먼저 제기된 정치적 쟁점이었던 전제 개혁은 조준이 세 차례에 걸친 상소를 통해 개혁의 당위성을 강조하고 반대파들과의 논전을 이끌어가는 등 주도적인 역할을 하였다. 반면 정도전은 도당(都堂) 회의에서 조준의 전제 개혁안을 지지한 정도에 불과했을 뿐 자신의

에 돌리고, 천하의 옥사(獄事)를 들어서 정위(廷尉)에 돌리며, 천하의 병사(兵事)를 들어서 추밀(樞密)에 돌리고, 재상은 다만 그 대강(大綱)을 지녀 다스리는 요체만을 청단(聽斷)하여 책임을 이룰 따름이다."라고 하였다[정도전, 『三峯集』, 권9, 「經濟文鑑 上」, 中書之務當淸]. 이 점을 고려하면 류창규의 위 주장은 재고의 여지가 있지 않은가 생각된다.

89) 류창규, 위의 논문, 136~146쪽.
90) 류창규, 위의 논문, 146~152쪽.
이익주는 이상과 같은 류창규의 연구 결과에 대해 인용 사료의 시점(時點)을 감안하지 않음으로써 '고려 말의 조준'과 '조선 초의 정도전'을 평면적으로 비교하는 결과를 낳았다고 비판하였다[이익주, 앞의 논문(2006), 80쪽].

주장을 직접 피력한 적이 없었다.[91] 이에 비해 1391년(공양왕 3) 5월 공양왕의 구언교서(求言敎書)에 응해서 일어났던 척불(斥佛) 운동은 정도전의 주도로 이루어졌고, 이에 대해 조준은 별다른 입장을 밝히지 않았다.[92] 이익주는 조준의 전기에 "경제(經濟)를 자기의 책임으로 삼았다."라고 기록되어 있는 것과 정도전이 "후진을 가르치고 이단을 물리치는 것을 자기 책임으로 삼았다."라는 평을 받았던 점을 지적하면서, 이것이 두 사람의 대비점을 잘 보여준다고 평가하였다.[93]

도현철도 정도전과 조준이 각기 다른 학문적 배경과 인적 네트워크를 형성하면서 결합했다는 점을 지적하였다. 정도전은 1388년에 이성계의 천거로 성균관 대사성에 임명되어 관학 교육을 주관하면서 성균관 교관들과 학생들에게 큰 영향을 끼쳤으며, 이는 1391년 5월 정도전이 주도한 척불 운동에 성균관 관원들과 유생들이 적극 동참했던 것에서 잘 나타난다고 하였다. 반면, 조준은 윤소종을 비롯하여 개혁을 지지하는 동지들과 지적인 네트워크를 형성하고 제도개혁안을 마련했으며, 정치이념보다 제도개혁에 집중했하고 보았다. 도현철은 성균관을 중심으로 결집한 정도전 등이 성리학적 이념의 정립에 치중했다면, 조준 등은 상소문에서 드러난 것처럼 제도개혁에 초점을 맞추었다고 평가하였

---

91) 이익주, 앞의 논문(2004), 81쪽. 이익주는 정도전의 전제 개혁 구상, 즉 모든 토지를 국가에 귀속시킨 다음 '계구수전(計口授田)'의 원칙에 따라 토지를 재분배하여 자영농을 양성한다는 개혁안이 개혁파 내부에서 동의를 얻지 못했고, 불법적으로 점유된 수조지를 사전으로 파악해서 몰수하고 이를 관료들에게 재분배할 것을 주장한 조준의 개혁안이 받아들여졌기 때문에 정도전이 전제 개혁 논의에서 주도적인 역할을 할 수 없었다고 보았다 [이익주, 앞의 논문(2004) 82쪽].
92) 이익주, 앞의 논문(2006), 80쪽.
93) 이익주, 앞의 논문(2006), 85쪽.

다.[94] 또 정도전과 조준의 이러한 차이는 조선 건국 후에도 이어져서 정도전이 『조선경국전(朝鮮經國典)』·『경제문감(經濟文鑑)』·『불씨잡변(佛氏雜辨)』 등의 저술을 통해 통치 이념을 정리하는 쪽이었다면, 조준은 『경제육전(經濟六典)』으로 대표되는 구체적인 법과 제도를 정비하는 쪽이었다고 지적하였다.[95]

이상과 같이 정도전과 조준은 정치적 지향이나 정책의 내용 면에서 상당한 차이를 보였다. 또 두 사람은 개인적으로 가깝게 교유했던 사이도 아니었으며, 각기 다른 인적 네트워크를 가지고 있었다. 이러한 차이에도 불구하고 정도전과 조준은 고려 말 혁명을 목표로 정치적인 결합을 이루었다.[96] 이 결합이 가능했던 것은 두 그룹을 연결시켜 준 중요한 매개 인물이 있었기 때문이라고 생각되는데, 그가 바로 이성계이다. 즉 정도전은 이성계를 통해 조준 그룹과 만나게 되었고, 혁명에 의기투합하게 되었다고 할 수 있다. 이 점에서 이성계는 정도전의 인적 네트워크 확장에서 매우 중요한 의미를 갖는다. 하지만 선행 연구에서는 정도전 그룹과 조준 그룹이 정치적으로 결합하는 과정에서 이성계가 어떤 역할을 했는지에 대한 검토가 충분히 이루어지지 않았다고 판단된다.[97] 따

---

94) 도현철, 앞의 논문(2018), 259~262쪽.
95) 도현철, 앞의 논문(2018), 263~266쪽.
96) 도현철은 정도전과 조준의 결합에 대해 "성리학의 개혁 사상을 매개로 인적인, 그리고 지적인 네트워크를 형성하고 다시 정치적 동지를 넘어서는 혁명의 동지로서 정치 변혁을 주도하게 되었다."라고 평가하였다[도현철, 앞의 논문(2018), 263쪽].
97) 도현철의 연구에서는 조준을 주시한 이성계가 조준과 연결된 윤소종을 알았고, 정도전과 연결된 이성계를 통하여 정도전·조준·윤소종을 중심으로 하는 여말 개혁파 사대부의 핵심 세력이 결집하게 되었다고 지적한 바 있다[도현철, 앞의 논문(2018), 262쪽]. 하지만 그 결합 과정 및 이성계의 역할에 대한 구체적인 고찰이 이루어지지는 않았다.

라서 향후 연구에서는 이 부분을 좀 더 구체적으로 천착할 필요가 있으며, 이는 정도전의 인적 네트워크가 확장되는 과정을 확인할 수 있다는 점에서 중요한 의미가 있다고 생각된다.

앞서 확인한 바와 같이 위화도회군 이후에도 상당 기간 동안 정도전의 학문적·인간적 네트워크는 젊은 시절부터 교유했던 옛 동료들, 즉 이색 중심의 신흥유신 그룹을 중심으로 형성되었다. 그렇다면 정도전이 오랜 기간 교유했던 이색 중심의 신흥유신들과 갈라서게 된 것은 언제일까? 이익주는 1391년(공양왕 3) 5월 정도전이 도당에 글을 올려 이색을 처형할 것을 주장한 것이 이색뿐만 아니라 정몽주·이숭인·하륜 등 이색 문하의 옛 동료들과 인간적으로 결별하게 만든 결정적인 계기가 되었다고 보았다.[98] 그런데 바로 이 시기에 정도전을 중심으로 하는 새로운 학문적·정치적 네트워크가 형성되고 있었던 것으로 보인다. 이는 1391년 5월에 있었던 척불 운동에서 확인된다.

이익주는 위화도회군 이후 조준에 비해 드러나는 활동이 적었던 정도전이 혁명 세력의 중심인물로 부상하게 된 사건이 바로 1391년 5월의 척불 운동이었다고 지적하였다. 당시 성균대사성 김자수(金子粹)의 척불 상소를 시작으로 성균관 박사 김초(金貂), 성균관 유생 박초(朴礎) 등이 연달아 척불론을 개진하는 상소를 올렸다. 이익주는 척불 상소를 올린 이들이 모두 성균관과 관계된 사람들이라는 공통점을 가지고 있음에 주목하고, 성균관이 척불 운동의 근원지가 되었던 것이라고 평가하였다.[99]

---

98) 이익주, 앞의 논문(2004), 86~87쪽.
99) 이익주, 앞의 논문(2004), 87쪽.

당시 척불 상소 중 정도전의 새로운 네트워크 형성과 관련하여 주목해 볼 것은 성균관 유생 박초의 상소이다. 박초는 척불론을 개진한 상소에서 정도전에 대해 다음과 같이 평가하였다.

> 겸대사성(兼大司成) 정도전은 천·인·성·명(天人性命)의 근원을 발휘하여 공자·맹자·정자·주자의 도학(道學)을 부르짖었으며, 불교가 오랜 세월 전해온 거짓말을 물리치고 삼한에 천 년 동안 전해온 미혹을 깨뜨렸습니다. 이단을 배척하고 거짓된 설을 그치게 하였으며, 천리(天理)를 밝히고 인심을 바르게 하였습니다. 결국 우리 동방의 참된 유학자[眞儒]는 이 한 사람뿐입니다.[100]

박초의 상소에 따르면, 척불 운동이 진행되던 시기에 정도전의 직책은 '겸대사성'이었다. 당시 정도전은 종2품 정당문학(政堂文學)으로 있으면서 겸대사성을 맡고 있었다. 겸대사성이 성균관 교육을 총괄하는 위치임을 고려할 때, 정도전은 당시 성균관 교관 및 유생들에게 학문적으로 상당한 영향력을 행사했을 것으로 생각된다. 특히 위 상소에서 박초가 도학을 창도하고 불교를 배척한 정도전의 공적을 나열한 후에 정도전을 우리나라의 유일한 '진유(眞儒)', 즉 참된 유학자라고 높이 평가한 점은 당시 성균관 관원과 유생들에 대한 정도전의 영향력이 절대적이었음을 잘 보여준다.

---

[100] 『高麗史』 권120, 列傳 33, 「金子粹」. "成均生員朴礎等亦上疏曰 (중략) 兼大司成鄭道傳 發揮天人性命之淵源 倡鳴孔·孟·程·朱之道學 闢浮屠百代之誑誘 開三韓千古之迷惑 斥異端 息邪說 明天理 而正人心. 吾東方眞儒 一人而已."

성균관에 대한 정도전의 영향력을 고려할 때, 대사성 김자수, 박사 김초, 유생 박초 등이 잇달아 척불 상소를 올리면서 성균관이 척불 운동의 근원지가 된 것은 이 척불 운동이 정도전의 주도 아래 이루어진 것임을 보여준다. 정도전이 김초의 척불 상소 직후 직접 장문의 상소를 올려 공양왕의 정치를 비판하고 구세력의 척결을 주장했던 것도 척불 운동의 배후에 정도전이 있었음을 보여주는 중요한 근거가 된다. 이와 같은 척불 운동의 전개 양상을 볼 때, 당시 성균관 내에서 정도전을 중심으로 그의 학문적 영향을 받은 학자들이 결집한, 새로운 학문적·정치적 네트워크가 형성되어 있었을 가능성이 매우 높다고 판단된다.[101] 이 점에서 고려 말 정도전과 성균관의 관계는 정도전의 인적 네트워크 형성이라는 측면에서 향후 좀 더 구체적으로 고찰해 볼 만한 연구 주제라고 생각된다.

한편, 척불 상소를 올렸던 인물 중 하나인 김초가 정도전이 주관한 과거에서 급제한 정도전의 문생이라는 점도 주목해 볼 필요가 있다고 생각된다. 정도전은 1388년(창왕 즉) 10월에 지공거(知貢擧)를 맡아 동지공거(同知貢擧) 권근과 함께 문과를 주관했는데, 이때 김초가 을과 제2인, 즉 전체 33명 중 차석으로 급제하였다. 이로써 정도전과 김초는 좌주와 문생의 관계를 맺게 되었다. 정도전이 좌주로서 문생 김초에게 어떤 후원과 영향을 주었는지는 명확히 확인되지 않지만, 정도전이 겸대

---

101) 도현철의 연구에 따르면, 당시 척불 상소에 찬성한 사람은 교관으로 박사 김초(金貂)와 김조(金租), 학정(學正) 정포(鄭包), 학록(學錄) 황희(黃喜) 등 4명이고, 생원은 박초(朴礎)·한고(韓皐)·허지(許遲)·김권(金緕)·이자선(李子撰) 등 15명이었다. 도현철은 이들이 정도전의 지향과 이념에 동조했다고 보았으며, 정도전이 성균관에서 인적 네트워크와 함께 지적인 네트워크를 형성하고 척불론을 주장하며 성리학적 정치 이념의 구현이라는 목표를 향해 매진하였다고 평가하였다[도현철, 앞의 논문(2018), 260쪽].

사성으로 있을 때 김초가 성균관 박사로 재직하였고 정도전이 주도한 척불 운동에 김초가 앞장서서 척불 상소를 올렸던 것을 고려하면, 두 사람의 좌주-문생 관계가 일정한 영향을 끼쳤을 가능성이 충분하다고 볼 수 있다. 김초의 사례를 볼 때, 정도전과 그의 문생들과의 관계도 인적 네트워크 형성의 측면에서 검토해 볼 필요가 있는 주제라고 생각된다.

7. 맺음말

본고는 고려 말 정도전의 사상 형성에 영향을 끼쳤던 그의 교유관계 및 학문적·정치적 네트워크 형성의 양상을 선행 연구성과에 근거하여 종합적으로 정리하였다. 본문에서 확인한 바와 같이 지금까지 정도전의 교유관계와 네트워크 형성을 다룬 다양한 성과들이 제출되었지만, 아직 충분히 연구되지 못한 부분들도 여전히 남아 있다. 이에 본고를 작성하면서 향후 보완 연구가 필요하다고 느낀 주제 몇 가지를 제언하는 것으로 맺음말을 대신하고자 한다.

본고에서 검토한 선행 연구들은 대부분 정도전에게 학문적·정치적으로 영향을 끼쳤던 교유관계, 즉 정도전의 스승·선배·동료들과의 교유를 규명하는 데 초점이 맞추어져 있었다. 반면, 정도전이 타인에게 영향을 끼쳤던 교유관계, 즉 정도전의 후배나 문인과의 교유에 관해서는 충분한 연구가 진행되지 못한 것으로 생각된다. 정도전이 부모상을 당하여 영주에 낙향에 있을 때 정도전을 찾아와 배웠던 남방 지역의 학자들, 우왕 대 초반 나주 거평부곡에 유배되어 있을 때 교유했던 지방관과 지역 학자들, 고려말 정도전이 성균관 교육을 주관하던 당시 성균관에 있었던 관원과 유생들, 그리고 정도전이 주관한 과거에서 급제한 문생(門生)들이 이에 해당한다. 물론 이들과의 관계를 확인할 수 있는 문헌 자료가 절대적으로 부족하기 때문에 유의미한 성과를 도출할 수 있을지 확언하기 어려운 점이 있다. 하지만 여말선초를 대표하는 학자이자 정치가인 정도전의 학문과 사상이 당시 사람들에게 어떤 영향을 끼쳤는지를 확인하는 것은 정도전을 이해하는 데 있어 매우 중요한 부분이며, 따라서 후배나 문인에 해당하는 인물들과의 교유는 한 번은 꼭 짚어볼 필요가 있는 주제라고 생각된다.

다음으로 정도전의 동료 학자들 중에서 그와 동방 급제한 동년(同年)들과의 교유도 좀 더 천착해 볼 필요가 있지 않나 생각된다. 본문에서 확인한 바와 같이 그의 동년 중에는 이색 중심의 신흥유신 그룹에 속하는 이들도 있었고, 강호문이나 이유처럼 정도전의 유배지까지 찾아와서 정도전을 위로하고 교유했던 인물들도 있다. 이를 볼 때 동년과의 관계는 정도전의 인적 네트워크에서 꽤 큰 비중을 차지했을 것으로 생각되는데, 지금까지의 연구에서는 이 부분을 간과하고 있었다. 이 역시 문헌 자료가 충분하다고 하기는 어렵지만, 기왕의 연구에서 동년의 명단이 확인되는 만큼 그들 개개인의 행적을 추적해 보고 이를 정도전과 연관지어 검토한다면, 일정한 성과를 도출할 수 있지 않을까 생각된다.

정도전의 정치적 네트워크의 확장과 관련하여 이성계의 역할을 고찰하는 것도 중요한 연구주제의 하나이다. 본문에서 검토한 바와 같이 정도전은 조준과 친밀한 교유도 없었고 각자의 교유 범위도 달랐으며, 정치적 지향에 있어서도 차이점이 많았다. 그럼에도 불구하고 두 사람이 혁명동지로 결합할 수 있었던 것은 이성계라는 중심인물이 있었기 때문에 가능했다고 할 수 있다. 따라서 정도전과 조준의 결합에 영향을 끼친 이성계의 역할을 규명하는 것은 조선 건국 세력의 형성 과정 및 정도전의 정치적 네트워크 확장의 실상을 확인할 수 있다는 점에서 의미 있는 연구가 될 수 있을 것이다.

마지막으로 조선 건국 이후 정도전의 교유관계에 관한 연구도 향후 보완되어야 할 중요한 연구 주제라고 할 수 있다. 정도전의 교유와 네트워크에 관한 선행 연구들은 대부분 그의 고려 말 교유관계를 집중적으로 다루고 있다. 반면, 조선 건국 후 정도전의 교유 양상을 검토한 연구로는 권근과의 관계, 특히 권근이 『삼봉집』을 비롯한 정도전의 저술을 완성하는 데 참여한 양상을 고찰한 도현철의 연구[102]를 제외하면 뚜렷한 성과가 보이지 않는다. 물론 조건 건국 이후 정도전의 교유 범위나 양상이 고려 말과 큰 차이가 없었을 가능성이 크다. 하지만 태조 대에 정도전의 주도로 추진됐던 여러 국가사업에 적극적으로 협력했던 인물들을 검토해 보면, 고려 말과는 다른 정도전의 새로운 정치적 네트워크를 확인할 수도 있지 않을까 생각된다. 이 점에서 태조 대 정도전과 정책적 측면에서 입장을 같이했던 인물들의 활동을 정도전과의 관계 속에서 고찰해 보는 것이 중요한 연구 주제라고 할 수 있다.

---

102) 도현철, 「권근의 유교 정치 이념과 정도전과의 관계」, 『역사와 현실』 84, 2012; 「『삼봉집』과 권근의 역할」, 『민족문화』 40, 2012.

〈참고문헌〉

1. 사료

『고려사(高麗史)』, 『고려사절요(高麗史節要)』, 『태조실록(太祖實錄)』

정도전(鄭道傳), 『삼봉집(三峯集)』

이색(李穡), 『목은시고(牧隱詩藁)』, 『목은문고(牧隱文藁)』

권근(權近), 『양촌집(陽村集)』

2. 단행본

문철영, 『인간 정도전(鄭道傳): 순수 이성에서 예언자적 죽음으로의 여정』, 새문사, 2014.

삼봉정도전기념사업회 편, 『정치가 정도전의 재조명』, 경세원, 2004.

한영우, 『왕조의 설계자 정도전』, 지식산업사, 1999.

許興植, 『高麗科擧制度史硏究』, 일조각, 1981.

3. 논문

강혜선, 「고려 말 사대부의 교유시(交遊詩) 연구」, 『韓國漢詩硏究』 22, 2014.

김당택, 「高麗 禑王代 李成桂와 鄭夢周·鄭道傳의 정치적 결합」, 『역사학보』 158, 1998.

김대중, 「정도전의 『금남잡영』(錦南雜永) 연구」, 『동방학지』 161, 2013.

김석근, 「개혁과 혁명 그리고 주자학 — '여말선초'를 산 정몽주와 정도전의 현실인식과 비젼」, 『아세아연구』 40-1, 1997.

김성문, 「유교적 급진주의에 대한 연구 — 이색과 정도전의 정치적 분열을 중심으로」, 『역사와 사회』 26, 2001.

김영수, 「여말선초의 역사적 도전과 실천 성리학-정몽주와 정도전의 《역사-천도》론을 중심으로」, 『한국정치연구』 10-1, 2001.

도현철, 「권근의 유교 정치 이념과 정도전과의 관계」, 『역사와 현실』 84, 2012.

＿＿＿, 「『삼봉집』과 권근의 역할」, 『민족문화』 40, 2012.

＿＿＿, 「조선 건국기 성리학 지식인의 네트워크와 개혁사상」, 『역사학보』 240, 2018.

류창규, 「고려 말 조준과 정도전의 개혁 방안」, 『국사관논총』 46, 1993.

＿＿＿, 「나주 회진 유배 시절 삼봉 정도전의 유배지 사람과의 소통 과정-농민에 대한 인식 변화와 정체성 찾아가기」, 『역사학연구』 27, 2006.

이익주, 「삼봉집 시문을 통해 본 고려말 정도전의 교유관계」, 『정치가 정도전의 재조명』, 경세원, 2004.

＿＿＿, 「고려 말 정도전의 정치세력 형성 과정 연구」, 『동방학지』 134, 2006.

정성식, 「여말선초 성리학파의 역사의식-정포은과 정삼봉의 사상적 특성을 중심으로-」, 『유교사상문화연구』 9, 1997.

정재훈, 「정도전 연구의 회고와 새로운 사상사적 모색」, 『한국사상사학』 28, 2007.

최연식, 「麗末鮮初의 政治認識과 體制改革의 方向設定-李穡, 鄭道傳, 權近을 중심으로」, 『한국정치외교사논총』 17, 1997.

최천식, 「정도전과 권근의 마음이론 비교연구」, 『철학연구』 80, 2008.

하정승, 「14세기 후반 목은 그룹의 형성과 둔촌(遁村) 이집(李集)의 문학 활동」, 『한문학보』 44, 2021.

III
개혁 사상과 중국 인식

제5장. 정도전의 국가론과 정치·경제 구상
　　/ 정재훈(경북대)

제6장. 정도전의 화이론(華夷論)과 중국 인식, 요동 정벌 연구
　　/ 김인호(광운대)

제5장 정도전의 국가론과 정치·경제 구상

정재훈(경북대)

1. 머리말
2. 정도전의 국가론
3. 정도전의 정치 개혁 구상
4. 정도전의 경제 개혁 구상
5. 맺음말

1. 머리말

 본고는 조선왕조의 건국에 지대한 공을 세운 정도전의 정치·경제 방면에서의 구상과 개혁론에 대해 기존의 연구성과를 개관하여 살펴보는 것을 목표로 한다. 다만 본고에서는 정도전이 정치 방면과 경제 방면에서 가진 구상과 개혁론에 대해 기왕의 연구자들이 어떠한 연구를 하였는지, 그 연구 성과를 통해 어떤 점이 공통적으로 규명되었으며, 또 차이점은 무엇인지를 살펴보고자 한다. 이를 통해 앞으로의 정도전에 관한 연구에 대한 전망은 어떻게 볼 수 있는지를 제시하고자 한다.

정도전에 대한 연구에서는 상당히 오래 전부터 연구가 되어 왔다. 정도전에 대한 연구를 정리한 목록도 최근 제시되었다.[1] 정도전에 대한 연구를 정리한 논문도 이미 제시된 바가 있다.[2] 그러나 이후에도 많은 연구가 제시되었으므로 이를 참고하여 정도전이 가졌던 정치, 경제 방면에서의 개혁안에 대한 재고하도록 하겠다.

고려에서 조선으로의 왕조의 교체는 한국사에서 마지막으로 이루어진 왕조의 교체이다. 한국의 역사에서 왕조의 교체는 엄밀하게 말하면 신라에서 고려로의 경우와 고려에서 조선으로의 경우 두 가지로 꼽을 수 있다. 이는 중국에 비해 비교적 단일 왕조의 유지기간이 길었던 한국사의 특성에서 유래된 것이기는 하다.

한국사에서 드물었던 왕조의 교체에 대해서는 그 사이에 다양한 시각에서 연구되어 왔다. 중국사에서는 비교적 길었던 당(唐)·명(明)·청(淸)이 300년 가까이 왕조가 이어졌고 나머지 왕조는 기껏해야 200년 내외의 단명에 그쳤던 것과 비교해 볼 때, 고려와 조선 왕조의 경우 500년 전후를 한 기간을 유지한 것은 매우 주목이 되는 현상이다. 한족(漢族)만이 아니라 이민족이 왕조를 세운 중국에 비해서 한국의 경우 비교적 단일한 민족적 구성 속에서 외세의 간섭이 크지 않았던 것도 흥미로운 지점이다.

---

1) 삼봉연구원, 「삼봉정도전 연구 논저 자료집」, 2023.
2) 정재훈, 「정도전 연구의 회고와 새로운 사상사적 모색」, 「한국사상사학」 28, 2007.

그래서 한국사에서 왕조의 교체는 비단 성을 달리하는 왕조의 등장이라는 단순한 설명보다는 시대의 구분을 논할 정도로 획기적인 분기점이 되는 시기로 이해하기도 하였다. 물론 일제의 식민사학에서는 장기적인 왕조의 지속에 대해 정체성으로 설명하기도 하였지만,[3] 이를 극복하려는 연구에서는 왕조 단위로 고대와 중세를 구분하는 기준으로 설명하기도 하였다.[4]

고려의 멸망과 조선의 건국은 한국사에서 이루어진 왕조교체에서 전통시대의 마지막 왕조교체라고 할 수 있으며, 사회변화의 많은 부분을 포함하여 이루어진 결과라고 할 수 있다. 비록 왕조교체에 따른 급격한 변동이 눈에 띄게 이루어진 것이 아니라도 하더라도 길게 보아서는 전 왕조의 멸망과 새로운 왕조의 등장은 큰 변화의 계기가 된 것은 분명하다.

좀 더 나아가 고려왕조에서 조선왕조로의 변화는 왕조교체만이 아니라 불교를 기반으로 한 문명에서 성리학을 기반으로 한 문명으로의 전환이라는 성격도 동시에 가지고 있다. 이러한 전환에서 가장 중요한 역할을 하였던 인물이 정도전이다. 이른바 '조선왕조의 설계자'로 불렸던 정도전은 고려왕조의 모순을 정확하게 이해한 위에 새로운 왕조에서 민생의 안정을 목표로 민본을 중심적인 가치에 놓고 정치, 경제적인 면에서 새로운 개혁안을 제시하였다.

---

3) 정체성 이론에 대한 소개와 비판은 강진철, 「停滯性理論 批判」, 『한국사시민강좌』 1, 1987.
4) 일제 강점기에 이미 백남운에 의해 정체성 이론을 극복하려는 연구가 제시되었다. 즉 봉건제결여설에 대해 한국사에서도 중세가 있음을 증명하여 봉건사회가 있다고 하였는데, 중세는 신라말~고려에 해당하였다. 백남운 저, 하일식 역, 『조선봉건사회경제사』, 1993, 이론과 실천사.

다만 정도전의 개혁 구상안은 단지 조선왕조가 개창하던 시기에만 유효하였던 것은 아니었다. 이후 조선왕조의 역사가 진행되는 과정에서 그가 제시한 개혁안에 근거하여 각종 정치, 경제 개혁안이 가감되거나 변형되었던 점에서 상당한 영향을 미쳤다고 할 수 있다.

조선의 등장은 이전 왕조인 고려와는 여러 면에서 차이가 나는 점이 있다. 고려왕조의 건국에 비해 조선왕조의 건국은 명확한 의도 속에서 국가에 대한 설계가 다양하게 반영되었던 특징이 있다. 정도전으로 대표되는 사상가에 의해 조선이라는 국가의 전체적인 규모와 방향이 제시되고 이것이 이후 제도적으로 보완이 지속해서 이어진 것도 매우 특기할 만한 일이다.

이는 고려 후기의 성리학이라는 신사상의 수입과 그에 근거한 것이었기에 가능한 일이었다. 또한 고려 말 세계적인 대제국이었던 원나라의 국가 운영 경험을 다수의 고려 지식인이 체험하면서 이를 수용하고 새 왕조에 적용하였던 것도 중요하게 고려될 필요가 있다. 조선 초에 비교적 왕조 개창 이후 짧은 시간 안에 빠른 정치적 안정과 개성이 있는 문화를 만들어 낼 수 있었던 것도 이런 이유로 가능할 수 있었다.

이후에 조선왕조의 역사가 진행되는 과정에서 여러 가지 문제가 드러났을 때 이를 해결하기 위한 새로운 개혁론이 사림에 의해 제기되었다. 이것은 궁극적으로 사림의 국가론이라고 할 수 있는데, 이 역시 정도전의 국가론과 비교해 볼 필요가 있다. 또한 양란 이후에 제기된 '실학'에서의 국가론 역시 정도전의 구상과 무엇이 같고 다른지에 대해 검토해 볼 필요가 있다. 흔히 '실학'에서의 정치, 경제 개혁론에 입각한 국가론이 이전의 것과는 전혀 다른 것인지의 여부는 반드시 해명되어야 할 과제이다. 이러한 점을 해결하기 위해서도 우선적으로 정도전의 정치·경제 개혁안, 곧 정도전의 국가론이 어떤 것이었는지에 대해 검토가 필요하다고 하겠다.[5]

2. 정도전의 국가론

조선왕조의 특징을 설명하는 대표적인 개념으로는 '중앙집권적 양반관료' 국가라는 점을 들 수 있다.[6] 조선왕조는 이전 왕조에 비해 확실히 중앙집권적인 요소가 강화된 것으로 이해된다. 그러나 중앙집권이란 지방분권에 대비되는 통치의 방식으로서 전근대의 왕조국가에서는 매우 자주, 보편적으로 관찰되는 특징이기도 하다. 즉 중앙집권체제는 모든 정치·경제·사회·군사의 권력을 중앙에 집중시키는 통치체제를 말한다. 이러한 체제는 태종 이후에 본격적으로 정비되었고, 성종대에 반포된 『경국대전』 체제에서 하나의 전형을 이루게 되었다.[7]

정도전은 이러한 중앙집권체제의 밑그림을 놓은 것으로 평가된다. 정도전은 중앙집권체제의 필요성을 강하게 느꼈던 것으로 보이는데, 통치체제 또는 권력구조와 관련하여, 지방제도에 대한 설명이기는 하지만 다음과 같이 언급하였다. 즉 "대(大)가 소(小)를 통제하고 소를 대에 예속시키며, 머리를 무겁게 하고 꼬리를 가볍게 해야 다스려지는 것이다."[8]

---

5) 정재훈, 「조선시대 국가론과 그 변화」, 『조선사연구』 33, 2024 참조.
6) 이존희, 『(신편)한국사』 23, 1994. Ⅰ. 양반관료 국가의 특성, 20쪽.
7) 오영교 편, 『조선 건국과 경국대전체제의 형성』, 2004, 혜안.

라고 하였고, 또 "중(重)이 경(輕)을 제어하고, 내가 외를 제어한다."[9]고 하여서 보다 중요한 곳에서 그보다 비중이 낮은 곳을 제어하는 일원적인 체제를 옹호하였다.

결과적으로 고려왕조에 비해 중앙과 지방의 제도를 비교해 보면 조선에서 이루어진 변화는 매우 큰 것이었다. 예를 들어 고려시대에 대민행정을 담당했던 향리들은 세습되는 존재로서 독자적인 세력을 기반으로 지역에서 활동하였다. 그들은 농민생활을 전체적으로 규제하였으며, 중앙정부에서 파견하는 지방관은 일부 지역에 그쳤다. 실질적인 지방지배는 향리들에 맡겨진 상황이었다.[10]

그러나 조선에서는 모든 지역에 대하여 중앙에서 파견하는 수령을 통해 지방사회에 대한 국가의 통제력을 획기적으로 높였다. 또 향리들을 억제하여 중간 수탈을 방지함으로써 농민생활의 안정성을 높이도록 하였다. 이렇게 지방행정의 주체가 향리에서 수령으로 바뀌게 된 것은 국가가 개별 군현에 직접적인 지배를 하는 방향으로 전환하기 시작한 14세기 이래의 흐름에서 가능한 것이었다.[11]

이러한 특징에 대해서는 많은 연구에서 지적이 되고 동의가 되는 역사적 사실로 받아들여지고 있다. 하지만 이러한 중앙집권체제에 대한 구상의 동기가 어디에서 유래한 것인지에 대해서는 좀 더 검토의 여지가 있다. 정도전의 이념적 기반인 성리학의 경우 흔히 남송대 주자학에

---

8) 『삼봉집』, 권6, 「經濟文鑑」, '縣令', "以大統小, 以小屬大, 首重尾. 乃能治也."
9) 『삼봉집』, 권13, 「朝鮮經國典 上」, '治典-軍官', "以重御輕, 以小屬大. 體統嚴矣."
10) 이수건, 『(신편)한국사』 23, 1994, Ⅲ. 지방 통치체제, 129-130쪽.
11) 임용한, 『朝鮮前期 守令制와 地方統治』, 2004, 혜안.

서 특징적으로 지적되는 바 중소지주의 이데올로기로 파악하는 것이 일반적인 이해이다.[12] 중소지주의 경제적 기반을 가진 사대부들이 지배층으로 성장하는 과정에서 제기된 이론이라는 것이다. 북송에서 발전하고 남송에 이르러 주희가 정리하여 완성한 성리학에서는 대체로 향촌 사회의 안정적 운영에 주안점을 두어서 그에 대한 대책은 상대적으로 풍부하였다.

주희는 남송대 이후 더욱 뚜렷해지는, 지역에 기반한 엘리트인 사대부층의 사회참여 의식을 어떻게 실현할 것인가의 문제에 대해 해답을 주었다. 관직 없이 평생을 지역에서 보내야 하는 사대부들이 자신이 있는 지역에서 자신의 지위와 체모를 유지하면서 사회와 정치에 참여하고, 또 중앙의 정치적 문제에 대해서도 발언할 수 있는가의 문제에 대해 효율적인 해결책을 제시한 것이다.[13] 예를 들어 향약(鄕約)이나 서원(書院), 사창(社倉) 등은 사대부들이 기반한 조직의 사례가 될 수 있다.

주희의 구상은 국가와 제도 중심으로 사회가 조직되고 운영되는 것에 비해 상대적으로 사대부 네트워크의 공론장이 형성되고 유지되는 것을 중심으로 문제를 해결하는 새로운 방식이라는 점에서 의의를 부여할 수도 있다.[14] 그래서 남송에서 주희의 사후 주자학의 전파과정이나 관학화되는 과정은 주로 주희의 제자들이 지방관으로 나가 주자학을 전파하는 방식으로 진행되기도 하였다.[15]

---

12) 守本順一郎 저, 김수길 옮김, 1985, 『동양정치사상사연구』, 동녘, 141-158쪽.
13) 민병희, 「주희(朱熹)의 "대학(大學)"과 사대부(士大夫)의 사회, 정치적 권력: 제도(制度)에서 심(心)의 "학(學)"으로」, 『중국사연구』 55, 2008, 104-105쪽.
14) 피터 K. 볼 지음·심의용 옮김, 『중국 지식인들과 정체성 : 사문(斯文)을 통해 본 당송 시대 지성사의 대변화』, 2008, 북스토리.

중앙의 정치제도나 구조에 대한 설명은 주희에게는 이론적인 면에서나 실제적인 면에서 충분하지 않았다.[16] 다만 주희는 정치체제나 권력구조 전반에 대한 구상은 있었다. 예를 들면 국가의 기강을 말하면서 군주(재상)-대성(臺省)-제로(諸路)-주(州)-현(縣)-향(鄕)으로 연결된 일관된 체계를 제시하였다.[17] 이것은 정도전에 의해서 그대로 인용되어 수용되었다.

> 한 집안에는 곧 한 집안의 기강이 있고, 한 나라에는 곧 한 나라의 기강이 있다. 이에 향(鄕)은 현(縣)에 통솔되고, 현은 주(州)에 통솔되며, 주는 제로(諸路)에 통솔되고, 제로는 대성(臺省)에 통솔되며, 대성은 재상에게 통솔되고 재상은 중직(衆職)을 겸하여 통솔해서 천자와 더불어 가부를 살펴 정령(政令)을 내리니, 이것이 천하의 기강이다.[18]

주희가 봉사에서 주장한 내용을 그대로 전재하여 인용한 정도전은 그 의견에 동의한 것으로 볼 수 있다. 이것은 국가에서 왕과 더불어 재상이 지방의 최소단위인 향까지 직접 연결하여 파악하는 일원적이며 제

---

15) 이범학, 「남송 후기 이학의 보급과 관학화의 배경 – 이학계 인사들의 정치, 사회적 행동을 중심으로」, 『한국학논총』 17, 1994.
16) 주희가 중앙에서 관직에 있었던 기간은 채 50일이 되지 않는다. 뿐만 아니라 중앙의 제도에 대한 구상도 구체적이지 않았다.
17) 『주자대전(朱子大全)』, 권11, '庚子應詔奉事', "一家則有一家之紀綱, 一國則有一國之紀綱. 若乃鄕總於縣, 縣總於州, 州總於諸路, 諸路總於臺省, 臺省總於宰相, 宰相兼總衆職, 以與天子相可否而出政令, 此則天下之紀綱也."
18) 『삼봉집』, 권6, 「經濟文鑑 上」, '宰相', "一家則有一家之紀綱, 一國則有一國之紀綱. 若乃鄕總於縣, 縣總於州, 州總於諸路, 諸路總於臺省, 臺省總於宰相, 宰相兼總衆職, 以與天子相可否而出政令, 此則天下之紀綱也."

민적(齊民的)인 지배체제를 지향하는 것이었다. 정도전은 주희의 주장을 조선에 적용한 지방제도에 대해 부연하여 설명하였다.

> 또 여러 목(牧) 중에서 가장 오래되고 큰 목은 대도호로 승격시켜 지부(知府)라 호칭하고, 새로운 목(牧)과 소도호(小都護)는 지주(知州)라 호칭할 것이며, 무릇 지관(知官)을 지군(知郡)으로 호칭하고, 현령·감무를 지현으로 호칭하도록 하소서. 이렇게 하면 부·주·군·현이 분명하게 순서가 있어서, 서로 이어지고 속하게 되니, 마치 몸이 팔을 부리고, 팔은 손가락을 부리는 것 같아, 왕화(王化, 왕의 교화)가 진행되어 나가는 것이 역마로 명령을 전달하는 것보다 빠를 것입니다.[19]

고려 말에 변화된 지방제의 변화를 수용하되 지방의 행정체계를 일원적으로 정비하여 중앙의 국왕으로부터 신속하게 명령이 전달될 수 있는 체계를 구성하자고 주장한 것이다. 이 점은 고려의 지방이 중앙에서의 지배력이 미치지 못하고, 또 귀족세력이나 호족세력 등에 의해 국가의 공권력 집행에 한계가 있는 상황을 개선하려는 것이었다.

그러나 중앙집권체제를 정교하게 구성하는 내용에 대해서 주희의 설명은 충분하지 않았다. 이 대목에서 중앙집권체제의 구축에 동원된 책이 『주례(周禮)』이다. 정도전에 앞서 조준은 『주례』의 6전체제를 바탕으로 한 관료제 개혁을 제시하였다.

---

19) 『삼봉집』, 권6, 「經濟文鑑 下」, '縣令', "又以諸牧之最久且大者陞爲大都護稱知府, 新牧及小都護稱知州, 凡知官稱知郡, 縣令監務稱知縣. 如是則府州郡縣, 截然有序, 互相聯屬, 如身使臂, 如臂使指, 王化之行, 速於置郵而傳命也."

조준은 또 동렬(同列)의 선두에 서서 시정(時政)에 대하여 다음과 같이 조목조목으로 진술하였다.

"주례 천관편(周禮天官篇)에 의하면 총재(冢宰)는 1명의 경(卿)으로써 임명하여 나라의 6전(六典)을 장악하고 왕을 도와서 나라를 다스리며 사도(司徒) 이하는 각각 자기 직분을 가지고 총재에게 종속됩니다. 그리고 6경(六卿)의 속관(屬官)이 또 3백 60명이 있습니다. 그러므로 3백 60명의 속관이 6경에 통솔되고 또 6경은 총재에 통속됩니다. 관직의 증감과 명의(名義)의 유래는 왕조에 따라 같지 않은 바가 있었으나 대체로 이 6부의 범위를 벗어나지 않았습니다. (후략)"[20]

『주례』의 원론을 그대로 인용한 것이기는 하지만 기본적으로 중앙집권적인 체제를 지향하며 재상인 총재 아래 6전(6경)-속관의 형식으로 총재에게 귀속되는 체계를 설정한 것이다. 조준은 이러한 체계를 고려에 적용하여 6부에서 기본적인 행정을 분담하고 백사(百司)는 6부에 속하게 하여 6부가 재추(宰樞)의 명령을 받게 하였다. 6부 중심의 행정체계를 마련한 것이다. 그리고 기왕에 있던 도당인 도평의사사에 대한 정비도 시도하여 정책결정기구로서의 도당과 집행기구로서 6부의 정치구조를 체계화하려고 하였다.[21]

『주례』를 활용하였던 것에 대해서는 정도전에 대한 초기의 연구에서

---

20) 『고려사』, 권118, 「列傳」, '趙浚', "浚又率同列條陳時務曰, 謹按周禮天官, 冢宰以卿一人掌邦之六典, 以佐王治邦國. 其司徒以下各以其職聽屬焉. 而六卿之屬, 又有三百六十是, 則三百六十之屬, 統於六卿, 而六卿又統於冢宰也. 官職之增損, 名義之沿革, 代有不同, 大義不出乎此六部也."
21) 도현철, 『高麗末 士大夫의 政治思想研究』, 일조각, 1999, 210–212쪽.

부터 주목되었다. 한영우는 정도전이 『주례』를 전범으로 삼아 유교적 이상 국가를 실현하려고 하였다고 보았다. 모든 인민을 평등화하고, 능력에 따라 직업을 나누며, 관료집단에 의해 운영되는 중앙집권적 관료지배체제를 지향하였다고 본 것이다.[22]

한편 한영우는 정도전이 지주적 성리학보다는 농민적 성리학, 즉 자작농국가의 건설을 목표로 한 농민적 성리학을 목표로 한다고 보았다. 이는 민본적 민족국가의 체제로서 주례가 곧 주대국가체제를 상징하며 이를 성리학이 뒷받침한다고 본 것이다.[23] 이와 같이 『주례』를 이해하는 것은 성리학의 이데올로기와는 『주례』의 성격을 달리 파악하는 것으로서, 중소지주의 이데올로기의 반대편에 국가와 민본을 설정하여 이를 『주례』와 연결시킨 것으로 본 것이다. 이러한 견해에 대해 도현철은 정도전이 『주례』를 인용하여 중앙의 정치구조나 제도를 만드는 구상에 대해 성리학과는 다른 관점에서, 즉 사공학(事功學)이 영향을 미친 것으로 이해하기도 하였다.[24] 정도전이 지은 『경제문감(經濟文鑑)』에 인용된 내용은 『주례정의(周禮訂義)』·『산당고색(山堂考索)』·『서산독서기(西山讀書記)』 등에서 원용한 것으로서 정도전의 독자적인 의견이 아니라 주자학 혹은 주자학과 일치하는 사공학 계열에서 영향을 받은 것으로 보았다. 이는 『주례』에 제시된 중앙집권적 정치체제를 고전 그대로 인용한 것이 아니라 송나라의 역사적 경험을 통해 수용하였던 사실을 밝혔던 것이다.

----

22) 한영우, 『鄭道傳 思想의 硏究』, 서울대학교출판부, 1973.
23) 정재훈, 2007, 위의 논문, 199쪽.
24) 중앙집권체제에 대한 사공학의 영향에 대해서는 다음 논문 참조. 도현철, 「《經濟文鑑》의 引用典據로 본 鄭道傳의 政治思想」, 『歷史學報』 165, 2000, 78-82쪽.

이러한 연구를 통해 정도전이 구상하였던 『주례』에 입각한 중앙집권체제는 성리학과 분리되어 한당유학에서 영향을 받은 것이 아니라 남송 대의 주희, 주자학에 일정한 영향을 받아 형성된 것임을 확인하게 되었다. 여기에 대해 최근에는 정도전이 중앙집권체제를 구축하고자 하는 데에 중앙 정치체제의 기본을 제시하는 『조선경국전』을 지으면서 원나라에서 만들어진 『경세대전』을 인용한 것은 바로 원제국의 경험을 활용한 것이라는 견해가 제시되었다.[25]

중앙의 정치체제에 대한 성리학의 입장에서의 본격적인 구상은 주희의 제자들에 의해 서서히 연구되었다. 그리고 결정적인 계기는 원제국에서 성리학을 수용하면서 나타나게 되었고, 국가의 통치에 활용하면서 그 구상은 더욱 구체화되었다. 예를 들어 원제국에서 최초로 편찬된 정서(政書)인 『경세대전』은 원제국 시대에 시행되었던 제도의 연혁을 망라하고 있는 책이다. 그런데 이 책은 원제국 법전에서 6전체제를 도입하면서 『주례』를 활용하기는 하지만 사실상 원제국의 제국운영의 경험에서 나온 것이다.[26]

이러한 연구성과를 통해서 본다면 조선왕조에 적용된 중앙집권체제는 『주례』의 원론을 남송대 주희가 정리하였던 것이었으며, 이것이 현실에서는 원나라에 의해 적용되어 운영되었던 경험이 반영된 것으로 이해할 수 있겠다. 그러한 점을 고려한다면 앞으로의 연구는 정도전이 인용하고 이해한 『주례』를 기반으로 한 체제가 원나라와 어떠한 점에서 같

---

25) 송재혁, 「정도전(鄭道傳)의 국가론 ―『조선경국전(朝鮮經國典)』과 원(元) 제국의 유산」, 『韓國思想史學』 65, 2020, 187-188쪽.
26) 趙阮, 「元 후기 『經世大典』의 편찬과 六典體制」, 『東洋史學研究』 141, 2017, 293-294쪽.

고 다른 점이 있는지, 또 원을 계승한 명의 체제와는 어떠한 점에서 같고 다른지를 밝혀야만 조선의 특징적인 면모가 드러날 수 있을 것으로 보인다.

3. 정도전의 정치 개혁 구상

1) 재상론

정도전의 국가론 그리고 그 핵심인 중앙집권체제론과 곧바로 이어지는 것이 바로 재상제이다. 정도전의 정치사상을 설명하는 가장 중요한 핵심어 가운데 하나인 재상은 그에게서도 가장 중요한 특징으로 언급되는 대상이다. 즉 정도전은 그가 설계한 조선의 국정운영에서 가장 중요한 역할을 하는 존재로서 재상을 설정하였다는 것이다. 재상은 군주가 가진 권한이 명목상에 그치는 것에 비해서 통치의 실권을 장악한 최고 권력자로까지 규정하기도 하였다. 그래서 정도전에 대한 초기의 대표적인 연구에서 그 체제를 재상중심체제, 혹은 재상을 정점으로 하는 관료지배체제로 규정하기도 하였다.[27]

이후 이러한 개념과 논리를 발전시켜서 여말선초의 정치론에 대해 이색로 대표되는 왕권론(王權論), 정도전으로 대표되는 신권론(臣權論), 권근으로 대표되는 군신공치론(君臣共治論)으로 정리하는 연구도 제시되었다.[28] 도현철의 경우에도 송대의 재상을 주자의 재상정치론을 인용

---

27) 한영우, 『(개정판)鄭道傳思想의 硏究』, 서울대학교출판부, 1989, 137쪽.

하여 설명하였다. 재상은 사대부의 대변자로서 사대부의 정치경제적 이해를 보증하며 정치운영의 실질적인 주체가 된다고 본 것이다.[29]

그런데 이러한 연구들에서 제시되는 신권이라는 것은 사실 개념상 모호한 부분이 있다. 전근대 왕조사회에서 국가의 주권은 분명히 국왕에게 전적으로 귀속되어 있었다. 국가의 소유나 국가의 주권은 분명히 군주에게 있으며, 이것은 어느 누구에게서도 침해될 수 없는 고유한 권리였다. 그에 대비하여 신권은 그러한 군주의 권리, 이른바 왕권에 예속되어 있는 것으로서 위계적 군신관계를 전제로 하고 있으므로 왕권과 동등하게 취급할 수 없다고 할 수 있다.[30]

중국의 사례에서도 확인되듯이, 정도전이 참고를 많이 하였던 송나라의 경우 이전 어느 시대보다도 재상을 중심으로 한 사대부의 정치적 진출에 관심이 높았던 시기이다. 사대부의 대표로서 재상은 군주제의 약점, 곧 세습군주의 현명함 여부, 독재 여부에 따른 국정 혼란을 보완할 수 있다는 점에서 군주제의 문제점을 보완하는 기제로서 기능할 가능성도 있었다. 하지만 주희의 이런 제안조차도 당대의 현실에서는 실현되지 못한 채 이론으로만 제시되고 현실에서는 구현되지 못한 측면이 강하였다. 그만큼 중국의 역사 현실에서 재상으로 대표되는 신권은 실질적 의미를 가지는 데에 한계가 있을 수 밖에 없었다.

조선의 경우 이와 같이 왕권 대 신권의 대립구도는 정도전의 사적인

---

28) 최연식, 「여말선초의 권력구상: 왕권론, 신권론, 군신공치론을 중심으로」, 『한국정치학회보』 32-3, 1998.
29) 도현철, 『高麗末 士大夫의 政治思想硏究』, 일조각, 1999, 219-220쪽.
30) 송재혁, 「"인주지직 재론일상(人主之職 在論一相)"과 조선 초기의 권력 구상 – 권력의 통합론으로서 의정부서사제 논의」, 『한국사상사학』 57, 2017, 104쪽.

정치적 야망과 결부되어 마치 왕권에 대항체로서 재상이 제시된 면이 있었다. 이러한 설명은 사실 태종에 의해 죽게 된 정도전에게 권력다툼으로 희생되었다는 식의 합리화를 하는 의도에서 나온 측면이 있다. 정도전의 구상을 폄하하려던 정치적 의도까지 더해진 이러한 왕권-신권의 구도에서 벗어나 정도전의 재상론을 객관적으로 바라볼 필요가 있는 것이다.[31]

그러한 점에서 정도전이 근거하였던 주희의 재상론을 분석하여 송대 사대부의 정치적 대변자로서 재상을 설정하는 것은 사대부의 역사성 속에서 재상을 바라본다는 점에서 의미가 있다. 하지만 송대의 경우에도 주희의 재상론은 현실에서는 그 힘을 발휘하지 못하였고, 제한된 의미만 있었다는 점을 고려해야만 한다.

이와 같은 점들을 염두에 둔다면 정도전의 재상론은 재상의 상대편에 있는 절대적인 존재로서의 군주와 함께 살펴볼 때에 그 의미를 정확하게 이해할 수 있다. 더구나 중앙집권체제를 설명할 때에 군주의 위상을 정확하게 이해해야만 재상의 위상 역시 그 위치를 정확하게 이해할 수 있다. 그런 점에서 고려 말에 군주의 위상에 대해서는 기왕의 연구를 통해 성학(聖學) 군주라는 측면에서 이해해야 하는 관점이 제시되었다. 이러한 새로운 군주론(君主論)의 등장은 성리학의 영향으로 변화된 천명론(天命論)과 관련이 있다. 이전까지의 군주가 한당유학에서 뒷받침되었던 것처럼 절대적인 군주였다면 성리학의 군주론에서는 끊임없이 수양(修養)을 할 것을 요구받는 존재로서의 군주상이 새로이 제시되었기 때

---

31) 최상용, 박홍규, 『정치가 정도전』, 까치, 2007, 234-242쪽.

문이다.[32]

 정도전이 주목한 군주상에서 바로 마음을 강조하는 경향은 이와 같이 고려 말에 새롭게 변화된 군주상을 염두에 둔 것이었다. 특히 『대학연의』는 그러한 군주상을 설명하는 데에서도 핵심적인 위치에 있었다. 이러한 군주는 곧 임금이면서 성인인 성학군주일 수밖에 없었다. 성학군주를 지향하여 이를 현실에 구현하고자 한 것이다.

 정도전의 구상 속에서 다른 어느 부분보다 재상에 대한 관심은 높았던 것은 사실이며, 이에 관한 서술도 비중이 매우 높다. 하지만 이것 역시 군주와의 긴밀한 관계를 전제로 하는 것이었으며, 군주를 정점으로 한 일원적 지배질서, 통치체계에서 벗어나는 것은 아니었다. 군주의 부족한 점을 채우거나 보완하는 것이 재상의 업무로서, 재상 역시 군주의 제한과 또 아래로는 대간의 견제에서도 자유롭지 못하였다. 무엇보다 군주를 넘어서는 어떠한 권한도 설정되지 못하였다. 군주의 선택과 위임에서 자유롭지 못한 것이 재상이었다. 물론 주희나 정도전이 제시한 재상은 요순삼대를 모범으로 삼아 그 어느 시대보다도 높은 위상을 전제하더라도 이와 같은 한계가 있었던 것이다.

 이러한 점을 고려한다면 재상제에 대한 종래 연구에서 강조된 점에 대해서는 새로운 시각에서 살펴보아야 할 점이 적지 않다. 정도전이 크게 영향을 받은 주희가 설정한 재상의 위상과 실제는, 군주의 임무는 오직 재상만을 임명하는 것, 재상은 어진이를 나오게 하고 불초한 자를 물리치고 공도를 다해 일을 결단해야 하는 것, 재상은 천하의 기강으로서

---

32) 김인호, 「여말선초 군주수신론과 『대학연의(大學衍義)』」, 『역사와 현실』 29, 1998, 94–95쪽.

자기를 바르게 하여 남을 바르게 할 것, 마음을 바르게 하여 임금을 바로잡을 것, 천하의 인재를 널리 구하고, 강명하고 정직한 사람을 가려 뽑을 것, 사방을 염려해야 할 것 등이다.[33]

다만 이러한 재상의 특성이 현실에서 어느 정도 반영되는지에 대해서는 역사적으로 검토가 필요하다. 정도전이 제안한 재상제는 왕자의 난에 의해 그가 사망함으로써 재상제도 폐지를 맞은 것은 아니다. 명나라가 태조 때부터 재상제를 폐지하고, 내각대학사를 둠으로써 더 이상 재상이 의미를 갖기 어렵게 만들어서 황제독재체제로 귀일되었다.

그에 비해 조선의 경우는 재상의 집합처인 의정부를 제도적으로 폐지하지는 않았다. 비록 조선 초기에 의정부제에 비해 국왕이 주도하여 국왕에 대한 중심성이 높았던 육조직계제를 시행한 적도 있지만 의정부를 폐지하지는 않았다. 이는 정도전의 사망으로 일시적으로 재상제가 약화되기는 하였지만 이후 다시 회복됨으로써 재상의 위상은 보존된 것으로 이해할 수 있다. 조선중기에 사림들이 활발하게 진출한 이후에 재상은 '산림재상'으로 또 19세기의 세도정권 아래에서는 세도재상으로 이어진 것 역시 재상제도가 역사적으로 기능하였기 때문에 가능하였다.

따라서 정도전에게 재상이 어떠한 의미를 있는가에 대해서는 왕권-신권의 대립 구도에서 벗어나서 조선 국왕의 위상을 고려한 위에 중국 등과의 비교를 통해 객관적으로 살펴볼 필요가 있다. 또한 왕조국가가 가지는 특성을 전제하고 재상의 역할 역시 그러한 특성 위에서의 한계과 역할 등을 좀 더 객관적으로 구분하여 연구할 필요가 있겠다.

---

33) 도현철, 『高麗末 士大夫의 政治思想硏究』, 일조각, 1999, 219쪽.

2) 대간론

정도전은 중앙집권적 체제의 구축을 위해 일원적인 행정체계를 제시하였다. 이러한 체제는 대체로 백성들의 민본을 실현하기 위해 필요한 선에서 제기된 것이며, 행정상 효율성도 염두에 두었던 것으로 볼 수 있다. 하지만 이러한 체제에서도 정책의 결정이나 집행에서 감시나 비판은 여전히 필요하였다. 이러한 활동은 언론활동으로서 언로가 얼마나 자유롭고 개방되는지의 여부가 중요하였다.

후대에 대간(臺諫)이라고 하여서 사헌부와 사간원을 합하여 불렀던 것과는 달리 정도전의 언론관에서는 언론을 담당하고 있는 관리를 대관(臺官)과 간관(諫官)으로 나누어서 이해하고 있다. 정도전의 대간론에 대해서는 일찍이 한영우가 '언로(言路)·언관론(言官論)'으로 정리하였다.[34] 여기에서 국왕을 비판하는 대관(臺官)과 재상 이하의 백관(百官)을 대상으로 비판하는 어사(御史)가 차이는 있지만 국왕과 백관을 규찰, 탄핵하는 점에서 공통점이 있다고 보았다. 다만 재상과 대간의 관계에서는 재상 우위의 입장이라고 파악하였다. 그런 토대 위에서 대간이 본래의 기능을 찾고, 권한은 강화되어야 한다고 보았다.

도현철은 정도전의 대간론에 대해 주자의 대간론을 인용하여서 권력의 분점과 권력 상호간의 견제를 꾀하는 것으로 보았다. 정도전이 국왕권을 견제하고, 백관을 규찰하여 이를 통해 국가권력을 권귀(權貴)의 이해에서 벗어나게 하여 사대부의 이해를 관철하고 주체성을 확보하려고 했다고 본 것이다.[35]

---

34) 한영우, 『(개정판)鄭道傳思想의 硏究』, 서울대학교출판부, 1989, 147-155쪽.

대간론에 대해서는 기왕의 연구에서 크게 상반되는 내용은 없다고 할 수 있다. 다만 대간론에 대해 후대의 연구에서 정도전이 주희의 대간론을 인용한 점이 있다는 것, 대간론이 사대부의 정치적 입장을 반영한 것이라는 점을 강조하는 정도의 보완이 이루어졌다고 할 수 있다.

이런 기왕의 연구를 심화 발전시키기 위해서는 조선 초의 현실에서 대간 제도가 강화되는 과정, 제도의 변화 등을 구체적으로 살펴보는 것은 중요하다. 정도전은 대간의 직분에 대하여 많은 문제점을 비판하였는데, 이를 통해 대간제를 개선하고자 한 것이었다.

대간에 대한 비판은 먼저 당시 대간이 천하에서 제일류에 해당하는 강직한 사람들이 임명되어야 함에도 불구하고 4~5등의 사람들이 대간에 포진되어 있다고 하였다.[36] 두 번째 문제는 대간은 시비를 말해야 하는 곳임에도 불구하고 당대에 그런 문제를 말하지 않는다고 비판하였다. 재상은 군주를 비판하지 않고, 대간 역시 재상을 비판하지 않는다는 것이다.[37] 이 비판은 주희의 말을 그대로 인용한 것이지만 시의성에 적절하다고 보아 끌어 쓴 것이다.[38] 세 번째 문제는 대간을 진퇴시키는 권한이 권문 세족에게 있고, 귀족들의 원하는 대로 의견을 따른다는 것에

---

35) 도현철, 『高麗末 士大夫의 政治思想硏究』, 일조각, 1999, 222쪽.
36) 『삼봉집』, 권10, 「經濟文鑑 下」, '諫官', "今則所謂負剛大之氣者, 且先一筆句斷秤停得到第四五等人, 氣宇厭厭, 布列臺諫, 如何得事成. 故曰姓名未出, 而內外已知其爲非天下第一等流矣."
37) 『삼봉집』, 권10, 「經濟文鑑 下」, '諫官', "蓋事理只有一个是非, 今朝廷之上, 不敢辨別這是非, 如宰相固不欲逆上意, 臺諫亦不欲忤宰相意, 今聚天下之不敢言是非者在朝廷, 又擇其不敢言之甚者爲臺諫, 習以成風, 如何做得."
38) 『주자어류』, 권111, 「朱子 8」, 도현철, 『高麗末 士大夫의 政治思想硏究』, 일조각, 1999, 221쪽 주)267 재인용.

대한 비판이다.[39]

정도전이 대간제도의 개선을 통해 바랐던 것은 결국 대간이 군주에 대해 견제와 보완을 하고, 백관을 감찰하고 탄핵하는 것이었다. 또 이를 통해 국가의 중앙집권체제가 잘 작동될 수 있기를 바랐다. 이는 고려말에 국가의 권력이 소수의 권문 세족, 귀족들에 의해 장악되어서 국가의 공적 체계에 문제가 생긴 것을 해결하려는 것이었다.

3) 지방통치체제론

정도전은 지방통치체제의 핵심으로 감사와 수령에 대해서 논하여 국가에서 무엇을 중시하는지를 보여준다. 수령은 백성들과 지역의 현장에서 직접 접촉하여 임금을 대신하여 정치를 하는 중요한 존재이다. 백성을 위한 정치, 민본을 실현하기 위해서는 무엇보다 수령이 중요하고, 수령의 선정에 기대지 않을 수 없다. 그러한 수령을 감독하고, 비리와 부정을 규찰하는 역할을 하는 것이 바로 감사(監司)이다.

중앙에서는 대간이 관리들에 대한 감찰과 탄핵을 하듯이, 지방의 수령에 대해서는 감사가 그러한 역할을 수행하였다. 그러므로 정도전은 "대개 임금은 우두머리이며, 재상은 임금을 위하여 가부를 결정하니 임금의 심복이며, 대간과 감사는 임금을 위해서 규찰하니 임금의 이목(耳目)"[40]이라고 하여 대간과 감사가 임금, 재상에 버금갈 정도의 위상을

---

39) 『삼봉집』, 권10, 「經濟文鑑 下」, '諫官'. "蓋古者譏訶之權在臺諫, 而後世進退臺諫之權在權貴. 夫人之所望扳援而進者, 固奔走之不暇. 惟所欲言則借臺諫之重以言之, 惟所欲去則假臺諫之權以去之, 事有關於權貴者, 甘爲立仗馬而已."
40) 『삼봉집』, 권10, 「經濟文鑑 下」, '縣令'. "蓋君, 原首也. 宰相爲君可否, 君之腹心也. 臺諫監司爲君糾察, 君之耳目也."

가지며 함께 묶여서 군주의 눈과 귀가 된다고 하였다.

지방통치체제에 관해서 기왕의 연구에서 특별한 차이점은 별로 없다. 한영우의 경우 정도전이 민과 직접 접촉하여 정치일선에 나가는 지방관인 수령의 중요성을 강조하였다고 보았다. 다만 수령의 선정은 수령의 자질이나 지위의 개선만으로는 충분하지 않다고 보았다. 여기에서 수령의 비행을 규찰하는 감찰관으로서의 감사(監司)가 중요하다고 본 것이다.

도현철 역시 일원적인 정치체제 아래에서 민과 직접적으로 연결되는 수령에 대해 그 중요성을 강조하였다. 정도전이 왕(재상)-대성-감사-수령으로 이어지는 체제를 강화하고자 하는 것으로 보아서 재상이 그 정점에서 지방을 장악한다고 파악하였다. 재상이 지방의 최소단위인 향을 직접 파악하는 제민적(齊民的) 지배체제를 구축한다는 것이다.[41]

지방제도에 대한 한영우와 도현철의 연구에서 차이점은 도현철의 경우 정도전이 구상한 중앙정치제제와 연관된 지방제도 역시 양반 사대부의 특권을 보장받고 사대부의 이해를 관철하려는 관점에서 구성하였다고 본 점이다.[42] 그에 비해서 한영우는 정도전이 수령에 대해 중요하게 여긴 것은 위민정치 내지 민본정치의 실현을 위한 점만을 강조하고 있다.[43] 이러한 차이점은 정도전의 지방통치제제가 과연 어떤 점을 지향하였는지, 또 감사나 수령 등의 지방관이 행한 실제적인 행정의 목표와 체계가 구체적으로 무엇을 의미하였는지에 대한 분석을 통해 해명되어야 할 것이다.

---

41) 도현철, 『高麗末 士大夫의 政治思想硏究』, 일조각, 1999, 224쪽.
42) 도현철, 위의 책, 224-225쪽.
43) 한영우, 『(개정판)鄭道傳思想의 硏究』, 서울대학교출판부, 1989, 156쪽.

4. 정도전의 경제 개혁 구상

1) 토지제도론

고려말 조선초에 가장 중요한 문제 가운데 하나는 토지문제였다. 그 가운데서도 특히 사전(私田) 문제와 과전법에 관련한 문제가 특히 주목이 되었다. 고려 말에 사전을 개혁하고자 하는 데에는 두 가지 입장이 있었다. 즉 사전개선론과 사전혁파론이 그것이다.[44] 전자는 사전을 인정하되 하나의 토지에 여러명의 주인이 있는 불법적 사전문제를 해결하여 하나의 토지에 하나의 주인[一田一主]이라는 원칙을 만들자는 입장이다. 후자는 사전의 불법성을 근본적으로 해결하기 위해서 사전을 혁파하여 새롭게 재분배하자는 입장이다.[45]

사전개혁을 둘러싼 양자의 입장은 공통적으로 사전으로 말미암아 생겨나는 불법성을 문제시 하였다. 하지만 구체적으로 보면 조준을 비롯한 사전혁파론자들은 과전법체제를 수립하기 위해 불법적 사전은 물론이고, 외방의 사전을 혁파하여 과전은 경기도에 둔다는 '경기과전(京畿科田)'의 원칙을 만들자는 입장이었다. 그에 비해 사전개선론자들은 고려의 법을 존중하여 외방의 사전을 그대로 두되 사전의 폐단을 막아 '1전1주'의 원칙을 만들자는 입장이었다.[46]

---

44) 사전개선론과 사전개혁론의 사전개혁 논쟁을 다룬 대표적 연구는 이경식이 대표적이다. 이경식, 「고려말의 사전구폐책과 과전법」, 『동방학지』 42 ; 이경식, 『조선전기토지제도연구』, 일조각, 1986 ; 이경식, 『조선전기토지제도연구 II』, 지식산업사, 1998 ; 이경식, 『한국중세토지제도사-조선전기』, 서울대학교출판부, 2006.
45) 김기섭, 「高麗末 私田捄弊論者의 田柴科 인식과 그 한계」, 『역사학보』 127, 1990, 43-62쪽.
46) 김기섭, 「高麗末 私田捄弊論者의 田柴科 인식과 그 한계」, 『역사학보』 127, 1990, 71-73쪽.

이 가운데 정도전은 조준과 대개 비슷한 입장을 취한 것으로 이해되었다. 고려 말, 특히 위화도회군 이후에 이루어진 전제개혁은 조선왕조 개창 이전에 과전법으로 결실을 맺었으며, 이것은 주로 조준 등에 의해 주도되었으며, 정도전도 이에 어느 정도 동의한 것으로 이해되었기 때문이다. 하지만 사전혁파에 대해 조준이나 윤소종, 이행, 황순상, 조인옥 등은 여러 차례 상소를 통해 자신들의 입장을 개진한 것에 비해 정도전의 주장은 찾아보기가 힘들다.

조준은 우리나라의 법이 중국 삼대의 제도를 본받아서 농민으로부터 군인을 양성하였다고 보았다. 즉 삼대의 정전제를 중요하게 생각하고 고려의 전제가 여기에서 비롯된 것으로 이해하였다. 국역을 매개로 하여 토지를 분급해 주던 방식이 무너지고 나서, 사사로이 토지를 나누어 주고 토지를 겸병하는 현상이 심화되면서 토지제도가 문란해졌다는 것이다.[47]

조준의 기본적인 입장은 토지 분급의 주체는 국가로서 직역에 따라 토지를 분급하고 환수하는 규정을 엄격하게 지켜서, 사사로운 토지의 수수 행위와 겸병 현상을 억제할 수 있다는 것이었다. 이것이 전시과의 원칙을 회복하고 고려 본래의 토지제도의 원형을 되살리는 것이라고 이해하였다.

이에 비해 당대 많은 사대부들의 입장을 대변하였던 이색은 '본조성법(本朝成法)'을 가볍게 바꿀 수 없다는 명분으로 사전 혁파를 반대하였다. 불법적인 토지 침탈에 대해서는 비판하였으며, 기존의 전법을 회복

---

47) 『고려사』 권78 「食貨志」 1, 田制 祿科田, 禑王 14년 7월, 조준 상서.

하여 '1전1주'의 원칙을 준수하는 것에는 입장을 같이하였지만, 기존의 전적(田籍)에 주목하여 그 선후를 따져서 침탈 여부를 판단한 후에 정하자는 입장이었다.[48] 이것은 조준이 기존의 사전을 혁파하여 새로 양전을 하여 다시 토지를 분급하자는 입장과는 차이가 있는 미봉적인 것이었다. 이러한 입장 차이는 결국 정치적 이해 관계와 연결되어 있었으며, 궁극적으로 토지와 연관된 민생 문제를 해결하는 데에 어떠한 정치적 해결책을 제시할 것인가의 문제와 관련이 있었다.

조준은 우왕 14년 이래로 3차례에 걸쳐서 이행, 황순상, 조인옥 등과 함께 상소를 올려 전제개혁을 주장하였다. 이에 대해 정도전은 구체적인 언급은 없이 공양왕 1년에 도평의사사의 전제에 관한 논의에서 대사성 윤소종과 함께 조준의 주장에 찬성하는 언급을 하였다.

> 전하께서 잠저에 있을 때 친히 그 폐단을 보고 개탄스럽게 여기어 사전(私田)을 혁파하는 일을 자기의 소임으로 정하였다. 그것은 대개 경내의 토지를 모두 몰수하여 공가(公家, 국가)에 귀속시키고 인구를 헤아려서 토지를 나누어 주어서 옛날의 올바른 토지 제도를 회복시키려고 한 것이었다.[49]

정도전은 문제를 해결하기 위하여 경내의 토지를 모두 몰수하여 백성의 수를 헤아려 토지를 분급하자[計民授田]고 태조의 말을 빌어 얘기하였지만 이 주장 역시 정도전의 생각을 반영한 것으로 볼 수 있다. 이

---

48) 김기섭, 「高麗末 私田捄弊論者의 田柴科 인식과 그 한계」, 『역사학보』 127, 1990, 48–53쪽.
49) 『삼봉집』 권13, 「朝鮮經國典 上」, '賦典—經理', "殿下在潛邸, 親見其弊, 慨然以革私田爲己任. 蓋欲盡取境內之田屬之公家, 計民授田, 以復古者田制之正."

와 같이 정도전은 문제의 근본적인 원인이 소유권적 지배에 의한 토지의 겸병으로 인해 일어난 것으로 보고, 병작제의 폐해에 대해 비판하였던 것이다.

정도전이 토지문제에 관해 이렇게 근본적인 고민을 하고, 전향적으로 그 문제해결에 대해 고민할 수 있었던 데에는 나주의 거평부곡에서의 유배생활을 통해 농민들의 현실을 직접 겪을 수 있었던 것이 주요하게 영향을 주었을 수 있다.

토지의 소유권적 지배와 관련한 문제를 해결하기 위해 조준을 비롯한 사전개혁론자들의 논의에 정도전은 동의하였지만 정도전의 입장이 조준과 일치했는지에 대해서는 약간의 논란이 있다.[50] 조선 건국 이후에 작성한 『조선경국전』(태조 3, 1394)의 부전(賦典)에는 정도전의 토지제도에 대한 인식을 체계적으로 정리한 내용이 들어있다. 이미 과전법(공양왕 3, 1391)이 성립된 이후이므로 그의 시행과 상관없이 정도전의 토지제에 대한 입장을 확인할 수 있다.

이에 의하면 정도전은 "천하의 백성들은 토지를 받지 않은 자가 없고, 경작하지 않는 자가 없다"고 하였다. 이러한 인식은 고려 말의 성리학자들이 인식하였던 삼대의 이상인 정전제를 염두에 두고 이를 적용하려던 것이었다. 이제현의 경우 그의 책문에서 정전제의 의의를 질문하거나 이곡이 향시책에서 정전제를 언급한 사례와 비슷한 현상이었다.[51]

---

50) 정도전과 조준의 토지제도 개혁에 대한 입장이 서로 견해를 달리했다는 연구가 여럿 제시되어 있다. 이에 대해서는 박경안, 「麗末 儒者들의 田制 改革論에 대하여」, 『동방학지』 85, 1994 ; 김형수, 「14세기 말 私田罷論者의 田制觀」, 『복현사림』 25, 2002 ; 이익주, 「고려 말 정도전의 정치세력 형성 과정 연구」, 『동방학지』 134, 2006.
51) 도현철, 「이색과 정도전-성리학의 개선론과 개혁론-」, 『한국사시민강좌』 35, 2004.

사전혁파를 위해서 조준이 전면적으로 앞장서서 선두에서 주장한 반면에 정도전은 동의는 하였지만 상대적으로 적극적으로 행동하지 않았다. 조준이 사전혁파에 반대하는 세력과 대립을 극복하고 절충점을 찾으려고 하였다면 정도전은 암묵적으로 동의하고 나중에 표명한 것으로 보인다.

『조선경국전』은 체제상에서는 원나라의『경세대전』의 영향을 받았지만 세부 구성과 항목은 그대로 반영하지는 않고 남송대의『주례정의』나 『산당고색』도 참고하였다.[52] 『경세대전』부전 경리는 조세수취의 내용이 중심인 반면에『조선경국전』부전 경리는 토지제도를 직접 거론하는 점에서 서술의 취지와 내용이 다르다.『고려사』식화지 역시『경세대전』의 영향을 받아서 '경리'의 항목을 두었고, 그 내용은『조선경국전』부전의 경리조와 비슷하다.[53]

정도전은 삼대의 정전제에 기반한 토지제를 염두에 두었지만 중국의 역사를 보면 문제가 있음을 인정하였다.

> 이에 한전제(限田制)나 균전제(均田制)를 시행하자는 논의가 일어났다. 이것은 고식적인 방법에 불과한 것이나, 역시 백성의 토지를 다스려서 이를 백성에게 주어 경작하게 하는 것이다. 당(唐)나라의 영업전(永業田), 구분전(口分田)【안(按)】당나라의 수전(授田) 제도는 1부(夫)가 1경(頃)의 토지를 받아서 그 중의 80묘(畝)는 구분전으로 삼고, 20묘는 영업전으로 삼았

76–77쪽.
52) 도현철,「조선전기 정치사상사」, 태학사, 2013, 57–58쪽.
53) 이민우,「여말선초 私田 혁파와 토지제도 개혁 구상」, 서울대박사논문, 2015, 90–91쪽.

음) 제도도 역시 인구를 계산하여 토지를 주어서 스스로 경작하게 하고 그 전조(田租)를 받아서 국가의 비용으로 충당하였다. 그러나 식자(識者)들은 그 토지제도가 바르지 못했음을 비난하였다.[54]

정도전은 정전제인 공전제가 무너지며 토지겸병 등의 폐단이 나타나고, 이를 해결하기 위해 민의 토지를 나누어 경작하게 하였다고 하였다. 이것이 이른바 토지 소유의 상한을 두는 한전제나 고르게 토지를 나누어주는 균전제 논의인 것이다. 그러나 정도전은 균전제나 한전제 역시 임시방편적인 제도에 불과하다고 보아 전체적으로는 부정적으로 보고 있다. 이것은 정도전이 섭적(葉適)의 견해를 받아들인 것이다.

섭적은 당나라에 이르러 공전이 비로소 변화하여 사전으로 되었다고 이해하였다. 이것은 당시로서는 매우 독특한 견해였으며, 이러한 견해는 『문헌통고』를 통해 알려졌다. 이러한 견해가 고려 말의 개혁을 추구하는 세력들에게 영향을 준 데에는 사전의 발생을 역사적이고 원리적인 차원에서 설명하면서 동시에 이를 강하게 비판하는 관점이 고려 말의 시점에서 호소력이 있었기 때문이다.[55]

그러나 다른 한편으로 정도전은 고대 중국의 토지제로서 정전제와 균전제를 구분하여 이해하였다. 당의 균전제를 긍정적으로 보아서, 정전제가 무너진 이후 나온 문제를 해결하기 위해 나온 대안 제도로 본 것

---

54) 『삼봉집』 권13, 「朝鮮經國典 上」, '賦典—經理', "於是限田均田之說興焉. 是則不過姑息之計. 然亦治民之田, 授以耕之耳. 唐永業口分之田, (按唐授田之制, 一夫受田一頃. 其八十畝爲口分. 二十畝爲永柴) 亦計口授田, 使自耕之, 以其租爲公家之用. 然識者譏其田制之未正也."
55) 이민우, 「여말선초 私田 혁파와 토지제도 개혁 구상」, 서울대박사논문, 2015, 105–106쪽.

이다. 비록 한계는 있지만 '사람 수를 계산하여 토지를 지급한다[計口授田]'고 하여 그 조를 국가의 용도로 사용하는 토지제도라는 점에서 의미를 두었다.[56] 당의 균전제에 대해서는 조선 태조의 업적을 평가하면서 "우리의 전하는 경계를 바르게 하여 균전을 이루었고 검소함을 숭상하여 비용을 절약하였으며, 녹봉을 후하게 주어 선비를 권장하는 기풍이 있었다."[57]라고 하는 데에서도 확인할 수 있다. 조선왕조에서 균전제가 시행된 것은 아니지만 과전제를 평가하면서 그 핵심적인 내용에 대해 균전을 이루었다고 인식하였던 것이다.

정도전은 이러한 중국 토지제도에 대한 이해 속에서 사전의 혁파를 통해, 경내의 토지를 모두 거두어들여 국가에 속하게 하고[盡取境內之田, 屬之公家], 백성의 수를 헤아려 토지를 주는[計民授田] 것을 토지제도의 정의를 회복하는 올바른 방법으로 여겼다.[58] 이는 중국 고대의 토지제에서 이상으로 여기는 내용으로 모든 토지가 국가(관)의 소유로 되어 있고, 이것을 백성에게 주었다[古者, 田在於官而授之民]는 것을 다시 확인하고 이의 실현을 요구한 것이었다. 사전 혁파는 모든 토지를 국가에 소속시켜 공전으로 파악하는 동시에 국가는 이를 민에게 나누어 주어 경작할 토지를 누구나 갖게 한다는 것이다.

그러나 고려말의 사전개혁에서 이러한 목표는 실현되지 못하였다.

---

56) 김기섭, 「고려말 鄭道傳의 토지문제 인식과 전제개혁론」, 『역사와 경계』 101, 2016, 229–230쪽.
57) 『삼봉집』 권14, 「朝鮮經國典 下」, '工典─倉庫', "惟我殿下, 正經界而均田, 崇儉素而節用, 重祿有勸士之風."
58) 『삼봉집』 권13, 「朝鮮經國典 上」, '賦典─經理', "殿下在潛邸, 親見其弊, 慨然以革私田爲己任. 蓋欲盡取境內之田屬之公家, 計民授田, 以復古者田制之正."

당시 구가세족들이 사전을 혁파하는 이 조치에 반대하였는데, 정도전은 사전을 혁파하여 이러한 이상적인 토지제도를 실현하고자 하는 뜻이 좌절되었다고 보았다.

> 당시의 구가(舊家) 세족(世族)들이 자기들에게 불편한 까닭으로 입을 모아 비방하고 원망하면서 여러 가지로 방해하여, 이 백성들로 하여금 지극한 정치의 혜택을 입지 못하게 하였으니, 어찌 한탄스러운 일이 아니겠는가?[59]

여러 차례에 걸쳐서 사전 개혁에 대한 반대가 일어나서 개혁이 순조롭지 못하였던 것에 대해 정도전은 위와 같이 회고하였다. 그러나 그럼에도 불구하고 이루어진 사전 개혁, 즉 과전법에 대해 다음과 같이 설명하였다.

> 그러나 뜻을 같이 한 2~3명의 대신들과 함께 전대의 법을 강구하고 오늘의 현실에 알맞는 것을 참작한 다음, 경내의 토지를 측량하여 파악된 토지를 결수(結數)로 계산하여 그 중의 얼마를 상공전(上供田, 왕실 경비에 충당키 위해 지급된 토지)·국용전(國用田, 국가의 제사·빈객 등 공공 경비에 필요한 재원을 마련하기 위해 지급된 토지)·군자전(軍資田, 군량을 충당하기 위해 지급된 토지)·문무역과전(文武役科田, 현직 문무 관리에게 지급된 토지)으로 나누어 주고, 한량(閑良)으로서 경성에 거주하면서 왕실을 호위하는 사람, 과부로서 수절하는 사람, 향역(鄕驛)·진도(津渡)의 관리, 그리고

---

59) 『삼봉집』 권13, 「朝鮮經國典 上」, '賦典―經理', "當時舊家世族, 以其不便於己, 交口謗怨, 多方沮毀, 而使斯民不得蒙至治之澤, 可勝歎哉."

서민과 공장(工匠)에 이르기까지 공역(公役)을 맡은 자에게도 모두 토지를 주었다. 백성에게 토지를 분배하는 일이 비록 옛사람에게는 미치지 못하였으나, 토지 제도를 고치고 정비하여 한 시대의 전법[一代之典]으로 삼았으니, 전조의 문제가 많았던 제도에 비하면 어찌 만 배나 나은 것인 아니겠는가?[60]

정도전의 설명에 따르면 사전 개혁, 즉 고려 말의 토지제도 개혁을 통해서 이룬 성취와 한계를 알 수 있다. 우선 정도전은 구가세족, 즉 당대의 기득권세력들의 방해를 뚫고 현실에 맞는 방안을 제시하였다고 하였다. 이것은 정도전이 기록에서 언급되는 것이 많지 않았을 뿐 실제로 사전개혁을 논의한 서너 사람 가운데 하나였음을 확인할 수 있는 증거가 된다. 정도전 역시 과전법의 제정에 적극적으로 간여하였다는 의미이다. 토지제도 개혁이 애초 계획하였던 의도와는 차이가 있게 된 것은 조준과의 문제라기보다는 사전 혁파에 반대한 구가세족들 때문으로 볼 수 있는 것이다.

정도전의 토지론이 후대에 미친 영향에 대해서도 검토가 필요하다. 예를 들어 정도전의 토지제도에 대한 구상은 조선 중기에 이후에 다시 소환되었다. 조선전기에 과전법체제가 지향했던 것과는 달리 역사적 현실에서는 농장이 보편화되고 노비 인구가 증가하는 등의 현상이 나타

---

60) 『삼봉집』, 권13, 「朝鮮經國典 上」, '賦典—經理', "然與二三大臣之同志者, 講求前代之法, 參酌今日之宜, 打量境內之田, 得田以結計者, 幾分上供之田, 國用軍資之田, 文武役科之田, 而閑良之居京城衛王室者, 寡婦之守節者, 鄕驛津渡之吏, 以至庶民工匠苟執公役者, 亦皆有田. 其授民以田, 雖不及於古人, 而整齊田法, 以爲一代之典, 下視前朝之弊法, 豈不萬萬哉."

났다. 17세기 이후 이러한 문제를 극복하기 위해서 토지의 사적 소유를 제한하려는 방향에서 유형원과 같이 공전제를 주장하는 경우도 나타났다.[61] 비단 유형원 만이 아니라 이른바 실학자들로 분류되는 이익이나 정약용의 경우도 토지소유에 대해 제한하려는 경향이 나타났던 것이다.

이는 비단 토지제의 개혁만이 아니라 이를 매개로 한 수취체제와 국역체계, 그리고 관료체계 등 전반을 개혁하려는 의도 속에서 제안된 것이었다.[62] 유형원의 경우 국가 전체의 공적 역할을 증대시키는 쪽으로 개혁의 방향을 강조하였다. 토지의 공전제를 근거하여 민생과 국역을 해결하는 체제는 종래 형해화되어 가던 국가의 역할을 적극적으로 제고시켜 국가의 공적 성격을 극대화하려는 것이었다. 그러한 변화의 가장 기초적인 토대에 토지의 공전제가 전제되어 있었던 것이다.[63]

2) 재정론

정도전에게 인정(仁政)을 구현하는 정치를 행하기 위해서도 가장 필요한 일은 경제생활의 안정이었다. 정도전은 정치를 바로잡는 일 못지 않게 민생의 안정을 통해 백성의 삶을 안정시키고 이를 바탕으로 국가의 안정을 도모하였다.

이를 위해 당시의 경제에서 가장 중요한 농업과 그 기반이 되는 토지제도에 대해서는 위에서 살펴본 바와 같이 이미 고려 말에 과전법으로

---

61) 전제에 대한 유형원의 입장은 『반계수록』 권1~4의 전제(田制) 상·하, 전제후록(田制後錄) 상·하에 자세하게 설명되었다.
62) 송양섭, 「반계 유형원의 '公' 이념과 이상국가론」, 『조선시대사학보』 64(2013).
63) 정재훈, 「조선시대 국가론과 그 변화」, 『조선사연구』 33(2024), 16–17쪽.

정리하였으므로 이를 기본적으로 지지하였다. 이성계가 즉위한 후 11일이 지난 뒤에 반포된 즉위교서에서 '일(一) 전법(田法)은 한결같이 고려의 제도에 의거할 것이며, 만약 증감(增減)할 것이 있으면 주장관(主掌官)이 재량하여 위에 아뢰어 시행할 것이다.'[64]라고 하여서 일단 과전법에 따른 토지제의 운영을 전제하였다.

따라서 이런 바탕 위에서 정도전은 국가의 재정 운영과 이에 필요한 민에게서 나오는 부세의 문제를 해결하는 것에 관심이 집중될 수 밖에 없었다. 정도전은 이러한 문제에 대해 『조선경국전』의 「부전(賦典)」에서 부세를 집중적으로 언급하며 재정 운영에 대한 상을 제시하였다.

국가 재정을 운영하는 데에는 기본적으로 백성들에게서 세금을 거두어 이를 기반으로 재정 운영의 바탕으로 삼아야만 한다. 이러한 세금을 통칭하여 부(賦)라고 할 수 있다. 정도전은 부를 군국, 즉 나라의 수요를 총칭하는 말로 정의하였다.[65] 그러나 '부'란 용어가 나라의 차원에 쓰이게 되면 전곡이 되어서 국가에서 필요한 부분에 쓰이는 것이 된다. 반면 백성에게 거두는 의미로 '부'가 쓰이면 여러 가지 세목을 통칭하는 말이 된다.[66] 그 대표적인 것이 부세(賦稅)이다. 정도전은 이 '부'를 중심으로 백성에게서 나오는 부가 고르게 부담되어야 한다는 취지에서 설명한다. 즉 주군(州郡)과 판적(版籍, 호적)은 부가 나오는 근거가 되는 것이며, 경리(經理)는 부를 (토지를 통해) 제도화한 것이며, 농상(農桑)은 부의 근본이

---

64) 『태조실록』 권1, 태조1년 7월 28일(정미), "一, 田法, 一依前朝之制, 如有損益者, 主掌官 擬議申聞施行."
65) 『삼봉집』 권13, 「朝鮮經國典 上」, '賦典—總序', "賦者, 軍國所需之摠名也."
66) 『삼봉집』 권13, 「朝鮮經國典 上」, '賦典—總序', "分而言之, 則用之於國曰錢穀, 故治典論 出納之節甚詳, 取之於民曰賦, 故於此論其所出之目."

되는 것이며, 조운(漕運)은 부를 수송하는 것이며, 부세는 부를 바치는 것이며, 염(鹽)·철(鐵)·산장(山場)·수량(水梁)·공장세(工匠稅)·상세(商稅)·선세(船稅)는 부의 보조이며, 상공·국용·녹봉·군자·의창·혜민전약국은 부의 쓰임이며, 견면(蠲免)은 부를 줄이는 것이다.[67]

정도전이 구상한 부는 위에서 본 바와 같이 넓은 의미와 좁은 의미의 두 가지로 쓰였다. 우선 넓은 의미의 부는 국가의 수입 모두를 가리키는 것으로서, 여기에는 부의 기본을 이루는 조(租, 田租)·용(庸, 常徭)·조(調, 雜貢)와 그 외에 부의 보조인 공장세(工匠稅)·상세(商稅)·선세(船稅)와 염(鹽)·철(鐵)·산장(山場)·수량(水梁)의 수입까지 포함된다.[68] 이에 비해 좁은 의미의 부는 조·용·조를 의미하는데, 이것은 부세라고도 한다.

부세에 대한 정도전의 기본적인 입장은 백성들의 입장을 최대한 고려하여 이들을 안정시킨 이후에 세금을 거두어야 한다는 것이었다. 정도전은 나라는 백성을 근본으로 삼고, 백성은 먹을 것을 하늘로 삼으므로 요역과 부세를 가볍게 해 주어야 한다고 보았다. 뿐만 아니라 백성들이 불의에 원하지 않는 피해를 입었을 때, 즉 홍수나 가뭄, 서리, 곤충, 바람, 우박 등의 피해가 발생하였을 때 그 피해의 규모를 고려하여 부역을 차등 있게 감면시켜야 한다고 하였다. 이것이 국가의 근본인 백성을 안정시키는 방법이라고 하였다.[69]

---

67) 『삼봉집』 권13, 「朝鮮經國典 上」 '賦典─總序', "曰州郡曰版籍, 賦之出也, 曰經理, 賦之制也, 曰農桑, 賦之本也, 曰賦稅, 賦之貢也, 曰漕運, 賦之輸也, 曰鹽鐵, 山場水梁, 曰工商船稅, 賦之助也, 曰上供曰國用曰祿俸曰軍資曰義倉曰惠民典藥局, 賦之用也, 曰蠲免, 賦之寬也."
68) 『삼봉집』 권13, 「朝鮮經國典 上」 '賦典─賦稅', " 國家賦稅之法, 租則一出於田, 而所謂常徭雜貢者, 隨其地之所出而納之官府, 蓋唐租庸調之遺意也."
69) 『삼봉집』 권13, 「朝鮮經國典 上」 '賦典─蠲免', "國以民爲本, 民以食爲天. 故輕徭薄賦, 以

정도전이 국가의 지출규모와 관련되어 상정한 항목은 상공(上供), 국용(國用), 군자(軍資), 녹봉(祿俸), 의창(義倉), 혜민전약국(惠民典藥局) 등 모두 6개 부문이다. 6개의 항목에서 국가의 재정이 낭비되지 않고 절약을 통해 안정적인 재원의 확보를 구상하였던 것이 정도전이 생각한 건전한 재정 운영이었다.

재정에 대해 정도전은 민생의 안정을 가장 우선시하여 이를 실현하기 위하여 국가의 재정을 안정적으로 운영하는 것을 목표로 삼았다. 이러한 목표를 달성하기 위해 정도전은 국가의 재정 규모에 대해 최소한의 규모로서 3년 간의 재정적 여유를 제시하였다.

나라에 3년간을 쓸 재정이 없으면 나라의 재정 규모가 유지되기 어렵다고 보았다. 이는 재정적 여유가 있어야 예의도 알고 국가의 안정적인 유지도 가능하다는 의미였다. 그런데 여기서 그치지 않고, 정도전은 『예기』를 인용하여 그 세 배인 9년의 재정이 뒷받침되어야 한다는 것도 제시하였다. 이러한 내용은 주나라 때의 상황을 이상적인 것으로 전제한 것이기는 하지만 새 왕조를 개창하는데 기본적인 재정 구조를 안정적으로 만들어가려던 그의 의지를 확인할수 있는 부분이다.

정도전은 이러한 안정적인 재정규모를 확보하기 위해서 국가의 수입구조에 근거해서 지출되는 부분을 정해야 한다고 보았다. 즉 수입의 양을 고려해서 지출을 결정하는 양입위출(量入爲出)을 재정운용의 기본원칙으로 삼는 것이었다. 3년에 1년 간 쓸 전곡을 저축한다고 하여서 매년 수입의 1/3을 저축함으로써 안정적인 수입의 원천으로 삼자는 것이다.

裕其食. 不幸被水旱霜蟲風雹之災. 隨其傷損之多寡, 蠲免賦役有差. 蓋所以厚其本也."

이러한 수입을 바탕으로 지출하는 규모 역시 정하여서 지출하는 데에 절약을 기하자는 것이 정도전의 생각이었다. 국가에서 이루어지는 수입은 백성들에게서 세금을 거두어 이를 재정운영의 바탕으로 삼는 것이다. 이러한 세금을 통칭하여 부(賦)라고 통칭할 수 있는데, 정도전은 이 '부'를 중심으로 백성에게서 나오는 부가 고르게 부담되어야 한다고 보았다.

이와 같이 정도전의 재정에 대한 입장을 보면 기본적으로 정도전은 농업을 중시하여, 모든 백성들에게 일정한 토지를 지급하는 공전제의 바탕 위에서 재정의 안정적인 운영이 이루어지는 것을 이상적으로 보았다. 고려말 현실에서는 이러한 공전제에 바탕한 토지소유의 문제가 충분하게는 해결되지는 못했지만 상당한 수준에서 토지의 파악과 호적제의 정비, 공역에 따른 분배가 이루어짐으로써 이전보다는 토대를 튼튼하게 만들었다.

이러한 바탕위에서 1/10세의 전조를 바탕으로 상요나 잡공에서도 민의 부담을 최소화하면서 부세제를 운영할 것을 제안하였다. 또 기본적인 부세 외에도 염철, 산장 등의 보조적인 수입에서도 민간의 참여와 관의 적절한 관리를 통해 민의 부담을 완화시킬 것을 주문하였다.

국가의 지출 역시 국왕의 지출까지 엄격한 관리와 감독을 주문하였고, 국용이나 군자, 녹봉도 마찬가지로 최소한으로 절약해야 한다고 보았다. 빈민을 위한 구제책이었던 의창이나 혜민전약국도 취지를 잘 살려서 지속가능하게 운영할 것을 주장하였다.

이러한 재정운영은 기본적으로 국가가 중심이 되는 것으로서 중앙집권적 체제에 호응하는 것이었다. 고려 말 방만하고 흐트러진 체제를 재정비하는 데에 이러한 다양한 방면에서의 개혁안은 상당한 의의를 가지고 있었다고 할 수 있다.

정도전의 재정론에 대해 일찍이 한영우는 백성의 안정과 국부(國富)가 달성될 때에 민본적 자주국가의 물질적 기반이 확립된다고 보아서 정도전은 국가의 기본으로서 재정을 중시한다고 보았다.[70] 도현철 역시 정도전과 조준 등의 사대부는 나라의 근본인 민의 안정에 주력하여 국가의 물질적 기반을 증대시키고 민의 생산 기반을 안정시키는 것을 중시한다고 보았다.[71] 다만 민을 안정시키는 방편에 소농민의 안정이 무엇보다 필요하고, 소농민의 안정이 나라를 안정시키며 지주제를 유지하는 중요한 방법으로 보았다. 결국 소농 안정을 통해 지주제를 안정시키고, 국가재정의 확보가 가능하다고 본 것이다. 재정에 대해 자세하게 언급하지는 않았지만 국가의 재정 역시 지주제의 안정적 토대 위에서 실현된다는 것이다.

이에 대해서 한영우는 사대부의 역할 보다는 국가 그 자체에 좀 더 주목한 것에 비해, 도현철은 국가의 실질적 주체로서 사대부의 안정 속에서 국가 재정 역시 충실해진다고 파악한 점에서 차이가 있다. 국가 재정의 주체를 누구로 볼 것인가, 무엇을 중시할 것인가의 문제에 대해서는 이헌창이 인용한 폴라니에 대한 논의를 참고해 본다면 시사점을 얻을 수 있는 점도 있음이 제시되었다.

즉 폴라니(K. Polanyi)는 인간경제의 주요한 통합형태로서 시장교환

---

70) 한영우, 『(개정판)鄭道傳思想의 研究』, 서울대학교출판부, 1989, 255-258쪽.
71) 도현철, 『高麗末 士大夫의 政治思想研究』, 일조각, 1999, 239쪽.

(市場交換)과 아울러 가족관계나 공동체 내 유대관계의 형성·유지를 기본 목적으로 하는 호혜(互惠), 지배기구에 의한 잉여물자·노동력의 집중과 재분배를 포괄하는 재분배(再分配)를 들었고, 노스(D. North)는 현실의 경제가 이 세 배분체계(配分體系)로 구성된다고 보았다.[72] 전통시대의 경제에 대해 생존과 안전에 대한 위험을 최소화하기 위해 친족·공동체는 호혜를, 국가는 재분배를 발전시켰으며, 가격에 의한 시장은 제한적인 영역에서만 존재한다고 본 것이다. 제한적인 시장, 호혜, 재분배는 곧 국가, 사대부(사족), 시장 등이 각 영역과 위치에서 역할을 하고 있음을 제시하는 것으로서 어느 한쪽의 주도성보다는 관계성에 주목하는 것으로 볼 수 있다.

5. 맺음말

이상에서 정도전의 국가론과 정치·경제 구상을 중심으로 그 간의 연구를 바탕으로 하여 쟁점과 앞으로의 과제에 대해 살펴보았다. 조선 건국과 조선의 국가 운영에 기초를 제공한 정도전의 지대한 역할을 고려해 볼 때 그의 국가론과 정치, 경제에 대한 구상은 정도전에 관한 연구에서도 가장 핵심을 이루는 부분이다.

본 연구에서는 상당한 연구성과가 이루어졌기 때문에 그 사이 이루어진 이 분야에서 이루어진 연구를 모두 다 다루지는 못하였다. 다만 관

---

72) 이헌창, 「유학 경제사상의 체계적 정립을 위한 시론」, 『국학연구』 3, 168쪽.

련된 주요 연구를 망라하면서 쟁점별로 검토하였다. 이를 통해 보면 그의 구상과 개혁론에서 공통되는 점을 확인할 수 있다.

정도전은 이전의 왕조에서는 경험하지 못했던 새로운 왕조 국가의 설계안을 제시하였다. 그것은 대체로 정도전의 독자적인 방안만은 아니었다. 오히려 성리학이라는 새로운 학문을 기반으로 하여 중국의 역대 경험을 최대한 존중하고 인용하는 형태로 제시하였다. 종래 정도전이 고유하게 제시하였다고 알려진 많은 국가론, 정치·경제 구상은 상당 부분이 중국에서의 경험을 인용하거나 참조한 것이었다.

하지만 이러한 정도전의 태도나 방법이 곧 중국, 특히 성리학의 최대 정리자인 주자의 경험을 그대로 이식하는 것은 아니었다. 상당 부분 주자의 언설을 그대로 인용하였지만, 위에서 논의한 대로 사공학파 계열의 의견도 적극 수용하였다. 또 나아가 원대의 역사적 경험을 대폭 수용하였다. 또 주자학의 뿌리에 해당하는 삼대의 이상에 대해서도 끈을 놓치 않고 끊임없이 인용하고 탐구하였다.

그 결과는 국가론에서나 정치, 경제적인 방면에서나 주자성리학의 단일한 이론에만 머물지 않은 형태로 나타났다. 그가 구상한 국가의 방향이나 정치제도, 재상제, 토지제, 교육과 인재 선발과정 등에서 공공성을 높이는 방향으로 조선왕조의 지배체제를 구성하려고 했던 점은 왕정체제의 단점과 한계를 보완하기 위해서였다. 이것은 주자성리학에서 일반적으로 지적되는 사대부의 안정을 추구하는 것만으로는 설명되지 않는 지점이다.

국가의 공공성을 높이려는 방향은 조선의 역사 전개에서 지속적으로 소환되었다. 예를 들어 조선후기에 이른바 실학자들에 의해서 다시 제기된 다양한 개혁사상과 상통하고 있는 점이 있다. 실학자들의 경우 토지문제에서 공전을 확보하여 균등한 토지분배를 지향하였으며, 이를 기반으로 민에게 국역을 부과하려고 하는 등 국가의 공공성을 높이려는 쪽으로 국가운영 방안을 재조정하고자 하였다.

이와 같이 본다면 정도전의 사상은 고려말 사회의 많은 문제점과 모순을 해결하기 위한 방편으로 성리학에서 출발하였지만, 필요한 경우 성리학을 넘어서서 왕정체제가 가지는 문제점을 최대한 해결하고자 한 것으로 파악할 수 있다. 성리학이라는 사상, 주의를 받아들였지만 여기에서 머물지 않고 조선의 사상, 주의로 변환한 것이 정도전의 사상이었다.

조선왕조의 역사 전개 과정에서 불교 대신 성리학이 중심적인 사상으로 된 점, 국가의 공공성을 높이려는 방향으로 국가구조를 만든 점, 중앙집권적 체제를 지향한 점, 성리학적 군주상을 제시한 점, 세도를 이끄는 재상을 설정하여 국정운영의 중심으로 삼으려 한 점, 일원적인 지방행정체계를 제안한 점 등은 때에 따라 언제든 소환이 되어 조선의 역사가 되었다. 이러한 기초를 놓았던 인물이 정도전이었다.

조선의 역사를 설명할 때 대개 왕조 개창기의 정도전의 역할은 조선 초기에 국한되어 이해되는 경우가 많았다. 조선왕조의 전개 과정에서 양란을 겪은 조선중기 이후의 조선 사회는 이전과는 분리하여 이해하는 경향도 있었다. 하지만 적어도 성리학이 중심적인 사상으로 기능하는 시기에는 정도전이 제시한 국가론, 정치·경제의 구상과 개혁론은 끊임없이 소환대상이 되었다. 이것을 이후의 국가론, 정치·경제 개혁론과 비교하는 것이 앞으로의 중요한 과제가 될 것이다.

〈참고문헌〉

『고려사』

『삼봉집』

『朱子大全』

『주자어류』

『반계수록』

도현철, 『高麗末 士大夫의 政治思想硏究』, 일조각, 1999.

도현철, 『조선전기 정치사상사』, 태학사, 2013.

백남운 저, 하일식 역, 『조선봉건사회경제사』, 이론과 실천사, 1993.

삼봉연구원, 『삼봉정도전 연구 논저 자료집』, 2023.

오영교 편, 『조선 건국과 경국대전체제의 형성』, 혜안, 2004.

이경식, 『조선전기토지제도연구』, 일조각, 1986.

이경식, 『조선전기토지제도연구Ⅱ』, 지식산업사, 1998.

이경식, 『한국중세토지제도사—조선전기』, 서울대학교출판부, 2006.

이존희, 『(신편)한국사』 23, 국사편찬위원회, 1994.

이수건, 『(신편)한국사』 23, 국사편찬위원회, 1994.

임용한, 『朝鮮前期 守令制와 地方統治』, 혜안, 2004.

정재훈, 『조선전기 유교정치사상 연구』, 태학사, 2005.

최상용, 박홍규, 『정치가 정도전』, 까치, 2007.

한영우, 『鄭道傳 思想의 硏究』, 서울대학교출판부, 1973.

한영우, 『(개정판)鄭道傳思想의 硏究』, 서울대학교출판부, 1989.

守本順一郎 저, 김수길 옮김, 『동양정치사상사연구』, 동녘, 1985.
피터 K. 볼 지음·심의용 옮김, 『중국 지식인들과 정체성 : 사문(斯文)을 통해 본 당송시대 지성사의 대변화』, 북스토리, 2008.

강진철, 「停滯性理論 批判」, 『한국사시민강좌』 1, 1987.
김기섭, 「高麗末 私田捄弊論者의 田柴科 인식과 그 한계」, 『역사학보』 127, 1990.
김기섭, 「고려말 鄭道傳의 토지문제 인식과 전제개혁론」, 『역사와 경계』 101, 2016.
김인호, 「여말선초 군주수신론과 「대학연의(大學衍義)」」, 『역사와 현실』 29, 1998.
김형수, 「14세기 말 私田革罷論者의 田制觀」, 『복현사림』 25, 2002.
도현철, 「《經濟文鑑》의 引用典據로 본 鄭道傳의 政治思想」, 『歷史學報』 165, 2000.
도현철, 「이색과 정도전-성리학의 개선론과 개혁론-」, 『한국사시민강좌』 35, 2004.
민병희, 「주희(朱熹)의 "대학(大學)"과 사대부(士大夫)의 사회, 정치적 권력: 제도(制度)에서 심(心)의 "학(學)"으로」, 『중국사연구』 55, 2008.
박경안, 「麗末 儒者들의 田制 改革論에 대하여」, 『동방학지』 85, 1994.
이민우, 「여말선초 私田 혁파와 토지제도 개혁 구상」, 서울대박사논문, 2015.
송양섭, 「반계 유형원의 '公' 이념과 이상국가론」, 『조선시대사학보』 64, 2013.
송재혁, 「"인주지직 재론일상(人主之職 在論一相)"과 조선 초기의 권력 구상 – 권력의 통합론으로서 의정부서사제 논의」, 『한국사상사학』 57, 2017.
송재혁, 「정도전(鄭道傳)의 국가론 –『조선경국전(朝鮮經國典)』과 원(元) 제국의 유산」, 『韓國思想史學』 65, 2020.
이범학, 「남송 후기 이학의 보급과 관학화의 배경 – 이학계 인사들의 정치, 사회적 행동을 중심으로」, 『한국학논총』 17, 1994.
이경식, 「고려말의 사전구폐책과 과전법」, 『동방학지』 42, 1984.

이익주, 「고려 말 정도전의 정치세력 형성 과정 연구」, 『동방학지』 134, 2006.

이헌창, 「유학 경제사상의 체계적 정립을 위한 시론」, 『국학연구』 3, 2003.

정재훈, 「정도전 연구의 회고와 새로운 사상사적 모색」, 『한국사상사학』 28, 2007.

정재훈, 「조선시대 국가론과 그 변화」, 『조선사연구』 33, 2024.

趙阮, 「元 후기 『經世大典』의 편찬과 六典體制」, 『東洋史學研究』 141, 2017.

최연식, 「여말선초의 권력구상: 왕권론, 신권론, 군신공치론을 중심으로」, 『한국정치학회보』 32-3, 1998.

제6장 정도전의 화이론(華夷論)과 중국 인식, 요동 정벌 연구

김인호(광운대 학교 교수)

1. 정도전의 화이론과 중국 인식, 요동 정벌 연구의 중요성
2. 화이론(중국인식)과 요동 정벌에 대한 기존 연구 성과
3. 화이론이란 무엇인가?
4. 고려 시대 화이론의 전개와 변화
　1) 원 복속기 이전의 화이론
　2) 원 복속기 화이론의 변화
5. 정도전의 화이론과 중국 인식
6. 정도전의 요동 정벌에 대한 연구사적 쟁점
7. 연구에 대한 전망

1. 정도전의 화이론과 중국 인식 연구의 중요성

정도전에 관한 연구는 지금까지 많이 이루어졌다. 이 연구의 상당수는 한국사와 정치학 분야에서 축적된 것이다. 기존 연구는 주로 정도전의 삶과 사상, 정책 등에 초점을 두고 있다.[1] 상대적으로 정도전의 화이론과 중국 인식에 관한 연구는 아직 적은 편에 속한다. 단, 정도전이 기획했던 요동 정벌에 대한 연구는 최근까지 상당히 이루어졌다. 적은 자료에도 불구하고, 이에 대한 연구는 일찍부터 이루어져 온 셈이다.[2]

따라서 정도전의 화이론과 중국 인식에 관한 문제는 연구의 지평을 넓히는 작업이 될 수 있다. 이 글에서는 이 문제를 다음과 같은 순서로 접근해 보려 한다.

우선 정도전의 화이론과 중국 인식을 이해하기 위해 화이론에 대한 기본적 이해가 필요할 것이다. 원래 화이론이란 중국이 자신과 주변 세계를 인식하는 체계이다. 중국은 스스로 문명과 세계의 중심인 '중화'로 인식하면서, 주변 세계를 문명과 동떨어진 '야만' 즉 일종의 오랑캐로 생각하였다. 이 논리는 중국 중심의 세계질서를 수립하면서, 주변 국가와 사대(事大 ; 큰 나라를 섬김)와 자소(字小 ; 작은 나라를 보호함)라는 관념을 바탕으로 한다. 외교적으로 주변국과의 조공과 책봉을 통한 형식을 가지도록 하였다. 이에 따른 중국의 논리가 화이론이라면, 우리는 이것이

---

1) 정도전의 기존 연구 논문에 대한 목록은 봉화정씨 영남문회·삼봉연구원 편, 「삼봉 정도전 관련 논저 목록 작성 및 수합 사업결과보고서」, 2023을 이용하였다.
2) 이에 관한 연구사 정리가 최근에 있었다(정다함, 「조선 태조대 요동공격 시도에 대한 사학사와 그에 대한 탈경제적 분석과 비판」 「한국사연구」 178, 2017).

무엇인지를 살펴볼 필요가 있다.

이후 이러한 화이론이 고려시대에 어떻게 전개되었는지, 그리고 그 특징은 무엇인지를 보아야 한다. 이 글에서는 화이론의 전개에 대해 두 시기로 나누어 서술하고자 한다. 시기 구분은 원 복속기를 기준으로 한다. 그 이유는 고려왕조가 원 복속기 이후부터 실질적인 제후국 체제로 전환하기에 화이론에서 변화가 있을 것이기 때문이다. 아울러 고려말 성리학 수용과 확산은 정통론의 강화를 가져오면서 화이론에도 영향을 미치게 마련이다.

그리고 정도전이 지닌 화이론과 중국에 대한 인식을 알아본다. 정도전의 화이론은 기존 연구에서 단독으로 다루어진 연구성과는 많지 않은 편이다. 아울러 그의 중국 인식은 당시 원·명 왕조 교체기이기 때문에 의미가 있다. 정도전의 두 왕조에 대한 인식은 그의 화이론에 일정하게 반영되었을 것이기 때문이다. 이 점은 그가 쓴 「경제문감」 등에서의 중국사 인식과도 일정하게 연동이 된다. 따라서 이 문제는 같이 다루어져야 할 부분이 된다.

또한 정도전의 중국 인식과 관련해 핵심적 쟁점이 바로 요동 정벌의 문제이다. 요동 정벌은 고려말 원과의 관계로부터 출발하여 여러 차례 시도되었다. 우리에게 잘 알려진 것은 고려말 최영에 의한 것이고, 이 시도는 위화도 회군으로 좌절되었다. 이 사건은 조선왕조 건립으로 이어지게 된 중요한 정치적 계기임은 주지의 사실이다.

그러나 정도전은 조선왕조 건립 이후 또다시 요동 정벌을 추진하였다. 특히 그가 친명 사대외교를 주장했던 인물이라는 점에서, 요동 정벌 추진은 매우 모순적으로 보이는 행동이다. 이에 관해서는 여러 논고가 현재까지 나와 있다. 요동 정벌 문제는 해방 이후부터 이에 대한 언급이 있었으며, 현재까지도 다양한 해석과 논쟁의 대상이다.

나아가 정도전의 요동 정벌과 관련된 자료 검토도 필요하다. 그 이유는 쟁점의 원인 중 하나가 적은 자료에 대한 해석에 기초하고 있기 때문이다. 자료 검토는 이를 이해할 수 있는 기초가 될 것이다.

마지막 다룰 것은 차후의 과제 문제이다. 정도전 연구에서 이 주제가 차지하는 의미와 함께, 연구 과제를 살펴보려 한다.

2. 화이론과 요동 정벌에 대한 기존 연구 성과

정도전의 화이론은 그의 중국 인식과 관련이 있다. 그런데 현재까지 화이론에 대한 연구 성과는 많은 편이 아니다. 즉 화이론에 대한 직접적인 연구는 거의 이루어지지 않았다. 정도전은 주지하듯이 원·명 교체기에 철저한 친명파였다. 따라서 그는 명을 중화로 여겼음은 분명하다. 그럼에도 정도전의 화이론에 대한 자료의 부족 등으로 인해 직접 다룬 논고가 없다.

다만 그의 중국 인식과 관련해 원에 대한 인식을 살펴볼 수 있다. 자료는「경제문감(經濟文鑑)」과「경제문감별집(經濟文鑑別集)」등이 여기에 이용될 수 있다. 특히 이는 정도전의 역사인식과 관련되어 있다. 이에 대해 김인호의「정도전의 역사인식과 군주론의 기반」(『한국사연구』, 131, 2005)에서 다루어졌다. 이 글에서는 왕조의 변천을 정통성의 기준으로 삼았을 때 원을 여기에 포함시켰다는 점을 주목하였다. 그에 따라 정도전은 중화를 명으로 삼았지만, 원 왕조 자체를 부정하지는 않았다. 다시 말해서 그는 원이 오랑캐라고 보지는 않았다는 뜻이다. 이는 그가 형세론적 화이론을 따르고 있음을 말해준다. 이 점에 대해서는 뒤에 더 살펴볼 예정이다.

한편 그의 요동 정벌에 대한 연구는 상당하게 축적되어 있다. 이에 대해서는 일찍부터 주목되어 왔는데, 이상백의 「鄭道傳論」(『조선문화사연구논고』, 을유문화사, 1947)이 대표적이다. 이 연구에서는 정도전의 요동 정벌 계획의 배경과 이유에 대해 설명하고 있다. 이상백은 이에 관해 명의 표전 문제가 불거지고 정도전을 보내라는 요구가 계기가 된 것처럼 보이지만, 결국 표전 문제보다는 요동 지역 회복이 중요한 계기였다고 하였다.

그리고 이러한 분석은 이후 연구에도 계승되었다. 즉 신석호는 「조선왕조 개국 당시의 대명관계」(『국사상의 제문제』 제1집, 국사편찬위원회, 1959)에서 이와 같은 시각을 공유하면서, 요동 정벌 문제를 접근하였다. 이후 한영우는 고려말 이래 요동 수복운동이 지닌 의미로 민족적 염원과 상고사 인식의 확대라는 배경을 설명하였다. 그래서 이것이 요동 공략 운동과 관련이 있다고 주장하였다(『조선전기사학사연구』, 서울대학교출판부, 1981).

한편 동양사 연구자인 박원호는 국내 정치적 상황과 개혁의 필요성, 명의 요동 지역 진출에 대한 차단 등과 같은 다양한 역사적 요인을 지적하였다(『明初朝鮮關係史研究』, 일조각, 2002).

이에 반해 정두희는 정도전의 요동 정벌계획을 실제 실천하기 보다는 국내적인 사병 혁파의 명분을 얻기 위함이라고 주장하였다(『조선초기 정치지배세력연구』, 일조각, 1983).

한편 정치학자인 박홍규는 정치적 시각에서 요동 정벌을 살펴보려고 하였다. 그는 정두희의 의견에 동의하면서 국내 개혁을 위해 명과의 긴장관계를 이용한 일종의 전술이라고 하였던 것이다(「전술가 정도전 : '공요(功遼)'기도의 진상」, 『정치가 정도전의 재조명』, 삼봉정도전선생기념사업회, 경세원, 2004). 특히 그는 민족주의적 시각에서 벗어나야 한다고 보았다. 이것은 과거 요동 정벌을 민족의 염원과 같은 민족 발전의 문제와 거리를 두어야 한다는 뜻이다.

최근 정다함의 연구 역시 이와 비슷하게 민족주의적 시각에서 탈피하여 이 문제를 살펴보아야 한다는 부류이다(「朝鮮 太祖代 遼東 공격 시도에 대한 재해석 —여말선초 동아시아의 광역적 통치질서 재구성과 '경계인' 이성계—」, 『한국사연구』 178, 2017). 그는 원명 교체로 인하여 요동 지역에 공백이 발생하였다고 한다. 그 결과 명과 조선은 이 지역의 '광역적 통치질서의 재편'을 위해 고려말부터 요동 공격을 진행했으며, 이것이 명과 조선의 정치적 갈등의 원인이라는 것이다.

문제는 태조 이성계가 명으로부터 책봉을 받아야 한다는 현실에 있었다고 한다. 명의 군사적 압력에 의해 조선은 요동 정벌을 기획하게 되는데, 그 목표는 명의 이성계에 대한 책봉에 있었다. 즉 조선은 사대를 위해 명을 협상에 나서게 하려는 목표였다는 뜻이다.

또한 정치학계의 최근 연구는 정도전이 정책 결정론자로서 국가 이익을 추구하기 위한 현실적 방안을 모색했을 것을 전제로 하여 이루어졌다(김혜림·송재혁, 「14세기 후반 국제질서 전환기의 한반도와 요동: 태조시대의 '공요(攻遼)' 시도 전략에 대한 분석을 중심으로」, 『한국동양정치사상사연구』 23-1, 2024). 요동 정벌은 결국 명의 위협에 대한, 물리적·심리적 거리두

기 전략의 일환으로 추진한 정치적 아이디어라는 것이다. 따라서 요동 정벌의 의도는 조선 영토에의 영향을 최소화할 수 있는 완충지대로의 확보에 있다고 주장하였다.

이처럼 정도전의 화이론에 대한 연구 성과는 매우 적은 편이며, 직접적인 것도 아니다. 반면 그의 요동 정벌에 대한 연구는 지금까지 상당하게 축적되어 있으며, 논쟁의 대상이기도 하였다. 그에 대한 자세한 내용은 뒤에 다루기로 한다. 따라서 정도전의 화이론은 물론이고, 논쟁의 대상인 요동 정벌 역시 더 많은 연구가 필요하다고 할 수 있다.

3. 화이론이란 무엇인가?

정도전의 화이론을 이해하기 위해, 우리는 먼저 화이론에 대한 기본적 지식이 필요하다. 화이론이란 동아시아, 특히 중국을 중심으로 세상을 이해하는 논리이다. '중국'이란 말 자체가 세계의 중심 국가란 의미를 가지듯이, 중국은 방대한 영토와 인민을 확보하면서 동아시아의 중심 국가가 되었다.

이러한 중국인은 하늘 아래인 천하(天下)라는 생각으로 세계를 보았다. 하늘은 우주를 다스리는 존재인데, 그 실체가 없다. 따라서 천하를 다스리는 존재는 하늘의 아들인 천자라고 보았다. 천자는 '하늘의 명령[天命]'을 받아서 천하를 통치해야 한다. 그래서 하늘이 덕이 있는 사람 중에서 천자를 선택하도록 하였다.

그러나 천자가 덕을 잃게 되면 하늘의 뜻인 천의(天意, 실제로 백성의 뜻)에 따라, 다른 사람에게 천명이 옮겨 가도록 한다. 이것이 천명을 바꾼다는 '혁명(革命)'이다. 그래서 새 왕조를 세운 사람은 이전 왕조가 덕을 잃었다는 점을 강조하고, 자신이 새롭게 하늘의 명을 받았다는 천명사상을 내세운다.[3] 이 논리가 유교의 정치사상이다.

중국 왕조는 이 논리를 통해 황제가 천자의 역할을 맡아서 스스로 천조(天朝)라고 여겼다. 그리고 황제가 주변 국가의 국왕으로 인정한다는 '책봉'으로 자신의 신하가 된다고 보았다. 책봉을 받은 주변국은 중국 왕조에 사신을 보내어 '조공'을 하게 된다. 이러한 세계질서는 중국 중심의 세계관에 기초하며, 주변국과 상하 관계를 통해 평화적 외교 관계를 맺는다는 것이다.

이때 중국은 '중화', 주변의 여러 나라는 '이적'이 된다. 그런데 단순히 중화라는 것이 중심 국가라는 뜻만이 아니고 문화적인 우월함까지 가지게 되었다. 다시 말해서 중화는 문명을 기진 국가, 주변 나라는 문명화가 되지 않아서 야만적인 국가였다. 당연히 문명이 닿지 않는 곳은 야만적이기 때문에 짐승과 비슷하게 여겨졌다. 천자의 나라인 중국은 하늘을 대신해서 자신의 지역만이 아니라, 야만 지역까지 문명을 전해주고 그들을 다스려야 한다는 논리가 만들어진다. 또한 '천하일가(天下一家; 하늘 아래는 한 집안)'라는 논리는 중화와 오랑캐, 즉 이(夷)가 한 집안이라고 주장한다.

그러면 중화와 이적(夷狄, 오랑캐)는 어떻게 구별을 해야 했을까? 구별

---

3) 단조 히로시 지음·권용철 옮김, 『천하와 천조의 중국사—하늘 아래 세상, 하늘이 내린 왕조』, AK, 2023, 18~19쪽. 이하 천하관과 화이론의 이론적 배경은 이 책에 근거하였다. 따로 각주를 부기하지 않는다.

의 기준은 첫째 민족의 차이(한족과 아닌 경우), 둘째 지역의 차이(중심 지역과 아닌 곳), 셋째 문화의 차이(예절과 의리가 있는가)에 두었다. 첫 번째 기준인 민족은 문화, 습속, 언어의 차이로 구분할 수 있다.[4] 다시 말해서 핏줄이나 인간의 생김새만으로 민족을 구분하는 것이 불가능하다는 뜻이다.

여기에는 중국의 영역이 넓다는 점만이 아니라, 끊임없이 주변 인종과의 교류와 뒤섞임이 있음을 반영하고 있다. 물론 종족적 차이는 분명히 존재하였다. 다만 중국의 역사적 전개에 따라 이 기준이 확장되거나 변화했을 것이다.

민족의 기준은 지역 차이와 관계가 있다. 중원 지역은 중심에 위치해 있어 중화였다면, 주변 지역은 이민족인 이가 사는 곳이다. 그런데 중국의 영역이 확장되면서, 중화로 생각하는 종족과 지역이 넓어졌다. 이민족은 항상 중심 지역과 민족에 포함되지 않는 주변에 위치한다는 상대성을 지니게 된다. 즉 중화는 항상 천하의 중심에 있으며, 이는 그 주변에 존재한다는 의미가 된다.

한편 세 번째 기준이 문화의 차이다. 이것은 유교의 '예, 의' 상대방을 대하는 예절과 옳고 그름을 아는 의리를 중화 문화의 핵심으로 이해하는 논리이다. '예, 의'를 익히면 중화가 될 수 있다는 것인데, 즉 중화의 천자가 덕을 통해 오랑캐(이)를 교화하면 중화가 될 수 있다는 말이다.

이 논리는 현실에서 중화사상이 지닌 팽창주의적 성격을 대변한다.[5]

---

4) 단조 히로시, 앞의 책, 75쪽.
5) 단조 히로시, 앞의 책, 78쪽.

유명한 유학자 한유(韓愈, 768~824)는 「원도(原道)」에서 중화와 오랑캐를 구분하는 기준을 예법에 두었다. 그의 주장은 이후 주변 이민족이 중국 중심 지역에 들어와 중화를 통치할 때, 이용될 수 있었다. 말하자면 중화의 기준이 민족과 지역뿐이라면 중심을 차지한 이민족의 통치가 정당화될 수 없다.

중국은 4세기 이후 화북 지역에 5개의 오랑캐 족속이 정권을 수립하면서, 이른바 남북조 시대가 열렸다. 따라서 중화 관념은 민족과 지역에 따른 기준만으로 지속하기 어려워졌다. 즉 문화적인 '예의'가 구별하는 중요한 기준이 되었다. 그래서 흉노족의 유연은,

> 제왕이라고 하는 것은 정해진 것이 아니다. 우(禹)는 서융(西戎) 출신이고, 문왕은 동이(東夷)에서 태어났다. 결국 덕의 문제이다(『진서』 유원해재기).

라고 하여, 통치자의 덕이 있는 여부가 중요한 기준이라고 하였다. 유연의 주장은 유교에서 성인으로 생각하는 우나 문왕 같은 인물도 오랑캐 출신이라는 것이다. 그 결과 한족이 아니어도 성인 군주가 될 수 있으며, 그 기준은 통치자로서의 덕 여부에 있었다.

물론 국왕이 덕성을 지닌 존재라고 해도, 그의 통치를 받는 민족이 곧 중화라고 할 수 없다. 덕이 있는 국왕의 통치와 중화 민족은 별개의 문제이기 때문이다.

따라서 이민족 통치를 합리화는 다른 논리가 필요하였다. 이를 위해 '정통성'을 문제 삼았다. 하늘의 명령(천명)을 받은 황제가 중국 지역을 통치하고, 황제 아래의 이민족은 유교적 예의와 문명을 갖추면 된다는

논리이다. 결국 왕조의 정통성은 중원 지역의 점령과 함께, 전대 왕조를 계승했다는 역사 논리로 보완될 수 있다.

이 경우 정통성은 두 가지로 표현된다. 첫째는 현실론적 정통성이다. 즉 중국 지역의 통치 왕조가 정통성을 지니며 '중화'라는 입장이다. 이 입장은 민족이란 기준을 무시하고, 이민족 통치를 정당화하는 논리이다.

둘째는 윤리적 정통성에 바탕을 두면서, 유교에 기반한 문명이나 예의가 실현된 왕조 여부를 따지는 것이다. 이는 유교적 정통성의 적용 여부에 입각한 논리이다. 정통성 논리는 역시 화이론에서 중화와 이적을 구분하는 역할을 한다.

이러한 화이론은 중국과 그 주변 세계를 이해하는 논리의 바탕이며, 주변 국가의 통치자와 지식인에게도 받아들여졌다. 화이론은 중국의 세계질서를 뒷받침하는 강력한 이념이며, 실제로 주변국과 상하 관계를 설명하는 논리였다.

반면 주변국은 중국과 조공·책봉 관계를 형성하면, 국내적인 정통성과 권위를 확보할 수 있다. 나아가 주변국은 국제적 평화와 함께, 교역을 통한 경제적 이익까지 얻었다. 이로 인해 화이론은 근대 세계가 열리기 전까지 불평등한 관계의 논리였지만 동아시아에서 계속될 수 있었다.

4. 고려시대 화이론의 전개와 변화

고려왕조는 대외적으로 중국과 만주, 일본 등과 교류하였다. 그 결과 고려왕조는 대륙의 정세 변화에 따라 외교와 교류 방식의 변화를 꾀해야 했다. 이 변화는 고려정부의 대외 인식과 화이론의 변화를 가져왔다. 특히 고려왕조가 몽골에 복속한 이후, 대외 인식과 화이론은 이전과 확연하게 달라졌다. 몽골에 대한 복속 이후[6] 고려왕조는 실질적인 제후국의 위상을 가졌기 때문이다. 따라서 먼저 원 복속기 이전의 화이론에 대한 이해가 필요하다. 우리는 이를 통해 원복속기 이전과 이후의 화이론의 차이를 이해할 수 있을 것이다.

1) 원 복속기 이전의 화이론

고려의 대외 관계에서 가장 중요한 국가는 말할 것도 없이 대륙의 왕조들이었다. 고려왕조 성립 시기에 대륙의 정세는 5대 10국의 여러 나라가 흥망을 거듭하였다. 이후 대륙은 송(宋, 960년)에 의해 통일되었으

---

[6] 고려왕조는 몽골과 40년 가까운 전쟁을 한 이후, 몽골에 복속하였다. 이후 고려는 몽골의 속국으로 취급되면서 일종의 제후국 체제로의 변모를 겪어야 했다. 기존 연구는 이 시기를 구별하는 몇 가지 용어를 사용하고 있다. 첫째는 원간섭기라는 용어이다. 이 용어는 원(몽골)의 지배 방식이 과거 일본 학자들이 이해했던 것처럼 일방적이고 종속적 지배가 아니라는 인식에서 출발한다. 과거 일본 학자는 한국의 타율성과 원의 지배를 강조하였다. 원간섭기는 이에 대한 인식을 반성하고, 원의 고려지배가 전체 사회에 전면적으로 관철된 것이 아니라는 시각에서 나온 용어이다. 즉 원의 지배는 고려왕조에 대한 국왕 임명의 실질적 권한과 정치적 문제에 주로 국한했다는 것이다(한국역사연구회 14세기 고려사회 성격 연구반, 『14세기 고려의 정치와 사회』, 민음사, 1994). 이 용어는 1990년대 이후 점차 학계뿐만 아니라 한국사 교과서에도 채택되었다. 하지만 최근 학계에서는 이와 달리 이 시기를 '원 복속기'(최종석 등), '몽골 복속기(이명미 등)'으로 규정하려는 노력이 나타나고 있다. 이 글에서는 최종석의 용어를 채택하여 사용하려 한다.

며, 고려와는 조공과 책봉 관계가 성립하였다.

그러나 고려는 송 이외에 다른 만주 지역의 왕조와 상대하여야 하였다. 그것은 거란(요)과 여진(금)이었다. 고려는 이 왕조들과 때로는 적대적이고 대규모 전쟁을 하였거나, 평화적 외교 관계를 만들어갔다. 고려는 그 과정에서 두 왕조와 조공 책봉관계를 맺기도 하였다.

고려는 송 이외에도 요, 금과 일종의 조공 관계를 가졌다. 하지만 고려는 대내적으로 황제국 제도를 혼용하였다. 예컨대 군주를 부르는 이름은 '폐하'였으며, 『고려사』 악지에 실린 풍입송(風入松)에서는 '해동천자', '황제'라고 불렀다.

이처럼 혼용한 것은 고려왕조가 지닌 다원적인 천하관(天下觀), 즉 세계를 보는 인식으로 가능하였다. 다원적 천하관은 천하의 중심이 하나가 아닌 여러 개의 작은 천하가 같이 존재한다는 세계관이다. 즉 중국의 송만이 천자국이 아니라 거란, 고려 등도 작은 천하를 지닌다는 생각이다.[7] 이와 같은 다원적 성격은 세계관뿐만이 아니라 역사계승의식이나 왕조 자신의 인식에도 적용되었다.[8]

요컨대 세상은 여러 왕조가 각각의 작은 세계를 갖기에, 중심인 하나의 왕조가 없다는 뜻이다. 고려는 중국 왕조와 조공 책봉 관계를 맺고 있기에 대외적으로는 제후의 나라이지만, 이는 어디까지나 대외적 위상에만 국한한다는 의미다. 그 결과 중국과는 외교라는 공간에서만 군주와 신하의 의례를 적용하는 관계일 뿐이다.[9]

---

7) 노명호, 『고려국가와 집단의식-자위공동체·삼국유민·삼한일통·해동천자의 천하』, 서울대출판문화원, 2009, 141쪽.
8) 최봉준, 『고려시대 다원적 사상지형과 역사인식』, 소명출판, 2023.

고려왕조는 중국 문명을 중화라고 인식하고 이를 배울 수 있지만, 스스로 자신을 오랑캐(夷)로 생각하지 않았다. 원래 중국은 군주와 신하 사이의 의례를 통해 천자를 정점으로 한 의례적 세계와 국제질서를 만들려 하였다.[10] 고려의 성종은 이에 부응하여 유교적 통치를 지향하면서 황제국 제도 중 일부를 제후국의 형태로 바꾸거나, 중국 문명을 기준으로 이를 국내에 수용하려고 노력하였다.[11]

그럼에도 일부 지식인은 고려의 문화 전통을 지켜야 한다는 주장, 즉 '풍토(風土)'와 '인정(人情)'의 차이를 인정해야 한다는 논리를 내세웠다. 나아가 고려의 지식인은 송과 비슷한 수준의 문명을 지녔다는 작은 중화[소중화] 의식 역시 존재하였다.

이처럼 원 복속기 이전 고려의 화이론은 지식 사회에서 다양했으며, 스스로 중화와 대비되는 이(夷)로서 분명하게 인식하지 않았다. 따라서 화이론이 체계적으로 나타나거나, 중국을 중화로 칭송하고 이를 모범으로 삼자는 의식이 크게 드러나지 않았다. 나아가 고려왕조가 제후국 체제로 운영되어야 한다는 의식이 뚜렷하지 않았다.

2) 원 복속기 화이론의 변화

고려는 몽골과 오랜 전쟁을 끝내면서 복속하였다. 몽골 정복지의 다

---

9) 최종석, 「베트남 外王內帝 체제와의 비교를 통해 본 고려 전기 이중 체제의 양상」, 『진단학보』 125, 2015.
10) 최종석, 「고려후기 '자신을 夷로 간주하는 화이의식'의 탄생과 내향화」, 『민족문화연구』 74, 2017, 169쪽.
11) 이 경우에 흔히 和風과 國風의 대립으로 이해하기도 한다. 전자는 중국의 문명을 기준으로 삼아 이를 도입하여 고려의 문명 수준을 끌어올린다는 목표가 있었다. 국풍의 경우는 고려의 전통문화의 존속과 필요를 주장하는 입장이다.

른 왕조가 멸망했던 것과 다르게, 고려는 왕조 자체를 유지하면서 제후국으로 편입하였다. 이전 고려의 국왕이 형식적 제후로 자신의 영토와 신민을 보유했다면, 원 복속기 이후에는 정동행성승상, 부마, 제후의 위상으로 바뀐 것이다.[12]

고려왕조는 과거의 황제국 제도를 제후국의 위상에 맞게 바꾸어야 했다. 그 결과 관청의 이름과 여러 의례적 용어를 전환해야 하였다.[13] 예컨대 1276년(충렬왕 2) 원 왕조는 '선지(宣旨)', '짐(朕)', '사(赦)', '주(奏)' 등의 용어가 제후국으로 적절치 않다고 지적하였다. 고려는 결국 '선지'를 '왕지(王旨)', '짐'을 '고(孤)', '사'를 '유(宥)', '주'를 '정(呈)'으로 바꾸었다. 이 변경은 과거 황제국의 관례적 용어를 제후국에 맞추어 변경한 것이다.

이처럼 제후국 체제로의 변모는 몽골의 속국으로서의 위상, 즉 고려의 군주보다 몽골 카안의 최고 통치권자로의 위상을 분명히 하려는 것이다. 요컨대 이 조치는 유교 문화권 내에서 황제와 신하인 제후라는 권력 구조를 현실화하려는 시도였다.[14]

이후 고려의 지식인과 관료는 제후국으로 인식하면서 고려왕조의 위상을 합리화하려 했다. 이 일은 두 가지 방향으로 진행된다. 하나는 원 왕조에 대한 인식의 변화이고, 다른 하나는 고려왕조가 원왕조의 국제질서에서 어떤 위상을 지니며, 이를 합리화할 수 있을 것인가에 대한 것

---

12) 고려 국왕의 위상 변화는 이명미, 『13~14세기 고려·몽골관계연구 ; 정동행성승상 부마 고려국왕, 그 복합적 위상에 대한 탐구』, 혜안, 2016 참조.
13) 제도의 변화에 대해서는 이익주, 「고려·원관계의 구조와 고려후기 정치체제」, 서울대 박사학위논문, 1996을 참조할 것.
14) 최종석, 앞의 논문, 2015, 182쪽.

이다.

　원래 고려는 몽골과의 전쟁을 통해 몽골인의 잔혹성과 그들에 대한 불신이 있었다. 이규보는 동진(東眞)에 보낸 편지에서, 몽골이란 나라가 시기심이 심하고 화친을 했다고 해서 믿을 수 없다고 언급하였다.[15]

　그러나 고려가 몽골(원)에 복속한 이후 이러한 인식을 지속할 수 없었다. 더구나 원 왕조의 성립과 부마국이 되었기에, 고려 지식인은 인식의 전환이 필요하였다. 이 전환이 바로 원을 역사에서 정통성 있는 왕조, 문명의 중심인 중화로 보고, 고려를 이(夷)이면서 '소중화'로 보는 것이다.

　나아가 쿠빌라이의 부마, 즉 사위의 나라가 되었다는 점은 원 황실과 고려의 왕실이 혈연 관계로 엮이게 되었음을 의미한다. 원왕조를 부정하거나 비하하는 것은 곧바로 고려 왕실을 격하시키는 일이 되었다.

　이 전환은 역사 인식에서부터 이루어졌다. 일연의 『삼국유사』와 이승휴의 『제왕운기』는 이를 대표하는 역사서이다. 두 역사서가 모두 '조선'의 단군을 기원으로 내세웠다. 『삼국유사』는 단군의 국가 창건 시점을 중국의 전설적 군주 요(堯)와 같은 시대라고 하여, 중국과 비교하였다.

　『제왕운기』는 처음으로 중국사와 한국사를 분리하여 서술하였다. 중국사의 경우에는 정통의 계승을 중시하면서 원왕조를 여기에 포함시켰다. 아울러 한국사는 '동국(東國)'이라는 인식을 통해 중국과 대비하였다.[16]

　이는 한국사 단독의 서술이 아니라, 중국과 대비를 통해 우리 왕조의 역사를 부각시킨다는 뜻이다. 이러한 역사서술은 과거 『삼국사기』나 이

---

15) 『고려사』 권23, 세가23, 고종 19년 12월.
16) 이승휴에 대한 연구는 강원전통문화연구소 편, 『이승휴의 사상과 역사의식』, 동안이승휴사상선양회, 2013으로 묶여 있다.

규보의 「동명왕편」(고구려의 시조 주몽 건국의 역사) 등에서 보이지 않는다. 즉 자국의 역사만을 다루었는데, 『제왕운기』는 중국사와의 대비를 분명히 의식하였다. 이 책의 역사 인식은 같은 조상의 후손이라는 민족의식의 발로라고 보기도 한다.[17]

나아가 이런 의식은 자기 왕조의 정체성을 찾기 위한 고민에서 나온 것이다. 즉 몽골과의 대립, 항쟁으로 인한 복속 이후 고려왕조의 위상을 정하는 일이기도 하였다. 따라서 화이론은 원 복속 이후에 이전보다 발전하게 되었다. 그 결과 화이론은 원을 중국의 정통왕조이면서 문명의 중심이라고 보는 식으로 나아갔다.

한편 원 복속 이후 원과 고려는 많은 인적 물적 교류가 이루어졌다. 이 교류는 처음 원의 경제적 수탈로 이루어졌지만, 시간이 지남에 따라 국왕, 관료, 승려, 상인 등의 인적 교류와 상업 발전으로 이어졌다. 원은 대외 무역을 중시하고 외국에 대해 개방적 태도를 지녔다.[18] 그에 따라 고려인 역시 원에 진출하거나, 원의 공주를 따라서 온 몽골인이나 회회(回回)인, 남송인 등이 고려에 자리를 잡았다. 이처럼 많은 인적 교류가 있었다.[19] 이 교류는 고려인에게 원왕조를 문명의 중심지로 인식시키는 것에 도움을 주었다.

또한 원은 칸(황제)의 계승을 두고 정치적 분쟁이 이어졌지만, 경제적으로는 번성하였다. 이제현(李齊賢)은

---

17) 하현강, 「고려시대의 역사계승의식」, 『한국의 역사인식(상)』, 창작과비평사, 1976, 207쪽.
18) 원과 고려의 교역에 대해서는 이강한, 『고려와 원제국의 교역의 역사』, 창비, 2013.
19) 이바른, 『고려시대 외국인 이주 연구』, 고려대 민족문화연구원, 2022.

> 국가에서 원나라를 섬기고 나서 중외(中外)가 걱정이 없고 여염이 즐비하며 행인의 왕래가 끊이지 않았다. 백성은 날로 윤택하고 부유해지며 들판은 날로 개간되어, 염분이 많은 땅은 논을 만들고 황무지는 화전으로 경작하니, 그 어찌 백성이 많게 된 것이 아니랴(『익재난고』 권9, 하, 책문).

라고 하였다. 이 글은 고려의 과거 시험 문제라는 점을 감안하더라도, 당시 지식인의 원에 대한 인식을 대변한다. 그는 고려가 원에 의존하여 경제가 발전하여 부유해졌다고 보았다.

또한 김구(金坵)는 제왕이 국가를 만들 때 중국의 삼대(하, 은, 주)와 한(漢) 이후를 분리해서 보았다. 그는 삼대가 유교적 이상 시대이지만, 이후로는 현실적 조건(영역)을 중시하였다. 그 결과 김구는 원이 역사상 가장 방대한 영역을 지닌 중심국이라고 인식하였다.[20] 이런 인식은 고려의 김구만이 아니라 명나라 초기 학자들도 동일하였다. 그들은 원이 이전 왕조와 비교해 광대한 천하를 가졌으며, 넓은 의미의 천하일가를 실현하였다고 보았다.[21] 이런 인식은 고려의 경우에 형세(形勢) 즉 현실적인 영역 지배를 중요하게 생각하는 형세론적 화이론의 기초가 되었다.

나아가 원 세조(쿠빌라이) 이후 원 정부는 중국 학자나 지식인을 관료로 등용하고, 주자학에 기반한 과거 시험을 실시하였다. 고려의 지식인은 과거 시험을 치루면서 원왕조를 몽골의 정복과 힘만으로 이루어진 국가라기보다 문화나 문명의 중심지로 여기게 되었다.

---

20) 김인호, 「원의 고려인식과 고려인의 대응」, 『한국사상사학』 21, 2003, 142쪽.
21) 단조 히로시, 앞 책, 2023, 276쪽.

그 결과 이제현이 지적하였듯이, 원은 천하가 같은 문자를 사용하고 성리학을 알 수 있도록[22] 교화한 중화 문명을 지닌 왕조라고 보았다. 원 왕조의 세계질서는 같은 문자를 사용하는 이른바 '천하동문(天下同文)'에 따라 중화 문명을 공유토록 하였다고 생각한다.

원이 중화문명의 중심이라고 보면, 고려는 이(夷)가 되어야 했다. 예를 들어 최해는

> 말은 입에서 나와 그 글을 이룬다. 화인(華人 ; 중국인)의 학문은 본래 가지고 있는 것을 통해 나아가기에 정신을 많이 쓰지 않고도 세상에 뛰어난 인재가 쉽게 나올 수 있다. 우리 동인(東人 ; 고려인)은 언어에 이미 화와 이의 구별이 있어서, 타고난 자질이 총명한데에다 백배천배의 노력을 다하여도 그 학문에 어찌 성공이 있겠는가.(「동인지문서」『졸고천백』 권2)

라고 하였다. 그 의미는 현재 중국의 학문을 고려가 따라가기에는 쉽지 않다는 것인데, 그 원인이 언어적 차이에 있다는 뜻이다. 이처럼 최해는 중화와 이적을 분명하게 구분하는 화이론적 인식을 지니고 있다. 나아가 그는 고려인이 노력해도 언어적 차이로 인해 학문적 성공을 이루기 어렵다고 보았다.

주자학 수용과 관련해 기존 학계에서는 원의 과거 시험 응시가 많이 지적되었다. 원은 과거 시험을 1315년에 처음 실하였고, 이후 3년마다 시험이 계속되었다. 원은 과거 시험에 이른바 4서(「논어」, 「맹자」, 「중용」,

---

22) 『익재난고』 권하, 책문.

『대학』를 넣었으며, 주자의 장구(章句) 집주(集註 ; 주자의 해석)를 사용하였다.

고려의 지식인이 원의 과거 시험에 응시하였기에 주자학에 대한 이해가 필요하였다.[23] 이들은 주자에 기초하여 세계질서를 이해하였을 것이고, 그에 따라 원은 중화, 고려를 이적으로 인식하였다.

그러나 고려의 지식인은 고려가 '이적' 즉 문명에서 멀어진 단순한 주변 국가라고만 보지 않았다. 고려의 위상은 원에 복속한 다른 지역과 다르다고 보았다. 이 인식은 고려왕조가 원을 중화로 보고, 주변 지역보다 앞서서 천자의 덕(德)을 사모해 귀화하였다는 논리로 이어진다.[24] 따라서 원은 특별하게 고려왕조를 사위의 나라로 대우하였다는 것이다.

이 논리는 과거 고려왕조가 몽골과 처음 만나게 된 강동성(江東城) 연합 작전을 중시하는 역사 인식으로 이어진다. 즉 몽골은 중국 지역 중 처음 금 정벌에 착수하자, 금 영토 내의 많은 반란이 일어났다. 이 중 거란족이 몽골군에게 쫓기면서 고려 영토 내의 평양성 동쪽의 강동성으로 들어왔다(1215년). 당시 고려군은 몽골과 연합하여 강동성을 함락시키고, 형제 맹약을 맺었다. 이와 같은 몽골과 고려의 첫 만남이 고려가 특별한 우호성을 지닌 왕조라는 사실로 선전되었다. 그리고 이 우호성은 이후 원 세조가 부마국으로 삼게 한 역사적 이유 중의 하나가 되었다는 것이다.

---

23) 고려후기 고려의 원 과거 시험 합격자는 총 15명이다. 이에 대한 분석은 고혜령, 『고려후기 사대부와 성리학 수용』, 일조각, 2001을 참조할 것.
24) 최종석, 앞의 논문, 2015, 190쪽. 단 이 논문에서는 성리학 수용과 '자신을 夷로 간주하는 화의의식'이 성리학의 독점물이 아니었다고 보았다. 그럼에도 성리학자들이 이와 동일한 의식을 가졌을 것이라는 점에서는 마찬가지일 것이다.

이러한 화이론은 1356년(공민왕 5) 원에 반대하는 개혁이 등장하고, 이후 원의 위상이 흔들리면서 변화하지 않을 수 없다. 이에 대해 정도전의 중국 인식과 화이론을 다루면서 살펴보도록 한다.

5. 정도전의 중국인식과 화이론

정도전은 과연 중국을 어떻게 인식했을까? 이 문제는 중국 왕조에 대한 것이기 때문에, 여기서는 주로 원과 명 왕조에 대한 인식을 볼 예정이다. 특히 정도전이 살았던 시기는 원·명 왕조의 교체기라는 점에서 유의할 필요가 있다.

우선 정도전의 중국 인식을 알아보기 위한 전제가 있다. 정도전은 자신의 삶과 경험에서 중국에 대한 인식을 어떻게 형성하게 되었을까? 그는 3차례 중국을 방문하였기에, 그에 대한 인식은 당시의 경험, 중국 고전과 주변 정보 등으로 형성되었을 것이다.

당대 유학자 가운데 중국을 경험했던 인물은 많았다. 예컨대 정도전의 앞 세대인 이색(李穡)은 아버지 이곡(李穀)과 함께 원 과거 시험에 합격했으며, 이를 위해 원에 유학을 갔다. 이 과정에서 그는 중국어 공부와 경험을 통해 원을 인식했을 것이다.

이색은 주자학을 수용했지만 종족을 기준으로 한 화이론이 아니라, 형세와 문화를 중화와 이적의 기준으로 삼았다.[25] 앞서 언급했듯이 기

---
25) 도현철, 『고려말 사대부의 정치사상연구』, 일조각, 1999, 107쪽.

존 연구는 대부분 고려말 화이론의 세 가지 기준(민족, 지역, 문화)보다 두 가지 기준(종족과 형세, 문화)을 주로 활용하였다.[26] 그리고 원 복속기 성리학자는 대부분 원을 중화라고 인식하였다.[27]

이 점은 이색에게도 마찬가지인데, 그는 형세·문화론적 관점에서 원을 중화라고 보았다. 즉 원을 천자국이며 문명국으로 인정하였다. 나아가 이색은 형세·문화론적 관점을 지녔기 때문에 명이 원을 몰아내고 중국 중원의 지배자가 되자, 역시 중화라고 보았다.[28]

이색의 화이관을 주목한 이유는 정도전과 비교하기 위해서이다. 나아가 정도전과 가까운 관계였던 정몽주의 화이관도 살펴보아야 할 필요가 있다.

정몽주도 중국을 방문한 경험이 있다. 그는 1372년(공민왕 21) 홍사범의 서장관으로 남경에 갔는데, 명이 촉을 평정한 것을 축하하기 위함이다. 당시 명 왕조는 원과 군사적 대치 상태였는데, 고려는 공민왕에 의해 친명(親明) 외교를 지향하였다.[29]

정몽주는 공민왕의 외교 정책을 수행하기 위해 명에 사신으로 파견되었다. 또한 정몽주는 젊은 시절부터 종사관 등으로 여진 정벌에 참여했었다. 이런 경험 속에서 그는 명을 문명의 중심국으로 인정하는 형

---

26) 이 기준에 대해, 朴志焄, 「宋代 華夷論 硏究」, 이화여대 박사학위논문, 1990.
27) 채웅석, 「원간섭기 성리학들의 화이관과 국가관」 『역사와 현실』 49, 2003.
28) 도현철, 『목은 이색의 정치사상 연구』, 혜안, 2011, 293쪽. 고려가 명과 조공 책봉 관계를 수립할 당시 고려 내부의 반원·친명 의지가 작용하였고, 이색은 외교문서 작성을 맡으면서 원·명 교체를 인정했을 것으로 보기도 한다(이익주, 『이색의 삶과 생각』, 일조각, 2013, 140~141쪽).
29) 이왕무, 「元明 교체기 포은 정몽주의 華夷觀과 領域 인식」 『포은 정몽주 ; 포은 정몽주의 학문과 세계관』, 한국문화사, 2014, 115쪽.

세·문화론적 화이론에 입각하고 있었다.[30] 이처럼 이색과 정몽주 등의 신진 사대부는 대부분 형세·문화론적 입장의 화이론을 지니고 있었다. 즉 이들은 원보다 새롭게 중원 지역을 차지한 명 왕조를 중화라고 인정하고, 고려가 중화를 문화적으로 지향하여 '소중화'로 전환하여야 한다는 입장이다.

정도전 역시 이들과 비슷한 입장이었을까? 정도전이 이색, 정몽주 등과 같이 성리학을 익힌 유학자이기 때문에, 기본적인 입장이 비슷했을 것으로 보아야 한다. 그런데 우리가 이를 이해하기 위한 역사적 사실이 있다. 즉 우왕 즉위 이후, 고려 정부는 공민왕과 다르게 명과 북원(北元)을 모두 사대의 대상으로 인정하려고 하였다. 그에 따라 공민왕대의 친명 외교와 다른 외교 노선의 변화가 생겼다.[31]

고려 정부는 북원에게도 우왕 책봉을 요청하였으며, 북원은 고려에 사신을 파견하였다. 정도전 등의 신진 사대부는 사신을 맞이하는 일에 반대하였다. 당시 김구용, 이숭인, 정도전, 권근 등이 원 사신을 맞이하면 '난적(亂賊)'이 될 것이며, 선대 공민왕의 뜻을 어기는 일이라는 상소를 정부에 올렸던 것이다.[32]

특히 정도전은 경복흥·이인임이 상소를 받지 않고 정도전에게 원 사신을 맞이하라는 명령에 대해, "내가 마땅히 사신의 목을 베어 가지고 올 것이고, 그렇지 않으면 명나라에 묶어 보내겠다."라고 하면서, 왕태

---

30) 도현철, 앞 책, 1999, 110쪽 ; 이왕무, 「元明 교체기 포은 정몽주의 華夷觀과 領域 인식」, 앞 책, 2014 ; 김성환, 「정몽주의 화이론적 역사관-자국사를 중심으로-」「포은 정몽주 ; 포은 정몽주의 학문과 세계관」, 한국문화사, 2014.
31) 김순자, 앞 책, 2007, 82쪽. 이하 명과의 관계는 이 책에 의거하였다.
32) 「고려사절요」 권30, 신우 원년 5월.

후에게도 그 뜻을 전하였다.[33] 이로 인해 정도전은 전라도 회진(會津)으로 귀양을 가게 되었다. 이 사건은 정도전의 친명 위주의 대외관을 짐작케 해준다.

그럼에도 우리는 정도전의 원 왕조에 대한 인식도 살펴보아야 한다. 정도전의 원에 대한 인식을 잘 보여주는 자료는 「경제문감(經濟文鑑)」과 「경제문감별집(經濟文鑑別集)」이다. 「경제문감」은 1395년(태조 4) 6월에 만든 책으로, 『조선경국전(朝鮮經國典)』을 보완하는 책이다. 즉 『조선경국전』이 통치이념과 통치조직의 종합적인 체계와 얼개를 보여주는 책이라면, 『경제문감』은 『조선경국전』의 핵심인 치전(治典)을 보완하는 것이다. 또한 이 책은 조선 태종 아래에서 크게 활약한 권근(權近)이 교정 및 주해를 하고, 정총(鄭摠)이 그 서문을 썼다.[34]

정도전은 『경제문감』에서 원의 제도를 언급하였다. 예를 들어 재상 제도에 관해 송(宋)에 대해 자세히 설명한 후에 원의 경우에는,

> 좌우 승상(左右丞相)을 두었는데, 지위가 상서령(尙書令)의 아래요, 평장 정사(平章政事)의 위였다. 무릇 나라 안팎의 크고 작은 일을 합하여 시행하고, 아울러 중서성(中書省)에서 구처(區處)한 일을 주문(奏聞)하여 들어서 잘못된 것을 논죄하였다(『경제문감 상』,『삼봉집』 권9).

라고 언급하였다. 말하자면 원 승상 제도의 특징을 설명한 것이다. 나아

---

33) 『고려사절요』 권30, 신우 원년 5월.
34) 한영우, 『개정판 정도전사상의 연구』, 서울대학교출판부, 1987, 42~43쪽.

가 그는 원에 이어 고려와 조선의 제도를 서술하였다. 정도전은 중국과 함께 고려, 조선을 비교한 것이다. 즉 그는 각종 정부 제도의 연원과 왕조별 특징과 전개, 그리고 고려와 조선의 특성을 비교하여 설명한 셈이다.

이와 같은 방식은 당연히 조선왕조의 제도 수립과 운영에 도움을 받기 위한 목적과 연관되어 있지만, 중국을 '중화'로 전제하고 고려, 조선 왕조를 그에 따른 '소중화'로 보려는 인식에서 비롯한 것이다. 이것은 결국 명 왕조를 사대와 보편적 문명으로 인식하고, 조선을 그에 상응하는 존재로 보려는 인식이다.

한편 원에 대한 인식은 「경제문감 별집」에서 보다 분명하게 드러난다. 「경제문감 별집」은 '군도(君道 ; 임금이 가야 할 길)'을 다룬 것으로, 중국의 경우에는 요(堯)·순(舜)부터 원의 황제까지 다루었다. 이어서 고려 왕조의 국왕을 평가하였다.

원 태조(칭기스칸)에 대해서는 업적과 인간 평가 등을 주로 서술하였다. 이를 구체적으로 보면,

> 제(帝)는 즉위하자 공덕(功德)이 날로 융성하여져 제부(諸部)가 모두 의리를 사모하며 항복하여 왔다. 재차 서하(西夏)를 정벌하고 스스로 군사를 거느리고 남으로 치되 군사를 세 길로 나누어 일제히 진격하여, 우군(右軍)은 태항산(太行山)을 따라 남하하고 좌군(左軍)은 바다를 따라 동으로 가고, 제는 스스로 중군(中軍)을 거느리고 연남(燕南)·산동(山東)·하북(河北)의 50여 군(郡)을 차지했다. 목화려(木華黎) 등에게 명하여 금(金)나라의 항복받지 못한 주성(州城)을 차지하도록 하고, 드디어 서역(西域)을 직접 정벌하였다. 제는 몹시 침착하고 큰 지략(知略)이 있어 군사를 지휘함이 귀신같

았다. 그러므로 40여 나라를 멸하고 드디어 서하(西夏)와 서역(西域)을 평정할 수 있었다(『경제문감 별집 하』『삼봉집』 권12).

정도전은 칭기스칸이 즉위한 후에 각 부족이 의리에 따라 항복하였으며, 이후 여러 지역을 정복하였는데, 그 원인을 칭기스칸의 인격과 지략에서 찾았다. 정도전은 원에 대해서도 편견 없이 원 태조의 업적과 인격을 칭찬하였다. 요컨대 그는 몽골족에 대한 편견 내지 이적(夷狄)으로서의 인식이 없었다.

이 점은 원 왕조의 정통성과 중화로서의 존재를 인정한 셈이다. 특히 그는 원 태조에 대해서도 '제(帝)'라고 표현하여 앞서 서술한 송 왕조와 동일하게 대우하였다.

또한 정도전은 원 세조(쿠빌라이)에 대한 서술에서 원을 중화로 보는 인식을 분명하게 하였다. 그는 세조에 대해,

> 인자하고 밝으며 영특하고 지혜로웠는데, 태후(太后)를 지극한 효성으로 섬기고 더욱 아랫사람을 돌보기를 잘하였다. 도량이 크고 넓어 사람을 알아보고 신임하여 부리기를 잘하되, 유술(儒術 유학)의 선비를 믿고 쓰며 백성들의 힘을 아끼고 길러, 매번 재상(災傷 ; 자연 재해 등)을 만나게 되면 조세(租稅)를 면제해 주고 굶주린 사람을 구제하면서도 오직 제대로 미치지 못할까 염려했다.
> 이렇게 하여 중화의 문화로 오랑캐 풍속을 개혁하여 천하를 합쳐 하나로 하고 강령을 세워 조목을 마련하였으니, 일대(一代)의 제도를 만든 것이 규모가 크고 원대했던 것이다(『경제문감 별집 하』『삼봉집』 권12).

이처럼 정도전은 원 세조에 대해 높게 평가하였다. 그는 세조의 인격과 자질이 훌륭하며, 사람을 등용하는 일과 함께 유학자에 대한 대우, 백성을 위한 정책 등을 지적하였다. 물론 가장 주목할 부분은 '중화의 문화로 오랑캐 풍속을 개혁'했다는 대목이다. 이 대목은 원 왕조가 중화의 나라라는 의미이고, 천하를 하나로 통일해서 주변국을 문명화하였다는 뜻이다.

결국 정도전은 원에 대해 중화로 인정하고 그 정통성을 인정하였다. 그는 「경제문감」에서 왕조의 계승에 대해 다음과 같이 설정하였다.

당요(唐堯) → 우순(虞舜) → 하(夏) → 은(殷) → 주(周) → 한(漢) → 삼국(三國) → 진(晋) → 남북조(南北朝) → 수(隋) → 당(唐) → 오대(五代) → 송(宋) → 원(元)

이와 같은 서술 순서는 단순히 왕조의 계승만을 의미하지 않고, 정통계승 관계를 설정한 것이다. 왜냐하면 송나라의 대표적 유학자인 사마광(司馬光)과 계승 관계가 약간 차이가 있기 때문이다.[35]

정도전이 설정한 정통계승 관계는 송에 이어 금 왕조를 넣지 않았다. 다시 말해서 여진족이 세운 금은 정통성이 없다고 본 것이다. 또한 진(秦)의 경우도 정통계승 관계에 넣지 않았다.

정도전의 정통계승 관계는 사마광보다 주자와 비슷하다. 주자는 삼국 시대 촉한(蜀漢)을 정통왕조로 보았는데, 정도전 역시 유비와 제갈공

---

35) 김인호, 「정도전의 역사인식과 군주론의 기반」, 『한국사연구』, 131, 2005, 268쪽.

명의 업적을 높게 평가하였다. 비록 그가 삼국시대를 설정하였지만, 위(魏)와 오(吳)에 대한 서술 분량이 거의 없으며 박하게 평가하였다.

또한 금 왕조를 서술하지 않은 점도 나름의 의미가 있다. 금은 여진족이 세운 왕조이다. 만약 정도전이 종족, 민족을 중화나 정통성의 기준으로 삼았다면, 금과 함께 원 왕조를 서술하지 않았을 것이다. 금은 송과 대립하였지만 중국 전역을 장악하지 못하였다. 이런 면에서 정도전은 형세·문화란 측면에 중화와 정통성의 기준을 두었음을 다시 확인할 수 있다.

물론 그가 1394년(태조 3) 태조 이성계가 새로운 도읍지에 관해 재상들에게 의견을 제시하라는 것에 대해,

> 중국에서 천자가 된 사람이 많지만 도읍했던 곳은 〈다음과 같습니다〉. 서쪽은 관중으로 신이 말한 바와 같고, 동쪽은 금릉(金陵)으로 진(晉)·송(宋)·제(齊)·양(梁)·진(陳)이 차례로 도읍하였습니다. 중앙 지역에는 낙양(洛陽)이 있어 양·당·진(晉)·한·주가 계속해서 이곳에 도읍하였으며, 송도 이어서 도읍으로 삼았는데 대송(大宋)의 덕이 한·당 왕조에 못지않았으며, 북쪽에는 연경(燕京)이 있어서 대요(大遼)·대금(大金)·대원(大元)이 다 이곳을 도읍으로 하였습니다(『태조실록』 권6권, 태조 3년 8월 12일 기묘).

라고 말하였다. 정도전은 과거 중국에서의 도읍지를 왕조별로 나열하였다. 그는 이와 같은 왕조 나열 과정에서 '대요·대금·대원'을 차례로 열거하였다. 즉 요와 금 왕조를 원과 동일한 선상에서 언급한 것이다. 이에 관해 기존 연구는 정도전이 한족 왕조뿐만 아니라 이적 왕조 역시 고

려가 사대했다면 상국(上國), 즉 중국으로 인정하였으며, 종족을 기준으로 중화와 이적을 구분하지 않았음을 의미한다고 하였다.[36]

이러한 주장이 잘못되지는 않았지만, 우리는 앞서 「경제문감」의 왕조 계승에서 요·금 왕조가 빠진 것을 살펴보았다. 그렇다면 원왕조만을 넣은 것과 요·금을 동일선상에 취급한 것은 모순이 아닐까?

이를 알아보기 전에, 개혁파 사대부로 알려진 정몽주·조준(趙浚)의 원 인식과 비교해 볼 필요가 있다. 우선 정몽주는 명 왕조를 중화로 인식하였음은 앞서 말한 바와 같다. 그런데 원에 대해서는 '북방(北坊)', '원씨(元氏)', '원씨 유종(遺宗)' 등으로 표현하였다. 이와 같은 표현은 정몽주가 북원과의 통교에 반대하면서 올린 상소에 나온다. 당시 명 왕조가 중국 내륙을 차지하고 원이 북쪽으로 쫓겨나 있는 상황임을 감안하더라도, 정몽주는 원에 대해 부정적 입장을 지녔음을 알 수 있다.

또한 조준은 상소에서 "원조(元朝)에 이르러 압력을 받아 당시 왕의 제도를 중화에서 오랑캐로 따르게 되었으니 상하가 분별되지 않고 민의 뜻이 안정되지 못하였다."[37]고 하였다. 이것은 또한 원왕조를 중화로 보지 않음을 의미한다. 또한 조준의 화이론 역시 문명에 기준을 두고 있음을 보여준다. 그럼에도 원왕조는 문명적으로 중화가 아님을 제시하였다.

반면 정도전은 분명하게 원이 중화 문명의 중심에 있다고 인식하였다. 앞서 보았듯이, 그는 원 세조가 중화 문명의 보유자였음을 분명히 하였다. 따라서 그는 원왕조를 정통계승 관계에 넣었던 것이다. 이것은

---

36) 황희순, 「조선초기 元朝 인식과 화이론」, 「사림」 66, 2018, 196쪽. 이하 정몽주·조준 등의 원 인식은 이 글에 의거하였다.
37) 「고려사」 권118, 열전31, 趙浚.

형세·문화론적 입장에서 화이론을 인식했음을 다시 한번 설명해 준다.

그러나 정도전은 요·금 왕조를 정통계승 국가에 넣지 않았다. 이 문제는 화이론적 인식과 정통계승 관계를 그대로 일치시켜 보지 않았음을 뜻한다. 즉 요·금은 정통성까지 있는 왕조가 아니라는 의미이다.

정도전은 요·금이 형세 상으로 중요했음을 인정한다고 해도, '중화'로서의 위상은 지니지 못했다고 보았던 것이다. 이 사실은 형세·문화론적 화이론을 기준으로 삼았다고 하여도, 형세(지역) 이상으로 문화적 측면을 중시했음을 암시해 준다.

또한 요·금이 고려를 침략하려 했음도 중요한 고려 사항이었을 수 있다. 이를 간접적으로 보여주는 것이 조준의 상소이다.

> 군대란 백성의 생명을 지키는 것이며, 나라의 큰 정사이니, 왕실을 보위하고 화란을 없애는 것입니다. 본조의 5군(軍), 42도부(都府)는 한(漢)나라의 남북군(南北軍), 당(唐)나라의 부위병(府衛兵)에 해당합니다. 요(遼)나라와 금(金)나라가 우리와 두 국경이 인접해 있는데, 요나라는 진제(晉帝)를 세워 아들을 삼고 천하를 호시탐탐 노리며 우리에게 화친을 구하였으나 우리 태조께서 거절하였습니다. 금나라가 요나라와 송나라의 세 임금을 사로잡아 위력을 천하에 떨치면서도, 감히 우리나라를 엿보지 못하고 지금까지 오게 된 것은 선대 임금들의 군정이 율령(律令)을 얻었기 때문입니다(『고려사』 권118, 열전31, 趙浚).

조준은 요와 금이 위력적이고 고려를 침범하려 했음을 강조하였다. 역사적으로 요는 고려와 전쟁을 하였지만, 금은 왕조 성립 이후 고려와 사대관계를 수립한 후에 침공하지 않았다. 조준은 요·금이 침략적이라는 점에서 부정적으로 보고 있는 셈이다. 따라서 그는 요·금을 중화로 인정할 수 없었다.

조준은 정도전과 함께 급진적 개혁을 주장하면서 조선왕조를 건립하는데 공로가 큰 인물이다. 그런 점에서 원에 대한 인식이 일치하지 않지만, 대체로 문명 중심으로 중화를 나누는 것에 입장을 같이한다고 볼 수 있다. 아울러 정도전의 화이론은 형세·문화론적 기준을 지녔지만, 형세 이상으로 문화 즉 문명을 중시한다는 측면이 있다. 이 문제는 차후 정도전의 화이론 연구에서 검토 대상이 될 수 있다.

한편 정도전이 「경제문감 별집」에서 중국 왕조의 정통계승 관계를 밝혀 놓았음을 앞서 살펴보았다. 그런데 이와 같은 정통성의 담보는 유교적 인식에 따른 '천명(天命)'의 왕조 이전이라는 면을 살펴보아야 한다. 이 점은 정도전에게도 잘 드러난다. 그는 「경제문감 별집」에서 원의 마지막 황제 순제(順帝)가 36년 재위 후에 천명이 명나라로 돌아갔다고 하였다. 정도전은 원에서 명 왕조로 천명이 옮겨 갔으며, 이는 맹자가 주장한 '혁명(革命)'이다.

즉 정도전이 「경제문감」에서 중국 왕조의 정통계승 관계를 서술할 때, 바로 천명의 이전이라는 측면에서 이를 인식한 것이다. 그가 천명의 이전이라는 점을 중시한 것은 당연하게도 조선왕조의 건국에 대한 합리화가 필요하였기 때문이다. 천명이 옮겨간 중화인 명나라에 사대하는 조선의 정당성이 여기에서 부여된다.

한편 정도전은 유교의 이상 국가였던 하, 은, 주의 성왕(聖王) 정치에 대해 주목하였다. 그는 유교의 이상적 군주가 통치했던 모델을 조선왕조에서 구현하려 하였다. 「경제문감 별집」 군도 편에서 그는 요, 순, 우의 통치에 대해 극찬하고, 성인 군주의 역할이 무엇인가에 대해 자세하게 설명하였다. 예컨대 요 임금에 대해,

> 임금 한 몸이 나와서 천지와 인물(人物)의 종주(宗主)가 됨은, 생민(生民)을 위하여 표준을 세움으로써, 보상(輔相; 부족함을 도움)·재성(財成; 지나침을 억제함)하는 도리를 다하여 그 극진한 대로 밀고 감에 지나지 않는 것이니, 삼재(三才; 곧 사람을 뜻함)의 구실을 다하게 되면, 성인의 할 일이 끝나는 것이다(「경제문감 별집 상」).

라고 하여, 군주의 역할이 어떤 것인지를 명확히 제시하였다. 지적해야 할 점은 중국 성인 군주의 역할을 조선왕조의 국왕에게 지켜야 할 도리로 제시했다는 사실이다. 이와 같은 방식은 중화의 문명을 추구해야 한다는 인식과 사유에서 비롯하였다. 이처럼 정도전에게 화이론은 중화문명 추구를 통해 '이적'에서 '소중화'를 추구하려는 인식의 틀이었다.

6. 정도전의 요동 정벌 추진에 대한 연구사적 쟁점

정도전은 조선왕조 건립 이후 왕조 운영시스템에 대한 설계 등을 맡았다. 그의 왕조 운영과 그에 따른 설계는 「조선경국전」, 「경제문감」는 물론이고, 『경제육전(經濟六典)』의 법전 편찬에까지 여러 분야에서 드러

났다.

그런데 그의 정치적 실각이 이루어진 계기는 이른바 요동 정벌계획으로부터 시작하였다. 물론 실제 실각은 이방원 등에 의한 '왕자의 난'에 의한 것이지만, 앞서 정도전은 요동 정벌을 둘러싸고 조정 내에서 정치적 갈등을 불러일으켰다.

그에 대한 연구 가운데 요동 정벌계획은 그 실체가 자세히 알려져 있지 않으며, 논란의 대상이다. 논란의 원인은 우선 요동 정벌계획에 대한 자료가 극히 적으며, 또한 자료 자체가 왜곡되어 『조선왕조실록』에 수록되어 있다는 연구사적 시각에서 비롯한다. 따라서 이 장에서는 정도전의 요동 정벌 추진에 대한 자료 검토와 함께, 연구사적으로 어떤 쟁점이 존재하고 그 차이가 무엇인지를 보려 한다.

우선 정도전의 요동 정벌 추진 과정과 자료에 대해 살펴본다. 요동 정벌은 이미 조선왕조 건립 이전에 몇 차례 전개되었다. 여기서 간략하게 그 추진 과정을 본다면, 원래 요동과 심양 지역의 거주민은 상당수 고려인이었으며, 고려 왕족이 번왕(藩王 ; 지역왕)으로 봉해졌던 장소이다. 그 결과 이 지역은 고려의 영역이라는 인식이 있었다.[38]

이후 원이 북쪽으로 물러나지만, 요동에 명의 영향력이 곧바로 미치지는 않았다. 요동 지역은 몇 개의 세력이 서로 독립적으로 경쟁하는 상태가 되었다. 그러자 고려는 이 지역민을 통치 대상으로 끌어들이려 노력하였다.

고려 정부는 이 과정에서 원의 동녕부(東寧府)에 대한 정벌을 감행하

---

38) 김순자, 앞의 책, 2007, 56쪽. 이하 3차례 요동 정벌에 대한 내용은 이 책에 의거함.

였다. 1차 요동 정벌이다. 원래 동녕부는 1269년(원종 10) 원 세조가 자비령 이북 지역을 통치하기 위해 세운 기관이다. 그런데 고려는 원에게 동녕부 지역의 반환을 요구하였고, 1290년(충렬왕 16) 이를 돌려받게 되었다.

이후 동녕부는 요동 지역으로 옮겨갔는데, 고려 정부는 동녕부가 있던 압록강 너머의 울라산성(亐羅山城)을 공략하였다(1370년, 공민왕 19). 그 이유는 고려에 적대적인 기새인첩목아(奇賽因帖木兒)가 이곳을 근거지로 하였기 때문이다.[39] 이후 같은 해 11월 또다시 요동 지역의 요성(遼城)을 공략하였으며(2차 정벌), 3차 정벌은 역시 다음 해 9월에 이루어졌다.

유의해야 할 것은 1, 2차 정벌에 이성계가 참여했다는 사실이다. 즉 이성계는 1차 정벌에서 기병 5천명, 보병 1만명을 거느리고 동북면에서 출정하였다.[40] 나아가 2차 정벌의 경우 이성계는 지용수 등과 함께 원정에 나섰던 것이다.[41] 이 점은 이후 우왕대 최영에 의해 추진된 요동 정벌에서 이성계의 역할과 관련해 중요한 사실이다.

또 다른 유의점은 3차례 요동 정벌의 배경과 목적이다. 정벌의 목적이 고구려의 옛 영토 수복과 고려 전기 이래의 전통적 북진정책의 계승이라고 설명하여 왔다.[42] 하지만 요동 정벌 이후 항복 받은 지역에 대해 군사적 점령이나 항구적 영토 확보를 위한 정책을 쓰지 않았으며, 민

---

39) 기새인첩목아는 1356년(공민왕 5) 죽임을 당한 奇轍의 아들이다. 그가 동녕부 정벌 당시 우라산성에 있었는지 여부는 확인되지 않는다.
40) 「고려사절요」 권29, 공민왕 19년 정월 갑오.
41) 「고려사절요」 권29, 공민왕 19년 11월 정해.
42) 朴焞, 「고려말 동녕부정벌에 대하여」 『중앙사론』 4, 1985 ; 김혜원, 「고려후기 심왕 연구」, 이화여자대학교 박사학위논문, 1999.

호(民戶)를 초유(招諭)하여 고려민으로 정착시키려는 목적이 분명하다고 보았다.[43]

우리가 주목할 점은 요동 정벌의 목적이 고구려의 영토 수복이 아니며, 군사적 점령 등을 꾀하지 않았다는 사실이다. 이것이 중요한 이유는 이후 고려말 최영에 의해 추진된 요동 정벌은 물론이고, 조선왕조 이후 정도전의 정벌 기획의 의도를 이해하는 것에 시사점을 주기 때문이다.

이후 우왕대 최영의 요동 정벌은 이성계의 위화도 회군으로 권력을 잡는 계기가 되었다. 주지하듯이 이 정벌은 명과 고려와의 외교 관계가 악화되면서, 명의 철령위(鐵嶺衛) 설치 통보로 인해 시도되었다. 당시 이성계는 이른바 사불가론을 내세우고 요동 정벌에 반대하면서 참여하였다가 위화도에서 회군하였다.

사불가론의 내용은 잘 알려져 있지만 간단히 요약하면 다음과 같다. ① 작은 나라인 고려가 큰 나라인 명을 거슬리는 것, ② 여름에 군대를 출발하는 것, ③ 왜적의 침입 ④ 장마철의 활과 전염병 문제이다.[44]

사불가론은 원래 매우 길었을 것인데, 사서에 간략하게 요약하여 수록했을 가능성이 크다. 그리고 이것은 우왕과 대화처럼 제시되고 있지만, 이성계는 우왕을 만나기 전부터 이를 준비했을 것이다. 왜냐하면 두 사람이 대화를 나누기 훨씬 전부터 요동 문제를 둘러싼 논의가 있었기 때문이다.[45] 따라서 사불가론은 이성계가 요동 문제에 대해 상당한 시

---

43) 김순자, 앞 책, 2007, 59쪽.
44) 『고려사절요』 권33, 신우 4월 1일 을사.
45) 『고려사절요』 권33, 신우 2월. 최영은 여러 재상과 함께 定遼衛 설치에 대해 군사적 행동과 화친 여부를 논의하였기 때문이다.

간 동안 준비한 것이라고 할 수 있다.

그런데 사불가론은 대부분 군사적 문제점을 지적했다는 점에서, 이성계의 견해일 수 있지만, ①의 경우는 그렇지 않다. 어쩌면 사불가론은 이성계 아래에 있던 정도전, 조준 등과 같은 개혁파 사대부와의 논의 끝에 나온 내용일 수 있다.

정도전이 여기에 참여했다면, 그가 조선왕조 이후 요동 정벌을 계획한 것과 달라진 견해이다. 일단 그 경위를 자료와 함께 살펴볼 필요가 있다.[46] 요동 정벌과 관련한 첫 번째 기록은 1397년(태조 6) 6월 14일이다.

(A) 판의흥삼군부사 정도전이 일찍이 「오진도(五陣圖)」와 「수수도(蒐狩圖)」를 만들어 바치니, 임금이 좋게 여기어 명하여 훈도관을 두어 가르치고, 각 절제사·군관, 서반 각품 성중애마에게 「진도(陣圖)」를 강습하고, 또 잘 아는 사람을 각도에 나누어 보내어 가서 가르치게 하였다. 당시 정도전·남은·심효생 등이 군사를 일으켜 국경에 나가기를 꾀하여 임금께 의논을 드렸는데, 좌정승 조준의 집에 가서 유시(諭示)하였다. 조준이 병을 앓고 있다가 즉시 가마를 타고 대궐에 나와 극력 불가함을 아뢰었다. "본국은 옛날부터 사대의 예를 잃지 않았고, 또 새로 개국한 나라로 경솔히 명분 없는 군사를 출동시키는 것은 매우 불가합니다. 이해관계로 말하더라도 천조(天朝)가 당당하여 도모할 만한 틈이 없으니, 신은 거사하여야 성공하지 못하고 뜻밖에 변이 생길까 염려되옵니다." 임금은 이를 듣고 기뻐하였다. 남은이 화가 나서 아뢰었다. "두 정승(조준·김사형)은 몇 말 몇 되를 출납하는

---

46) 자료의 순서와 추출은 박홍규, 「전술가 정도전 : '공요(功遼)' 기도의 진상」 『정치가 정도전의 재조명』, 삼봉정도전선생기념사업회, 경세원, 2004에 의거하였다.

데는 가하지만 큰 일은 더불어 도모할 수 없다." 이것으로 말미암아 남은 등이 조준과 틈이 생겨 뒤에 남은이 조준을 임금에게 모함하니, 임금이 화가 나서 질책하였다(『태조실록』 권11, 태조 6년 6월 14일 갑오).

이 기록에 따르면 정도전이 주도적으로 군사 훈련을 주도하였는데, 밑줄 친 부분처럼 군대를 동원하여 요동 진출을 꾀했다는 것이다. 그런데 정도전과 조준은 요동 정벌에 대해 견해를 달리하면서 두 사람의 정치적 갈등이 생기게 되었음도 서술되고 있다.

요컨대 정도전은 일찍부터 요동 정벌을 염두에 두고 군사 훈련을 감행하면서, 이를 태조 이성계에게 보고하였다. 이성계는 이를 탐탁지 않게 여기다가 조준의 견해를 듣고 중지하였다.

그리고 다음 해 정도전이 요동 정벌을 기획한 의도가 드러나는 기록이 등장한다.

(B) 또 「진도(陣圖)」를 연습하였다. 처음에 황제가 표사(表辭)로써 속이고 모욕했다고 하여 공사(供辭)가 정도전에게 관련되어 칙지를 내려 조정에 들어오도록 하였다. 정도전은 병이 났다고 하면서 가지 않았는데, 앞으로 죄를 묻는 일이 있을까 두려워하여 임금에게 계책을 올렸다. "군사들은 병법을 알지 않아서는 안 될 것입니다." 마침내 「진도(陣圖)」를 찬술하여 올리고, 여러 도(道)의 절제사와 군사에게 약속을 정하여 갑자기 연습하도록 하고 사졸을 매질하니, 사람들이 이를 원망하는 이가 많았다(『태조실록』 권14, 태조 7년 윤5월 29일 갑진).

이에 따르면 정도전은 명에 들어오라는 명령에 대해, 병을 이유로 가지 않았다는 것이다. 그리고「진도」를 만들고 군사 훈련을 거듭하였다. 즉 그는 자신의 보신을 위해 요동 정벌을 기획했다는 뜻이 된다.

이후 1398년 8월 9일에는 앞의 두 자료를 합쳐 놓은 것과 비슷한 내용이 등장한다.

(C) 처음에 정도전과 남은이 임금을 날마다 뵈옵고 요동(遼東)을 공격하기를 권고한 까닭으로 「진도(陣圖)」를 익히게 한 것이 이같이 급하게 하였다. 이보다 먼저 좌정승 조준이 휴가를 청하여 집에 돌아가 있으니, 정도전과 남은이 조준의 집에 나아가서 말하였다. "요동을 공격하는 일은 지금 이미 결정되었으니 공(公)은 다시 말하지 마십시오." 조준이 말하였다. "내가 개국원훈의 반열에 있는데 어찌 전하를 저버림이 있겠습니까? 전하께서 왕위에 오른 후로 국도(國都)를 옮겨 궁궐을 창건한 이후로 백성이 토목(土木)의 역사에 시달려 인애(仁愛)의 은혜를 받지 못하였으므로 원망이 극도에 이르고, 군량이 넉넉지 못하니, 어찌 그 원망하는 백성을 거느리고 가서 능히 일을 성취시킬 수 있겠습니까?" 또, 정도전에게 일렀다. "만일에 내가 각하와 더불어 여러 도(道)의 백성을 거느리고 요동을 정벌한다면, 그들이 우리를 흘겨본 지가 오래되었는데 어찌 즐거이 명령에 따르겠습니까? 나는 자신이 망하고 나라가 패망되는 일이 요동에 도착하기 전에 이르게 될까 염려됩니다. 임금의 병세가 한창 성하여 일을 시작할 수 없으니, 원컨대 여러분들은 내 말로써 임금에게 복명(復命)하기를 바라며, 임금의 병환이 나으면 내가 마땅히 친히 아뢰겠습니다." 그 후에 조준이 힘써 간(諫)하니, 임금이 그대로 따랐다(『태조실록』 권14, 태조 7년 8월 9일 임자).

이 자료는 앞서 본 (A)와 유사하다. 즉 정도전이 조준에게 요동 공격에 대한 계획을 말했는데, 조준은 이에 대한 반대 논리를 주장했다는 것이다. 단지 1년 전에는 조준이 아팠던 상황이고, 현재는 태조 이성계가 병을 앓고 있는 차이가 있다. 분명한 것은 고려말 개혁을 주도했던 정도전과 조준은 명확하게 요동 정벌을 둘러싼 대립이 계속되었다는 사실이다.

자료에서는 요동 정벌계획의 동기가 명과 조선 간의 표전(表箋) 문제를 둘러싸고 정도전을 보내라는 명의 요구 때문이라고 설명하고 있는 셈이다. 그렇지만 이 자료는 모두 정도전에 대해 우호적인지 않은 태도를 지니고 있다.[47]

이에 관해 이상백의 연구는 자료와 비슷한 논리를 보인다. 즉 정도전의 표전문에 대한 책임은 이 시점에서 해소되었으며, 명나라에서 정도전을 보내라는 요구가 없었다는 것이다.[48] 결국 요동 정벌계획은 고구려의 옛 땅을 수복하기 위한 의도였다는 주장이다. 이 점에 관해서 신석호의 연구도 이와 의견을 같이하고 있다.[49]

조선의 요동 정벌계획은 표전 문제가 발생하기 전부터 싹트기 시작하였지만, 뒤늦게 발생한 표전 문제는 정벌계획의 진행에 미묘한 영향을 주었다고 한다.[50] 나아가 조선 정부 내의 정치적 갈등이 이와 관련된

---

47) 박원호, 『明初朝鮮關係史硏究』, 일조각, 2002, 36쪽. 이 점에 관해 박원호는 이후 집권한 조선 태종이 정도전 일파에 정치적 적대세력이고, 조준 역시 반대하였으며, 『태조실록』이 태종 대 정도전에 적대적인 하륜 등에 의해 편찬되었기 때문이라고 하였다. 이하 내용은 이 책에 크게 의거하였다.
48) 이상백, 「鄭道傳論」 『조선문화사연구논고』, 을유문화사, 1947, 293쪽.
49) 신석호, 「조선왕조 개국 당시의 대명관계」 『국사상의 제문제』 제1집, 국사편찬위원회, 1959, 120쪽.
50) 박원호, 앞 책, 2002, 53쪽. 이하 정치세력에 대한 서술은 이 책에 따랐다.

다. 즉 정도전·남은 등과 같은 요동 정벌 주장에 대한 정치적 반대파의 존재이다. 반대파는 이색 계열의 권근·이첨 등의 세력, 병권 집중으로 위협받게 된 이방과·이방간·이방원 등을 포함한 이성계 첫째 부인인 한씨(韓氏) 소생의 왕자 세력, 개국 공신인 조준 등이다.

이와 같은 상황에서 정도전은 요동 정벌을 추진하였다. 박원호는 그에 대한 동기를 7가지로 상정하였다.[51] 첫째, 정도전은 고구려의 옛 땅을 수복하려는 이상에 강력히 흡인되어 있었다. 그는 「경제문감 별집」에서 고려 태조의 북진정책에 호감을 지녔다. 특히 조준의 사망 이후 졸기에 나온 다음의 기록이 중요하다.

> (D) 그리고 남은(南誾)과 깊이 결탁하여 남은(誾)에게 글을 올리도록 하길, "사졸(士卒)이 이미 훈련되었고 군량(軍糧)이 이미 갖추어졌으니, 동명왕(東明王)의 옛 강토를 회복할 만합니다."하니, 태상왕(이성계)이 자못 그렇지 않다고 하였다. 남은이 여러 번 말하므로, 태상왕이 정도전에게 물으니, 그가 지나간 옛일에 외이(外夷)가 중원(中原)에서 임금이 된 것을 차례로 들면서 주장하여 남은의 말을 믿을 만하다고 말하고, 또 도참(圖讖)을 인용하여 그 말에 붙여서 맞추었다(『태종실록』 권9, 태종 5년 6월 27일 신묘).

이 기록은 정도전의 요동 정벌에 대한 동기를 설명하는 중요한 자료이다. 정도전의 요동 정벌계획은 동명왕 즉 고구려 주몽의 옛 영토에 대한 회복이라는 것이다. 이 점에 관해 한영우는 고려말 이래 요동 수복운

---

51) 박원호, 앞 책, 2002, 100~110쪽.

동이 몽골 간섭하에 민족의식의 성장과 더불어 나타난 국민적 염원이며, 단군조선을 중심으로 하는 상고사 인식의 확대 역시 요동 공략 운동과 관련이 있다고 보았다. 즉 요동수복의 역사적 당위성이란 요동이 단군 이래 우리 강역이라는 점에 있다는 주장이다.[52]

나아가 박원호는 조선 태조에게 '외이' 즉 오랑캐가 중원에 들어가 임금이 된 역사적 사례를 설명했다는 것에 대해, 거란의 요, 여진의 금, 몽골의 원 등을 가리키는 것으로 조선이 그렇게 발전할 수 있다고 지적하였다.

박원호가 지적한 두 번째 이유는 정도전이 명의 요동 진출을 일찍 차단하기 위해 요양을 점령하는 일을 필요하다고 보았던 점이다. 이 점은 앞서 말한 고려인의 영토의식 속에 요양 지역을 포함하고 있다는 것과 연결된다.

세 번째 이유는 요동 공략을 명분으로 삼아 사병 혁파를 실현하겠다는 점이다. 즉 정도전은 조선의 통치질서로 재상을 정점으로 한 중앙집권적 관료지배체제를 염두에 두었기에 사병혁파가 당시의 과제였다.

네 번째로는 정도전이 시기를 놓칠 수 없다는 생각에 사로잡혀 있었다는 점이다. 명 왕조가 실질적으로 요동을 장악한 시기는 1402년(태종 3)이다. 따라서 정도전은 명의 세력확대가 있기 전에 요동에 진출해야 한다는 의도가 있었다고 본다.

다섯째는 정도전이 조선과 관계가 깊은 일부 여진과 요동의 고려 유민 세력을 활용할 수 있다고 보았다는 점이다.

---

52) 한영우, 『조선전기사학사연구』, 서울대학교출판부, 1981, 23쪽.

여섯째로는 정도전이 의욕이 넘치고 실천력이 왕성했으며, 비교적 급진주의적 성향의 소유자였다는 사실이다.

마지막으로 정도전은 명의 가중되는 외압에 완강히 반발했다는 점을 지적하였다.

그런데 이와 같은 논리에 대해 다른 시각에서의 접근이 존재한다. 정두희는 정도전의 요동 정벌계획에 대한 정치적 의도에 대해, 그 계획을 실천하기보다 군제개혁의 최종목표인 사병 혁파의 명분을 얻기 위한 것이라고 주장하였다.[53]

한편 박홍규는 이에 동의하면서 표전 문제로 명과의 관계가 어긋나자 국내 개혁을 위해 명과의 긴장관계를 이용한 일종의 전술이라고 보았다.[54] 정도전은 표전문제로 인해 자신의 신변보다 조선의 사직에 위협을 느꼈으며, 당시 군사훈련은 요동을 공격하기 위함이 아닌 조선을 지키기 위한 방어용이라고 보았다. 그에 따라 표면적으로는 사대에 전력하면서 이면에서는 무장에 힘을 쓰는데, 그 이유는 힘의 뒷받침 없는 사대란 상대방에게 운명을 맡기는 일이기 때문이라는 점이다.

결국 요동 정벌계획은 태종의 정변 이후 반역의 전제로 변질되면서, 『실록』의 기록이 변질되었다고 한다. 예를 들어 (D)에서 나온 "지나간 옛 일에 외이(外夷)가 중원(中原)에서 임금이 된 것"과 같은 기록은 『실록』의 편찬자가 이 구절을 삽입했다는 것이다. 따라서 이런 구절은 왜곡이며, '고구려의 옛 영토 수복' 등은 모두 정도전을 일종의 '난신(亂臣)'으로 만

---

53) 정두희, 『조선초기 정치지배세력연구』, 일조각, 1983, 28~30쪽.
54) 박홍규, 앞 책, 2004, 122쪽. 이하 서술도 이 책에 의거하였다.

들기 위함이라고 보았다.

이와 같은 '난신'의 언설, 즉 요동 정벌계획은 국사학계의 시각인 '민족자주'의 언설로 바뀌면서 역사의 실상과 멀어졌다는 것이 박홍규의 주장이다. 즉 그는 정도전이 사대의 원리를 신봉하고 그에 입각해 신왕조 조선의 틀을 확립하려 하면서, 현실의 난제를 돌파하기 위한 전술로서 요동 정벌을 계획했다고 주장하였다.

한편 한국사 연구에서도 민족주의적 시각에서 벗어나서 이를 살펴보아야 한다는 주장이 제기되었다. 정다함은 요동 정벌에 대한 기존 연구사적 시각에 대한 검토에 이어 그 의도에 대한 자신의 주장을 제기하였다.[55] 그는 요동 지역이 민족사적 시각에서 고구려의 옛 영토(민족의 영역)가 아니며, 일종의 다양한 종족(달단, 여진, 고려인)이 거주하는 경계지역이라고 파악한다. 즉 원에서 명 왕조로 교체되면서, 요동 지역은 힘의 공백이 발생하였다.

이런 가운데 명과 조선 모두가 이 지역의 이른바 '광역적 통치질서의 재편'이 필요하게 되었다는 것이다. 특히 요동 지역은 과거부터 고려 유이민이 거주하고 있었고, 고려말부터 요동 공격이 진행되었다. 이와 같은 정치적 움직임이 통치질서의 재편과 연관되었다는 것이다.

이러한 광역적 통치질서의 재편은 명과 조선의 정치적 갈등을 일으켰다. 그런데 조선의 태조는 명에 대한 공격을 주도한 인물인데, 그 이유는 요동 지역이 자신의 근거지인 동북면과 연동되어 있었다고 보았기

---

55) 정다함, 「朝鮮 太祖代 遼東 공격 시도에 대한 재해석 —여말선초 동아시아의 광역적 통치질서 재구성과 '경계인' 이성계—」 『한국사연구』 178, 2017. 이하의 서술은 이 논문에 의거하였다.

때문이다.

그런데 태조 이성계는 명으로부터 책봉을 받아야 한다는 현실적 문제가 있었다. 이를 통해 이성계는 조선 왕실의 통치권력과 정통성을 확보하려 하였다. 명 왕조의 책봉은 이성계의 후계 구도, 즉 현 왕비인 강씨 소생의 이방석을 세자로 삼고, 정도전 일파를 이를 보필한다는 방식을 굳히게 된다는 것이다.

그러나 명과의 관계는 상호 왕실 간의 혼인이 깨어지고, 표전 문제로 악화하였다. 이에 따라 명의 군사적 압박 등에 대해, 조선은 요동 정벌을 준비하게 된다. 정다함은 이 정벌 준비가 과거 민족주의적 시각에 따라 '사대'를 부정하는 전쟁이 아니라, 명의 책봉 즉 사대를 위함이라고 주장한다.[56] 당시 이성계는 협상을 거부하는 명 왕조를 협상테이블에 끌어낼 방법으로, 요동 지역에 한정하는 군사행동을 준비했다고 본다. 그에 따라 이성계는 우선 정도전을 동북면에 파견하여 조선 통치 지역으로의 관할임을 분명히 하려 하였다.

이처럼 정다함은 요동 정벌의 주체가 정도전이 아닌 이성계로 보았으며, 과거 민족과 국가 단위의 역사관에 대해 비판적 시각에서 요동 정벌 준비를 살펴보았다.

한편 정치학계에서는 최근 이 문제를 다룬 논고가 나왔다.[57] 이 논고에서는 약소국인 조선이 대국인 명을 공격하려 한 이유를 찾으려 하였다. 그 전제는 정도전과 같은 조선 건국의 정책 결정론자가 국가 이익을

---

56) 정다함, 앞 논문, 2017, 164쪽.
57) 김혜림·송재혁, 「14세기 후반 국제질서 전환기의 한반도와 요동: 태조시대의 '공요(攻遼)' 시도 전략에 대한 분석을 중심으로」, 『한국동양정치사상사연구』 23-1, 2024.

추구하기 위한 현실적 방안을 모색했을 것이라는 점에 두었다.

정도전은 단순히 '이상주의자' 내지 '이념주의자'가 아닌, 새로운 국가의 정당성을 확보하기 위해 어떤 수단이라도 동원할 수 있는 인물이라고 평가하였다. 그에 따라 정도전 등의 요동 정벌은 명의 위협에 대해, 명과 물리적, 심리적 거리두기 전략의 일환으로 추진한 정치적 아이디어이자, 차선책으로 시도하려던 계획이었다고 주장한다. 그에 따라 이 계획의 의도는 조선 영토에의 영향을 최소화할 수 있는 완충지대의 확보에 있다는 것이다.[58]

이처럼 요동 정벌에 관해서는 지금까지 역사학계와 정치학계에서 다양한 견해를 내고 있다. 이에 대한 문제는 차후 과제가 될 전망이다.

7. 연구에 대한 전망

정도전의 화이론과 중국인식, 요동 정벌 연구에 대해 살펴보았다. 여기서는 간략히 전망을 살펴보려 한다.

현재까지 정도전의 화이론과 중국 인식에 대한 독립적 연구는 많은 편이 아니다. 화이론 자체에 대한 연구는 상당히 축적되어 있지만, 정도전에 대한 것은 역사관과 관련되어 다루거나 정치사상의 일부로 취급되어 왔다.

따라서 정도전의 화이론에 대한 집중적인 검토가 보다 필요하다. 물

---

58) 김혜림·송재혁, 앞 논문, 2024, 56쪽.

론 정도전의 화이론은 중국에 대한 인식과 밀접하게 관련되어 있다. 이것이 그의 「경제문집별감」 등의 중국사 인식과 관련되어 있기에, 역사 인식과 같이 검토되어야 한다는 점은 충분히 이해가 가능하다. 그럼에도 이것이 요동 정벌계획이나 기타 명과의 외교 관계의 처리 등과 보다 연계시켜 살펴볼 수 있다. 상호 연관해 살펴보아야 하는 것은 정치 현실과 그의 인식적 판단, 그리고 실행 등과의 연동을 이해해야만, 보다 정도전에 대한 총체적 이해에 도달할 수 있기 때문이다.

나아가 화이론에 대한 성리학적 인식과 어떤 연관을 지니는지도 알아보아야 할 문제이다. 정도전의 사유 속에 성리학이 자리하고 있다면, 화이론에도 이것이 적용될 수 있기 때문이다. 사유 방식과 인식적 태도는 개인의 행동을 결정하는 중요한 요소가 될 수 있다.

또한 요동 정벌에 대한 문제는 역사학계와 정치학계에서 쟁점이 현재까지 크게 논의되고 있다. 이와 같은 쟁점 속에서 요동 정벌에 대한 새로운 견해가 계속 등장하고 있음은 분명하게 환영받아야 한다. 그런 가운데 요동 정벌이 조선 국내의 정치적 갈등이나 과제 등과의 연관성, 그리고 국제정치적 시각 등에서 다양한 접근이 이루어지고 있는 셈이다.

이에 관해 다양한 방법론을 이용한 연구가 등장하길 기대한다. 예컨대 명과의 갈등 속에서 정도전의 심리 상태, 그리고 태조 이성계와의 관계 등에 대한 보다 복합적인 연구가 필요한 시점일 것으로 보인다.

이처럼 정도전 연구는 차후 새로운 인식과 시각, 방법론에 입각하여 다양하게 이루어질 것으로 기대한다.

〈참고문헌〉

한영우, 『조선전기사학사연구』, 서울대학교출판부, 1981.
정두희, 『조선초기 정치지배세력연구』, 일조각, 1983.
한영우, 『개정판 정도전사상의 연구』, 서울대학교출판부, 1987.
한국역사연구회 14세기 고려사회 성격 연구반, 『14세기 고려의 정치와 사회』, 민음사, 1994.
도현철, 『고려말 사대부의 정치사상연구』, 일조각, 1999.
고혜령, 『고려후기 사대부와 성리학 수용』, 일조각, 2001.
박원호, 『明初朝鮮關係史研究』, 일조각, 2002.
노명호, 『고려국가와 집단의식-자위공동체·삼국유민·삼한일통·해동천자의 천하』, 서울대출판문화원, 2009.
도현철, 『목은 이색의 정치사상 연구』, 혜안, 2011.
이익주, 『이색의 삶과 생각』, 일조각, 2013.
이강한, 『고려와 원제국의 교역의 역사』, 창비, 2013.
포은학회 편, 『포은 정몽주 ; 포은 정몽주의 학문과 세계관』, 한국문화사, 2014.
이명미, 『13~14세기 고려·몽골관계연구 ; 정동행성승상 부마 고려국왕, 그 복합적 위상에 대한 탐구』, 혜안, 2016.
이바른, 『고려시대 외국인 이주 연구』, 고려대 민족문화연구원, 2022.
단조 히로시 지음·권용철 옮김, 『천하와 천조의 중국사-하늘 아래 세상, 하늘이 내린 왕조』, AK, 2023.
최봉준, 『고려시대 다원적 사상지형과 역사인식』, 소명출판, 2023.

이상백, 「鄭道傳論」 『조선문화사연구논고』, 을유문화사, 1947.

신석호, 「조선왕조 개국 당시의 대명관계」 『국사상의 제문제』 제1집, 국사편찬위원회, 1959.

하현강, 「고려시대의 역사계승의식」 『한국의 역사인식(상)』, 창작과비평사, 1976.

朴焞, 「고려말 동녕부정벌에 대하여」 『중앙사론』 4, 1985.

朴志焄, 「宋代 華夷論 硏究」, 이화여대 박사학위논문, 1990.

이익주, 「고려·원관계의 구조와 고려후기 정치체제」, 서울대 박사학위논문, 1996.

김혜원, 「고려후기 심왕 연구」, 이화여자대학교 박사학위논문, 1999.

김인호, 「원의 고려인식과 고려인의 대응」 『한국사상사학』 21, 2003.

채웅석, 「원간섭기 성리학들의 화이관과 국가관」 『역사와 현실』 49, 2003.

박홍규, 「전술가 정도전 : '공요(功遼)'기도의 진상」 『정치가 정도전의 재조명』, 경세원, 2004.

김인호, 「정도전의 역사인식과 군주론의 기반」 『한국사연구』 131, 2005.

최종석, 「베트남 外王內帝 체제와의 비교를 통해 본 고려 전기 이중 체제의 양상」 『진단학보』 125, 2015.

최종석, 「고려후기 '자신을 夷로 간주하는 화이의식'의 탄생과 내향화」 『민족문화연구』 74, 2017.

정다함, 「조선 태조대 요동공격 시도에 대한 사학사와 그에 대한 탈경제적 분석과 비판」 『한국사연구』 178, 2017.

정다함, 「朝鮮 太祖代 遼東 공격 시도에 대한 재해석 -여말선초 동아시아의 광역적 통치질서 재구성과 경계인' 이성계-」 『한국사연구』 178, 2017.

황희순, 「조선초기 元朝 인식과 화이론」 『사림』 66, 2018.

김혜림·송재혁, 「14세기 후반 국제질서 전환기의 한반도와 요동: 태조시대의 '공요(攻遼)' 시도 전략에 대한 분석을 중심으로」 『한국동양정치사상사연구』 23-1, 2024.

IV
철학과 문학

제7장. 三峯 성리학의 主理論的 특질
/ 최영성(한국전통문화학교)

제8장. 정도전의 불교 인식과 승려와의 교류
/ 이상민(대전대)

제9장. 정도전의 도학적 문학관
/ 정재철(단국대)

제7장 三峯 성리학의 主理論的 특질

崔英成 (한국전통문화대학교 교수)

1. 머리말
2. 선행 연구 검토
3. 事功派가 아닌 道學派의 선구자
4. 主理論과 조선 성리학의 向方
5. 삼봉 성리학의 면모
6. 주리론과 고례(古禮)의 만남
7. 맺음말

1. 머리말

　정도전은 조선왕조의 설계자다. 정도전이 세운 기본틀을 토대로 조선왕조가 운영되었다고 해도 크게 지나친 말이 아니다. 정도전은 학술과 정치가 같이 가야 삼대(三代)의 이상정치〔至治〕를 실현할 수 있다고 보았다. 성리학을 정교(政敎)의 기본 이념으로 삼고, 성리학에 뿌리를 둔 경세학을 통해 조선왕조를 가장 이상적인 유교국가로 만들고자 하였다. 이런 지극한 정성이 있었기에 세종시대의 찬란한 유교문화가 꽃을 피울 수 있었고, 조선왕조가 반석을 다질 수 있었음은 물론이다.

정도전은 조선 도학의 선구자다. 그는 도학자가 진유(眞儒)라는 사고를 가진 도학자였다. 성리학을 통치 이념으로 삼고 주리론을 성리학의 기본으로 확립한 선구자다. 정도전은 팔대에 걸쳐 쇠퇴를 거듭했던 학계를 일으켜 세운〔文起八代之衰〕한유(韓愈: 768~824)의 위치에 비할 만한 학자다. 이런 그를 결과와 업적만을 중시하고 의리를 저버린 사람으로 매도하거나, 그가 배척하였던 사공파(事功派)로 지목하는 것은 잘못된 인식이 아닐 수 없다.

자신을 도학의 전도자(傳道者)로 자부하면서 사실상 조선 초기 도학의 선구자 구실을 한 학자, 나아가 도학으로 조선 5백년의 학문적 기초를 다진 큰 학자를 도학자의 대열에서 제외시키고, 일방적으로 사공파로 지목하는 것은 분명히 문제가 있다. 현대적 의미에서 재평가가 필요한 이유의 하나가 여기에 있다.

정도전은 주리론의 기치를 높이 들어 조선 유학의 향방을 선명하게 제시했다. 당시 성리학의 주리적 가치를 정도전처럼 선명하게 체계적으로 정리하여 전파한 사람은 찾아보기 어렵다. 조선조 성리학의 기초가 주리적 성향이었고, 또 그것이 후일 조선 성리학의 정맥을 이루었다는 사실은 정도전과 관련하여 중요한 의미를 지닌다. 조선왕조의 개창에 참여한 정도전·권근 등을 주기적(主氣的) 경향을 지닌 학자로 보는 것은 선입견이요 편견이다.

정도전은 벽이단(闢異端)의 선구다. 그는 도학을 정학(正學)으로 여기고, 정학과 배치되는 이단사설을 배척하는 데 여력을 남기지 않았다. 특히 불교의 고상하고 미묘한 언설이 양주(楊朱)·묵적(墨翟)에 비교할 수 없을 만큼 사람들을 심하게 미혹시킨다고 판단하였다. 그의 벽이단 사상은 체계적이었다. 이단에 대한 체계적인 비판은 이전에 보기 드문 일이었다. 벽이단과 관련한 3부작의 저술은 그를 '동방의 맹자'라고 일컬을 수 있게 하는 중요한 문자라 하겠다.

정도전은 도학적 경세유(經世儒)의 표본이다. 그는 '조선의 주공(周公)'이라 일컬을 만하다. 도학과 경세가 둘이 아니라 체용(體用) 관계로 긴밀하게 연결되어야 함을 잘 보여준 학자라 하겠다. 그가 『조선경국전(朝鮮經國典)』을 저술하여 조선의 기틀을 잘 닦았기 때문에 『경국대전』이 나와 조선조 5백년의 기본 법전으로 발전할 수 있었고, 이후 정치의 초점을 학문과 교육으로 돌려 찬란한 유교문화를 이룩할 수 있었다. 정암 조광조가 삼대지치(三代之治)를 내걸고 도학적 왕도정치를 염원했던 것이라든지, 율곡 이이가 변법경장(變法更張)을 내세우며 시대정신을 강조할 수 있었던 것도 기실 정도전이 세운 유교적 이상국가의 기본틀 위에서였다고 본다.

정도전은 그릇이 큰 인물이다. 왕조 교체기에 목숨을 걸고 활동했던 열혈 혁명가요, 조선왕조를 설계한 불세출의 경세가다. 그러나 정치적 이유로 조선조 말까지 5백 여년 동안 복권되지 못하였다. 복권된 뒤에도 그에 대한 선입견과 부정적 시각은 완전히 걷히지 않았다. '복권'이란 정치적 차원의 것이다. 명실상부한 복권은 학술 연구를 통해 이루어져야 할 것이다. 학술을 통한 복권이야말로 현재 시점에서 여러 시비(是

非)를 해소할 수 있는 유일한 길이기 때문이다.

정도전의 학문과 사상은 크게 도학과 경세 부분으로 나누어 볼 수 있다. 그러나 궁극적으로는 도학-성리학에 수렴된다. 성리학은 경세론에 대한 형이상학적 정당화의 바탕이 되었다. 그의 성리학을 연구함에 두 관점이 있을 수 있다. 하나는 순수하게 성리학의 이론적 측면에 국한하는 경우요, 다른 하나는 정도전의 학문·사상·경세 등 모든 영역에 걸쳐 있는 '성리학 정신'까지 포괄하는 경우다. 전자는 범위가 분명하다는 장점이 있지만, 성리학이나 성리학의 정신이 어떻게 여러 영역에 유기적으로 연결되었는지를 조명하기 어렵다는 단점이 있다. 후자는 전자의 반대가 된다.

본고에서는 후자의 장점을 최대한 살리고자 한다. 여기서 문제는 정도전의 성리학 관계 전문 저술이 없고, 『심기리편(心氣理篇)』·『심문천답(心問天答)』·『불씨잡변(佛氏雜辨)』을 통해 엿볼 수밖에 없다는 점이 한계다. 이들 세 저술은 보기에 따라서는 성리학 관계 저술로서 인정할 수도 있지만, 기본적으로는 불교를 중심으로 한 이단 비판을 목적으로 저술된 것이다. 다만 이단 비판과 함께 유학, 특히 성리학을 옹위하고 현창하는 것까지 겨냥하였으므로 성리학 관계 저술로 보아 무방할 듯하다.

본고는 필자가 이미 학계에 발표한 논고와 일부 겹치는 내용이 있음을 미리 밝혀둔다. 한편으로 거시적 관점에서 작성된 까닭에 세부적 주제를 가지고 깊이 파고들어 가는 글과는 성격이 다르다는 점도 덧붙여 둔다.

2. 선행 연구 검토

앞서 말한 바와 같이 정도전에게는 성리학 관련 전문 연구서가 없다. 아마도 여말선초의 복잡다단한 상황 속에서 저술을 남길 겨를을 얻지 못하였기 때문일 것이다. 그럼에도 『불씨잡변』과 『심기리편』 등을 남겨, 불교 비판의 논리 위에서 성리학에 대한 이해의 정도를 짐작할 수 있도록 한 것은 다행이라 하겠다.

현재, 삼봉 성리학에 관한 연구는 십여 편에 불과하다. 물론 여기에 배불론(불교 비판)에 관한 연구까지 포함하면 훨씬 늘어나겠지만, 이제는 배불론과 성리학은 구분해서 보아야 할 때가 되지 않았나 생각한다. 이 절에서 삼봉 성리학의 범위를 좀 더 엄격하게 잡은 것은 이 때문이다.

삼봉 성리학에 관한 연구는 대개 1980년대 중반을 기점으로 볼 수 있다. 조찬식의 석사학위 논문을 시작으로 석사학위와 박사학위 논문이 몇 편 이어졌다.[1] 그 가운데 장성재의 연구가 돋보인다. 그는 삼봉 성리학이 학계에서 활발하게 논의되기 이전부터 이 주제에 몰두하여 박사학위 논문으로 제출하였으며, 그 뒤에도 여러 편의 관련 논문을 발표하였다.[2] 정도전이 배불을 위해 저술한 저작들 속에서 성리학 관련 조각 글

---

[1] 조찬식, 「삼봉 정도전의 철학사상 연구: 그의 학문 체계와 벽불론을 중심으로」, 한국정신문화연구원 석사학위논문, 1985.
장성재, 「삼봉의 성리학 연구」, 동국대학교 박사학위논문, 1991.
윤홍식, 「삼봉 정도전 철학의 理氣心論 연구」, 연세대학교 석사학위논문, 1997.
박석범, 「삼봉의 성리학적 불교 비판과 그 교육적 의의」, 동국대학교 석사학위논문, 1999.
이종현, 「정도전의 성리설 연구」, 계명대학교 석사학위논문, 2004.

[2] 장성재, 「삼봉의 태극에 대한 이해와 그 성격」, 『대학원논문집』 20, 동국대학교 대학원, 1990.
장성재, 「삼봉 벽불론의 재조명—철학적 체계에 대한 해명을 중심으로」, 『철학사상』 14, 동

들을 모아 전후로 엮어 학계에 제시한 것만으로도 공이 있다. 그의 공은 무어니 해도 삼봉 성리학의 주리적 특질을 처음으로 밝히고 강조했다는 점일 것이다. 나아가 이것이 조선왕조의 통치이념과 관련 있다는 점을 시사함으로써 이후의 연구에 길잡이가 되었다는 점이다. 다만 리발(理發), 기발(氣發)을 논하면서 '발' 자를 과도하게 해석하여, 삼봉이 마치 조선성리학사에서 '사단리발, 칠정기발'을 최초로 주장한 인물인 양 비치도록 한 것은 재검토가 필요하다고 본다.

1990년대 연구는 1980년대의 연구에 비해 그다지 진척되지는 못하였다. 이것은 '리기관', '천인관' 등의 논문 제목에서도 엿볼 수 있다.[3] 1990년대의 연구 가운데 정성식의 것이 있다. 그는 논고를 통해 "성리학의 핵심 개념인 태극설과 이기론에 대한 정도전의 언급은 정밀하지 못하여, 성리학 수용 초기의 모습을 그대로 보여주는 것이었다"라거나 "그의 성리학적 이해 자체가 아직 정밀한 이해에 도달하지 못하였기 때문에 그의 불교 비판론도 정치성과 시대성을 면하지 못한다는 한계를 갖는다. 이것은 그의 성리학적 이해가 자신의 자부심과는 달리 온전하지 못한 것임을 반영한다"[4]라고 하였다. 특성보다는 한계를 에둘러 말한 느낌이 있다.

한편, 이와는 달리 좀 더 깊숙이 들어간 연구도 있다. 최천식의 경우, 정도전과 권근의 심론을 비교한 뒤 "정도전은 마음과 본성을 확연히 구

국대학교불교대학철학회, 1993.
장성재, 「삼봉 성리학과 불교관의 관계」, 『철학논총』 33-3, 새한철학회, 2003.
3) 오종일, 「삼봉의 리기관」, 『삼봉 정도전 사상연구』, 한국공자학회, 1994.
정대환, 「'심문천답'에 나타난 삼봉의 천인관」, 『유학연구』 3, 충남대학교, 1995.
4) 정성식, 「삼봉 성리학의 구조와 특성」, 『한국사상사학』 13, 한국사상사학회, 1999.

분하여 마음을 기로 보는데, 권근은 본성을 마음의 핵심 요소로 보고 마음을 리와 기의 합이라고 하였다"라고 하면서, "마음을 기로 보느냐 리와 기의 합으로 보느냐 하는 것이 한국철학사에서 처음으로 첨예화된 것은 이황과 기대승 사이의 사단칠정 논쟁이다. 사단을 리발(理發)로, 칠정을 기발(氣發) 보는 것은 마음을 리와 기의 합으로 보는 것이고, '칠정 밖에 다른 감정이 없다'라고 보는 것은 마음을 기로 보는 것이다. 상이한 두 이론 사이의 핵심 쟁점은 조선 초기 정도전과 권근 사이에서 뚜렷한 형태로, 그리고 더 폭넓은 형태로 이미 발아하고 있던 것이다"라고 하였다.[5]

정도전은 성리학과 정치를 둘로 보지 않았다. 그의 성리학은 철저하게 정치성을 밑바탕에 깔았다. 그의 성리학 연구는 리기론-심성론-수양론의 심연(深淵)보다도 일차적으로 벽이단론에서 찾아야 한다는 주장이 설득력이 있다. 이와 관련하여 리기용은 "정도전의 일련의 저술에 일관되게 나타난 벽이단의 정신은 다름 아닌 인욕적 인심에 대한 천리(天理)이었으며, 주관적 마음과 육체적 기질에 대한 생리(生理)이자 의리(義理)였고, 인연화합의 허구적 심리현상에 대한 실리(實理)라는 기준이었다. 즉 정도전이 비판한 대상은 성리학적 리(理)의 필요충분조건을 충족시키지 못한 당시의 세태에 대한 비판이었다. 그리고 그 내용은 유교의 자기비판이었고, 유교를 통해 도교와 불교의 폐해를 극복하려 하였으며, 유교의 공고화와 부흥을 위해 불교의 폐단을 비판하는 것이었다"[6]

---

5) 최천식, 「정도전과 권근의 마음 이론 비교 연구」, 『철학연구』 80, 철학연구회, 2008.
6) 리기용, 「삼봉 정도전의 벽이단론과 그 해석 문제: 심문천답과 심기리편을 중심으로」, 『한국철학논집』 34, 한국철학사연구회, 2012.

라고 정의하였다. 벽이단의 목적과 대상을 '성리학적 리'의 필요조건과 충분조건에 연계한 것이 주목된다.

3. 事功派가 아닌 道學派의 선구자

정도전은 조선 초기의 우뚝한 경세가다. 그의 경세적 관점과 범위는 대국적(大局的)이다. '제례작악(制禮作樂)'으로 표현되는 경우가 있을 정도다. 그런데 정도전을 사공파로 지목하는 학자들이 적지 않다. 여기서 '공(功)'이란 공적 또는 공로(功勞)를 말한다.[7] 또한 공리(功利)를 의미하기도 하지만,[8] 사공파라 할 때는 대개 전자의 개념으로 일컫는다. '공업(功業)'을 일컫는 경우가 많다. 정도전은 기본적으로 사공파를 비판하는 입장에 있었다.[9] 사정이 이러함에도 그를 사공파로 비판, 배척하는 것은 재고의 여지가 많다.

공업은 학문, 공리는 의리(義理)의 상대 개념이다. 학문 없는 공업이란 있을 수 없고, 의리 없는 공적은 사리(私利)로 흐르기 쉽다. 대개 실제적인 이익이나 효과(결과)를 중시하는 것을 '공리적'이라고 한다. 현실 생활에서 이해(利害)의 문제는 중요하다. 그렇다고 시비(是非), 즉 가치의 문제를 소홀히 할 수는 없다. 이해·시비의 문제는 사공파와 의리학파

---

7) 『周禮』夏官, 「司勳」 "事功曰勞."
8) 『歷代名臣奏議』 권96, 葉適, 「上殿箚子」 "王之望尹穡, 翕然附和, 更爲務實黜虛, 破壞朋黨, 趨赴事功之說."
9) 金海榮, 「정도전의 反功利思想」, 『청계사학』 제1집, 한국정신문화연구원, 1984 참조.

(義理學派)가 갈라지는 분기처(分岐處)다. 시비와 이해를 절충(折中)하여 합의(合宜)를 이끌어내는 것이 중요하다.

이와 관련하여, 한국성리학사에서 퇴계 이황과 함께 병칭되는 율곡 이이는 시비와 이해의 상호 모순 관계를 주체적인 판단 능력에 따라 능동적이고 조화 있게 처리할 수 있는 논리를 제시한 바 있다.

> 병립할 수 없는 것은 도에서의 시비(是非)요, 함께 존재할 수 없는 것은 일에서의 이해(利害)이다. 그저 이해만 따지고 시비의 소재를 돌아보지 않는다면 일을 처리하는 의(義)에 어긋나고, 시비만 따지고 이해의 소재를 강구하지 않는다면 변화에 대응하는 권(權)에 어긋나게 된다. 그러나 '권'이란 정규(定規)가 있는 것이 아니라 알맞음(中)을 얻는 것이 중요하고, '의'도 상제(常制)가 있는 것이 아니라 마땅함(宜)에 합치되는 것이 중요하다. 알맞음을 얻고 마땅함에 합치된다면 의(義)와 이(利)는 그 속에 있는 것이다.[10]

이이는 늘 실사(實事)와 실공(實功)에 토대를 두고 논의를 전개하였다. 성리(性理)와 실사(實事), 의리(義理)와 공리(功利), 인간과 사회, 이념과 현실, 사실과 원리 등 형이상하(形而上下)와 내외본말(內外本末)을 성리학으로 수렴하였다. 특히 그의 '리기지묘(理氣之妙)' 철학에는 이념적(정신적) 측면과 현실적(물질적) 측면, 또 의리와 공리가 제삼의 차원에서 조화되었다. 그의 성리학이 실학으로 발전할 수 있는 소지가 여기에 있다. 정도전의 경우도 이런 논리에서 벗어나지 않는다고 생각한다.

---

10) 『율곡전서』 拾遺 권5, 「時弊七條策」 참조.

주자(朱子) 계통의 의리학파에서는 사공파를 배척하였다. 경세적 수완이 있는 사람들 중에는 권력 지향적이고 이기적인 이들이 많다는 이유에서 경세론자들을 비속하다고 비판하였다. 대표적인 비판 대상의 한 사람이 왕안석(王安石: 1021~1086)이었다. 의리학파는 또 경세론자들을 '유사공리(惟事功利)', 즉 공리(功利)만을 일삼을 가능성이 있다고 하여 이들을 사공파로 지목하였다. 이후 사공파는 의리학파가 상대학파를 폄하할 때 주로 사용하는 용어가 되었다.[11] 이런 용어는 사용하는 데 조심성을 기할 필요가 있다.

정도전의 집안은 본디 성리학과 관련이 깊었던 것으로 짐작된다. 아버지 운경(云敬)은 일찍이 사학십이도(私學十二徒)에 들어가 공부하였으며, 이후 원나라 제과(制科)에 급제한 이곡(李穀)과 윤안지(尹安之)를 도반(道伴) 삼아 학문을 닦았다. 원나라 유학생들을 통해 성리학을 공부했을 가능성이 크다. 당시 그가 글을 읽었던 삼각산(三角山)은 역사적으로 중요한 의미가 있다. 후일 아들 정도전이 그곳에 삼봉재(三峯齋)를 짓고 학문을 연마하였고,[12] 거기서 새 왕조를 구상하고 설계하였다.

정운경은 세 아들을 두었다. '도전(道傳)', '도존(道存)', '도복(道復)'이란 세 아들의 이름을 통해 도를 전하고, 보존하고, 회복시키려는 강렬한 의지를 읽을 수 있다. 기실 '云敬'이란 이름을 통해서도 '왈성왈경(曰誠曰敬)'하는 성리학에서의 수양론을 엿볼 수 있다.

---

11) 조선시대는 속유(俗儒)를 지칭할 때도 '사공파'라 하였다.
12) '삼봉'이란 호는 삼각산에서 유래한 것이다. 단양의 도담삼봉과는 관련이 없다. 『삼봉집』 권14, 「事實」, 丁巳年 7월조 "遂結廬于三角山下講學. 學者多從之(按公講書于三峯齋, 四方學者多從之)."

정도전은 자신이 도학의 연원을 계승한 것으로 자부하였다. 학문적·정치적 동지인 권근이 찬한 「심기리편(心氣理篇)」 후서(後序)에 따르면, 정도전은 항상 다음과 같이 말하였다고 한다.

> 노불(老佛)의 간특한 해로움을 분별하여, 백세토록 어두웠던 도학을 열며, 시속의 공리설(功利說)을 꺾어 도의(道誼)의 바른 데로 돌아가게 해야 한다.

정도전은 송대 성리학자들의 도통관(道統觀)을 전적으로 수용하였으며,[13] 자신이 도통 연원을 계승한 것으로 인식하였다. 도학자가 곧 진유(眞儒)라고 생각하였다. 권근은 "맹자는 '삼성(三聖)의 계통을 잇는다'고 하였는데, 선생은 맹자를 계승한 분이시다"고 칭송하였다.[14]

송대 도학자들에 의하면, 복희씨(伏犧氏)로부터 요·순·우·탕·문·무·주공·공자·맹자로 이어지던 도통은 맹자에 와서 단절되었고, 1천 년 뒤 염계(濂溪) 주돈이(周敦頤)가 끊어진 통서(統緒)를 잇고, 이어 이정(二程)을 거쳐 주자(朱子)에 의해 크게 드러났다고 한다. 한편, 권근은 13세기 말 고려에 수용된 주자학이 이제현(李齊賢)·이색(李穡)에 이르러 정대정미(正大精微)한 경지에 이르렀으며, 이색의 문하에서 정몽주·이숭인·정도전·박상충(朴尙衷) 등이 나와 한 시대의 위관(偉觀)을 보였다고 평하였다.[15]

---

13) 『삼봉집』 권11, 「경제문감 별집 하」, 君道, 〈宋-神宗〉 "當神宗朝, 濂溪周子倡明道學, 兩程夫子從而和之, 道學之盛益大以肆, 上以續孔孟千載不傳之祕, 下以開後人萬世無窮之學, 實光前而絕後也. 同時如康節邵子, 橫渠張子, 司馬溫公, 又爲理學之淵藪, 卓卓乎其不可及者."
14) 『삼봉집』 권5, 「불씨잡변 後序」.

정도전은 정몽주와 끝내 시국관을 달리하여 서로 다른 길을 갔지만, 이들 두 사람은 갈라지기 이전에는 성리학의 이념으로 뭉친 동지였으며, 개혁의 동반자였다. 이것은 정도전이 남긴 시편이 잘 보여 준다.

지란은 불에 탈수록 향기 더하고   좋은 쇠는 갈수록 빛이 더나네.
굳고 곧은 지조를 함께 지키며   서로 잊지 말자 길이 맹세를 하세.[16]

芝蘭焚愈馨   良金淬愈光
共保堅貞操   永矢莫相忘

또 어느 시에서는 "포은 선생은 도덕의 종장이시다"(圃隱先生道德宗)라고까지 말하기도 하였다.[17] 또 정도전은 정몽주가 불교의 이론과 논리를 비판하는 데 적격자라고 치켜세우면서 다음과 같이 말하기도 하였다.

…… 달가(정몽주의 자)가 비록 그만한 지위는 없다 하더라도, 학자들이 달가의 학문이 본래부터 바름에 감복하였고 달가의 덕이 본디부터 뛰어남에 감복하였다. 나처럼 용렬한 사람이 세상의 비웃음을 아랑곳하지 않고 개연(慨然)히 이단을 물리치는 데 뜻을 두게 된 것도 역시 달가에 의지하였기 때문이다. 하늘이 달가를 내신 것은 참으로 우리 도의 복이다. 그런데 요즈음 '달가가 『능엄경(楞嚴經)』을 본다니 불교에 현혹된 것 같다'는 말을 들었다.

---

15) 권근, 「삼봉집 서」 참조.
16) 『삼봉집』 권1, 「次韻寄鄭達可夢周」.
17) 『삼봉집』 권1, 「次諸公韻」 "圃隱先生道德宗, 照人文彩取風流."

이에 나는 '달가가 『능엄경』을 보지 않으면 어찌 그 설이 사특함을 알 것인가? 달가가 『능엄경』을 보는 것은 그(불교) 속의 병통을 알아서 치료를 하자는 것이지 그 도를 좋아하여 정진하자는 것은 아니다'라고 변호한 적이 있다.[18]

학문과 사상의 측면에서는 후일 사림파의 종장, 동국도학의 시조로 불리는 정몽주와 그 대체를 같이 하였던 것이다.

그럼에도 정도전은 도학의 정통 계보에서 제외되었을 뿐만 아니라 도학자의 대열에서도 빠져 있다. 이것은 16세기 중엽, 명종 말년부터 사림파(士林派)가 집권하면서 명분론과 강상론(綱常論)에 입각하여 자파 위주로 도통 연원을 수립해 나간 데서 비롯된다. 정도전을 부정적 시각에서 바라보는 것은 사림파의 일반적인 행태다. 점필재(佔畢齋) 김종직(金宗直: 1431~1492)의 시 한 수를 보자.

누가 정도전을 고기(皐夔)와 직설(稷契)의 무리라 하였던가
공연히 평지에서 험하게 행동하여 끝내 몸을 위태롭게 하였네.
부질없이 동문에서 부로(父老)들에게 유시(諭示)하는 것이
어찌 잠자코 회진현에 은거하는 것만 하리오.[19]

---

18) 『삼봉집』 권3, 「上鄭達可書」 "近聞往來之言, 達可看楞嚴, 似佞佛者也. 予曰: 不看楞嚴, 曷知其說之邪? 達可看楞嚴, 欲得其病而藥之, 非好其道而欲精之也. 旣而私自語曰: 吾保達可必不佞佛. 然昌黎一與太顚言, 後世遂以爲口實. 達可爲人所信服, 其所爲繫於斯道之廢興, 不可不自重也. 且下民昏愚, 易惑難曉, 達可幸思之."
19) 김종직, 『점필재시집』 권22, 「錦城錄 其六」 참조.

誰謂宗之變契倫　　崎嶇平地竟阽身
謾煩父老東門諭　　爭似三緘隱會津

  정도전은 일찍이 원나라 사신의 목을 베라고 주장하다가 전라도 회진현으로 귀양을 갔다. 유배 가는 도중에 나주의 동문루(東門樓)에 올라 그곳의 부로들을 유시하는 글〔諭父老書〕을 지은 바 있다. 김종직의 시는 이를 겨냥한 것이다. 김종직은 정도전이 참사(斬使)와 유서(諭書)의 일에서 부질없이 입을 놀려 위험을 자초하거나 주제넘은 일을 한 것으로 폄하하였다. 평소의 감정이 그대로 묻어난다.
  사실 조선조 사림파에 의해 비판을 받기 이전, 정도전 당대에도 그에 대한 비판이 이어졌다. 정도전 역시 자신에 대한 부정적 이미지 때문에 30년 이상 쌓아온 학문의 탑이 사실상 무너졌다고 개탄한 적이 있다.

조존 성찰 두 가지에 공력을 기울이고
책 속의 성현을 저버리지 않았노라.
삼십 년 이래 부지런히 힘들게 공부했는데
송정에서 한 번 취해 허사가 되다니 원.[20]

操存省察兩加功　　不負聖賢黃卷中
三十年來勤苦業　　松亭一醉竟成空

---

20) 『삼봉집』 권2, 「自嘲」.

여기서 마지막 구절에 나오는 '송정(松亭)'은 사실상 '송헌(松軒)'을 달리 표현한 것으로 보인다. 송헌은 조선의 태조 이성계의 아호다. 이성계 측에 가담함으로써 '마침내 공(空)이 되었다'는 것이다. 솔직한 토로라 하겠다.

이제 일방적인 평가와는 궤를 달리하여 역사적 사실을 직시해 보기로 한다. 조선왕조 건국과 함께 정몽주→ 길재→ 김숙자(金叔滋)로 이어지는 사림파는 영남 지역을 중심으로 향촌에 은거하였다. 후일 성종 때 김종직이 정계에서 큰 영향력을 발휘하면서 사림파의 정계 진출이 본격화하였다. 이 때까지 사림파는 향촌에서 후진 양성에 매진하면서 주로 행의(行誼)에 힘썼다. 성리학에 대한 이론적 탐구보다도 '경(敬)'과 '소학(小學)'을 화두로 실천에 힘썼다. 이에 비해 정도전·권근을 대표로 하는 참여파 학자들은 사실상 조선 초기에 성리학의 이론적 탐구를 독당하다시피 하였다. 정도전의 『불씨잡변』·『심기리편』, 권근의 『입학도설』·『오경천견록(五經淺見錄)』 등은 조선 초기 학계의 연구 성과를 잘 보여주는 저술들이다.

이후 관학(官學)에서 성리학의 이론적 탐구는 꾸준히 이어졌다. 당시 성균관을 중심으로 이루어졌던 성리학 강의는 우리가 생각하는 것 이상이었던 것 같다. 『성리대전(性理大全)』이 한글 창제를 비롯한 세종조 문화 사업에 끼친 영향을 생각한다면 과소평가는 곤란하지 않을까 한다.

조선 초기 성리학은 명분상으로 정몽주·길재 계열이 주도권을 쥐었지만, 이론적 탐구 측면에서는 권근 계열이 앞서 갔던 것이 사실이다. 길재와 권근은 정치적으로 길을 달리 했지만 학문적 교유를 지속했고, 이것은 그의 후대에도 이어졌다. 김종직의 단계에 와서는 하나로 만나게 된다. 길재의 문인 응계(凝溪) 옥고(玉沽: 1382~1436)는 집현전학사 출신으로 일찍이 「인심선악상반지도(人心善惡相反之圖)」와 「음양변역성괘지도(陰陽變易成卦之圖)」를 완성하였다. 이 가운데 「인심선악상반지도」는 양촌 권근의 「천인심성합일지도(天人心性合一之圖)」를 바탕으로 인간의 심성 문제를 더욱 깊이 파고 들어간 것이다. 권근의 「입학도」와 그의 조카 권채(權採)의 「작성도(作聖圖)」를 시발로, 성리학의 이론을 도설(圖說)로 나타내려는 노력이 관학에서 지속되었음을 엿보게 한다.[21]

한편, 조선 초기 성리학은 영남 출신 학자들이 주도하였지만, 곧 이어 호남으로도 전파되어 상당한 결실을 맺기에 이른다. 길재 계열과 권근 계열의 성리학 전통이 하나로 만난 예를 조선 성종 때 전라도 화순(和順)에 살았던 일송(一松) 홍치(洪治: 1441~1513)를 통해 엿볼 수 있다. 홍치는 '조선판 심경(心經)'이라 할 수 있는 『심학장구집주대전(心學章句集註大全)』(2권 1책)을 저술하였다. 내용을 보면, 임금을 성왕(聖王)으로 만들기 위한 교재로서의 성격이 짙다. 성왕지학(聖王之學)은 이후 명종·선조 무렵에 부각되었다. 약칭 『심학』에는 명맥이 시들해진 도설이 다시 등장하여 이목을 끈다. 「심성정도(心性情圖)」 같은 것은 이황의 『성학십도』 가운데 「심통성정도(心統性情圖)」와 통하는 측면이 있다. 더욱이 사단과 칠정을 리기(理氣)에 분속(分屬) 시키면서 "四端之情, 理發而氣隨之, 七者之情, 氣發而理乘之"라고 규정한 것은 이황과 똑같다.[22]

이런 도설류는 대부분 권근으로 대표되는 관학파 계열에서 나왔으며

---

21) 최영성, 「야은 길재와 그 문생들의 도학사상」, 『한국학논집』 제45집, 계명대학교 한국학연구소, 2011 참조.
22) 최영성, 위의 논문, 참조.

호남과 관련이 있다.[23] 홍치 또한 그 계통을 이은 것이다. 후일 중종 말기에 나온 정지운(鄭之雲)의 「천명도설(天命圖說)」 역시 그의 스승 김안국(金安國: 1478~1543)이 성균관 대사성으로서 관학의 전통을 계승할 만한 위치에 있었던 것과 무관하지 않다. 이런 사정을 고려한다면, 관학파와 사림파를 대립적으로만 보는 것은 온당하지 않다.[24]

조선조 도학은 대개 성리학과 같은 개념으로 사용되었다. 이 밖에 의리학(義理學), 성명학(性命學), 송학(宋學) 등으로도 일컬어졌다. 그러나 도학이 곧 성리학이라는 등식은 성립하지 않는다. 도학은 범위가 넓다. 또 도통을 중시하기 때문에 도통과 연결되지 않으면 도학이라 하기 어렵다. 조선시대 도학을 비유하자면, 대개 '의리학'을 척추로 삼아 직립(直立)하였고, '성리학'을 이목(耳目) 삼아 방향을 가늠하였으며, '예학'을 수족(手足) 삼아 움직였고, '벽이단론'의 지팡이를 휘둘러 길을 헤쳐나갔다고 할 수 있다.[25] 도학은 간단한 학문이 아니다.

율곡 이이는 주저(主著)인 『성학집요』, 「제5 성현도통(聖賢道統)」에서, 도학자의 중요한 기준으로 ① 도학(도통) 연원을 계승함, ② 성현상전(聖賢相傳)의 심법(心法)을 체득함, ③ 학문에다 경제(經濟)의 재능을 겸비함, ④ 출처진퇴(出處進退)에 하자가 없어야 함을 제시한 바 있다.[26] 그는 이 기준에 어긋나면 도학자로 인정하지 않았다. 이를 본다면 성리학을

---
23) 권근은 일찍이 전라도 익산에서 귀양살이를 할 때 『입학도설』을 편찬하여 교재로 삼았으며, 그의 아우 권채는 만년에 전라도 태인에 정거(定居)하였다. 권채의 문인 안지(安止: 호는 皐隱)는 김제에서 만년을 보냈다.
24) 최영성, 「퇴계 사단칠정 리기호발론의 연원에 대한 일고찰」, 『한국철학논집』 제37집, 한국철학사연구회, 2013 참조.
25) 금장태, 『유교와 한국사상』, 성균관대학교출판부, 1980, 247쪽.
26) 『율곡전서』 권26, 「성학집요 八」, 〈第五 聖賢道統〉 참조.

공부했다고 해서 도학자라고 할 수는 없는 것이다. 또 도학자는 의리학파가 독점할 이유는 없다고 본다.

4. 主理論과 조선 성리학의 向方

정도전·권근에 대해서는 아직까지 선입견이 말끔하게 해소되지 않은 것 같다. 부정적 평가는 차치하더라도 기초적인 사실부터 잘못 알려진 경우가 많다. 사림파와 참여파에 대한 이분법적인 이해가 주 원인이라고 하겠다. 즉, 사림파에 대해서는 『춘추』의 강상론(綱常論)을 중시하고 백이·숙제를 바람직한 인간상으로 여기며, 성리학에서 말하는 '리(理)'를 중시하여 태극(太極)·인극(人極)·황극(皇極)의 세 표준을 세운다고 생각한다. 이에 비해 참여파에 대해서는 『주역』의 변화론(變化論)을 중시하고 이윤(伊尹)을 높이 평가하며, '기(氣)'를 중시하여 현실에서의 변화에 주목했다고 생각한다.[27] 『주역』에서 말하는 변역(變易)과 '기' 중시적 경향은 서로 통하는 바가 있다. 상황과 변화의 논리라는 점[28]에서 그렇다. 그럴듯한 해석이요 분류다. 그러나 이런 이분법적 추론은 사실상 허구에 가깝다.

정도전이 『주역』과 『춘추』를 어떻게 보았는지 오늘에 자세히 알기는

---

27) 류승국, 『한국의 유교』, 세종대왕기념사업회, 1980, 181쪽 참조. 이 책에서는 위에 소개한 내용을 '하나의 경향성'으로 소개하였지만, 실제로 이런 선입견이 많다고 본다.
28) 그러나 이것은 역(易)에 변역(變易)과 함께 불변역(不變易)이 있음을 간과한 결과라고 본다. 평소 『주역』 읽기를 좋아했던 정도전은 변역과 불변역에 대해 많은 고민을 하였을 것으로 짐작한다.

어렵다. 그가 화를 당하면서 많은 저술들이 불에 타거나 없어졌기 때문이다. 다만 그가 정이천(程伊川)의 『역전(易傳)』에서 오위효상(五位爻象)을 뽑아 정리해 놓은 것이 있어,[29] 상황과 변화를 중시하는 그의 관점을 추측할 수는 있다. 권근의 경우, 경학 관계 저술을 풍부하게 남겨 그의 경학관을 확실하게 엿볼 수 있다. 그는 『입학도설』에서 『주역』과 『춘추』를 오경의 두 축으로 하여 "『주역』은 오경의 전체요 『춘추』는 오경의 대용이라"고 하여 다음과 같이 말하였다.

> 『주역』은 오경을 전체적으로 망라한 것이고, 『춘추』는 오경의 대체적인 활용이며, 『서경』은 정사(政事)를 말하였고, 『시경』은 성정(性情)을 말한 것이며, 『예기』는 절도(節度)와 문식(文飾)으로 행동을 삼가도록 하였으니, 각기 한 가지 일을 전문적으로 하였다. 그러나 『주역』과 『춘추』는 체(體)와 용(用)이 되므로 각기 갖추어지지 않는 바가 없는 것이라 하겠다.[30]

이로써 『주역』이 경전 가운데 경전의 위치에 있음과, 권근이 『주역』과 『춘추』를 양익(兩翼)으로 여겨 경학을 연구하였음을 짐작하겠다.

한편 권근은 『입학도설』에서, 『춘추』의 전체(全體)를 '도(道)'로, 대용(大用)을 '권(權)'으로 규정하고, '도'를 '천지의 이치에 근본하는 것'(本乎天地之理), '권'을 '성인의 마음에서 유행(由行)하는 것'(行於聖人之心)이라 하였다. 『춘추』의 큰 활용〔大用〕을 '권(權)'으로 규정한 것이 이채롭다.

---

29) 건괘(乾卦)부터 췌괘(萃卦)까지만 있고 나머지는 일실되었다.
30) 『입학도설』권1, 24b, 「五經體用合一之圖」 "愚按: 易五經之全體也, 春秋五經之大用也. 書以道政事, 詩以言性情, 禮以謹節文. 雖各專其一事, 而易春秋之體用, 亦各無所不備焉."

그가 권변(權變)에 대해 '성인의 마음에서 유행하는 것'이라는 전제를 달기는 하였지만, 조선조에 참여하여 두 왕조를 섬겼던 그의 사상적 이면을 탐색하는 데 일정한 단서가 될 수 있을 것 같다.[31] 이를 보면, 조선왕조에 참여할 명분을 『춘추』에서 찾은 셈이 된다.

도식적인 이해로 정도전이나 권근의 학문과 사상에 접근할 수 없음은 위의 경학관만으로도 대강 짐작할 수 있다. 정도전은 성리학 관계 전문 저서로 『학자지남도』와 『불씨잡변』·『심기리편』·『심문천답』 등을 남겼다. 『학자지남도』는 오늘에 전하지 않지만 권근의 서문을 보면 성리학 관계 저술이 분명하고,[32] 권근의 『입학도설』에 큰 영향을 끼쳤을 것으로 짐작된다.[33] 『불씨잡변』은 불교 비판 전문서이지만 성리학 관계 저술로도 볼 수 있다.

정도전은 34세 때 나주(羅州)의 회진(會津)에서 귀양살이를 하면서 『심문천답』을 지었다. 저술의 직접적 동기는 바른말을 하다가 쫓겨난 자신의 억울함을 토로하고 변치 않는 신념으로 역경을 이겨내기 위함이었다. 『서경(書經)』, 「탕고(湯誥)」에서 이른바 "하늘은 착한 자에게 복을 주고 악한 자에게 화를 준다"(天道福善禍淫)는 것에 대한 믿음이 그 밑바탕에 깔려 있다. 그의 이러한 생각은 시에서도 잘 드러난다. 그는 자신에 대해서는 역사가 평가할 것이라는 굳건한 믿음을 지녔던 것 같다.

---

31) 최영성, 『한국유학통사』 상권, 심산출판사, 2006, 447~449쪽 참조.
32) 『양촌집』, 권16, 「三峯集序」 "先生著述有學者指南圖若干篇, 義理之精, 瞭然在目, 能盡前賢所未發."
33) 이병도, 「정삼봉의 유불관」, 『白性郁博士頌壽紀念論文集』, 1959, 665쪽.

고금을 통틀어도 백 살 사는 사람 없네
얻고 잃음을 가지고 정신을 허비 마소
다만 모름지기 썩지 않는 사문이 있어야
후일에 당연히 정씨 성 가진 사람 나올 걸세.[34]

今古都無百歲身　　休將得失費精神
只消不朽斯文在　　後日當生姓鄭人

당장 눈앞에 보이는 이해득실만 따져서 행동하지 말고 역사를 보고 행동하라는 메시지다. 그는 유교계가 제대로만 굴러간다면 뒷날에 또다시 자신과 같은 사람이 나올 것이라는 굳은 신념을 토로하였다.

『심문천답』에서는 유교가 바르고 이단의 도가 편벽됨을 밝혔다. 또 천(天)·인(人)의 상관 관계에 대한 기본적인 문제를 날카롭게 제기하였다. '심문(心問)'은 심(心)이 천(天)에게 선악응보(善惡應報)의 원리가 현실에서 쉽게 어긋난다는 점을 질문한 것이다. '천답(天答)'은 선악응보에 부정(不正)이란 없고 다만 더디고 빠른 것이 있을 뿐이니, 이것은 심기(心氣)가 그렇게 시킨 것이라는 내용이다. 즉, 천리는 반드시 그 상도(常道)를 지켜서 최후의 승리를 얻을 것이니, 그리되면 기 역시 리를 따라 바르게 된다는 말이다. 결국 의리의 정(正)을 지켜 공리(功利)의 사(私)에 빠지지 말라고 경계하는 내용이다. 이것은 곧 천인 관계를 해명하여 유교철학의 기본 구조를 밝힘과 아울러 인간 행위의 도덕적 근거를 제시

---

34) 『삼봉집』 권2, 「自詠」 제5수.

하는 것이기도 하다. 이로써 성리학 이념에 입각한 이상사회 건설을 위한 논리 체계의 일단이 제시된 것이다.

『심기리편』 3편을 요약하면, 불가와 도가에 대한 유가(성리학)의 우위성을 철학적으로 전개하는 내용이다. 첫째는 '심난기(心難氣)'이니 불가의 수심(修心)의 요지를 논하여 도가를 비난하고, 둘째는 '기난심(氣難心)'이니 도가의 양기(養氣)의 법을 논하여 불가를 비난하고, 셋째는 '리유심기(理諭心氣)'니 유가의 의리의 바름을 논하여 도·불의 편벽성을 깨우치는 것이다. 그 내용은 대체로 다음과 같이 요약할 수 있다.

> 유가에서는 리를 주로 하여 심과 기를 다스리니, 그 하나에 근본하여 그 둘을 기르는 것이요, 도가에서는 기를 주로 하여 양생(養生)으로 도를 삼고, 불가에서는 심을 주로 하여 부동(不動)으로 종(宗)을 삼아, 각기 그 하나를 지키고 그 둘을 버린 것이다.[35]

정도전은 도가에서 기가 리에 근본하고 있음을 알지 못하고 기로써 도를 삼고 있으며, 또 불가에서 리가 심에 갖추어져 있음을 알지 못하고 심으로써 종(宗)을 삼았다고 비판하면서, "내(理)가 너의 심에 주재하고 있으면 형철(瑩澈)하고 허명(虛明)할 것이요, 내가 너의 기를 기르면 호연지기가 생길 것이다"[36]라고 하였다.

『심기리편』에서 말하는 '심'은 불교를, '기'는 노장을, '리'는 유교를 대

---

35) 『삼봉집』 권6, 「심기리편 후서」.
36) 『삼봉집』 권6, 「심기리편」, 〈理諭心氣〉 "我存爾心, 瑩澈虛明, 我養爾氣, 浩然而生."

표하는 핵심 개념이다. 여기서 심은 마음, 기는 몸, 리는 도덕적 본성을 가리킨다. 정도전이 삼교의 중심 개념을 무엇으로 파악했는지 확실하게 드러냈다. 한 마디로 몸과 마음은 도덕적 본성을 표준으로 삼아야 한다는 강한 메시지를 던진 것이다. 이는 정도전이 성리학의 핵심을 제대로 짚어낸 것이라 하겠다.

한편, 『심기리편』은 『불씨잡변』에 비하여 도·불을 비판하는 심도와 열의가 미약할 뿐 아니라, 얼핏 보면 유교의 입장에서 도·불을 포괄하여 삼교회통을 지향하는 인상마저 없지 않다. 이에 대해 권근은 「심기리편 후서」에서, 이 글을 삼교일치의 취지로 알고 이해하는 것은 잘못이라고 지적하였다.[37]

정도전은 『심기리편』에서 "심이 있고 내(理)가 없으면 이해(利害)로만 달려갈 것이요, 기만 있고 내가 없으면 고깃덩이처럼 지각없이 금수와 한 길로 돌아갈 것이다. 아아, 그 중에서 조금 다를 자가 몇 사람이나 될 것인가"[38]라고 하였다. 즉 심이나 기는 리에 근거해야 이해의 추구에 사로잡히거나 육체적 본능에 빠지는 것을 막을 수 있다는 것이다. 여기서 리는 의리를 말한다.

의리는 사람과 금수를 구별하여 사람을 사람이게 하는 근거이며, 생사를 넘어서 지향하는 근본적 가치 기준이다. 그러기에 "죽을 자리에 죽는 것은 의(義)가 몸보다 소중하기 때문이다. 군자는 제몸을 희생하여

---

[37] 『삼봉집』 권6, 「심기리편 후서」 "抑或有人, 徒見其不斥也, 以爲三敎一致, 故先生作此, 以明其道之同耳, 則非知言者也."
[38] 『삼봉집』 권6, 「심기리편」, 〈理論心氣〉 "有心無我, 利害之趨, 有氣無我, 血肉之軀, 蠢然以動, 禽獸同歸, 其與異者, 嗚呼幾希."

인(仁)을 이룬다"라고 하였다.[39] 철저할 정도로 가치론적 관점에서 주리론의 입장에 입각했음을 볼 수 있다. 정도전 자신의 혁명이 단순하게 상황 논리에 따른 것이 아닌, '리'의 명명(明命)[40]에 따른 것임을 짐작할 수 있게 한다. 성리학에서의 의리 문제는 잘라 말하기 어렵다. 다만 정도전이 생각하는 대의란 철저할 정도로 '민(民)'에 기준을 두었다는 점이다. '위민(爲民), 중민(重民)이야말로 대의 가운데 대의'라는 인식이 강하다. 이것이 『삼봉집』 전편에 흐르는 기조다.

『심문천답』은 성리학의 이론을 문답체로 알기 쉽게 서술한 것이다. 『심기리편』이 유·불·도 삼교의 비교를 통해 유학(성리학)의 우위를 드러내려는 데 비해, 『심문천답』은 선악·보응(報應)의 더디고 빠른 이치를 밝혀 사람들에게 공리(功利)를 추구하는 데 빠지지 말고 바른 도리로 나갈 것을 권면하는 내용으로 되어 있다. 그 이면에 담긴 정신을 한 마디로 말하자면, 가치론적으로 '리'를 높이고〔尊理〕, '기'를 억제하는〔抑氣〕 것이라 할 수 있다. 즉 리가 기를 눌러야 나라가 다스려지고 세상이 편안하다는 인식이다. 정도전이 공리를 비판한 사실은 그를 사공파로 지목, 비판하는 것이 문제 있음을 단적으로 잘 보여준다.

이상 소개한 저술의 내용과 성리학적 경향을 통해 정도전이 주리론의 기치를 높이 들어 조선 유학의 방향을 선명하게 제시했음을 알 수 있다. 조선조 성리학의 기초가 주리적 경향이었고, 또 그것이 후일 조선 성리학의 정맥(正脈)을 이루었다는 사실은 정도전과 관련하여 중요한

---

39) 『삼봉집』 권6, 「심기리편」, 〈理諭心氣〉 "可死則死, 義重於身, 君子所以殺己成仁."
40) 정도전은 『심문천답』에서 '의리의 명'(義理之命)이라 하였다.

의미를 지닌다. 당시 성리학의 주리적 가치를 정도전처럼 체계적으로 정리하여 전파한 사람은 찾아보기 어렵다. 권근 같은 대학자도 그에 추수(追隨)할 정도였다. 여기서 그의 선구적 위치를 찾을 수 있다. 이후 주리론은 관학(官學)으로 계승되었다. 관학파 학자들이 보는 '주리'의 의미는 '인간이 인간답게 사는' 이상세계의 구현이었다. 사림파 학자들이 도학적 입장에서, 나아가 주리적 입장에서 정도전을 변절자로 매도하였던 것은 역사의 아이러니다. 도학은 사림파(의리학파)의 전유물일 수 없다고 본다. 또 '주리파'가 '주리파'를 공격하는 '이리치리(以理治理)' 역시 조선성리학의 배타적 한 측면을 보여주는 것이라고 하겠다. 같은 주리적 입장이라 하더라도 '리'에 대한 해석에서 차이가 있음을 놓쳐서는 안 될 것이다.

정도전의 주리론에 대해서는 1990년에 한 연구가 있었다. 이 연구에서 정도전의 성리학을 주리론으로 보아야 한다는 주장이 강하게 제기되었다.

> ······ 그의 이러한 '주리론'적 경향에 입각하여 기존에 연구되어진, 그의 사회사상과 벽불론에 대한 문제를 또 다른 각도에서 살펴볼 수 있다고 생각한다. 즉, 사회개혁사상은 조선조 후기의 실학사상에서 보여주는 것처럼 대체로 '주리론'에서보다는 '주기론'적 경향에서 이루어졌다고 여겨져 왔는데(윤사순), 앞에서 살펴본 삼봉의 '주리론'적 경향에서의 사회 개혁 사상과 비교하여 살펴보는 작업도 뜻있는 일이 될 것이다.[41]

---

41) 장성재, 「삼봉의 '태극'에 대한 이해와 그 성격」, 455쪽.

그로부터 30년이 훨씬 넘었다. 그렇지만 이 문제가 심도 있게 논의된 것 같지는 않다. 정도전은 주리론으로 조선 성리학의 방향을 확실하게 제시한 학자다. 이는 본고에서 강조하고 역설하는 내용 가운데 가장 큰 의미를 지닌다.

5. 삼봉 성리학의 면모

현재 정도전의 성리학 관련 전문 저술은 전하지 않는 것으로 알려진다. 그러다보니 『불씨잡변』이나 『심기리편』 등에 보이는 단편적 논술을 통해 정도전의 성리학에 대한 견해를 엿보는 정도에 그치고 만다. 그러나 단편적이라고 해서 이해의 정도가 낮은 것은 아닐 터이다. 나름의 체계와 특성이 없는 것도 아니라고 본다. 정도전의 문인 양촌 권근은 「삼봉집 서」에서 "선생의 저술로 『학자지남도』 약간 편이 있다. 의리의 정밀함이 일목요연하여 능히 전현(前賢)이 발명(發明) 못한 바를 다 발명하였다"라고 하였다. 『학자지남도』는 현재 전하지 않아 그 내용과 성격을 분명하게 알기는 어렵지만, '의리의 정밀함' 운운한 것으로 보아 성리학 관련 전문 저술로 추정해도 무리는 없을 듯하다. 위 서문의 내용으로는, 정도전의 성리학 이해의 정도가 높았던 것 같다.

정도전 성리학에서 가장 큰 특징을 들자면, 그가 조선왕조의 설계자답게 성리학에서의 주리론으로 문물제도의 철학적 기초를 다졌다는 점이다. 왕조가 바뀌는 대변혁의 시기에 '주기'를 표방하면서 그것으로 개혁의 사상적 기초로 삼을 수도 있었겠지만, 그는 고려로부터 조선으로,

불교로부터 유교-성리학으로의 완전한 교체를 위하여 불변의 가치를 추구하였고, 마침내 불변의 가치를 담은 '주리'의 깃발을 높이 들었던 것이다. 정도전의 주리적 입장은 이처럼 근본주의적 정신의 소산이면서 아울러 시대정신의 소산이기도 하다.

정도전의 성리학에 대한 이해에서 그 대강을 몇 가지 꼽아보기로 한다. 먼저 리기론의 경우 리를 형이상과 무위(無爲)로, 기를 형이하와 유위(有爲)로 구분하였다.

> 도(道)란 것은 리(理)이니 형이상(形而上)의 것이요, 기(器)란 것은 물(物)이니 형이하(形而下)의 것이다.[42]

정도전은 리기에 대해 사실론적 차원에서 말하기도 하지만, 대체로 가치론적 차원에서 말하는 경우가 많다. 나아가 리기를 정통과 이단에 비유하기도 하였다. 따라서 리 우위적, 리 중시적 견해가 지배적일 수밖에 없었다. 그가 리를 중시한 이유는 다름이 아니다. 불변의 가치, 기준(표준)이 확고하게 서야 국가가 안정적으로 운영될 수 있다는 논리로 이해할 수 있다.

다음 심·기·리의 관계에 대해 살펴보자. 그 단서가 될 만한 언급을 보자.

> 아, 목목(穆穆: 지극히 맑음)한 그 '리'여! 천지(天地)보다 앞에 있어, '기'는

---

42) 『삼봉집』 권5, 「불씨잡변」, 〈佛氏昧於道器之辨〉 "道則理也, 形而上者也. 器則物也, 形而下者也."

나(理)로 말미암아 생기고, 심(心) 또한 품수(稟受)하였도다.[43]

천지의 리(理)가 사람에게서는 성(性)이 되고, 천지의 기(氣)가 사람에게서는 형(形)이 된다. 심(心)은 또 리와 기를 겸하여 얻어 한 몸의 주재(主宰)가 되었다. 그러므로 리가 천지보다 앞에 있어, 기가 이로 말미암아 생기고, 마음도 또한 품수하여 덕(德)이 된 것이다.[44]

이를 보면 리는 궁극의 근원으로서 기와 심의 존재 근거가 된다. 여기서 리생기(理生氣), 리선기후(理先氣後)의 관점까지도 엿볼 수 있다.

정도전은 리기의 불상리(不相離), 불상잡(不相雜)의 관계에서 양자에 대한 균형 잡힌 시각을 보여주었다. 어느 한쪽에 치중하면 문제가 생긴다고 보았다.

대개 도(道)란 비록 기(器)에 섞이지 않으나 또한 기에서 떠나 있지도 않은 것이다. 그런데 저 불씨(佛氏)는 …… 도가 기와 섞이지 않음을 보고는, 도와 기를 나누어 둘이라고 한다. 그리고는 "무릇 상(相)이 있는 것은 모두 다 허망한 것이다. 만일 모든 상을 상 아닌 것으로 본다면 곧 여래(如來)를 볼 것이다"라고 말하여, 반드시 모든 존재(有)를 파탈(擺脫)하려고 하다가 공적(空寂)에 떨어지고 만다. 그런가 하면, 도가 기에서 떠나지 않음을 보고는 기를 도라고 여겨, 이에 "선과 악이 모두 마음이요, 만법(萬法)이 오직

---

43) 『삼봉집』 권6, 「심기리편」, 〈理論心氣〉 "於穆厥理, 在天地先, 氣由我生, 心亦稟焉."
44) 『삼봉집』 권6, 「심기리편」, 〈理論心氣〉 "天地之理, 在人而爲性, 天地之氣, 在人而爲形, 心則又兼得理氣, 而爲一身之主宰也. 故理在天地之先, 而氣由是生, 心亦稟之以爲德也."

의식(識)이다. 그러므로 일체에 수순(隨順)하되 하는 일이 다 자연 그대로 이기도 하고, 그와 반대로 미쳐 날뛰고 하고 싶은 대로 하여 온갖 짓을 못할 것이 없기도 하다"고 한다. 이것은 정자(程子)가 이른바 '막혀 고루한 자는 고고(枯槁)한 데로 들어가고, 소통(疏通)한 자는 방자한 데로 돌아간다'고 하는 것이다.[45]

즉, 불상잡에 치중하면 도와 기를 나누어 보게 되어 허무공적에 떨어지고, 불상리에 치우치면 기를 리로 아는 인기위리(認氣爲理)의 폐단에 빠질 뿐만 아니라, '기(氣)'인 '심'을 가치 기준으로 삼아 제멋대로 행동하는 창광방자(猖狂放恣)의 병통을 초래할 수 있다는 것이다.

그렇다면 정도전은 리와 태극의 관계를 어떻게 보았을까? 태극을 기로 보는 경우가 있다. 이것은 도가의 견해다. '태극은 곧 리이다'(太極卽理)라고 해야 정통 성리학의 대열에 선 것으로 인정할 수 있다. 정도전의 견해를 보자.

대개 천지만물이 있기 전에 필경 태극이 먼저 있어, 천지 만물의 이치(理)가 그 가운데 이미 혼연(渾然)하게 갖추어졌다. 그러므로 "태극이 양의(兩儀)를 낳고 양의가 사상(四象)을 낳는다"고 하였으니, 천만 가지 변화가 모두 이로부터 나온다.[46]

---

45) 『삼봉집』 권5, 「불씨잡변」, 〈佛氏昧於道器之辨〉 "蓋道雖不雜於器, 亦不離於器者也. 彼佛氏於道, …… 其道不雜於器者, 則以道與器歧而二之, 乃曰: 凡所有相, 皆是虛妄. 若見諸相非相, 卽見如來. 必欲擺脫群有, 落於空寂見. 其道不離於器者, 則以器爲道. 乃曰: 善惡皆心, 萬法唯識, 隨順一切, 任用無爲. 猖狂放恣, 無所不爲. 此程子所謂滯固者入於枯槁, 疏通者歸於恣肆者也."

제7장 三峯 성리학의 主理論的 특질

여기서 정도전은 '태극즉리(太極卽理)'라고 못을 박지는 않았다. 그러나 태극 속에 천리만물의 이치가 갖춰져 있음을 말함으로써, 태극과 리를 별개로 보지 않았음을 분명히 하였다. 또한 무극과 태극과 관계에서도 무극이 태극에 앞서 있거나 별개의 것이 아님을 분명히 하였다. 무극은 태극의 성격을 규정해 주는 것으로 결국 태극을 '무형이유리(無形而有理)'[47]로 풀려는 포석이라는 점을 이해하였다.[48] 그런데 고 한영우(韓永愚: 1938~2023) 교수는 정도전이 본체로서의 태극에 대해 말하면서 '태극즉리(太極卽理)'로만 이해하지 않았다고 주장하였다. 다시 말해서 정도전이 말하는 태극이 기를 의미하는 측면도 있다는 것이다.[49] 그러나 이는 명백한 오해다. 정도전은 태극을 기로 보지 않았다. 태극을 리로 보는 것은 성리학의 기본 전제다. 그가 태극을 기로 보았다면 도가 쪽에 가깝다.

한편, 정도전은 리에 동정(動靜)과 체용(體用)이 있다고 하였다. 리의 본체는 무위(無爲)하지만 그 작용으로서 동정이 있다는 것이다.

> 우리(儒)는 마음 속에 모든 이치가 갖추어져 있다고 한다. …… 마음 가운데 원래 이 리(理)가 있어, 바야흐로 리가 정(靜)할 때에는 지극히 고요하여 이 리의 체(體)가 갖추어지고, 리가 동(動)하게 됨에 느끼고 통하여 이 리의 용(用)을 행한다. 그러므로 "고요하여 움직이지 않아도 감(感)하여 드디어

---

46) 『삼봉집』 권5, 「불씨잡변」, 〈佛氏眞假之辨〉 "蓋未有天地萬物之前, 畢竟先有太極, 而天地萬物之理, 已渾然具於其中. 故曰太極生兩儀, 兩儀生四象, 千變萬化, 皆從此出."
47) 『朱子語類』 권94, 「太極圖」 "無極者, 無形, 太極者, 有理."
48) 이에 대한 자세한 논의는 장성재, 「삼봉의 태극에 대한 이해와 그 성격」, 441~443쪽 참조.
49) 한영우, 『정도전 사상의 연구』(개정판), 서울대학교, 1983, 65쪽 참조.

천하의 모든 일(故)에 통하게 된다"는 말이 이것이다.[50]

여기서 리의 본체(理之體)는 '갖추었다(具)'고 하였고, 리의 작용(理之用)은 '행한다(行)'고 하였다. 리가 '동(動)'할 때의 작용을 '행(行)'으로 표현하였다. 이것을 '리가 발하는 것(理發)'으로 해석할 수 있을 것인가. 한 연구자는 "리의 동정 문제를 살펴볼 때, '리발'을 주장하는 주리적인 입장을 내세운 최초의 인물이 삼봉임을 발견할 수 있었다"[51]고 주장한 바 있다. 과연 그런가. 다른 언급을 하나 더 보기로 한다.

> 유강공(劉康公)이 말하기를 "사람은 천지의 중(中)을 받아 태어났으니 이른 바 명(命)이다. 그러므로 동작(動作)하고 위의(威儀)를 차리는 데 법칙을 두어 명(命)을 정(定)한다"고 하였다. 그가 말한 '천지의 중(中)'이란 곧 리(理)를 말함이요, '위의의 법칙'은 곧 리가 작용에 발(發)하는 것을 말한다.[52]

여기서 원문 '理之發於作用者' 운운한 것이 주목된다. '리가 작용을 통해서 발한다'는 말을 보면, 정도전이 '리발'을 주장했다고 단정하기는 어렵지 않을까 한다. 앞에 나온 '理之用行'도 같은 맥락에서 나온 말이다. 이것은 '성이 발하여 정이 된다(性發爲情)'는 논법과 다르지 않다.

---

50) 『삼봉집』, 권5, 「불씨잡변」, 〈佛氏同異之辨〉 "此曰心具衆理, 彼曰心生萬法. 所謂具衆理者, 心中原有此理, 方其靜也, 至寂而此理之體具焉. 及其動也, 感通而此理之用行焉. 其曰'寂然不動, 感而遂通天下之故', 是也."
51) 장성재, 「삼봉의 태극에 대한 이해와 그 성격」, 450쪽.
52) 『삼봉집』, 권5, 「불씨잡변」, 〈佛氏作用是性辨〉 "劉康公曰: 人受天地之中以生, 所謂命也. 故有動作威儀之則, 以定命也. 其曰, 天地之中者, 卽理之謂也. 其曰, 威儀之則者, 卽理之發於作用者也."

'리에서 발한다'(發於理)와 '리가 발한다'(理之發)은 다른 논법이다.

정도전은 대개 '주재하는 것은 리(主宰是理)', '작용하는 것은 기(作用是氣)'라는 주자의 논법을 그대로 따랐다. 이는 다음의 글에서도 엿볼 수 있다.

> 대개 성(性)이란 것은 사람이 하늘에서 얻어 태어난 리(理)이고, 작용이란 것은 사람이 하늘에서 얻어 태어난 기(氣)이다. 기가 엉겨서 모인 것이 형질(形質)이 되고 신기(神氣)가 된다. 그러므로 마음의 정상(精爽)함, 이목(耳目)의 총명함, 손으로 잡음, 발로 달림과 같은 모든 지각(知覺)이나 운동을 하는 것은 모두 기이다. 그러므로 "형(形)이 이미 생겼으면 신(神)이 지(知)를 발(發)하게 된다"라고 하는 것이다. 사람에게 이미 형기(形氣)가 주어졌으면 리가 그 형기 가운데 갖추어진다. 마음에서는 인의예지(仁義禮智)의 성(性), 측은(惻隱)·수오(羞惡)·사양(辭讓)·시비(是非)의 정(情)이 된다. (이 뿐 아니라) 머리 모양은 직(直)이 되고, 눈 모양은 단(端)이 되고, 입 모양은 지(止)가 되는 것 등등, 대개 당연한 법칙으로서 바꿀 수 없는 것이 되는 원인이 바로 리(理)이다.[53]

여기서 중요한 것이 마지막에 나오는 '…… 凡所以爲當然之則而不可易者, 是理也' 운운하는 구절이다. 이 구절을 『국역 삼봉집』에서는 "……

---

53) 『삼봉집』, 권5, 「불씨잡변」, 〈佛氏作用是性之辨〉 "蓋性者, 人所得於天以生之理也, 作用者, 人所得於天以生之氣也. 氣之凝聚者, 爲形質爲神氣. 若心之精爽, 耳目之聰明, 手之執足之奔, 凡所以知覺運動者, 皆氣也. 故曰, 形旣生矣, 神發知矣. 人旣有是形氣, 則是理具於形氣之中, 在心爲仁義禮智之性, 惻隱羞惡辭讓是非之情, 在頭容爲直, 在目容爲端, 在口容爲止之類. 凡所以爲當然之則而不可易者, 是理也."

이런 등속의 것은 모두가 당연한 법칙이라 바꿀 수 없는 것이니, 이것이 바로 리이다"[54]라고 번역하였다. 이 번역이 연구에 원용됨으로써 정도전이 사단의 '정'까지도 '리'로 보았다느니, 이것은 조선 초기 성리학이 성숙하지 못한 여건에서 나온 말이라느니 하는 등의 오해가 있었다.[55] 위 구절에서 '소이(所以)' 두 글자를 제대로 이해하지 못한 결과라고 생각한다. 정도전의 논리에는 무리가 없어 보인다.

한편, 위에 사단에 대한 언급만 있고 칠정에 대한 언급이 없는 것은 특별한 이유가 있어서 그런 것 같지는 않다. 일단 글 자체가 사단과 칠정을 정면으로 다룬 것이 아니다. 전체 맥락을 보면 소당연지칙(所當然之則) 등을 말하는 과정에서 하나의 사례로 거론되었을 뿐이다.

리기론에 관한 정도전의 기본 입장은 퇴계 이황이 '리' 자를 알기가 어렵다고 했던 것처럼 '리자난지(理字難知)'[56] 넉 자로 귀결될 수 있을 것 같다. 리기의 본질적 성격과 차이, 그리고 양자의 관계성을 제대로 인식하지 못하면 불가에서처럼 리의 주재성과 법칙성을 간과하거나 기를 리로 아는 병통에 빠지게 된다는 것이다. 다시 말해서 소이연지리(所以然之理), 소당연지리(所當然之理)에 대한 투철한 이해가 있어야 한다는 것이다. 이점이 그를 주리론의 기치를 높이 들게 한 근본 원인의 하나였을 것으로 짐작한다.

---

54) 조준하(외) 역, 『국역 삼봉집』 1, 317쪽 참조.
55) 장성재, 「삼봉의 태극에 대한 이해와 그 성격」, 451쪽 참조.
56) 『퇴계문집』 권16, 46b, 「答奇明彦」 "蓋嘗深思古今人學問道術之所以差者, 只爲理字難知故耳. 所謂理字難知者, 非略知之爲難. 眞知妙解, 到十分處爲難耳."

6. 주리론과 고례(古禮)의 만남

　정도전 성리학의 기반은 주리론이고 경세사상의 기반은 고례(古禮)를 대표하는 주례이다. 양자는 상호 긴밀한 연관성이 있다. 성리학의 '리', 주례의 '고(古)'는 관념상으로 하나의 맥락에서 논할 수 있는 개념이다. 정도전의 이런 사상적 맥락은 조선 후기의 실학자들에게 이르기까지 오랫동안 반복적으로 나타난다. 정도전의 영향을 엿볼 수 있는 대목이다. 이에 대해 역사적 큰 흐름을 통해 서술하기로 한다.

　여말 선초, 사회 전반에 걸쳐 변화와 혁신의 바람이 불었다. 신진사대부 출신의 주자학도가 그 주역이었다. 여말 선초의 주자학은 현실에 대한 비판적이고 개혁적인 성격과 기능을 잘 간직하고 있었다. 그러다가 정주학을 기반으로 하는 신진사대부들이 역사관이나 가치관, 현실인식을 놓고 노선 차이를 보이다가 마침내 보수 세력과 혁신 세력의 두 갈래로 갈려 대립하게 되었다. 보수 세력은 불교로부터 성리학으로의 전환이 필요함은 인정하였지만, 왕조의 교체는 부당하게 여겼다. 이에 비해 혁신 세력은 사상과 왕조의 교체 두 가지 모두 이루어져야 한다고 보았다. 두 파의 분열은 불가피하였다. 후일 보수파는 사림파로, 혁신파는 창업파(관학파)로 이어지면서 조선 초기 학계와 사상계를 양분하다시피 하였다.

　조선 초기의 학계는 주자학-성리학이 주도하였고 성리학에서의 '리'를 중시하는 경향이 지배적이었다. 김시습(金時習)·서경덕(徐敬德)의 경우처럼 '기'에 관심이 높거나 기철학을 전개한 학자가 더러는 있었지만, 대세를 이루지는 못하였다. 이른바 주리론자들은 대체로 '가치'의 논리에 치중하였다. 이에 비해 주기론자들은 '사실'의 측면에 치중한 경향이 짙었다. 이상사회의 건설을 추구하는 주리적 관점에서는 인륜 도덕을 중시하는 등 가치의 논리를 중시할 수밖에 없었고, 주기적 관점에서는 도체(道體)를 설명하면서 사실의 논리를 끌어오는 것이 편했을 것이다.

조선시대에 리기철학이 갖는 정치·사회적 의미는 다양하게 이해되었다. 리기를 어떻게 해석하느냐에 따라 사뭇 다른 양상을 보였다. 다만 리기의 '개념적 다의성(多義性)'이 주요 원인이었다. 리기의 개념을 자기중심적으로 해석하거나 합리화하여 철학적 근거로 삼기도 하였다. 앞서 말한 바와 같이 조선 초기부터 중기까지는 학계·사상계에 '리' 중시적 경향이 지배적이었다. 삼강오륜을 바탕으로 한 종법적(宗法的) 윤리 사상과 '리일분수설(理一分殊說)'을 원용한 계급·차별 사상에는 대개 성리학의 주리적 사고가 강력하게 뒷받침되어 있었다.

그러다가 16세기 후반에 들어 율곡 이이를 정점으로 하는 '기' 중시적 경향을 지닌 학자들이 배출되었다. 리기에 대한 이들의 인식은 이전 시기의 그것과는 적지 않은 차이를 보였다. 이들은 '리존기비(理尊氣卑)'라는 종래의 인식을 깨고 '기'의 상징으로 '변화'와 '역동성'을 부각하였다. '기'를 '현실' 및 '현실에서의 변화 가능성'의 측면 초점을 맞추어 이해하려 하였다. 나아가 어느 시대를 막론하고 영원히 보편타당한 법이란 있을 수 없다고 하면서, 변법경장론(變法更張論)을 제기하였다. 이이의 변법경장론은 그의 변화기질론(變化氣質論)을 정치, 사회적 차원으로 발전시킨 것으로 볼 수 있다. 이것은 '기'를 중시하는 철학이 개혁과 진보의 사상적 원동력으로 이해될 만한 여지는 있다. 지난날 학계 일각에서 조선 후기 실학사상을 '기' 중시적 사고로 연결지은 것도 사실 이런 측면을 염두에 둔 것이었다.

그러나 기를 중시하는 학자들의 성향은 일률적이지 않다. 주기론이 정치와 결부될 때는 사뭇 다른 양상을 보이기도 한다. 잘 알려진 바와 같이 인조반정(1623) 이후에는 주로 율곡 계통의 서인(후에 노론)이 집권하였다. 퇴계학파에 비해 상대적으로 기 중시적 경향이 강한 율곡학파 안에서도 집권한 이들은 대체로 율곡 이이의 진보적, 개혁적 성향을 상실하고, 집권 지배층인 자신들의 이익과 기존의 도덕질서, 정치 질서를 수호하고 대변하는 보수적 경향을 드러냈다. 나중에는 개혁과 진보를 저해하는 수구세력의 성격마저 띠기도 하였다.

이와 반면에, 율곡학파나 그 계열 중에서도 집권하지 못한 이들은 기 중시적 철학사상에서 연유할 수 있는 진보적이고 개혁적인 성향을 지니고 있었다. 변화의 원리로서의 '기' 철학의 긍정적 기능을 여전히 인식하고 있었다는 말이다. 여기서 우리는 학문과 사상의 기반이 같다 하더라도, 정치적으로 집권 여부에 따라 입각점이나 지향하는 바가 다를 수 있다는 결론에 이르게 된다. 한 마디로, 주리파나 주기파 모두 집권 여부에 따라 수구적인 데로 흐를 경향성은 언제나 잠재하였던 것이다. 물론 정치적 차원에서 볼 때 비판하는 측과 방어하는 측의 관점이 같을 수는 없을 것이다. '현실 중시'라는 점에서는 다르지 않았지만, 현실에 대한 진단과 처방에서는 견해가 다를 수밖에 없다는 변명도 가능할 것이다.

이처럼 리와 기에 근거한 철학 사조들은 각각 그 시대의 여건과 대상에 따라 긍정적 기능과 부정적 기능을 수행하였다. 집권 여부가 중요한 변수였다. 이와 관련하여 성호 이익의 지적은 새겨볼 만하다.

근세 이율곡 같은 분은 경장(更張)에 대한 말씀을 많이 하였다. …… 대개 개국 이후 시무(時務)를 제대로 인식한 분으로는 율곡이 으뜸이었다. 애석하다. 그분을 높이는 오늘의 모습이여! 그 사람만 높일 뿐 그 내용은 높이지 않아서 나라를 살릴 방도를 묻게 했다.[57]

율곡의 사상적 후예인 집권 노론파가 율곡 이이를 높이면서도 그의 개혁안은 외면하고 소홀히 여겼다는 지적으로 이해할 수 있겠다.

경세치용파(經世致用派)의 선구인 유형원(柳馨遠: 1622~1673)과 그를 계승한 성호 이익, 그리고 성호 계열의 학자들은 대개 남인 출신이다. 이들은 이황의 '리' 중심적 철학 전통을 계승하였다. 경세치용파에서 주리론이 갖는 사상적 기능은 원리·원칙(principle)에 입각하여 모순되고 불합리한 현실을 개혁하는 것이었다. 그들의 개혁안이 대체로 이상적이고 복고적 성향을 띤 것은 사실이다. 물론 때의 복고는 '고'를 빌어 오늘의 잘못을 비판하고 이상을 제시하기 위한 것이었다.[58]

이익은 "조선이 개국한 뒤 시무에 대해 아는 분으로는 이율곡·유반계를 꼽을 정도다"라고 전제하면서 "율곡의 논의는 그 태반이 당장 시행이 가능한 것이지만, 반계는 근원처(根源處)를 밑바닥까지 파고들어 일제히 참신하는 것을 왕정의 시작으로 삼았다"[59]라고 평하였다. 현실을 감안

---

57) 『星湖全書』 권46, 20a, 「論更張」 "如近世李栗谷, 多言更張, 當時議者不韙也. 以今考之, 明快切實, 八九可行. 蓋國朝以來, 識務之最. 惜乎, 今之尊之也, 尙其人而不尙其實, 使醫國之詮, 埋沒而不擧也."
58) 『論語集註』, 「八佾」, 〈射不主皮〉注 "楊氏曰: 聖人言古之道, 所以正今之失."
59) 『星湖僿說』 권11, 64a~64b, 人事門, 〈變法〉 "國朝以來, 識務屈指, 惟李栗谷柳磻溪二公在. 栗谷太半可行, 磻溪則究到源本, 一齊剗新, 爲王政之始, 志固大矣."

한 점진적인 개혁안과 근본적이고 전면적인 개혁안을 선명하게 대비하였다.

정도전은 조선 성리학사에서 주리론의 선구자요, 주리론에 근거하여 조선왕조의 백년대계를 기초를 세우려 하였다. 그는 주리론과 함께 '원시반본(原始返本)' 차원에서 고례의 정신을 강조하였다. 성리학에서의 주리론과 고학(古學)은 관념상으로 자연스럽게 연결된다. 정도전의 주리론과 탁고개제적(託古改制的) 경세론(개혁론)은 조선 후기 주리 철학에 기반을 둔 실학자들에게도 이어졌다. '리'와 '고'의 그 관계성을 보자.

'고'에는 시간적 차원의 고와 진리를 의미하는 고가 있다. 송유(宋儒) 호굉(胡宏: 1106~1161)은 이것을 '시지고금(時之古今)'과 '도지고금(道之古今)'[60]으로 나누어 보았다. 유교문화의 전통에서는 전자는 가변적인 것, 후자는 불변의 것으로 인식되었다. 불변의 것이란 이념·원리·원칙·법칙·정신 등을 의미한다. 역사의 발전이라는 측면에서 보면 시간적 차원의 고는 시대가 흐를수록 현실과 거리가 멀어지지만, 진리적 차원의 고는 그렇지 않다.[61] 그러기에 시대가 변하고 정치체제가 변하고 사회적 풍상(風尙)이 달라져도 진리를 향한 이념상의 추구는 계속되었다. 이러한 전통은 폐단도 적지 않았지만, 정치·문화상으로 지속적인 발전을 가져왔다.

이런 복고론의 밑바탕에는 타락하고 혼란한 현실에 대한 비판이 자리를 잡았다. 후고박금(厚古薄今), 귀고천금(貴古賤今)의 인식을 가진 복

---

60) 『胡子知言』 권1 참조.
61) 역대 유학자들이 '事有古今, 理無古今'을 말한 것과 같은 맥락이다.

고론자들은 '고'에 담긴 이념은 시간과 공간을 초월하여 실현될 수 있는 것으로 보았다. '금'의 어지러운 상태를 '고'의 올바른 가치로 돌려놓는 것이 자신들의 임무라고 생각하였다. 또 복고 개혁이 실패로 끝난 이유를 이기적이고 공리적인 인간의 마음가짐 때문이라고 하였다. 『주례』의 구체적인 내용을 현실에 구현하는 것도 경전 내용이 시대에 맞지 않아서 응용되지 못하는 것이 아니라 운용한 사람의 마음이 잘못되었기 때문에 실패로 끝났다고 하였다. 그러면서 두드러진 예로 왕안석의 신법(新法)을 들곤 하였다.

우리나라에서도 중국 못지않게 '고'를 숭상하는 기풍이 있었다. 정약용(丁若鏞: 1762~1836)이 「기예론(技藝論)」[62]에서, 최한기(崔漢綺: 1803~1877)가 운화론(運化論)에서 역사의 진보를 말하였지만[63] 기실 물질적 측면에서의 진보를 말한 것이다. 물질적 측면에서의 진보를 말하는 학자마저 드물 정도로 '고'에 대한 관념의 보루가 철옹성 같았다. '고'는 여러 방면에서 늘 논의의 중심에 있었다. 때로 '고'를 변화와 개혁의 추동력(推動力)으로 삼아 학술 문화와 정치 등 여러 방면에 생기를 불어넣으려 한 적도 있었다.

'복고'의 정신은 17세기 이래 '경세치용'을 외치던 일군의 실학자들이 현실을 비판하고 개혁안을 제시하는 데 사상적 근거의 하나가 되기도 하였다. 그들에게 '고'는 단순한 시간상의 되돌림이 아니었다. 현재에 대

---

62) 『여유당전서』 제1집, 제11권 참조.
63) 『人政』 권11, 27b-28a, 「敎人門(四)」, 〈古今通不通〉 "고금의 취사(取捨)를 가지고 논한다면, 내가 힘입어 생육(生育)되는 바라든지 의뢰하는 바가 금(今)에 있지 고(古)에 있지 않으며, 내가 수용(須用)하는 바와 준행(遵行)할 바가 '금'에 있지 '고'에 있지 않다. '고'를 버릴지언정 '금'을 버릴 수는 없다."

한 반성을 기초로 변화와 개혁을 추구한다는 점에서, '고'가 곧 '신(新)'이요 '금'이었다. 주례를 롤모델로 한 왕안석의 개혁을 '고법'이 아닌 '신법'이라 한 것은 이러한 맥락에서 이해할 수 있다. 이를 볼 때 역사의 진보는 '고'나 '금' 어느 쪽을 통해서도 도출될 수 있었다.

'실학의 비조'로 일컬어지는 유형원은 근기 출신으로 퇴계 학통에 연결된다는 점에서 근기 남인의 범위에 넣어서 말할 수 있다. 유형원은 「서수록후(書隨錄後)」에서 삼대(三代)의 이상적인 제도를 금세(今世)에 실현하기 위해 『반계수록』을 저술하였노라고 밝혔다. 그의 주저 『반계수록』을 보면 주례를 근본으로 삼대지치(三代之治)의 이상을 구현하려 한 경향이 짙다. 『수록』에 담긴 개혁사상에 대해 성호 이익은 "백폐(百弊)를 단번에 씻어 버리고 고제(古制)로 돌아가려 했다"라고 평하였다.[64] 17세기 중엽의 경세치용학파 학인들의 사상적 기반을 짐작하게 한다.

유형원은 사욕(私欲)에 뿌리를 둔 모든 제도를 개혁하고 천리(天理)에 바탕을 둔 제도를 만들어야 한다고 주장하였다. 개혁의 당위성과 그 실현 가능성에 대해 "삼대의 제도는 모두 천리를 따르고 인도에 순응하여 만들었으나 후세의 제도는 인욕을 따르고 일시적인 편안함만을 도모하여 만든 것이다"[65]라고 전제하고 "예나 지금이나 천지(天地)·인물(人物)에 서로 다름이 없다. 지금이라고 해서 선왕의 정사(政事)를 시행하지 못할 이유가 없다"[66]라고 주장하였다. 유형원의 '복고적 개혁안'은 '원시반본'의 정신에 따라 사실상 전면적인 개혁을 주장했다는 데 의의가 있다.

---

64) 『성호전서』 권46, 20a, 「論更張」 "磻溪柳馨遠尤有大焉, 一洗而反乎古."
65) 『반계수록』 권26, 「續篇(下)」, 〈書隨錄後〉 夾註 참조.
66) 『반계수록』 부록, 「傳」.

정약용은 종래 주자학적 경학 체계에서 탈피하여 경학의 범위를 십삼경(十三經)으로 끌어 올렸다. 그는 "대강령이 이미 무너져 만사가 통하지 않는다"[67]고 현실을 진단하면서, 이미 무너진 대강령을 다시 일으켜 현실을 타개하려는, '발란반정(撥亂反正)'의 원동력을 경학 체계의 확립에서 찾았다.[68] 또 자신의 경학사상과 경세사상의 연결고리를 주례에서 찾아, 주례를 정점으로 한 경학 체계를 수립하였다.

정약용은 경세의 근본인 방례(邦禮)를 중시하였고, 개혁의 당위성과 이념적 뒷받침을 주례에서 찾았다. 『주례』를 주공(周公)이 직접 저술했느냐의 여부는 그다지 중요한 것이 아니었다. 주공의 이념과 이상적인 문물제도가 주례에 집약되었다는 사실 자체를 중요하게 여겼다.[69] 이에 그는 주례를 바탕으로 제경(諸經)에 대한 새로운 해석을 내리기도 하고, 주례의 완벽한 이해를 위해 이경치경(以經治經)의 방법으로 재해석을 시도하였다. 주례에 대한 전반적이고 체계적인 연구를 위해 『주례』의 전주(全注)를 시도[70]하기도 했다.

유형원과 정약용은 주리론과 고례에 기반을 두고 실학을 전개한 대표적인 학자다. 이들에게 끼친 정도전의 영향이 어느 정도인지를 살피는 것도 향후 정도전 연구에서 중요한 과제의 하나라고 생각한다.

---

67) 『여유당전서』 제1집 권5, 「夏日對酒」 "大綱旣隳圮, 萬事窒不通."
68) 『여유당전서』 제1집 권18, 「贐學游家誡」 참조.
69) 『여유당전서』 제1집 권8, 「十三經策」; 『여유당전서』 제1집 권20, 「答仲氏」 참조.
70) 『여유당전서』 제1집 권20, 「答仲氏」.

7. 맺음말

정도전은 조선의 문물 제도의 기초를 놓은 사람이다. 정도전의 증손 정문형(鄭文炯: 1427~1501)은 『중간 삼봉집』 발문에서 "법을 만들고 기율(紀律)을 정하며 '제례작악(制禮作樂)'한 것이 모두 공의 손에서 나왔다"라고 하였다. 이 말처럼 조선의 문물 제도 하나하나에 정도전의 생각이 배여있지 않는 것은 없다고 본다. 도학을 밝히고 이단을 배척하며, 조선 성리학의 기본틀을 만들어 주리론을 성리학의 정통으로 확립시킨 것이 학문적, 사상적 차원에서 유교국가의 토대를 닦은 것이라면, 문물 제도를 마련한 것은 법적, 제도적 차원에서의 기반을 마련한 것이라 하겠다.

그런데 정도전은 조선왕조가 끝날 때까지 평가를 받지 못하였다. 그에 대한 부정적 이미지가 덧씌워져 좀처럼 그로부터 벗어나지 못하였다. 정몽주는 조선의 건국을 반대하다가 죽음을 맞았지만, 조선조 5백년 내내 의리의 화신이요 도학의 정통으로 받들어졌으며, 후세에 영명(令名)을 드리웠다. 이에 비해 정도전은 도학과 경세로 조선왕조 세우기를 독당하다시피하였으나 조선왕조가 끝날 무렵까지 원통함이 풀리지 못하였다. 정치적 이유 때문이기는 하지만 실로 아이러니가 아닐 수 없다.

정몽주와 정도전이 비명에 간 뒤 도학적 경세유의 전통은 사실상 단절되었다. 약 1세기가 지난 뒤 정암 조광조의 단계에 이르러서야 오랜 단절을 딛고 도학적 경세학의 전통이 부활되었고, 율곡 이이에 이르러 활짝 꽃을 피우게 되었다. 도학 계보의 같고 다름에 상관없이, 도학적 경세학의 전통이 부활되어 수기치인(修己治人)이라는 유교의 기본 이념이 구현될 가능성을 보여 주었던 것은 평가할 만한 일이라 하겠다.

정도전의 도학과 경세학의 밑바탕에는 성리학이 있었고, 그것도 주리론이라는 확고한 이념이 자리잡고 있었다. 그는 『학자지남도』를 통해 성리학이야말로 새 시대, 새 왕조를 이끌어갈 지도이념임을 분명히 제시하였고, 『심기리편』을 통해 '심'(불교)과 '기'(도교)의 기본적 약점과 단점을 '리'(성리학)를 통해 극복할 수 있다는 논리를 폈다. 나아가 『불씨잡변』을 통해 고려의 지도이념이었던 불교가 왜 이단인지를 체계적으로 비판하였다. 이런 일련의 과정에서 성리학의 주리론이 주된 무기였음은 더 말할 나위가 없다.

정도전의 성리학은 현재 그 전모를 파악할 수 없다. 성리학 관련 전문 저술로 짐작되는 『학자지남도』는 전하지 않고, 『심기리편』은 불교를 심, 도교를 기, 성리학를 리로 규정한 뒤 이들의 상호 관계와 궁극적 우위를 논한 것이기 때문에 성리학에 대한 자세한 논의를 할 수 없었다. 『불씨잡변』은 조선왕조의 기틀을 확고하게 세우기 위해 이단 가운데 이단인 불교를 비판해야 했기 때문에 강한 목적의식이 개입될 수밖에 없었고, 불교의 약점과 단점에 맞추어 성리학(유학)에서 대응 논리를 뽑아냈기 때문에 역시 성리학의 전체적 면모를 보여주지는 못하였다. 그러나 고기 한 점〔一臠〕을 맛보고도 솥 전체의 국맛을 안다는 '상정일련(嘗鼎一臠)'의 고사가 있듯이, 정도전 성리학의 대체를 살피는 데는 큰 어려움이 없다고 생각한다.

정도전은 '조선왕조의 설계자'인데, 설계자에게는 롤모델이 필요하다. 그에게 롤모델은 주나라의 문물제도를 완성한 주공(周公)이고 『주례』다. 이 『주례』는 하나라와 은나라의 예를 손익(損益)하여 만든 것이지만, 유교의 역사에서 차지하는 주공의 위상 때문에 끝내 '고(古)'의 차원에서 받들어졌다. 여기서 '고'란 모든 유자들이 본받거나 모범으로 삼을 만한 대상, 즉 롤모델을 가리킨다. 동북아 유교문화권에서 '고'가 지닌 의미는 실로 남다른 면이 있었다. 시대가 달라져도 '고'를 향한 향수는 크게 달라지지 않았다. 정도전이 '고'를 상징하는 『주례』를 경세의 기반으로 삼았음은 성리학에서 '불변의 가치'를 의미하는 '리'를 중시한 것과 맥락이 같다. 조선조 전 시기에 걸쳐 왕조의 문물 제도 전반을 다루고 이것의 개혁을 논할 때 『주례』에 기반을 두었던 두드러진 사례로 정도전·유형원·정약용을 들 수 있다. 이들이 삼대지치(三代之治)의 이상으로 돌아가야 한다는 '복고개혁'을 외쳤고, 또 그들의 사상적 밑바탕에 성리학의 주리론이 있었음은 우연의 일치는 아닐 것이다.

정도전의 사상과 철학, 그리고 현실 대응을 놓고 볼 때 그는 '근본주의자(根本主義者)'라고 말할 수 있다. 유교 이념의 근본으로 돌아가 그것을 실천하는 것이 그에게 주어진 임무라고 판단했던 것 같다. 따라서 조선왕조를 설계하면서, '어떤 시대인지를 잘 파악하여 알맞음을 만들어 낸다'는 의미의 '인시제의(因時制宜)'에 중점을 두지 않았다. 그보다는 '시원을 살펴 근본으로 돌아간다'는 의미의 '원시반본' 정신에 철저하고자 했다. 그는 철학과 현실을 나누어 보지 않았다. 그의 존고정신(尊古精神)과 주리사상(主理思想)은 사실상 동전의 양면과 같은 것이다. 이 두 가지를 기본축으로 하여 조선왕조를 명실공히 '유교의 나라', '성리학의 나라'로 만들고자 했던 것이다. 선장은 나침반이 가리키는 방향을 보고 배를 운전한다. 정도전은 선장이 아니고 나침반의 역할을 충실히 한 사람이다. 그 나침반이 앞서 말한 두 기본축이다.

지난날 북한에서 나온 『조선철학사』에서는 정도전·권근 등의 철학사상에서 기론(氣論)만을 부각시켜 그들이 기학파인 것처럼 사실을 왜곡하였다. 또 기론자, 기학파가 개혁적인 것처럼 선전하였다. 어느 한 측면만을 부각시켜 정치적 목적에 이용하려는 연구 방식은 반드시 지양되어야 한다. 그럼에도 지난날 우리 학계 일각에서 북한 학계의 그런 동향에 추수(追隨)한 이들이 있었다. 기를 중시하는 언설이 일부 있다 하더라도 중요한 것은 '주된 관점'이다. 일부를 가지고 전체를 덮을 수는 없다. 앞으로 정도전의 철학사상에 대한 연구가 더욱 철저하게 이루어져 한국철학사에서 그의 위상이 확고하게 수립되기를 바란다.

〈참고문헌〉

『삼봉집』, 한국고전번역원 문집총간 제5권.

『국역 삼봉집』, 고전국역총서 120-121, 민족문화추진회, 1977.

『국역 양촌집』, 고전국역총서 173-177, 민족문화추진회, 1985.

한영우, 「정도전 사상의 연구」, 서울대학교 한국문화연구소, 1973.

최영성, 『한국유학통사』 상권, 심산출판사, 2006.

정성식, 『포은과 삼봉의 철학사상』, 심산출판사, 2003.

삼봉선생기념사업회, 『삼봉 정도전 연구』, 1992.

금장태, 「정도전의 벽불사상과 그 논리적 성격」, 『関泰植古稀紀念 儒敎學論叢』, 1973.

김해영, 「정도전의 反功利思想」, 『청계사학』 제1집, 한국정신문화연구원, 1984.

도현철, 「정도전의 경학관과 성리학적 질서의 지향」, 『태동고전연구』 24, 한림대학교, 2008.

도현철, 「정도전의 사공학 수용과 정치사상」, 『한국사상사학』 21, 한국사상사학회, 2003.

안재호, 「'불씨잡변'에 드러난 정도전의 불교비판 분석—주자학에 대한 이해를 기초로」, 『동서철학연구』 53, 한국동서철학회, 2009.

윤사순, 「정도전 성리학의 특성과 그 평가문제」, 『진단학보』 제50호, 진단학회, 1980.

이병도, 「정삼봉의 儒佛觀」, 『白性郁博士頌壽紀念論文集』, 1959.

이종익, 「정도전의 벽불론 비판」, 『불교학보』 제8집, 1971.

장성재, 「삼봉 벽불론의 재조명—철학적 체계에 대한 해명을 중심으로」, 『철학사상』 제14집, 동국대학교불교대학철학회, 1993.

장성재, 「삼봉 성리학과 불교관의 관계」, 『철학논총』 33-3, 새한철학회, 2003.

장성재, 「삼봉의 리기설의 특징과 그 영향」, 『철학사상』 제12집, 동국대학교, 1990.

장성재, 「삼봉의 성리학 연구」, 동국대학교 박사학위논문, 1991.

장성재, 「삼봉의 太極에 대한 이해와 그 성격」, 『대학원연구논문집』 제20집, 동국대학교, 1990.

최영성, 「야은 길재와 그 문생들의 도학사상」, 『한국학논집』 제45집, 계명대학교 한국학연구소, 2011.

최영성, 「조선 지성인들의 '古今' 인식과 역사변동」, 『한국철학논집』 54, 한국철학사연구회, 2017.

최영성, 「한국사상사에서 정도전의 위상」, 『한국선비연구』 창간호, 동양대학교 한국선비연구원, 2013.

제8장 정도전의 불교 인식과 승려와의 교류

———————————— 이상민(대전대)

1. 머리말
2. 선행연구 검토
3. 정도전과 승려와의 교류와 유불관계
4. 정도전의 불교비판의 특징
5. 맺음말

1. 머리말[1]

고려후기 성리학은 불교와 조화를 모색하였으므로, 성리학 수용 초기에는 첨예한 대립관계를 형성하고 있지는 않았다. 이들은 유학자로서

---

1) 본 원고의 작성을 위해 한국고전번역원의 한국고전종합DB(https://db.itkc.or.kr/), 국사편찬위원회의 고려시대 사료 DB(https://db.history.go.kr/goryeo/)의 원문·번역 자료들을 활용하였다.

유학을 정통으로 보고, 유학 이외의 학문을 사문난적, 이단으로 봤다, 하지만 불교는 여말선초 사람들의 사회·생활 속에 깊게 뿌리내려 있었다. 불교를 이론적으로 극복하기 이전까지 대다수 유학자들은 불교의 가르침과 유교의 가르침이 같은 덕목을 공유하는 것으로 생각했다. 이에 따라 국가의 공식적인 장이 아닌 사적인 공간에서는 불교의 교리·사찰 세력·승려 등과의 교류가 지속되었다.

이와 같은 고려 말의 경향은 위화도 회군 이후 개혁정치를 본격 추진하는 과정에서 불교에 대한 인식과 대응을 달리하는 방향으로 변화되었다. 성리학을 익힌 유학자들은, 공민왕 16년 고려 조정에 본격적으로 진출한 뒤 우왕대 개혁정치를 추진해가는 과정에서 불교에 대한 인식과 대응을 달리하게 되었다. 하나는 불교가 일부 긍정적인 기능을 한다고 보고, 그 문제점을 바로잡아 성리학적 사회에 유용하게 활용하자는 것이었다. 다른 하나는 불교 자체가 근본적으로 문제가 있는 사상이라 보고, 완전히 배제해야 한다는 입장이었다.[2]

정도전은 그 중 불교에 대한 철저한 비판론을 대표하는 인물로 주목된다. 정도전은 당시의 이색·권근·정몽주 등과 함께 성균관을 거점으로 활동하였으며, 유학의 본령에 충실하여 유학 이외의 가르침을 이단 사설로 보았다. 그 과정에서 종래 불교와 승려 등에 대해 온건했던 입장이 개혁정치와 함께 철저해졌다.

한편에서 그는 고려 말의 다른 유학자와 마찬가지로, 승려들과 개인적으로 친분을 맺거나 교류하기도 했다. 당시 승려들은 고려 사회의 명

---

2) 都賢喆, 「排佛論과 佛敎改革論」, 『高麗末 士大夫의 政治思想硏究』, 一潮閣, 1999.

문가 출신들을 주류로 하는 지식층의 일부였을 뿐만 아니라, 사찰을 거점으로 지배층 사회가 결집하는 일 또한 일반적이었다. 그 까닭에 정도전 또한 다른 고려 말 지배층과 마찬가지로 승려와 교유하는 것을 자연스럽게 여겼다.

고려후기 성리학을 받아들이는 많은 유학자들이 불교를 이단으로 보았지만, 유·불 교류의 과정을 거쳐 불교비판으로 나아갔다. 정도전은 불교비판에 철저한 모습을 보여주는데, 이러한 이유, 배경, 과정 그리고 그 의미를 살펴볼 필요가 있다. 그렇게 하면 여말선초 사상계의 특성이나 조선 초기 불교의 의미를 파악하는데 도움이 될 것이다.

2. 선행연구 검토

정도전의 불교관에 대한 초기 연구는 그의 불교 비판이 철학적으로 어떤 의미가 있는지를 평가하는 것에서 시작되었다.[3] 정도전은 조선 유학의 기초를 닦은 대표적인 인물로 여겨졌으며, 그의 불교관도 중요한 사상의 한 축으로 평가받았다. 그러나 한편에서는 정도전의 불교 비판이 주자의 이론을 따랐지만, 불교적 관점에서 보면 피상적이고 깊이가 부족하다는 평가도 있었다. 하지만 그의 사상이 근세 유학의 토대를 다지는 데 중요한 역할을 했다는 점이 긍정적으로 받아들여졌다. 이후「심기리편」,「심문천답」,「불씨잡변」등을 분석하는 과정에서 정도전의 불

---

3) 李丙燾,「鄭三峰의 儒佛觀」,『朝鮮時代의 儒學과 文化』, 한국학술정보, 359~370쪽(원재『白性郁博士頌壽紀念佛敎學論文集』, 1959).

교관에 대한 연구가 더 깊어졌고, 동시에 그의 논리에 대한 비판적 관점의 연구가 등장하기도 하였다.[4] 그 후로는 그의 불교 비판이 단순한 철학적 입장이 아니라, 당시 사회 개혁을 위한 수단이었다는 점이 주목되었다.[5]

이후로는 정도전의 사상을 정합적(整合的)으로 구조화하는 관점에서 정도전의 불교비판이 파악되었다.[6] 정도전의 불교 비판이 그의 사회·경제 사상과 밀접한 관계가 있으며, 그의 편견과 독단적인 태도도 개혁을 추진하는 과정에서 이해해야 한다는 주장이 이와 같은 입장과 연결되어 이어졌다. 한편에서 정도전의 철학 전체를 평가하는 관점에서 그의 불교관이 주목되기도 하였는데, 그 관점에서 정도전의 불교 관련 저술이 주희설 이해의 정확성을 보여주는 사례라는 주장이 제기되었다.[7] 이후로는 정도전의 철학이 주리론(主理論)에 밀접하게 나타나고 있는 것이 그의 불교비판 치중과 밀접한 관련이 있다는 주장이 제기되기도 했다.[8]

역사적 관점의 연구에서는 정도전의 불교비판을 고려 말 사회생산력의 진전과 맞물린 집권체제의 발전을 배경으로 한 정치사상으로서 조망하는 시도가 이루어졌다.[9] 정도전의 개혁사상과 불교 비판을 연결하는 시도는 고려 왕조를 지키려 했던 유학자 이색의 '불교개선론'과 대비된

---

4) 李鍾益, 「鄭道傳의 闢佛論 批判」, 『佛敎學報』 8, 1971, 251~303.
5) 琴章泰, 「三峯 鄭道傳의 佛敎批判論과 社會思想」, 『朝鮮 前期의 儒學思想』, 서울대학교 출판부, 1997, 109~150쪽(원제, 「鄭道傳의 闢佛思想과 그 論理的 性格」, 『東喬閔泰植博士古稀紀念儒敎學論叢』, 1972).
6) 韓永愚, 「哲學·倫理思想」, 『鄭道傳思想의 硏究(改正版)』, 서울대출판부, 1983, 51~102쪽.
7) 柳仁熙, 「退·栗 이전 朝鮮性理學의 問題發展」, 『동방학지』 42, 1984, 188~190쪽.
8) 張成在, 「三峯 性理學과 佛敎觀의 關係」, 『철학논총』 33, 366쪽.
9) 김준석, 「儒敎思想論」, 『韓國史 認識과 歷史理論』, 지식산업사, 1997, 467~469쪽.

'불교개혁론'으로 개념화되며 더욱 깊이있는 해석이 이루어졌다.[10]

연구가 진전되는 과정에서 정도전의 사상을 시기별로 분석하는 방식이 시도되어 그의 사상이 일관되게 불교를 배척한 것만은 아니었으며, 시기별로 변화가 있었음이 밝혀지기도 했다.[11] 이에 따라 정도전이 승려와 교유한 시문들이 우왕 시기에 중점적으로 등장한 사실에 주목해, 우왕대 정도전은 승려들과 밀접한 관련이 있었기에 이 시기 저술된「심문천답」또한 불교 비판이 아닌 반공리(反功利)적 저술이라는 주장이 이어졌다.[12] 정도전의 승려들과의 접촉에 집중하는 주장은 정도전이 승려들을 직접 마주하고 지은 시문에서「심기리편」「불씨잡변」에서 보여준 불교에 대한 강렬한 적개심은 거의 보이지 않는다는 점에 주목한다. 이에 따라 정도전이 유자와 승려가 시문으로 교유했던 당시의 상황에서 크게 벗어난 인물이 아니었다고 한다. 다만 승려들과의 접촉은 창왕대 이후 정도전이 위화도회군을 기점으로 역성혁명을 추진하면서 나타나지 않게 된 것이며, 정도전이 승려들과 교유하는 매개체가 되었던 이색과 정치적 지향을 달리하게 된 결과로 본다.

정도전의 불교관에 대한 최신의 연구는 고려 후기의 불교적 분위기에서 성리학이 받아들여지는 방법과 결부하여 이루어지고 있다. 이에 따라, 고려 말부터 조선 건국기에 이르는 성리학자들의 불교 인식 변화

---

10) 都賢喆,『高麗末 士大夫의 政治思想硏究』, 一潮閣, 1999, 156~172쪽.
11) 문철영,「인간 정도전」, 새문사, 2014; 이정주,「사상가로서 정도전의 새로운 모습」,『한국사학보』2, 1997; 이익주,「삼봉집 시문을 통해 본 고려 말 정도전의 교유관계」,『정치가 정도전의 재조명』, 경세원, 2004.
12) 이정주,「사상가로서 정도전의 새로운 모습」, 1997,『한국사학보』2, 149~164쪽;「비척불서로서「심문천답」의 반공리문제」,『성리학 수용기 불교 비판과 정치·사상적 변용』, 고려대학교 민족문화연구원, 2007, 31~47쪽.

속에서 정도전의 불교관이 조명되었다.[13] 그에 따르면, 성리학이 처음 도입된 고려 말에는 성리학과 불교가 공존했지만, 시간이 지나면서 성리학이 불교를 점차 배제하는 방향으로 나아갔다. 이 과정에서 불교를 통제하려는 시도도 나타났다. 정도전의 불교 비판 역시 이러한 흐름 속에서 이해되며, 그의 입장은 당대 성리학자들의 변화하는 인식과 연결된 것으로 이해되었다.

이후로는 정도전의 불교 비판이 단순한 학술적 논쟁이 아니라 『맹자』와 동일한 맥락으로 성리학을 국가 이념으로 정착시키려는 정치적 목적에서 이루어졌다는 연구가 이루어졌다.[14] 그 후로는 여말선초 왕조 교체기에서 정도전이 주장한 유교입국론에 착목하는 연구가 진행되었다.[15] 조선 개국 과정에서 유학을 국가의 중심 이념으로 내세운 정도전의 사상이 국가 체제 정립과 어떤 관계를 맺고 있었는지를 밝히려는 시도였다.

이후에는 『삼봉집』의 불교 관련 기록을 분석하여, 정도전이 우왕대 승려들과의 접촉을 거치면서 점진적으로 불교 비판론을 형성해 갔다는 점을 시계열적으로 밝히는 연구가 이루어졌다.[16] 이를 통해 정도전의 사상이 단번에 형성된 것이 아니라 시대적 상황과의 상호작용 속에서 발전해 나갔음을 확인하였다. 그 후로는 정도전의 이단 비판과 배척 이론이 성리학적 세계관, 태극론, 그리고 심성론과 어떻게 연결되는지를

---

13) 도현철, 「조선 건국기 성리학자의 불교 인식」, 『한국사상사학』 50, 2015.
14) 이현선, 「정도전의 불교 비판에서 『맹자』의 영향과 성리학에 대한 이해」, 『대동철학』 83, 2018.
15) 정성식, 「14세기 정도전의 유교입국론」, 『동양고전연구』 81, 2020.
16) 이상민, 「삼봉집 불교 관련 기록을 통해 본 고려 말 정도전 불교비판론의 형성 과정」, 『장서각』 50, 2023.

분석하는 연구가 수행되기도 하였다.[17] 그의 사상이 단순히 유학과 불교의 대립이라는 틀에서 머무르는 것이 아니라, 성리학의 철학적 체계를 바탕으로 접근한 연구이다.

지금까지 연구들을 통해 여말선초 정도전의 불교 인식에 대한 많은 부분들이 밝혀졌다. 고려 말까지 성리학과 불교는 함께 공존하며, 불교는 유교 정치의 부족한 부분을 보완하는 역할을 했다. 시간이 지나면서 유교가 정치와 사회 윤리를 주도하게 되었고, 불교적 요소는 점차 배제되는 방향으로 나아갔다. 동시에, 유교가 종교적 성격이 부족하다는 점을 보완하기 위해 불교의 일부 요소를 활용하여 체제를 유지하려 했다. 정도전이 승려들과 교류한 것 역시 이러한 흐름 속에서 이해할 수 있다. 이는 성리학과 불교가 공존했던 초기 시기의 흔적이며, 성리학이 불교를 완전히 배제하기 이전 단계의 모습을 보여주는 사례로 볼 수 있다.

3. 정도전과 승려와의 교류와 유불관계

고려 후기 성리학자들은 주희를 비롯한 중국 성리학자들의 입장을 받아들여, 불교를 유교와 다른 이단(異端)으로 보았다. 이들은 불교의 사상적 한계와 현실적 문제점을 지적하며, 불교를 억제하기 위한 여러 정책을 제안했다. 무인집권기 이후에는 불교의 영향력이 강화됨에 따라 지식인들 중에는 불교적 심성수련이 지식인의 기본적인 소양으로 중시

---

17) 정두호, 「정도전 벽이단론의 성리학적 근거 연구」, 동국대학교 철학과 박사학위논문, 2024.

되고 있었다.[18] 그러나 성리학자들은 당시의 상황을 타개하고 쇠퇴된 정통 유학을 부흥시키고 이를 통해 사회의 혼란을 안정시키고자 하였다.

공민왕대 이후 성리학자들 중 정도전은 사회 질서를 문란하게 하고, 성리학적 도덕 질서와 맞지 않는다고 보아 철저한 불교비판론을 주장한 인물이다.[19] 그러나 그의 사상을 반불교적인 입장만으로 단순화할 수는 없다. 그의 입장이 당시 고려 사회에 일반화된 불교적 분위기 속에서 어떻게 형성되어 갔는지를 유기적으로 파악할 필요가 있기 때문이다.

본 장에서는 정도전의 불교관을 다면적으로 이해하기 위해 그가 승려들과 교류하며 남긴 시문을 분석하고자 한다. 정도전의 문집 『삼봉집』을 살펴보면, 불교 비판 못지않게 불교와 관련된 시문도 상당수 존재한다. 따라서 정도전의 불교비판론을 제대로 이해하려면, 그가 남긴 불교 관련 시문들을 정리하고 분석하는 작업도 필요하다. 이를 통해 그의 불교관이 단순한 배척이 아니라 보다 복합적인 면모를 가지고 있었음을 확인할 수 있을 것이다.

정도전의 문집 『삼봉집』 및 기타 출전[20]의 불교 관련 저술의 추이와

---

18) 趙明濟, 「高麗末 看話禪의 성행」, 『高麗後期 看話禪 硏究』, 혜안, 2004, 265쪽.
19) 都賢喆, 「排佛論과 佛敎改革論」, 『高麗末 士大夫의 政治思想硏究』, 一潮閣, 1999.
20) 「백암산정토사기」의 경우 『삼봉집』 권13, 「拾遺」; 『목은문고』 권3, 雙溪樓記에 제목만 언급되어 있으나, 조선총독부에서 1911년 발간한 '조선사찰사료' 『조선사찰자료 세트』 1, 문헌, 2010, 297~299쪽; 원재 朝鮮総督府內務部地方局 編, 『朝鮮寺刹史料』 上, 朝鮮総督府內務部地方局, 1911)에 그 내용이 수락되어 있다. 그 구체적인 서지사항은 아래의 자료 글을 참조(신대현, 2011, 『한국의 사찰현판』 3, 혜안)
「사나사원증국사석종비」의 경우 해당 금석문을 그 원전으로 한다. 그 구체적인 서지사항은 아래 글을 참조. 허흥식, 1984, 『韓國金石文全文』, 亞細亞文化社. 이지관, 1997, 『歷代 高僧碑文(高麗篇4)』, 伽山佛敎文化硏究院.)
이 둘을 포함한 『삼봉집』에 미수록된 정도전 저술에 대한 정리는 다음의 연구에 상세하다(최민규, 「정도전 『삼봉집』의 판본과 연구 자료」, 본서)

성격을 몇 가지로 나눌 수 있다. 우선 불교적 가치관 전반에 대하여 성리학자로서 정도전이 개진한 입장을 '불교 비판'이라는 범주로 묶을 수 있다. 여기에는 불교 서적에 대한 접촉을 타인에게 경계하는 경우(「상정달가서」), 불교적 윤리관 전반을 극복하고자 하는 경우(「심문천답」), 불교의 문제점에 대해 직접적으로 비판론을 견지한 경우(「상공양왕소」·「심기리편」·「불씨잡변」)가 포함된다.

한편 불교에 대해 비판적이지 않은 저술은 여러 가지 경우로 나누어 볼 수 있다. 우선 불교에 종사한 승려들과 사적인 교유를 보여주는 경우, 승려 개인의 참가 여부와 상관없이 장소로서의 사찰 공간에 대한 견해를 보여주는 경우, 그 외에 불교에 대한 본인의 견해를 피력한 경우로 나뉜다고 할 수 있다. 이러한 구분을 염두에 두고 『삼봉집』에 수록된 불교관련 문헌들을 정리해 보면 다음과 같다.

표1. 『삼봉집』 및 기타 출전을 통해 수록된 정도전의 불교관련 저술[21]

연대	승려와의 사적 교유	사찰공간 향유	불교에 대한 입장표출	이론적 비판
???			詠梅	
1373	寄斷俗文長老			
1375	玄生員書齋(1375~1376)	遊山寺	送湖長老詩序	心問天答
	送覺峯上人(1375~1376)	登湧珍寺克復樓(1375~1376)	贈祖明上人詩序	上鄭達可書(~1375)/書
	次湛上人詩韻贈竹牖李寺丞(1375~1376)		錦南野人	
	信長老以古印社主命來惠白粲臨別贈詩			
	訪定林寺明上人			
	消災洞記			
1377	寄瑞峯寬上人(1377~1379)	白巖山淨土寺記		
	雲公上人自佛護社來誦子野詩次韻寄佛護社主	寄金副令寓居忠州山寺		

1380	山中 (1378~1382)		
	贈柏庭遊方		
	寄贈柏庭禪		
	訪古軒和尙途中		
1383	送等庵上人歸斷俗	宿原堂寺 (1382~1384)	
1384	題隱溪上人霜竹軒詩卷		
	題古巖道人詩卷		
	題臥雲山人詩卷		
1385	題僧牧庵卷中		
1386	舍那寺圓證國師		
	送華嚴宗師友雲詩序		
1390	次韻題日本茂上人詩卷		
1391			上恭讓王疏
1394			心氣理篇
1398			佛氏雜辨

    정도전의 친불교 저술이 집중되는 시기인 1375~1382년, 1383~1386년의 두 시기를 살펴보면 이 두 시기는 각각 유배·방랑기와 정계 활동 시작기로 명명할 수 있다. 이들 작품은 총 35편인데, 그 중 친불교 관련 저술의 특징은 몇 가지로 요약할 수 있다. 우선 35편의 저술 중 친불교 저술은 30편, 불교비판 저술은 5편으로, 친불교 저술의 수가 많다. 특히 30편이라는 숫자는 『삼봉집』 전체 저술 270여 편의 1할을 넘는다. 물론 단일 편의 분량과 구체성 측면에서 보면, 「심문천답」,[22] 「심기리편」, 「불

---

21) 본 도표의 작성을 위해 다음의 연구들을 참고하였다.
    이정주, 사상가로서 정도전의 새로운 모습, 1997, 『한국사학보』 2, 141~142쪽; 이익주, 「삼봉집 시문을 통해 본 고려 말 정도전의 교유관계」, 『정치가 정도전의 재조명』, 경세원, 2004, 62~64쪽; 「『三峯集』 불교 관련 기록을 통해 본 고려 말 정도전 불교비판론의 형성 과정」, 153~154쪽.

씨잡변」과 같이 불교비판 저술이 압도적이다. 뿐만 아니라 성리학자로서의 자기 정체성을 드러내는 시나, 척불 운동과 관련한 정치적 행적이 다수 드러나 있는 점을 볼 때 정도전이 불교에 비판적이었다는 사실은 분명하다. 그러나 정도전의 생각이 오롯이 반불교적인 것에만 경도되지 않았다는 것과, 친불교적 저술의 양이 소수의 예외로 치부하기에는 적지 않은 수준임은 분명하다.

두 번째 특징은 친불교적 저술이 특정 시기에 집중되어 있다는 점이다. 친불교 저술은 연대 불명의 「영매」와 「차운제일본무상인시권」을 제외하고는 모두 우왕 대에 쓰여졌다. 이 중 「차운제일본무상인시권」은 일본의 승려에게 쓴 글이고, 해당 저술이 나온 공양왕 2년의 경우 정도전이 고려의 최고 권력자였다는 사실을 볼 때, 대일본 외교의 연장선에서 이루어진 일이라는 점을 짐작할 수 있다.

한편 불교비판 저술의 경우 「상정달가서」, 「심문천답」 양 저술이 1375년 전후에 나왔다고 추정되는 데 반해 나머지 3편은 조선 건국을 전후한 시기에 저술되었음이 확인된다. 특히 「심기리편」, 「불씨잡변」만이 동일 시기에 저술되었다는 것은 통상 불교비판 저술과 성격이 같은 저술로 평가되는 「심문천답」, 「심기리편」, 「불씨잡변」 중 「심문천답」의 성격이 나머지 두 저술과 어느 정도 차이가 존재할 수 있다는 점을 암시해 주기도 한다.

불교 관련 시문에서 도출할 수 있는 세 번째 저술 경향은 그 내용이 어느 정도 계열화된다는 점이다. 친불교 저작만을 계열화한다면 i) 승려

---

22) 「심문천답」의 경우 불교와는 무관한 反功利 저술이라는 견해(이정주, 앞의 논문)가 있으나 본고에서는 불교와 유관하다는 입장까지를 절충적으로 수용하여 도표를 작성하였다.

개인과의 사적인 교유 21건, ii) 불교 사적에 대한 감상 4건, iii) 불교 인식 일반에 대한 호응 5건으로 나뉜다. 즉 승려 개인과의 사적 교유를 중심으로 '사찰'이라는 공간에 대한 감상과 불교에 대한 인식론이라고 하는 세 가지를 골자로 하여 형성되어 있다. 또한 불교에 대한 우호적인 내용은 주로 시를 통해, 비판적 저술은 전부 장문의 산문 서술을 통해 형성되어 있다. 시문 저술이 사적 저술의 성격을 갖는 반면 장문의 저술이 간행을 목적으로 쓰였다는 점을 대비해보면 정도전의 친불교적 저술들은 사적인 영역에서 이루어졌다고 생각할 수 있다.

    정도전이 1388년 이전의 시점에 친불교 저술과 불교 비판 저술을 동시에 남긴 까닭은 무엇일까? 정도전이 승려들과 교유한 대략적인 추이를 살펴보면 유배기에 교유한 경우와, 유랑기 이후에 교유한 인물로 대별된다. 나주 귀양 시기에 교유한 승려들은 주로 정도전이 유배되어 있던 나주나, 그 인근인 장성 등지에서 활동하던 승려들이다. 이후 유랑기에 만난 승려 징(澄), 운공(雲公), 관(寬) 등은 각각 전북 정읍, 전남 나주 일대에서 교유한 인물로 보인다. 정도전이 초기 유배기에 만난 이들은 대개 지방 승려였으나, 정도전과 함께 시문을 주고받을 수 있는 기본적인 학식을 갖추었을 뿐 아니라, 승려사회 중심부에 직접 연관이 닿는 인물도 있었다. 가령 징의 경우, 왕사 각암존자 복구(復丘)와 혈연관계가 있는 실질적인 명가의 자손이었고, 그의 문도였던 무열 역시 태고 보우나 목은 이색과 같은 정계의 중심 인물과 연결되어 있는 인물이었다. 즉 정도전이 교유한 승려들은 당시 지식인 사회의 중심과 연결되어 있었던 것이다. 정도전이 승려와 교유했던 일은 정도전이 정계에 복귀해 활발히 활동하던 시기에까지 이어졌다. 고려 시기에는 문사와 승려 간의 시문 교환을 통한 접촉은 일반적인 일이었고, 소위 '시승(詩僧)'으로 불린 승려들은 각자의 정치·사회적인 기반을 바탕으로 개경 지식인 사회의 중요한 일원으로 자리 잡았다.

유랑기 이후 정도전과 교유하던 승려들은 「증백정유방(贈柏庭遊方)」·「기증백정선(寄贈柏庭禪)」에 등장하는 승려 백정, 「제고암도인시권(題古巖道人詩卷)」에 등장하는 승려 고암, 「제승목암권중(題僧牧庵卷中)」에 등장하는 승려 목암, 「송화엄종사우운시서(送華嚴宗師友雲詩序)」에 등장하는 승려 우운 등을 꼽을 수 있다. 이들 승려들의 특징은 이들이 정도전 외에도 이색, 정몽주, 이숭인, 김구용 등과 교유한 흔적들이 있다는 것이다. 이들은 가문 배경이나 어느 정도의 지적 능력을 지닌 인물들이었다. 이들 중 돋보이는 인물은 승려 백정이다. 『삼봉집』에 나오는 「증백정유방」, 즉 수행하러 떠나는 백정을 전송하는 행사에 관한 기록은 삼봉집뿐 아니라 『목은시고』[23], 『포은집』[24], 『양촌집』[25], 『척약재학음집』[26] 등에도 등장한다. 그 시문 중 정몽주가 차운한 시에서는 백정과 정도전의 각별한 관계가 드러나기도 한다.[27]

정도전은 사찰 공간에서 승려들과 교유하면서, 그들에게 얻은 교훈을 나누기도 했다. 1377년 작성된 「백암산정토사기」는 이를 잘 보여준다.

---

23) 『목은시고』 권18, 題柏庭行卷.
24) 『포은집』 권2, 題栢庭詩卷.
25) 『양촌집』 권3, 贈栢庭禪師.
26) 『척약재학음집』 下, 送柏庭上人.
27) 『포은집』 권2, 題栢庭詩卷 "三峯於人少許可, 有眼分明辨眞假, 爲師拳拳乃如斯, 栢庭必非虛走者."

[정토사에서는] 그 문도들 가운데 사람을 찾아서 대대로 [주지를] 전수받은 지가 오래되었다. 정토사처럼 폐단이 없는 사찰이라면 숭상할만 하지 않겠는가. 나 정도전은 서생이라 그들의 학문이 어느 정도인지 모른다. 하지만 무열이 말한 절의 전말이 매우 상세하여서 그가 한 말을 기록하였다. 이는 후대에 이 누각에 오르는 자들이 단지 아름다운 산수 풍경만 취하지 말고 앞사람의 공적을 계승해야 하는 것을 알리고자 하기 위함이다.[28]

정도전은 백암산 정토사가 다른 절들과는 달리 대대로 폐단 없이 대대로 주지를 전수해 갔다는 사실을 높게 평가했다. 그는 스스로 서생이라 불교 교리에 대해 알지 못한다고 하면서도, 동시에 후대에 누각에 오르는 이들이 단지 산수의 풍경만을 즐기기보다는 정토사의 승려들이 이룬 미덕에 대해 알게끔 하고자 했던 것이다.

비슷한 기록은 1386년 지어진 「사나사원증국사석종비」에도 나타난다. 태고 보우가 입적한 이후 남긴 사리들을 태고를 기리는 의미에서 여러 곳에 나누어 안치했는데, 사나사도 사리가 안치된 장소 중 한 곳이었다. 태고 보우를 기리는 비명은 왕명에 따라 이색이 짓고, 사나사의 석종비명은 정도전이 각각 저술하였다. 태고 보우는 여말 승려들 사이에서 중심적 인물이었고, 비와 사찰의 석종을 새기는 것과 같은 사업은 개인 단위의 시문 교유와는 여러모로 다른 큰 사업이었다.

---

28) 「백암산정토사기」, "其徒自其得人. 授受傳久, 無弊如淨土寺者, 不旣可尙己乎. 道傳, 書生也. 未知其學爲, 如何哉, 然無說言寺之顚末甚詳. 因紀其語, **俾**後之登斯樓者, 毋徒取山水風景之勝. 知所以繼前人之功耳."

국사는 이 군(郡)을 살기좋은 곳으로 창조한 덕인(德人)이므로, 군민들도 흠모하여 국사가 입적하신 지가 비록 오래되었으나 아직도 잊지 못하고 있다. 그러므로 스님을 섬기는 자가 곧 사리(舍利)를 모시려는 것이니, 이는 본심에서 발한 것이므로 누구도 그를 막을 수 없다. 그러므로 비명을 짓는 것이 또한 마땅하지 않겠는가.[29]

정도전은 원증국사를 사나사가 있는 양평 일대를 '살기 좋은 곳'으로 변화시킨 덕 있는 인물로 묘사하였다. 이는 국사가 단순한 승려가 아니라, 지역 사회에 큰 영향을 미친 존재였음을 나타낸 것이었다. 따라서 그가 입적한 지 오래되었음에도 불구하고, 군민들은 여전히 그를 잊지 못하고 흠모하고 있다고 하였다.

이러한 석종비명을 정도전이 새기게 된 경위에 대해서는 알려진 바가 없으나 적어도 정도전이 이색과는 달리 특별히 왕명을 받아 움직인 것이 아닌 만큼, 보우 문도들과의 교유가 그 이전에 어느 정도 있었던 것으로 보인다. 요컨대 정계 복귀 후 정도전은 이색을 중심으로 한 사대부들과 교유관계를 유지하고 있었던 것이며, 이러한 관계의 연장선에서 승려와의 교유도 이루어졌을 것이다.

정도전의 유배 생활에 있어서 '승려'의 역할은 종교인이기보다 친분을 나누는 인간에 가까웠다. 정도전은 그들과 쌀과 같은 생필품을 나누기도 하고,[30] 말을 달려 사찰을 방문해 승려를 만나러 가기도 하며,[31] 이

---

[29] 「사나사원증국사석종비」, "師有再造是郡之德, 郡人慕之, 雖久不忘. 以其所以事師者, 事舍利. 其亦發於本心之, 不能已者. 然也銘之. 不亦宜乎?."
[30] 『삼봉집』 권2, 信長老以古印社主命來惠白粲臨別贈詩.

별의 아쉬움을 토로하기도 한다.[32] 정도전은 유배 기간동안 가까운 불교 인사들과의 인적 교유를 늘려갔다.

우왕 시기 정도전이 승려들과 교류한 것은 그의 학문에 기여하고, 불교에 대한 입장을 정리하는 데 영향을 미치기도 했다. 다음의 일화는 이를 잘 보여주는 사례다.

> 전(傳)에 이르기를, '사람은 천지(天地)의 중정(中正)한 기운을 받아 출생하니 이것이 이른바 명(命)이다.[33] 그러므로 동작·위의의 원칙이 있어서 지나쳐도 모자라도 법칙에 맞는 것이 아니므로 命을 정립시킨다.'라고 하였다. 그러나 이른바 위의의 준칙이라는 것이, 어찌 말씨와 웃는 모양으로만 되겠는가? 역시 말하자면 마음에서 체득해서 사지에 움직이는 것이다. 시경에 이르기를, "정밀한 위의는 오직 덕의 모난 것이다." 하였다. 나는 그 말을 외운 적이 오래였으나 그런 사람을 만나 보기 어려웠는데, 지금 호 장로를 보매, 용모가 단정하고 그 행하고 멈춤이 바르며 그 말에 법도가 있으니, 내가 평생 외던 그런 인물이 아니랴!…(중략)…나는 호 장로의 위의가 준칙이 있음을 아름답게 여겨 가만히 이로써 질문하는 것이니, 호 장로는 생각해 보라. 그래서 만일 소득이 있으면 와서 나를 가르쳐 주기 바란다. 이것이 서로 바르게 하는 방법일 것이다.[34]

---

31) 『삼봉집』 권2, 訪定林寺明上人.
32) 『삼봉집』 권2, 送覺峯上人.
　　萬里携孤錫, 三年着一衣,
　　碧山今日去, 芳草幾時歸,
　　出定晨鳴磬, 求詩晝叩扉,
　　臨岐更携手, 即此是相違
33) 『춘추좌전』 권11, 成公 下; 『소학』 稽古第四에 동일한 내용이 기재되어 있다.

정도전은 지방 승려인 호 장로와의 교류에서 그의 올바른 몸가짐에 큰 감명을 받았다. 그는 호 장로의 단정한 용모와 차분한 행동, 그리고 말에 깃든 법도를 보고, 평생 자신이 추구하던 인물의 모습과 일치한다고 느꼈다. 유교에서는 수신(修身)을 중요한 덕목으로 삼으며, 단정한 외모와 정돈된 몸가짐을 그 기본으로 여겼다. 이런 점에서 호 장로의 모습은 유교 경전인 「소학」·「춘추좌전」에서 제시하는 이상적인 몸가짐과 일치했기에, 정도전은 이에 깊은 관심을 가졌다.

정도전은 호 장로가 가진 위엄 있는 태도와 단정함이 과연 불교의 수양론에서 비롯된 것인지, 그리고 불교의 본성론인 「작용이 곧 본성이다[作用是性]」라는 주장과 어떤 관련이 있는지를 묻고자 했다. 불교에서는 인간의 모든 행위가 본성에서 비롯된다고 보았지만, 정도전은 인간의 행위는 단순한 신체적 움직임이 아니라 마음속 의리와 준칙에 따라 옳고 그름이 결정된다고 보았다. 그는 이러한 의문을 호 장로에게 질문하며, 그가 숙고한 뒤 답을 주기를 기대했다. 정도전은 호 장로와의 교유를 통해 유교와 불교의 공통점·차이점에 대해 깊이 있는 배움의 기회를 추구하고자 하였던 것이다.

정도전은 승려가 비단 출세간의 존재가 아니라, 한 사람의 인간으로서 윤리적 존재라고 생각하기도 했다. 무열대사가 병으로 진원산 가상사에 머무르고 있을 때, 왜구가 갑작스럽게 절을 습격했다. 모두가 겁에

---

34) 『삼봉집』 권3, 送湖長老詩序, "傳曰, 人受天地之中以生, 所謂命也. 故有動作威儀之則, 以定命也.' 然所謂威儀之則, 豈可以聲音笑貌爲哉? 亦曰, 得之心而動之於四體焉耳. 詩曰, '抑抑威儀, 維德之隅.' 予之誦此言久矣. 而難其人, 今見湖長老, 其容貌端莊, 行止安詳, 而其言有度, 豈吾所謂其人乎哉...(中略)...予嘉長老之威儀有則 私竊以是爲問 長老其思之 如有得焉 歸以敎我 亦相直之道也."

질려 흩어지고, 일부는 죽거나 포로로 잡혔다. 그러나 조명은 스승인 무열대사를 업고 도망쳐 그의 목숨을 구했다. 정도전은 이를 두고 이렇게 평가했다.

> 무열대사(無說大師)가 병이 들어 진원산 가상사에 누워 있었는데, 하루는 왜구가 갑자기 그 절에 침입하였다. 모두가 겁을 내어 사방으로 흩어지다가 혹은 죽기도 하고 혹은 포로가 되기도 하였는데, 대사의 제자 조명(祖明)은 대사를 업고 도망쳐 겨우 몸을 화에서 면하게 하였다.
> 나는, '백성은 세 곳[君·師·父]에서 삶의 혜택을 받고 있으니 동일하게 섬겨야 한다. 그래서 그 섬기는 곳에 따라서는 생명을 바쳐야 하는 것이다.'라고 들었다. 이것은 유가(儒家)의 말이나, 절의 중들은 가정과 세상을 떠나서 어버이 버리기를 내던지듯 하니 다른 것이야 의당 생각조차 못할 것 같은데도, 이따금 스승과 제자 사이에 은혜가 돈독하여, 급하고 어려운 일을 당하면 구원하려고 덤벼드는 것이 도리어 어진이·의사의 위에 있으니 조명 같은 이가 바로 그런 사람이고 보면, 그 마음속에 의리가 본래 갖추어져 있어 없애려도 없앨 수 없기 때문일 것이다. 저, 친척을 이별하고 인륜을 버리고 가서 돌아오지 않는 자는 또한 어떠한 마음에서일까? 비록 그러하지만 인심이란 모두 다 같은 것이어서, 내가 먼저 발한다면 저쪽에서도 감응되어 진실로 하지 않으려 해도 그만두지 못할 바가 있을 것이니, 의당 시를 읊는 자가 많음 직도 하다.[35]

---

35) 『삼봉집』 권3, 贈祖明上人詩序, "無說大師病臥珍原山佳祥寺, 一日倭寇突入其寺, 蒼皇分散, 或死或虜, 而弟子祖明負大師走, 僅以身免. 吾聞民生於三, 事之如一, 惟其所在, 則致死焉. 此儒者說也. 浮屠人, 出家與世, 棄親如遺, 其他宜若無以爲意也. 而往往於師弟子間, 恩義篤盡, 其奔難赴急, 反出仁人義士上如祖明者, 是則此心之中, 義理本具, 不

이 기록은 단순히 조명의 개인적 행동에 대한 평가를 넘어, 승려의 행동 원리를 유교적 윤리관으로 해석하려는 정도전의 시도를 보여준다. 그는 조명이 보여준 스승에 대한 극진한 행동이 유교적 "군사부일체(君師父一體)"의 윤리관과 일치한다고 보았다. 이는 부모를 떠난 승려라는 기존의 인식에서 벗어나, 승려 역시 태어나면서부터 의리를 갖춘 인간으로 바라본 관점이라 할 수 있다.

정도전은 조명의 행동을 이러한 공의를 반영한 사례로 보았다. 조명의 행동은 단순한 개인적 교류의 차원을 넘어, 불교 승려도 유교적 보편 윤리관인 의리를 갖추고 있다는 점을 보여준다는 의미를 지닌다.[36]

위 기록은 앞선 의문에서 더 나아가 유교와 불교의 문제를 한층 깊이 다룬 글로 볼 수 있다. 그는 불교 승려들이 출가를 선택한 이유나 불교 교리의 세세한 측면을 완벽히 검토하지는 않았지만, 성리학자로서 승려의 행동을 유교적 인간관과 연결 지어 평가하려는 노력을 보여준다.

이와 같이 정도전은 승려와의 접촉을 통해 다양한 생각을 확장했다. 특히, 그는 불교 비판을 주도하는 유자(儒者)로서 자기 반성을 시도하기도 했다. 다음 구절은 이를 잘 보여준다.

> "어느 날 우리 고을 사람이 떠들썩하게 '유자(儒者)가 왔다, 유자가 왔다.' 하기에 보니 바로 선생이었습니다. 선생은 무슨 업을 하고 계시기에 사람들이 유(儒)라고 하는지 모르겠습니다."하였다.

可得以, 一本作而泯滅矣. 彼或離親戚去人倫, 往而不返者, 亦獨何心歟. 雖然, 人心所同然者, 自我發之, 則彼之興感, 固有所不能自已者矣, 宜乎歌之者衆也."

36) 金勳埴, 「麗末鮮初 儒佛交替와 朱子學의 定着」, 『韓國 古代·中世의 支配體制와 農民』, 1997, 404쪽.

종자는 답하기를, "선생의 하시는 것은 광범합니다....(중략)... 불·노(佛老)의 사특한 해를 분변하여 백 대의 무지한 의혹을 열어 주었으며, 시속의 공리설(功利說)을 꺾어 도의(道誼)의 올바른 데로 돌아가게 했습니다." ...(중략)....야인은 말하기를 "그 말은 사치스럽습니다. 너무 과장한 것이 아닙니까? 내가 우리 동네 어른에게 들으니, 그 실상이 없으면서 그 이름만 있으면 귀신도 미워하고, 비록 그 실상이 있더라도 스스로 밖에 폭로하는 것은 남들이 성내는 바라고 했습니다."[37]

본문에서 정도전은 불교와 도교를 비판하는 유자들의 태도를 야인(野人)의 입을 빌려 자성하도록 촉구하고 있다. 비록 불교와 도교를 비판할 실상이 있다 하더라도, 이를 공연히 드러내는 것은 옳지 않다는 점을 강조하며 유자의 비판 태도를 반성적으로 성찰하고 있다. 이는 단순한 불교 비판을 넘어 유교 자체가 불교에 대한 비판적 태도를 재검토할 필요가 있음을 암시한다.

이러한 태도는 불교를 철저히 배격하는 것을 단순히 정당화하려는 것과는 거리가 있다. 야인의 말은 방법론적인 측면에서의 비판을 배격하며, 설령 불교의 문제를 인지한다 하더라도 그것을 드러내는 태도는 옳지 않다고 주장한다. 이는 적극적인 불교 배격론과는 다른 맥락으로, 당시까지 정도전이 불교 비판을 논리적으로 조심스럽게 접근했음을 보여준다.

---

37) 『삼봉집』 권4, 錦南野人, "一日, 吾鄕人謹然相傳儒者至, 儒者至, 乃夫子也. 不知夫子治何業而人謂之儒歟. 從者曰, '抑所治廣矣..(中略)...辨佛老邪遁之害, 以開百世聾瞽之惑, 折時俗功利之說, 以歸夫道誼之正.'...(中略)...野人曰, '侈哉言也, 其無乃誇乎, 吾聞諸吾鄕之老, 曰無其實而有其名, 鬼神惡之, 雖有其實, 自暴於外則爲人所怒.'"

이처럼 1375~1377년 시기의 정도전은 불교 비판이 이미 논리적 기반을 갖추고 있다고 보면서도, 그 비판이 성급히 드러나는 것을 경계했다. 이는 단순한 적대감이 아닌, 불교에 대한 깊이 있는 성찰과 신중한 논의를 중시하는 태도를 반영한 것이다.

　그 시기까지의 정도전의 입장은 이색과도 유사하다. 이색은 승려들과의 교유를 전제하면서도, 유교가 불교와 도교보다 우위에 있음을 꾸준히 강조했다. 그는 "우리 도는 만고에 귀착할 곳이 있지만, 제자들의 잡설은 참으로 황당하다"고 표현하며,[38] 유학적 가치를 확고히 하였다. 정도전 또한 당시 현실적 어려움과 심리적 방황 속에서 승려들과 교류하며, 성리학자로서 불교도로서의 승려가 아니라 인간으로서의 승려를 바라보게 되었다. 불교적 문화를 토대로 승려들과 교유하는 과정 속에서 성리학을 익혀왔던 분위기가 정도전에게도 나타났던 것이다.

　정도전의 이러한 유화적인 태도는 위화도 회군을 전후로 크게 변화한다. 정치적 체제 변혁을 추구하며 새로운 유교 국가 건설을 목표로 했던 정도전은, 불교 국가였던 고려를 부정하고 척불 입장을 분명히 하게 된다. 불교는 내세 지향적인 세계관, 군주의 초월성을 인정하는 체계, 그리고 지방 사회와 상업 활동의 자율성을 용인하는 방식으로 기존 질서를 유지하는 데 적합했다. 그러나 성리학은 공적인 권력과 공론 정치를 중시하며, 삼강오륜을 기반으로 도덕적 이상 국가를 지향했다. 정도전이 유교 중심의 단일 사회를 구축하려는 과정에서 불교 비판은 필수적인 과업이 되었다.

---

38) 『목은시고』 권16, 朴叢尙書談三敎 旣去 吟成三篇, "斯文萬古有歸宿, 雜說衆家眞謬悠."

우왕 13년부터 공양왕 3년까지 성균관 대사성을 역임한 정도전은 성균관 유생들에게 성리학의 현실적 의미를 강조하며, 척불 입장을 명확히 알리고 지지 세력을 형성했다. 창왕 원년, 지공거로 인재를 선발하면서 그의 정치사상에 공감하는 이들이 생겼으며, 공양왕대 척불상소에는 정도전의 학문적 이상과 정치적 비전을 지지하는 성균관 관계자들이 참여했다. 비록 이들의 수는 적었지만, 정도전은 불교의 문제점을 지적하며 성리학적 이상 국가를 건설하려는 의지를 분명히 드러냈다.

고려시대에는 오랫동안 불교가 사회와 밀접하게 연결되어 있었기 때문에, 성리학자들 사이에서도 불교를 어느 정도 받아들이자는 의견이 많았다. 이들은 불교의 폐단을 지적하면서, 국가의 불교 지원을 줄이고 승려들의 무절제한 행동을 규제해야 한다고 주장했다. 하지만 동시에 불교가 가르치는 효(孝)와 충(忠), 타인에 대한 선행과 내면 수양 같은 가치는 유교와도 통하는 부분이 있다고 보았다. 그래서 불교의 영향력을 줄이면서도, 그 윤리적 가치는 성리학적 사회를 정착시키는 데 보조적으로 활용할 수 있다고 생각했다.

그러나 일부 성리학자들은 불교를 활용하는 것보다 철저히 배제하는 것이 더 효과적이라고 보았다. 이러한 입장은 고려 말 정치 상황 속에서 점점 더 힘을 얻었다. 특히 정도전과 대립했던 공양왕이 불교를 적극적으로 보호하자, 정도전 세력은 자신들을 '순수한 성리학자'로 내세우며 불교를 완전히 배척해야 한다고 주장했다. 반면, 불교를 어느 정도 인정하려던 성리학자들은 사상적 순수성을 의심받으며 정치적 영향력을 잃어갔다.[39]

특히 성균관 생원 박초는 '도통론'을 통해 유학을 정통 사상으로 선언하며, 맹자가 양주와 묵적의 사상을 배척하고 공자를 높인 이래, 한나라의 동중서, 당나라의 한유, 송나라의 정자(정호)와 주자가 모두 성리학을 옹호하고 이단을 배척해왔다고 주장했다. 이어서 그는 정도전을 아래와 같이 평가하였다.

> 성균생원(成均生員) 박초(朴礎) 등이 또 상소하였다. "겸대사성(兼大司成) 정도전(鄭道傳)은 하늘과 사람의 성명(性命)의 근원을 발휘하여 공자·맹자·정자·주자의 도학(道學)을 부르짖었으며, 불교가 오랜 세월 전해온 거짓말을 물리치고 삼한에 천년 동안 전해온 미혹을 깨뜨렸습니다. 이단을 배척하고 거짓된 설을 그치게 하였으며, 천리(天理)를 밝히고 인심을 바르게 하였습니다. 결국 우리 동방의 참된 유학자는 이 한 사람뿐입니다."[40)]

이러한 평가는 정도전이 성리학적 사회를 만들려는 체제 변혁적 입장을 가졌으며, 그의 불교 배척 입장이 당시 유생들에게도 공감을 얻고 있었음을 보여준다.

정도전은 주희의 불교 비판 논리를 활용하여 불교라는 이단을 비판하고, 이에 연관된 구세력까지 비판했다. 이는 기존 질서와 지배 이념에 대해 비판적인 태도를 바탕으로 한 것이었다.[41)] 정도전을 비롯한 사대

---

39) 이정주, 「공양왕대의 정국동향과 척불운동의 성격」, 『한국사연구』 120, 2003; 최연식, 「정몽주의 불교에 대한 인식과 태도 재검토」, 『포은학연구』 24, 2019.
40) 『고려사』 권120, 열전33, 김자수 "成均生員朴礎等亦上疏曰, '兼大司成鄭道傳, 發揮天人性命之淵源, 倡鳴孔·孟·程·朱之道學, 闢浮屠百代之誑誘, 開三韓千古之迷惑. 斥異端, 息邪說. 明天理, 而正人心. 吾東方眞儒, 一人而已.'"
41) 都賢喆, 「排佛論과 佛敎改革論」, 『高麗末 士大夫의 政治思想硏究』, 一潮閣, 1999, 156~173쪽.

부의 입장에서, 이색은 유학자로서 존경받아야 할 위치에 있으면서 많은 학자를 길러냈고, 정치·사회적으로 큰 영향력을 행사했지만 불교에 심취했다. 이에따라 정도전은 이색을 비판하며, "유학의 모범이 되어야 할 대유(大儒)가 오히려 앞장서서 이단에 빠져 백성들이 본받게 하고 있다"고 말했다. 결국 정도전 등은 불교의 존재 이유를 부정하고, 이를 대신해 주자학을 새로운 지배 사상으로 내세우고자 했다. 이는 단순히 불교를 비판하는 데 그치지 않고, 기존 체제를 철저히 바꾸기 위해 새로운 사상적 기반을 마련하려는 시도였다.

4. 정도전의 불교비판의 특징

1) 「심문천답」·「심기리편」을 통해 본 불교비판론의 형성

정도전이 불교와 같은 이단 사상을 비판한 내용은 그의 주요 저술 「심문천답」(1375), 「심기리편」(1394), 그리고 「불씨잡변」(1398)을 통해 잘 드러난다. 이 중 「심문천답」은 고려 우왕 원년(1375)에 작성된 저술로, 마음이 하늘에게 묻고[心問], 하늘이 마음에게 대답[天答]하는 대화 형식을 취하고 있다. 이 글은 인간과 하늘의 관계, 인간 사회에서의 선악의 보응 문제, 그리고 천리(天理)의 회복 가능성에 대한 심오한 논의를 담고 있다.

그런데 「심문천답」의 성격에 대해서는 학계의 다양한 해석이 제기되었다. 우선 심문천답은 '불교의 인과응보설을 비판하기 위해서 지은 저술'로 파악되었다. 초기 연구에서부터 「심문천답」은 불교적 인과설을 거부하기 위한 벽불론이라는 견해,⁴²⁾ 불교의 숙명적 인과응보를 비판한 것이면서도 현재 자신의 불행에 대한 재기의 희망을 가지는데 목적이 있는 저술이란 견해⁴³⁾ 그 외에도 불교를 직접적으로 배척하는 내용의 것이라고는 할 수 없지만 간접적으로 배척하는 글이라는 견해⁴⁴⁾ 등이 제기되었다. 그 반면「심문천답」이 그와는 무관한 정도전의 반공리(反功利) 사상을 담은 책으로 이해하거나,⁴⁵⁾ 그리고 개인의 방황 속에서 스스로 던진, 자신의 유배 상황을 인정할 수 없는 심리적 상황을 반영한 저술이라는 해석⁴⁶⁾이 나타나기도 했다.

「심문천답」에 대한 상반된 해석이 이와 같이 나타나게 된 것은, 「심문천답」에 구체적으로 불교에 대한 내용이 명시되어 있지 않기 때문이다. 「심문천답」의 저술 의도와 그 내용은 해당 인용구를 통해 잘 드러난다.

> 사람의 마음속의 理는 바로 上帝의 命한 바이나, 그 義理의 공공적인 것이 혹은 물욕의 가린 바가 되고, 그 선악의 보응이 또한 전도된 것이 있어 선하여도 혹 화를 얻고 악하여도 혹 복을 얻어, 선을 복주고 악을 벌주는 이치가 분명하지 못한 바가 있다. 그러므로 세상 사람들이 착한 것을 좇고 악한 것을 버릴 줄 알지 못하고 오직 功利에 나가기만 힘쓸 뿐이니, 이는 사람이 하늘에 의혹을 품지 않을 수 없는 것이다.⁴⁷⁾

---

42) 李鍾益,「鄭道傳의 闢佛論 批判」『佛敎學報』 9, 1971, 34~36쪽.
43) 韓永愚,『鄭道傳思想의 硏究(改正版)』, 서울대출판부, 1983, 33~34쪽.
44) 尹絲淳,「鄭道傳 性理學의 特性과 그 評價問題」,『震檀學報』 50, 1980, 159~160쪽.
45) 이정주,「비척불서로서 「심문천답」의 반공리문제」,『성리학 수용기 불교 비판과 정치·사상적 변용』, 고려대학교 민족문화연구원, 2007.
46) 문철영,『인간 정도전』, 새문사, 2014, 75~76쪽.

정도전은 「심문천답」에서 인간의 마음속 이치〔理〕가 하늘의 명령에 해당한다고 설명한다. 그러나 그는 욕망이 이(理)를 가로막아 선악의 보응 체계가 뒤바뀌는 현실을 지적했다. 예컨대 선을 행해도 화를 당하고, 악을 저질러도 복을 얻는 일이 벌어지는 상황을 통해, 하늘의 이치가 불명확하다고 믿는 사람들의 혼란을 비판했다. 그는 이런 혼란이 사람들로 하여금 선을 좇고 악을 멀리하기보다, 오로지 공리(功利)만을 추구하도록 만들었다고 보았다.

이와 같은 정도전의 주장은 아래의 내용을 통해 더욱 구체적으로 나타난다.

> 하늘이 이치를 사람에게 부여할 수는 있으나, 사람으로 하여금 반드시 착한 일을 하도록 할 수는 없는 것이니, 사람이 하는 바가 그 도를 잃는 일이 많이 있어 천지의 화기를 손상시키는 것이다. 그러므로 재앙과 상서가 그 이치의 바른 것을 얻지 못하는 일이 있으니, 이것이 어찌 하늘의 상도이겠는가?
>
> 하늘은 곧 이(理)요 사람은 기(氣)에 의하여 움직이는 것이니, 이는 본래 하는 것이 없고, 기가 쓰이는 것이다. 하는 것이 없는 자는 고요하므로 그 도가 더디고 항상〔常〕되나, 쓰이는 자는 움직이므로 그 응함이 빠르고 변하니, 재앙과 상서의 바르지 못한 것은 모두 기가 그렇게 시키는 것이다. 이는 그 기운의 변하는 것이 비록 그 이치의 항상됨을 이기나 이것은 특히 하

---

47) 『삼봉집』, 권10, 「心問天答」 "人心之理, 卽上帝之所命, 而其義理之公, 或爲物欲所勝, 而其善惡之報, 亦有顚倒. 善或得禍, 而惡乃得福, 福善禍淫之理, 有所不明. 故世之人, 不知從善而去惡, 唯務趨於功利而已. 此人之所以不能無惑於天者也."

늘이 정하지 않았을 때의 일이다.

기는 쇠하고 성함이 있으나 이는 변하지 않는 것이다. 오래 되어 하늘이 정함에 미쳐서는 이치가 반드시 그 항상함을 얻게 되고 기도 따라 바루어지는 것이니, 선을 복주고 악을 벌주는 이치가 어찌 사라지겠는가?[48]

정도전은 선행에는 복이 따르고 악행에는 화가 따른다는 하늘의 원리를 설명하며, 인간이 이 원리를 깨닫고 실천해야 한다고 주장했다. 그는 하늘이 인간에게 이치를 부여할 수는 있으나, 인간으로 하여금 반드시 선을 행하도록 만들 수는 없다고 강조했다. 인간은 자신의 행위로 이치를 잃고 천지의 조화로운 기운(和氣)을 손상시키며, 이에 따라 재앙과 상서가 이치에 맞지 않게 나타나는 경우도 많다고 설명했다. 그러나 이러한 혼란은 영구적이지 않으며, 시간이 지나 하늘의 이치가 제자리를 찾으면, 선을 복주고 악을 벌하는 올바른 질서가 반드시 회복된다고 보았다.

「심문천답」에 대한 문제는 정도전의 문집 『삼봉집』의 편집의 문제 또한 고려할 필요가 있다. 『삼봉집』의 편집상 「심문천답」은 「심기리편」을 보충하기 위해 추가한 편목으로 구성된다. 『삼봉집』「심문천답」의 서문에는 아래와 같이 작성되어 있다.

---

48) 『삼봉집』, 권10, 「心問天答」, "天能以理賦予於人, 而不能使人必於爲善, 人之所爲, 多失其道 以傷天地之和, 故災祥有不得其理之正者, 是豈天之常也哉, 天卽理也. 人動於氣者也, 理本無爲而氣用事, 無爲者靜, 故其道遲而常, 用事者動, 故其應速而變, 災祥之不正, 皆氣之使然也. 是其氣數之變, 雖能勝其理之常者, 然此特天之未定之時爾, 氣有消長, 而理則不變, 及其久而天定 則理必得其常, 而氣亦隨之以正, 福善禍淫之理, 豈或泯哉."

[정도전] 선생은 심기리(心氣理)에 대한 3편의 글에서 유학의 도와 이단의 올바름과 왜곡됨을 거의 모두 다루었다. 나는 이미 이 뜻을 해설하고 주석을 달아 이를 설명했다. 선생은 또한 심문(心問)과 천답(天答)의 두 편을 지어 하늘과 인간의 선악, 보응이 더디거나 빠르게 나타나는 이치를 밝히며, 사람들에게 올바른 도리를 지키라고 권면하셨다. 이 글은 그 내용이 매우 정밀하고 절실해서, 공리(功利)에 집착하는 사람이 본다면 잘못된 유혹에서 벗어나고 병든 상태에서 벗어날 수 있는 약이 될 것이다. 그래서 나는 이 글에 다시 설명과 해석을 추가하여 심기리 3편의 끝에 붙였다.

갑술년(甲戌 1394, 태조3) 6월 양촌(陽村) 권근(權近)은 서(序)한다.[49]

정도전의 생전에 쓰여진 권근의 서문에는, 「심문천답」이 정도전의 다른 저술과 어떤 관계가 있는지 서술하고 있다. 권근에 따르면 「심문천답」은 「심기리편」과 「불씨잡변」으로 이어지는 사상적 발전 과정에서 중요한 중간 단계에 해당한다. 특히 「심기리편」과 「심문천답」의 연결성은 권근의 서문에서도 확인할 수 있다. 권근은 「심문천답」과 「심기리편」이 하나의 연속된 논지로 구성되어 있으며, 이 저술들이 공리(功利)에 빠진 사람들에게 경종을 울리고 이를 바로잡는 데 기여한다고 평가했다. 그는 "그 말이 지극히 정밀하고 절실하여 공리에 골몰한 자가 이를 보면 유혹된 마음을 제거하고 병에 약이 될 것이다"라고 서문에 언급하며, 「심문천답」이 가지는 가치를 높이 평가했다.

---

49) 『삼봉집』 권6, 「심문천답」 序, "先生又嘗作心問天答二篇, 發明天人善惡報應遲速之理, 而勉人以守正, 其言極爲精切, 使怵於功利者觀之, 可以祛其惑而藥其病矣, 故又加訓釋以附三篇之後, 夫闢異端然後可以明吾道, 去功利然後可以行吾道, 此先生之作所以關於世敎爲甚重, 而吾今日編次之意也, 觀者幸毋忽, 甲戌夏六月, 陽村權近序."

하지만 「심문천답」은 불교의 세계관에 대해 직접적으로 다루고 있지 않다. 하지만 「심문천답」은, 그에 서문을 쓴 권근과 이를 생전에 검토한 정도전이 이해하기에 이후에 쓰여진 「심기리편」과 마찬가지로 이단 비판과 연결된 저술로 이해되었다. 따라서 이 저술은 불교적 세계관을 직접적으로 다루지는 않았지만, 공리적 사고를 넘어선 천리 회복의 논의를 통해 유교적 이념을 확립하는 데 중요한 역할을 했다. 정도전은 이 책을 통해 하늘과 인간의 관계를 성리학적 시각에서 재정립하며, 조선 건국을 위한 이념적 토대를 구축해 나갔다.

정도전의 이단에 대한 철학적 극복을 담은 또 다른 저술은 「심기리편」이다. 심기리편은 심난기(心難氣)·기난심(氣難心)·이유심기(理諭心氣)의 세 부분으로 구성되어 있는데, 불교를 심(心), 도교를 기(氣)로 보고 서로의 관계를 비판적으로 검토한 뒤, 유교를 상징하는 이(理)가 도교와 불교에 대비된 우위를 설명하는 형식으로 쓰여졌다. 유불도를 이·심·기라는 한 단어로 표현한 것이나, 각각 88자[心難氣]·112자[氣難心]·144자[理諭心氣]의 4의 배수로 구성되어 있는 것에서도 알 수 있듯이, 심기리편은 문학적 성격이 강한 글이었다.

「심기리편」의 취지와 별도로, 그 어조는 당시의 인물들에게도 모호한 것으로 받아들여졌다. 권근이 작성한 「심기리편」의 서문에는 이러한 점이 잘 드러난다.

> 어떤 이는 다만 심기리편에서 불교와 도교를 배척하지 않은 것을 보고, "삼교가 일치하기 때문에 선생이 이를 지어, 그 도(道)의 같음을 밝힌 것이다"라 하니, 이 사람은 말을 아는 자가 아니다. 그러므로 내가 비졸(鄙拙)함을

헤아리지 않고, 대략 주석을 하는 것이다.[50]

　서문에 따르면 조선건국기 일부 사람들은 이 글에서 불교와 도교를 비판하는 명확한 표현이 없다는 점을 들어, 정도전이 삼교일치를 주장했다고 오해하였다고 한다. 권근은 이 같은 해석에 대해 "정도전이 삼교의 도가 같음을 밝히려고 이 글을 썼다고 보는 것은 그저 겉만 보고 하는 말이며, 이를 말이라고 할 수 없다"고 지적했다. 권근은 이러한 오해를 바로잡기 위해 「심기리편」에 주석을 달았다고 밝히고 있다.

　정도전의 「심기리편」은 유교의 관점에서 불교와 도교를 비판적으로 흡수하며 삼교일치의 인상을 풍기기도 했다. 이에 따라 이 글이 불교와 도교를 배척하기보다 포용하려는 의도를 가진 것으로 보인다는 견해가 제기되기도 했다.[51] 이와 같이 이해되었던 것은 「심기리편」의 전반적인 어조가 혼합적이고 모호했기 때문이다. 조선 초기에 불교에 대한 철학적 비판이 아직 익숙하지 않았고, 정도전이 단순히 불교를 배척하는 인물로만 인식되지 않았던 당시의 상황을 반영한다고 볼 수 있다.

　그러나 「심기리편」은 위화도 회군 이후 불교와의 관계가 완전히 단절된 시점에 쓰인 저술로, 정도전이 척불 운동을 주도한 지 약 3년이 지난 시점의 저술이었다. 정도전의 철저한 척불 의지는 그를 잘 아는 사람들에게는 분명하게 알려져 있었다. 그는 유학(道學)을 밝히고 이단(異端)을 배척하는 것을 자신의 중요한 사명으로 여겼으며, 배운 바를 실천

---

50) 『삼봉집』 권6, 「심기리편」 序, "或有人徒見其不斥也, 以爲三敎一致, 故先生作此, 以明其道之同耳, 則非知言者也, 故愚不揆鄙拙, 略爲註釋."
51) 金忠烈, 1984, 『高麗儒學史』, 高大出版部.

하는 데 주저하지 않았다. 나아가 건국 이후 저작인 「심기리편」의 입장은 「심문천답」에서부터 이어지고 있었다. 무엇보다 정도전 생전에 「심문천답」・「심기리편」 둘 모두의 서문을 썼던 권근이 정도전에 대해 "이단을 배척하는 데 힘쓰며 자신의 뜻을 차근차근 분명히 밝혔다"고 평가했다. 「심문천답」은 정도전이 유교적 이상을 바탕으로 불교와 도교를 비판하고, 유교의 우월성을 강조하며, 이후 그의 사상적 정점인 척불(斥佛) 논리로 나아가는 출발점이 되었다.

2) 「불씨잡변」을 통해 본 정도전의 불교비판론

정도전은 「심기리편」 이후 생애 마지막 저술인 「불씨잡변」을 통해 불교 비판을 이론적으로 완성하였다. 「불씨잡변」은 이론과 실천 양면에서 조선 건국 이념에 부합하는 철두철미한 척불론자로 거듭나게 된 것을 보여주는 저술이었다.

『삼봉집』에 편집된 「불씨잡변」의 말미에 실린 논(論)에는 불씨잡변의 편집에 대한 정보가 기록되어 있다. 그에 따르면, 「불씨잡변」은 본래 불교의 교리에 대해 비판한 편목으로서의 「불씨잡변[52]」(이하 「불씨잡변(편목)」) 15편, 그리고 불교의 폐해를 역사적으로 살핀 「전대사실」(前代事實) 4편으로 구성되어 있었다고 한다.[53] 그리고 말미에는 세 번째는 객(客)

---

52) 「불씨잡변」은 불교 교리에 대한 글 15편이 기록된 편목의 이름으로서의 「불씨잡변(편목)」과 그 편목에 더해 역사적 사실 등을 모두 합한 한 편의 저술 제목으로서의 「불씨잡변」이 같은 명칭으로 중복된다. 이에 대해, 정도전은 「불씨잡변(편목)」만을 '불씨잡변'이라 하였으나, 이후에 권근이 「전대사실」등을 편집하여 지금의 「불씨잡변」을 만들었다는 견해가 있다(이정주, 「鄭道傳의 斥佛運動과 斥佛論」, 『성리학 수용기 불교 비판과 정치・사상적 변용』, 고려대학교 민족문화연구원, 2007, 171쪽).
53) 『삼봉집』 권5, 「불씨잡변」, "著佛氏雜辨十五篇, 前代事實四篇, 旣成."

과의 문답 형식을 통해 앞서 다루지 않은 내용을 부연한 글 1편이 수록되어 있는데, 이들을 모두 합하면 「불씨잡변」은 총 20편이 된다.

「불씨잡변」의 내용들은 대체로 주희의 불교비판론을 차용하였다.[54] 그 중 「유석동이지변」은 『대학혹문』에서 가져온 것이나 인용 전거가 표시되어있지 않다.[55] 그 외에 「전대사실」 4편은 『대학연의』에 수록된 사례를 그대로 인용하여 구성되었다.

「불씨잡변」은 다양한 주제를 포괄하고, 20여 항목들을 나누는 분류법, 논점 또한 연구자별로 다양하게 분류되었다. 비교적 최근에 속하는 2,000년대 이후의 주요 사례들을 열거한다면, 「불씨잡변」의 비판조목들을 현상적, 형이상학적, 당위적 비판으로 나누는 경우가 있었다.[56] 그 외에는 사상·윤리적 측면과 종교학적 성격, 역사적 사실, 유·불 사상의 대비를 통한 비판으로 나누는 경우가 있었다.[57] 한편에서 심성론, 윤회인과설, 사회윤리적인 면, 신앙적인 면으로 나누기도 하였다.[58] 그 외에도 천지만물의 생성, 리와 기의 의미, 인간의 심성, 도덕의 실현, 전대의 역사적 사실로 나누는 경우도 있었다.[59] 이처럼 모두 다르게 나타났다.

본고에서는 서지적인 기준에 따라 교리·역사의 두 유형으로 나누고

---

54) 柳仁熙, 「退·栗 이전 朝鮮性理學의 問題發展」, 『동방학지』 42, 1984, 188~190.
55) 도현철, 「『삼봉집』의 성리학적 토대와 권근의 역할」, 『조선전기 정치사상사』, 태학사, 2013, 53쪽.
56) 이정주, 「鄭道傳의 斥佛運動과 斥佛論」, 『성리학 수용기 불교 비판과 정치·사상적 변용』, 고려대학교 민족문화연구원, 2007, 179쪽.
57) 김병환, 「정도전의 삶과 『불씨잡변』」, 『불씨잡변 : 조선의 기획자 정도전의 사상혁명』, 아카넷, 2013.
58) 고상현, 『정도전의 불교 비판을 비판하다』, 푸른역사, 2014.
59) 정두호, 「정도전 벽이단론의 성리학적 근거 연구」, 동국대학교 철학과 박사학위논문, 2024.

자 한다. 첫 번째 「불씨잡변」의 항목을 이루는 유형은 불교 교리에 대한 비판이다. 여기에는 윤회, 인과, 자비, 진가(眞假), 지옥, 화복(禍福), 걸식 등에 대한 견해가 포함된다. 이는 불교 교리 중 대중에게 익숙하고 보편적인 주제를 다루며, 내세의 존재나 윤회, 그리고 선행과 악행이 각각 복과 화로 이어진다는 인과율 같은 핵심 교리를 비판하는 부분이다.

예를 들어, 불교에서는 혈기가 있는 모든 생명체가 일정한 수를 유지하며 윤회한다고 주장하지만, 정도전은 세상에서 기(氣)가 왕성하면 생명이 늘어나고, 기가 쇠하면 줄어드는 현상을 들어 윤회설을 반박했다.[60] 그는 유교적 인식론에 기반해, 현상을 연구하면 실체에 다가갈 수 있다고 보았다. 예를 들어, 천체의 움직임, 24절기의 변화, 일식과 월식 같은 자연 현상은 정확히 예측 가능하며, 이는 이러한 현상이 실재하기 때문이라고 설명했다. 이러한 실재는 참된 이치(理)가 사물을 지배하고 있기 때문에 가능한 것이라고 주장했다. 반면, 불교는 공(空)에만 집착하며 이치(理)를 인정하지 않아, 사물과 인간을 제대로 설명하지 못한다고 비판했다. 정도전은 윤회설의 비판을 근거로 인과설 등도 반박하였다.[61] 정도전은 유교의 음양오행설을 기반으로 인과설을 문제시하였다. 그는 사람과 만물의 생성과 소멸이 음양오행의 기(氣) 변화 때문이며, 윤회나 인과설과는 아무 관련이 없다고 주장했다.

정도전이 불교 교리와 관련해 중요하게 다룬 부분은, 불교가 가진 사회적 비인륜성의 비판이었다. 그는 불교 교리를 읽을 때마다 유교적 관점에서 볼 때 '의리'와 '이치'가 결여되어 있음을 발견했다고 주장한다.[62]

---

60) 『삼봉집』 권5, 「불씨잡변」, 佛氏輪廻之辨.
61) 『삼봉집』 권5, 「불씨잡변」, 佛氏因果之辨.

나아가 정도전은 사람이 짐승과 다른 점은 '의리(義理)', 즉 올바른 도리와 이치를 따르는 데 있다고 보았다.[63] 인간에게 의리가 없다면 정욕과 이익만을 쫓는 행위를 반복할 뿐이라 주장했다. 따라서 불교의 잘못된 점을 분명히 밝히고, 의리를 지키는 것이야말로 인간답게 사는 길임을 알리고자 했다.

정도전에 따르면 이는 선불교의 발흥 이후, 계율에 맞춘 규범성을 잃어버렸기 때문이다. 정도전은 불교가 본래 허무를 강조하며 인간의 일을 경시했지만, 최소한 과거에는 악행을 징계하고 선을 권장하여, 방탕함을 막는 역할은 수행하였음을 인정했다. 그러나 달마(達摩)가 중국에 불교를 전파하며 "문자에 의존하지 않고 마음을 통해 본성을 바로 깨달아야 한다"고 주장하면서, 그나마 남아 있던 의리마저 완전히 사라졌다고 비판했다. 정도전은 당시 유행하던 임제선 중심의 불교가 규율을 무시하고 무분별하게 행동함으로써 최소한의 계율조차 지켜지지 않는다고 비판했다. 그는 인간이 의리를 지키기 위해서는 반드시 예법을 따르는 것이 중요하다고 강조하며, 예법을 벗어난 행동은 결국 인간성을 상실한 광적인 행위로 이어질 수 있다고 경고했다.

정도전의 유교적 비판은 불교의 자비 사상에도 적용되었다.[64] 그는 불교에 자비와 같은 사랑의 정신이 있지만, 이 역시 상황에 맞게 쓰이지 못하기 때문에 잘못되었다고 주장했다. 모든 사람에게는 어진 마음, 즉 '인(仁)'이 있으며, 불교 역시 비록 외래 사상이지만 기본적으로 이러

---

62) 『삼봉집』 권5, 「불씨잡변」, 佛氏毀棄人倫之辨 "然則毀人倫去四大, 其分於道遠矣."
63) 『삼봉집』 권5, 「불씨잡변」, 佛氏禪敎之辨.
64) 『삼봉집』 권5, 「불씨잡변」, 佛氏慈悲之辨.

한 '인'을 가지고 있다고 보았다. 그러나 불교의 자비 사상은 모든 생명체를 동일하게 사랑하라고 요구하며, 사랑의 우선순위를 무시한다고 비판했다. 그는 사랑은 가족과 같은 가까운 사람들에게서 시작해 점차 다른 사람이나 생물로 확장되어야 한다고 보았다. 따라서 불교처럼 가족을 떠나 출가하면서 길에서 만난 사람이나 짐승에게 자비를 베푸는 것은 사랑의 경중과 근본을 모르는 행위라고 지적했다.

이러한 자비 사상에 대한 비판은 정도전의 불교 비판이 어디에 초점이 맞추어져 있는지를 잘 보여준다. 유교는 "친한 사람에게 먼저 친절히 대하고, 백성에게 어질게 하며, 그 다음에 만물을 사랑한다〔親親而仁民仁民而愛物〕"는 원칙을 강조한다. 반면, 불교나 묵자의 겸애(兼愛) 사상은 이러한 친근한 관계의 순서를 무시하고, 모든 생명체를 똑같이 사랑하라고 주장하기 때문에 근본적인 의리가 없다고 보았다. 정도전은 이러한 점에서 불교의 자비 사상을 비판하며, 유교적 가치관을 강조했다.

둘째는 '전대사실'을 통한 역사적 사례 차원에서의 불교 비판이다. 정도전은 남송대의 성리학자 진덕수의 『대학연의』의 불교비판 사례들을 인용하여 역사 속 군주들의 불교 신앙을 문제삼았다. 정도전이 재인용하여 비판한 사례는 양나라 무제, 당나라 대종, 당나라 헌종 등으로, 모두가 불교 신앙을 적극적으로 정치의 영역에 도입시킨 인물들 이었다

정도전은 역사적 사례를 통해 부처를 믿어 무차별적인 자비를 베풀면 복을 받고, 그렇지 않으면 화를 입는다는 가르침이 옳지 않다는 점을 말하고자 했다. 정도전은 양나라 무제가 독실하게 사찰에 시주를 하고 사면을 남용하고 불사를 일으켰으나, 결과적으로 난이 일어났다고 하였다.[65] 당 대종도 재상인 원재 등의 권유로 부처를 깊이 믿어 승려와 사

찰에 크게 시주하고 죄인에게도 사면을 남용하였으나, 정사와 형벌이 점차 문란해졌다고 지적했다.[66] 당나라 헌종 또한 사리를 맞아들여와, 불사를 거행하면서, 반대하는 유학자 한유를 좌천시켰는데, 머지않아 불행하게 죽었다고 하였다.[67]

불교에 깊이 귀의한 인물들이 복을 얻는 것이 아니라는 정도전의 입장은, 「불씨잡변」의 다른 장에서 제기한 불교의 지옥에 대한 교리 비판, 화복(禍福)에 대한 교리 비판과 연결되었다. 정도전은 선대 유학자들의 말을 인용하여, 불교의 지옥이라는 것은 보았다는 사람도 없는 허황된 이야기이고, 배움이 낮은 이들에게조차도 선행은 그 본성에서 우러나게 해야 한다고 주장하였다.[68] 마찬가지로, 화복의 문제에서도, 복은 그저 자기 마음을 닦으면 구태여 구하지 않아도 저절로 이르고 화는 저절로 멀어지는 것이지, 부처에게 의존해 화를 피하려 해선 안 된다고 하였다.[69] 불교를 독실히 믿었던 양무제와 당헌종이 불행한 최후를 맞았다는 것은 불교의 화복설을 비판하기 위한 반례로서 제시되었다.

정도전의 「불씨잡변」은 그 저술을 둘러싼 경황을 파악하면 그 성격이 더 구체적으로 나타난다. 정도전의 「불씨잡변」은 불교철학에 대한 애정이나 깊은 이해에서 비롯된 것이 아니라, 불교를 배격하려는 강한 목적의식에서 탄생한 저술이었다. 그는 병을 핑계로 휴가를 얻은 짧은 며칠 동안 이 책을 완성했으며, 자신의 논의에 약점이 있음을 어느 정도 인식

---

65) 『삼봉집』 권5, 「불씨잡변」 事佛得禍.
66) 『삼봉집』 권5, 「불씨잡변」 舍天道而談佛果.
67) 『삼봉집』 권5, 「불씨잡변」 事佛甚謹年代尤促.
68) 『삼봉집』 권5, 「불씨잡변」 佛氏地獄之辨.
69) 『삼봉집』 권5, 「불씨잡변」 佛氏禍福之辨.

하고 있었다.

무인년(1398, 태조7) 여름에 병으로 며칠 동안 휴가를 얻었을 때에 이 글을 저술하여 나(권근)에게 보여 주면서 말했다.

"부처의 해가 인륜을 훼손하고 있어서, 앞으로는 반드시 세간의 풍속이 금수처럼 되어서 인륜이 없어지는데 이를 것이다. 유학자로서 그들을 적으로 삼아 힘써 공격하여야 할 것이오. 일찍이 '내 뜻을 펼칠 기회를 얻어 행하게 되면 반드시 말끔히 물리쳐 버리겠다.'고 했었는데 이제 성상(聖上)께서 알아주셔서 말을 하면 듣고 계획하면 따르시니 내가 뜻을 얻었다고 하겠는데 아직도 저들을 물리치지 못하였으니, 끝내 물리치지 못할 것만 같소. 그러므로 내가 분을 참지 못해 이 글을 지었으니, 많은 후세 사람들이 사람마다 다 깨달을 수 있기를 바라는 것이오.

비유를 든 것이 비속하고 자질구레한 것이 많고, 저들을 함부로 덤비지 못하게 하기 위해 글을 쓰다 보니 격한 감정이 많았소. 그러나 이것을 보면 유교와 불교의 구분을 환히 알 수 있을 것이니, 비록 당장에는 행할 수 없다하지만 그래도 후세에 전할 수 있으니 내 죽어도 편안하리오."[70]

정도전은 불교를 철저히 비판하며, 이를 인륜과 사회 질서를 훼손하는 이단으로 간주하고 강력히 배격해야 한다고 주장한다. 그는 불교의

---

70) 『삼봉집』, 권5, 「불씨잡변」 序(권근) "戊寅夏, 告病數日, 又著是書示予曰, '佛氏之害, 毁棄倫理, 必將至於率禽獸而滅人類, 主名敎者, 所當爲敵而力攻者也, 吾嘗謂得志而行, 必能闢之廓如也, 今蒙聖知, 言聽計從, 志可謂得矣, 而尙不能闢之, 則是終不得闢之矣, 憤不自己, 作爲是書, 以望後人於無窮, 欲人之皆可曉也, 故其取比多鄙瑣, 欲彼之不得肆也, 故其設詞多憤激, 然觀於此則儒佛之辨, 瞭然可知, 縱不得行於時, 猶可以傳於後, 吾死且安矣.'"

가르침이 결국 사람들로 하여금 금수와 같이 인륜을 잃게 만들 것이라고 경고하며, 유학자로서 이를 막기 위해 싸우는 것을 자신의 책무로 삼았다.

그는 태조의 신뢰를 얻어 자신의 뜻을 펼칠 기회를 얻었지만, 아직 불교를 완전히 물리치지 못한 현실에 대해 아쉬움을 표한다. 이 점에서 그는 자신의 과업이 아직 완결되지 않았음을 스스로 인정하며, 끝내 이루지 못할 수도 있다는 불안감을 드러낸다. 이는 정도전이 자신의 정치적 이상과 현실 사이의 간극을 인지하고 있었음을 보여준다.

또한 정도전은 자신의 저술이 다소 비속하고 자질구레한 비유를 포함하고 있음을 스스로 인정한다. 그는 불교를 강하게 비판하기 위해 격한 감정을 담아 글을 썼으며, 이는 그 자신도 완벽하지 못한 글쓰기 방식임을 알면서도 필요한 선택이었다고 설명한다. 그는 이 글이 당장의 현실에서 실질적 변화를 가져오지 못할 수 있음을 인정하면서도, 후세에 전해져 사람들이 유교와 불교의 차이를 깨닫는 데 기여할 것이라고 기대한다.

결국 이 글은 정도전이 자신의 철저한 불교 비판론을 피력하면서도, 자신의 한계와 글의 단점까지도 명확히 이해하고 있었음을 보여준다. 그는 자신의 글이 부족한 점이 있음을 인정하면서도, 후세에 유교적 가치를 전파하고 불교의 문제를 알리는 데 기여할 수 있을 것이라는 확신을 가지고 있었다. 이는 정도전이 자신의 신념에 강한 의지를 가지면서도, 현실적 한계를 명확히 인지하는 성찰적인 태도를 갖추고 있었음을 나타낸다.

「불씨잡변」이 서술된 태조 7년 이전 정도전의 행적을 살펴보면, 정도전이 불교를 비판하는 이유는 다분히 현실적 측면에 집중되어 있었다. 그가 승려의 출가를 비판한 것은, 승려가 농사를 짓지 않는 인구로서 국가경제에 도움이 되지 않는다고 보았기 때문이었다. 정도전은 농업을 근간으로 한 국가 운영의 적합성 여부에 모든 가치 판단 기준을 두고 있었다. 따라서, 농사를 비롯한 생산노동에 종사하지 않는 승려나 무격(巫覡)·재인(才人)·화척(禾尺) 등은 모두 정도전에게 있어 비판의 대상이었다.[71]

정도전이 불교식 의례를 비판하였던 것도, 추천 등의 불교식 상제례가 낭비가 많아 가계에 부담을 주고, 급기야 파산케 하는 일이 많다고 보았기 때문이었다. 정도전은 이를 막기 위해 국가에서 법을 만들어 불교식 禮制를 혁파해야 한다고 생각했다.[72] 이는 가정뿐만 아니라, 국가경제에도 어려움을 끼치기는 마찬가지여서, 정도전은 공민왕대 이후 삼사(三司)의 회계에서 불교행사에 치루는 비용 때문에 나라가 망하게 되었다고 비판하였다. 그는 역사적으로도 국가가 흥할 때에는 사람의 의견을 듣고, 국가가 망할 때는 신에게 의견을 묻는다고 주장했다. 결국 신을 섬기거나 부처를 섬기는 것은 이익은 없고 해만 있다는 것이다.[73]

이상과 같이 「불씨잡변」에서는 불교의 다양한 측면들이 비판의 대상

---

71) 『삼봉집』 권13, 「조선경국전」, 上, 軍資, "國家介山海之間, 其丘陵藪澤不耕之地十居八九, 而人之遊手, 雖不能悉得其數, 以居京城者計之, 不下數十萬, 去而爲浮圖者不下十萬, 子弟之閒散 庶民之執公役, 戍卒之在邊圉, 以至工商巫覡之徒才人禾尺之類, 計亦不下十萬, 不惟不耕, 又從以食之, 可謂生之者寡而食之者衆矣."
『삼봉집』 권13, 「조선경국전」, 上, 版籍, "或作工商或逃浮圖, 固已失其十五六, 而其爲公私寺院之奴婢者, 亦不在其數焉, 幸而號爲編民者, 又以家長之所容隱, 姦吏之所占挾, 一戶之口, 不盡付籍, 民數可得而周乎."
72) 『삼봉집』 권13, 「조선경국전」 上, 喪制, "其所謂追薦者, 直爲人觀美耳, 而卒之於傾家破産者亦有焉, 在死者爲無益之費, 而胎生者無窮之患, 多見其妄也. 不有在上者作法以防之, 其弊有不可勝言者矣."
73) 『고려사』 권119, 열전32, 上恭讓王疏.

이 되었지만, 정도전에게 있어 불교비판은 고려 말 현실 속 구체제를 지탱한 사조에 대한 개혁론으로 집약되는 것이었다. 그는 불교가 국가와 백성에게 해로울 뿐 아니라, 실질적인 도움을 주지 못한다고 보았다. 이러한 관점에서 보면, 그의 불교비판은 단순히 부정을 위한 것이 아니라 당시 불교를 둘러싼 국가·사회의 문제를 극복하려는 실용적인 목적을 담고 있다고 평가할 수 있다.

5. 맺음말

본문을 통해 정도전의 불교관이 시기별로 변화했으며, 고려말 사회의 분위기 속에서 성리학을 익혀 나갔다는 점을 확인할 수 있었다. 고려말까지 성리학과 불교는 공존하며 상호 영향을 주고받았고, 성리학자들 역시 불교적 환경 속에서 학문을 익히는 경우가 많았다. 정도전 또한 이러한 분위기 속에서 성장하며 불교와 접촉했으며, 그의 시문 속에는 불교와 관련된 내용이 적지 않게 남아 있다. 이는 그가 불교를 처음부터 철저히 배척한 것이 아니라, 시대적 변화와 함께 그의 불교관이 점진적으로 형성되었음을 보여준다.

고려 말 성리학은 점차 국가 운영의 중심 이념으로 자리 잡아갔으며, 불교는 정치·사회적 영향력을 서서히 잃어갔다. 정도전 역시 공양왕 3년 척불운동을 주도하고 심기리편과 불씨잡변을 저술하며 성리학적 국가 체제를 확립하는 과정에서 강경한 불교 비판을 전개했다.

그러나 그의 불교관은 단순한 배척이 아니라, 시기에 따라 변화하는 모습을 보였다. 고려 말에는 불교가 사회적으로 강력한 영향을 행사하던 시기였기 때문에 정도전 역시 불교적 환경 속에서 성리학을 익히며 승려들과 교류했다. 하지만 조선 건국 이후 성리학적 국가 체제가 확립되면서 불교를 철저히 배제하는 방향으로 나아갔다. 이는 시대적 변화와 정치적 필요에 따른 전략적 선택이었음을 보여준다.

따라서 정도전의 불교관을 이해할 때는, 그가 고려 말 불교적 환경 속에서 성리학을 익히며 승려들과 교류했던 시기와, 조선 건국 과정에서 성리학적 국가 체제를 확립하며 불교를 배제하려 했던 시기를 구분하여 살펴볼 필요가 있다. 그의 불교관은 시대적 흐름과 정치적 상황에 따라 변화된, 성리학적 사회 질서를 구축하는 과정에서 조정된 사상적 입장이었다.

〈참고문헌〉

고상현, 『정도전의 불교 비판을 비판하다』, 푸른역사, 2014.
琴章泰, 「삼봉(三峯)의 벽불론(闢佛論)」, 성균관대학교 출판부(원재, 「鄭道傳의 闢佛思想과 그 論理的 性格」, 『東喬閔泰植博士古稀紀念儒教學論叢』, 1972.
김병환, 『불씨잡변 : 조선의 기획자 정도전의 사상혁명』, 아카넷, 2013.
金忠烈, 1984, 『高麗儒學史』, 高大出版部.
金海榮, 「정도전의 배불사상」, 『淸溪史學』 1, 1984.
金勳埴, 「麗末鮮初 儒佛交替와 朱子學의 定着」, 『韓國 古代·中世의 支配體制와 農民』, 1997.
都賢喆, 「排佛論과 佛敎改革論」, 『高麗末 士大夫의 政治思想硏究』, 一潮閣, 1999.
_____, 『조선전기 정치사상사』, 태학사, 2013.
_____, 「조선 건국기 성리학자의 불교 인식」, 『한국사상사학』 50, 2015.
柳仁熙, 「退·栗 이전 朝鮮性理學의 問題發展」, 『동방학지』 42, 1984.
문철영, 『인간 정도전』, 새문사, 2014.
邊東明, 『高麗後期 性理學 受容硏究』, 一潮閣, 1995.
尹絲淳, 「鄭道傳 性理學의 特性과 그 評價問題」, 『震檀學報』 50, 1980.
_____, 「삼봉(정도전) 척불설의 철학적 함의」, 『성리학자 정도전의 국제적 위상』, 경세원, 2007.
李丙燾, 「鄭三峰의 儒佛觀」, 『朝鮮時代의 儒學과 文化』, 한국학술정보(원재 『白性郁博士頌壽紀念佛敎學論文集』, 1959).
이봉규, 「정도전의 유교론과 조선의 문치」, 『삼봉학 어떻게 할 것인가 : 삼봉연구원 한국사상사학회 공동 주최 학술발표회 발표자료집』, 2023.

이익주, 「삼봉집 시문을 통해 본 고려 말 정도전의 교유관계」, 『정치가 정도전의 재조명』, 경세원, 2004.

이정주, 『성리학 수용기 불교 비판과 정치·사상적 변용』, 고려대학교 민족문화연구원, 2007.

李鍾益, 「鄭道傳의 闢佛論 批判」 『佛敎學報』 9, 1971.

張成在, 「三峯 性理學과 佛敎觀의 關係」, 『철학논총』 33, 366쪽.

정두호, 『정도전 벽이단론의 성리학적 근거 연구』, 동국대학교 철학과 박사학위논문, 2024.

趙明濟, 「高麗末 看話禪의 성행」, 『高麗後期 看話禪 硏究』, 혜안, 2004.

최민규, 「정도전 『삼봉집』의 판본과 연구 자료」, 본서, 2025.

최연식, 「정몽주의 불교에 대한 인식과 태도 재검토」, 『포은학연구』 24, 2019.

韓永愚, 「哲學·倫理思想」, 『鄭道傳思想의 硏究(改正版)』, 서울대출판부, 1983.

제9장 정도전의 도학적 문학관

정재철(단국대 명예교수)

1. 머리말
2. 선행 연구의 검토
3. 재도론의 도학적 의미
4. 도학적 시비평의 양상
5. 맺음말

1. 머리말

　삼봉(三峯) 정도전(鄭道傳, 1342~1398)의 학문과 문학에 대한 평가는 목은(牧隱) 이색(李穡, 1328~1396)이 1384년에 쓴 「정종지시문록발(鄭宗之詩文錄跋)」의 내용을 통해 확인할 수 있다. 이색은 이 글에서 "그가 학문하는 데 연구하여 밝히는 것은 포은(圃隱) 정몽주(鄭夢周, 1337~1392)과 같고, 저술하는 것은 도은(陶隱) 이숭인(李崇仁, 1347~1392)과 같았으니, 은

미한 말을 분석하고 고조(古調)를 화답하는 데는 한때의 거벽들이 모두 팔짱만 끼고 앉아서 감히 겨루지를 못하였다."라고 하였다. 이로 보아 정도전은 고려 말기의 학문과 문학을 주도했던 정몽주의 학문과 이숭인의 문학을 겸비하였음을 알 수 있다. 그의 도학적 문학관은 위와 같이 경서의 은미한 말을 분석했던 도학적 사유와 거벽들도 그의 시를 화답하지 못했던 문학적 역량에 의해 형성된 것이다.

정도전이 학문을 완성하는 데는 정몽주에게 힘입은 바가 컸다. 이는 그가 1386년에 쓴 「포은봉사고서(圃隱奉使藁序)」의 내용을 통해 확인할 수 있다. 그는 이 글에서 16~17세 때 성률(聲律)을 공부하려고 대우(對偶)를 만들고 있었는데, 민자복(閔子復)을 통해 정몽주가 '사장(詞章)은 말예(末藝)이고, 심신(身心)의 학문이 『대학』과 『중용』에 갖추어져 있다.'고 말한 것을 들었고, 18세 때 문과에 장원한 정몽주를 찾아가 미처 알지 못했던 도학의 요체를 들었다고 하였다. 이어 그는 아버지와 어머니의 초상을 잇달아 당하여 영주(榮州)로 내려가 5년을 지냈는데, 그때 정몽주가 보내온 『맹자』를 연구하였다고 하였다. 그리고 그는 부모상을 마치고 개경에 돌아와 성균관 학관으로 임명되었고, 그 후 정몽주와 오래도록 종유(從遊)하면서 보고 느낀 것이 깊었다고 하였다.[2]

---

1) 鄭道傳, 『三峯集』(『한국문집총간』 5, 한국고전번역원) 권14, 543쪽, 李穡, 「鄭宗之詩文錄跋」. "其於學也, 講明則同圃隱, 著述則同陶隱, 微言之析, 古調之賡, 一時巨擘, 皆縮手袖間而不敢爭."
2) 鄭道傳, 『三峯集』 권3, 340쪽, 「圃隱奉使藁序」. "道傳十六七, 習聲律爲對偶語. 一日, 驪江 閔子復, 謂道傳曰: 吾見鄭先生達可. 曰: 詞章末藝耳, 有所謂身心之學, 其說具大學中庸二書, 今與李順卿, 携二書, 往于三角山僧舍, 講究之, 子知之乎? 予旣聞之, 求二書以讀, 雖未有得, 頗自喜. 屬國家設賓, 興科, 先生來自三角山, 連冠三場, 名聲籍籍, 予亟往謁, 則與語如平生, 遂賜之敎, 日聞所未聞, 後奔父喪榮州, 居二年, 繼有母喪, 凡五年, 先生送孟子一部, 朔望之暇, 日究一帙, 或半帙, 且信且疑, 思欲取正於先生. … 道傳間往聽之, 不意

위와 같이 정도전이 자신의 학문을 완성하는 데 큰 영향을 준 정몽주와 결별한 시기는 언제일까?『태조실록』을 보면, "정도전이 이색을 스승으로 섬기고 정몽주, 이숭인과 친구가 되어 우정이 깊었으나, 뒤에 조준과 교제하고자 세 사람을 참소하고 헐뜯어 원수가 되었다."[3]라는 기록이 있다. 그러나『고려사절요』에는 이성계가 1389년 11월에 창왕의 폐위를 주장하며 군대를 동원하여 시위할 때 정몽주는 정도전과 함께 시위에 참여한 것으로 기록되어 있다.[4] 이를 근거로 학계에서는 1389년 11월 이후에 정도전이 정몽주와 결별한 것으로 보고 있다.[5] 이에 더 나아가 일부 학자는 1391년(공양왕 3)까지도 정도전의 마음은 정몽주, 이숭인, 권근 등 이색의 문하에서 함께 수학한 사람들에게 기울어 있었고 조준과는 소원했다고 보았다.[6]

위의 내용으로 보아 정도전은 성균관 학관에 임명된 1370년부터 이성계가 창왕의 폐위를 주장한 1389년까지 정몽주를 비롯한 학자들과 친밀한 관계를 유지한 것으로 생각된다. 이는 당시 그가 학자들과 문집에 서문을 쓴 것을 통해 확인할 수 있다. 앞서 살폈듯이 이색은 1386년에 「정종지시문록발」을 썼고, 정도전은 1386년에 「포은봉사고서」를 썼다. 그리고 권근은 1385년에서 1387년 사이에 「삼봉집서(三峯集序)」[7]를

孤陋所得, 往往默契焉, 獲被諸公薦, 側於學官之列, 出入與俱, 自是從遊之久, 觀感之深."
3) 『태조실록』 권14, 태조 7년 8월 26일 기사.
4) 『고려사절요』 권34, 「공양왕1」, 공양왕 1년 11월 기사.
5) 이종서, 「고려말의 신분 질서와 정도전의 왕조 교체 세력 합류」, 『역사와 현실』(한국역사연구회, 2019) 112집, 224쪽.
6) 이익주, 「삼봉집 시문을 통해 본 고려말 정도전의 교유관계」, 『정치가 정도전의 재조명』(경세원, 2004), 84~86쪽.
7) 鄭道傳, 『三峯集』 권제, 1쪽, 權近, 「三峯集序」.

썼고, 정도전은 1388년에 「도은문집서(陶隱文集序)」[8]를 썼다. 특히 그는 1386년과 1388년에 쓴 「포은봉사고서」와 「도은문집서」을 통해 이색을 중심으로 한 학자들과 교류하면서 체계화한 도학적 문학관을 펼쳤다. 본 연구에서는 먼저 정도전의 문학관에 대해 연구한 논문의 내용을 검토하고, 이어 정도전이 이숭인과 정몽주의 문집에 쓴 서문을 중심으로 그가 지향했던 도학적 문학관에 대해 살펴보기로 한다.

2. 선행 연구의 검토

조동일은 1977년에 「정도전의 문학사상」[9]을 발표하였다. 조동일은 이 글에서 정도전이 생각한 이상적인 문학은 마음속에 미리 갖추어진 도가 억누를 수 없이 문학으로 표현되고, 천지문(天之文), 지지문(地之文), 인지문(人之文)이 천인합일(天人合一)의 관계를 가진다고 말함으로써 문학의 근본적인 문제에 관한 새로운 해결의 체계를 마련한 것이고, 불교에 대한 유교의 사상적 우위를 확보할 수 있는 것이라고 이해하였다. 그리고 조동일은 위와 같이 정도전이 내세운 재도(載道)의 문학은 그 후에도 공식적인 노선으로 인정되기는 했지만, 권근에서 서거정으로 이어지는 학풍에서 사장파(詞章派)가 나타나 공식적인 노선을 변질시킨 것이라고 이해하였다.

조흥욱은 1987년에 「정도전의 문학관과 그의 한시에 대한 소론」을 발

---
8) 鄭道傳, 「三峯集」 권3, 342쪽, 「陶隱文集序」.
9) 조동일, 「정도전의 문학사상」, 「한국한문학연구」(한국한문학회, 1977) 제2집, 15~30쪽.

표하였다. 조형욱은 이 글에서 정도전은 학문하는 목적이 그 배운 바를 행하는 관리의 길에 나아가는 것으로 파악했기 때문에 경술(經術)의 실천적 행동이 우선이었고, 문장은 소재(小才)이며 학문에 부수된다고 파악한 것이라고 이해하였다. 그리고 조형욱은 위와 같이 정도전은 문장이 비록 소재임에 불과하지만 그것이 하늘을 조화롭게 하고 만물을 골고루 다스려지게 하는 도(道)를 싣는 재도지기(載道之器)로 쓰일 때 그 가치가 인정된다고 보아, 문장의 수식만을 일삼고 도를 전하지 않는 사장(詞章)은 배격한 것이라고 이해하였다.[10]

강명관은 1992년에 「정도전의 "재도론" 연구」를 발표하였다. 강명관은 이 글에서 정도전은 송대 재도론의 "문자(文者), 재도지기(載道之器)."란 논리를 그대로 수용하되 '도(道)'의 경세적 측면에 주목하여 '도'의 사회적 실천을 지향한 것이라고 이해하였다. 또한 강명관은 정도전이 '문(文)'을 문화로 파악함으로써 결과적으로 문장이 현실을 변혁할 수 있으며, 변혁하는 데 기능해야 한다는 적극적인 의미를 부여하였다고 보았다. 따라서 강명관은 위와 같은 정도전의 재도론은 고려말 사회적 역사적 조건 하에서 이루어진 송대 재도론에 대한 주체적 해석이라고 이해하였다.[11]

김종진은 1992년에 「정도전의 문학사상」을 발표하였다. 김종진은 이 글에서 정도전이 말한 문(文)은 사장지학의 문도 아니요 이른바 도학자들이 말하는 도구로서의 언어 문자의 문도 아니고, 선진 유학의 문이요 거슬러 올라가 삼대(三代)의 문이라고 이해하였다. 따라서 김종진은 정

---

10) 조흥욱, 「鄭道傳의 文學觀과 그의 漢詩에 대한 小論」, 『한신논문집』(한신대학, 1987) 제4집, 65~92쪽.
11) 강명관, 「정도전의 "재도론" 연구」, 『한문학논집』(단국한문학회, 1992) 제10집, 69~84쪽.

도전이 수기에 치중하는 입장이기 보다는 치인에 치중하는 입장으로 조선 건국 이전부터 그가 지녔던 예·악에 대한 관심과 건국 이후 악장 제작 및 과거 제도의 개선은 그의 이러한 경세가 내지는 정치가로서의 입장이 문학에 반영된 결과로 철저히 선진(先秦) 유학의 효용론적(效用論的) 문학관에 근거한 것이라고 이해하였다.[12]

김종진은 2007년에 「정도전 문학관의 몇 가지 양상들」을 발표하였다. 김종진은 이 글에서 여말의 성리학은 아직은 극소수를 제외한 대다수의 유자들에게는 정(政)·교(敎)와 학문적 관심을 크게 벗어나서 인식되지 않은 것이라고 이해하였다. 이어 김종진은 이러한 시대적 분위기 속에서 정도전은 자신이 당면한 고난을 극기를 통해 자락에 이르는 과정에서 심성의 형상화로 음풍영월 및 정좌와 관물에 대한 이해를 갖게 되었으며, 또한 종래의 수사와 풍격에 머물던 차원을 넘어 시대와 시인과 시의 관계 속에서 삶의 보다 근원적 문제에 대해 주목하는 등 분명 그의 문학관 속에는 전시대 및 동시대의 문인 학자들로부터 진전된 면모를 갖고 있었던 것이라고 이해하였다.[13]

3. 재도론의 도학적 의미

재도론에서 말하는 '재도(載道)'는 송나라 주돈이(周敦頤)가 「문사(文

---

12) 김종진, 「정도전의 문학사상」, 『한중철학』(한중철학회, 1995) 창간호, 1~22쪽.
13) 김종진, 「정도전의 문학관의 몇 가지 양상들」, 『국어교육』(한중철학회, 2008) 제125호, 443~465쪽.

辭)」에서 "문은 도를 싣는 것이다. 수레를 꾸몄는데도 사람이 타지 않는다면, 그것은 괜히 꾸민 것이다. 더군다나 텅 빈 수레라면 더 말할 것이 있겠는가."[14]라고 말한 것에서 나온 것이다. 그는 이 글에서 문과 도의 관계를 수레와 사람의 관계로 이해하고, 문이 도를 싣고 있지 않은 것은 수레가 장식만 하고 사람이 타고 있지 않은 것과 같다고 보았다. 이어 그는 문사는 '예(藝)'이고 도덕은 '실(實)'이라고 보고, 도덕에 힘쓰는 것을 알지 못하고 다만 문사만 능하다고 여기는 것은 예(藝)일 뿐이라고 하였다.[15] 이곳에서 그가 말한 '예(藝)'는 글 짓는 재주를 의미하고, '실(實)'은 글에 담긴 도의 내용을 의미한다. 위와 같이 그는 문이 화려하게 글재주만 뽐내는 것이 아니라 도의 실질적 내용을 담아야 한다고 생각하였다.

위와 같은 주돈이의 재도론은 이후 송대의 도학자들에 의해 문보다는 도를 중시하는 도학적 문학론으로 강화되었다. 먼저 정이는 옛 학자들은 오직 성정에만 힘쓰고 다른 것은 배우지 않았는데, 당시에 글을 짓는 사람은 오로지 장구에만 힘써 사람의 이목을 즐겁게 한다고 비판하였다.[16] 그는 위와 같은 인식에 기초하여 문을 지으면 도를 해치게 된다는 작문해도설(作文害道說)을 주장하였다. 이어 주희는 "도라는 것은 문의 근본이고, 문이라는 것은 도의 지엽이다. 오직 도에 근본을 두게 되

---

14) 周敦頤, 『通書』(국립중앙도서관, 청구기호 : 古古1-50-67) 권하 제28, 11쪽, 「文辭」 "文所以載道也. 輪轅飾. 而人弗庸. 徒飾也. 況虛車乎."
15) 周敦頤, 『通書』 권하 제28, 12쪽, 「文辭」 "文辭. 藝也. 道德. 實也. 不知務道德. 而第以文辭爲能者. 藝焉而已."
16) 程頤, 『二程全書』(보경문화사, 1986) 권18. 162쪽. "問作文害道否. 曰害也. … 古之學者. 惟務養性情. 其他則不學. 今爲文者. 專務章句. 悅人耳目."

면 문에서 발현되는 것이 모두 도이다."[17]라고 하여, 도는 근본이고 문은 말단으로 보는 도본문말설(道本文末說)를 주장하였다.

위와 같이 송대에 도학자들에 의해 완성된 재도론이 우리나라 문인들에 의해 수용된 것은 고려 후기에 원나라에서 성리학이 전해지면서이다. 먼저 이곡(李穀, 1298~1351)은 「순암신치대장(順菴新置大藏), 이극례주판작시이찬(李克禮州判作詩以讚), 차기운(次其韻).」에서 "도를 싣는 그릇은 모두 경서인데, 석가가 말한 것은 참으로 사유하기 어렵네."[18]라고 하여, 경서를 '재도기(載道器)'로 이해하였다. 이어 이색은 「유감(有感) 4수(四首)」(4)에서 "정주(程朱)는 도를 싣는 그릇으로 불교와 도교의 그릇됨을 크게 지적했네."[19]라도 하여, 정주의 도학을 '재도기(載道器)'로 이해하였다. 그러나 위의 두 사람은 단지 시를 지으면서 '재도기(載道器)'라는 구절만 인용했을 뿐, 이 구절을 도학적 문학론으로 펼치지는 못하였다. 그 후 권근은 위와 같이 구절을 인용하는 것에서 한 걸음 더 나아가, 송대 도학자들의 재도론을 수용하여 도학적 문학관을 펼쳤다.

앞서 살폈듯이 권근은 1385년에서 1387년 사이에 「삼봉집서」를 썼다. 그는 이 글에서 "문은 천지의 사이에 있어, 사도(斯道)와 서로 성쇠를 함께한다. 도가 위에서 시행되면 문이 예악(禮樂)과 정교(政敎)의 사이에 나타나고, 도가 아래에서 밝아지면 문이 서적(書籍)과 필삭(筆削)에 의탁

---

17) 黎靖德 편, 『朱子語類』(中華書局, 1994) 권139, 3319쪽, 「論文」(上). "道者, 文之根本, 文者, 道之枝葉, 惟其根本乎道, 所以發之於文, 皆道也."
18) 李穀, 『稼亭先生文集』(『한국문집총간』 3, 한국고전번역원) 권14, 186쪽, 「順菴新置大藏, 李克禮州判作詩以讚, 次其韻」. "載道之器皆謂經, 釋氏所說誠難思."
19) 李穡, 『牧隱詩藁』(『한국문집총간』 4, 한국고전번역원) 권6, 19쪽, 「有感 四首」(4). "程朱載道器, 大斥二氏非."

한다. 그러므로 전(典)·모(謨)·서(誓)·명(命)의 문에나 산정(刪定)·찬수(贊修)한 서(書)에나 '도가 실려 있는 것[載道]'은 하나이다."[20]라고 하였다. 그는 위의 글에서 문은 도와 성쇠를 같이 한다고 보고, 성한 시대의 문은 예악과 정교에 나타나고 쇠한 시대의 문은 서적과 필삭을 통해 나타난다고 하였다. 그가 이곳에서 말한 서적은 공자가 편찬한 『서경』의 전(典)·모(謨)·서(誓)·명(命)을 가리키고, 필삭은 공자가 시를 산삭해 편찬한 『시경』을 가리킨다. 이로 보아 그가 말한 '재도(載道)'의 문은 『서경』에 실려 있는 전(典)·모(謨)·서(誓)·명(命)과 공자가 산정(刪定)·찬수(贊修)한 『시경』에 수록된 시를 의미하는 것으로 생각된다.

정도전은 위와 같이 권근이 자신의 문집에 쓴 서문을 읽고, 1388년에 이숭인의 문집에 서문을 쓰면서 도학적 재도론을 보다 정치하게 펼쳤다. 그가 쓴 「도은문집서」는 그 내용상 다음과 같이 네 개의 단락으로 나눌 수 있다.

[1단락] : 일월성신은 하늘의 문이고 산천초목은 땅의 문이며, 시서예악은 사람의 문이다. 그러나 하늘의 문은 기(氣)로써 표현되고 땅의 문은 형(形)으로써 표현되며 사람의 문은 도(道)로써 표현된다. 그러므로 ①"문은 도를 싣는 그릇이다[文者, 載道之器.]"라고 말하는 것이다. 말하자면 인문이 도를 얻게 되면 시서예악의 가르침이 천하에 밝게 되고, 삼광(三光)이 순조롭게 운행하며, 만물이 마땅하게 다스려져, ②문의 성대함은 이에 이르러 지

---

20) 鄭道傳, 『三峯集』 권수, 1쪽. 權近, 「三峯集序」. "文在天地間, 與斯道相消長. 道行於上, 文著於禮樂政教之間. 道明於下, 文寓於簡編筆削之內. 故典謨誓命之文刪定贊修之書, 其載道一也."

극하게 된다.[21]

  정도전은 밑줄 친 ①에서 "문(文)은 도(道)를 싣는 그릇이다[文者, 載道之器.]"라고 하였다. 이 말은 앞서 주돈이가 「문사」에서 말한 "문소이재도야(文所以載道也)."에서 '기(器)'가 추가된 것으로, 이곳의 문(文)과 기(器)는 같은 의미이다. 그는 「불씨매어도기지변(佛氏昧於道器之辨)」에서 "도(道)란 것은 리(理)이니 형이상(形而上)의 것이요, 기(器)란 것은 물(物)이니 형이하(形而下)의 것이다."[22]라고 하였다. 이로 보아 그가 말한 "문자(文者), 재도지기(載道之器)."에서 문(文)[器]는 형이하인 물(物)을 의미하고, 도(道)는 형이상인 리(理)를 의미한다. 그는 위와 같이 형이하인 문(文)으로 일월성신(日月星辰)으로 표현되는 천문(天文), 산천초목(山川草木)으로 표현되는 지문(地文), 시서예악(詩書禮樂)으로 표현되는 인문(人文) 등 세 종류를 들었다. 그리고 그는 천문(天文)과 지문(地文)은 기(氣)와 형(形)으로써 이루어지고, 인문(人文)은 도(道)로써 이루어진다고 하였다. 이로 보아 그는 일월성신과 산천초목으로 이루어진 천문(天文)과 지문(地文)은 형이하(形而下)인 기(氣)가 모여 형체를 이루고, 시서예악(詩書禮樂)으로 이루어진 인문(人文)은 형이상(形而上)인 도(道)를 통하여 구현되는 것으로 이해했음을 알 수 있다.

---

21) 鄭道傳, 『三峯集』 권3, 342쪽, 「陶隱文集序」. "日月星辰, 天之文也 山川草木, 地之文也, 詩書禮樂, 人之文也. 然天以氣, 地以形, 而人則以道, 故曰文者, 載道之器. 言人文也得其道, 詩書禮樂之敎, 明於天下, 順三光之行, 理萬物之宜, 文之盛至此極矣."
22) 鄭道傳, 『三峯集』 권4, 351쪽, 「李浩然名字後說」. "夫所謂浩然者, 乃天地之正氣也. 凡物之盈於兩間者, 皆得是氣以爲之體. 故在鬼神爲幽顯, 在日月星辰爲照臨, 軋之爲雷霆, 潤之爲雨露, 爲山岳河海之流峙, 爲鳥獸草木之所以蕃."

위와 같이 정도전이 시서예악(詩書禮樂)으로 표현된다고 말한 인문(人文)은 무엇을 의미하는가. 이는 『논어』「공야장(公冶長)」에서 자공이 말한 내용을 통해 알 수 있다. 자공은 이곳에서 "부자(夫子)의 겉으로 드러난 문장(文章)은 들을 수 있지만 부자(夫子)께서 성(性)과 천도(天道)에 대해 말하는 것은 들을 수 없다."[23]라고 하였고, 주희는 이곳에 주를 달아 "문장(文章)은 덕(德)이 겉으로 드러난 것으로 위의(威儀)와 문사(文辭)가 모두 이것이다."[24]라고 하였다. 정도전이 말한 시서예악(詩書禮樂)에서의 시서(詩書)는 공자의 덕(德)이 겉으로 드러난 문사(文辭)를 의미하고, 예악(禮樂)은 공자의 덕(德)이 겉으로 드러난 위의(威儀)이다. 이로 보아 그가 시서예악으로 이루어진 인문(人文)은 형이상인 도(道)를 통하여 구현된다고 말한 것은 인문에는 반드시 덕을 완성한 군자의 문사(文辭)와 위의(威儀)를 갖추고 있어야 한다는 것을 의미한다.

앞서 살폈듯이 정도전은 도에 실어야 할 문의 범위를 인문(人文)에서 천문(天文)과 지문(地文)으로 확대하였다. 위와 같이 그가 문의 범위를 확대한 것은 도를 인간을 포함한 만물의 근원으로 보는 그의 도학적 사유에 따른 것이다. 그는 「불씨매어도기지변(佛氏昧於道器之辨)」에서 도의 근원이 하늘에서 나온 것이라고 하였다. 이어 그는 이 도가 가까이로는 부자, 군신, 부부, 장유, 붕우에서부터 멀리는 천지 만물에 이르기까지 모두 존재하므로, 사람들은 모든 일[事]을 처리하고 물(物)을 접촉할 때

---

23) 朱熹 주, 『論語集註』(이이회, 1983) 권5, 154쪽, 「公冶長」. "子貢曰: 夫子之文章, 可得而聞也, 夫子之言性與天道, 不可得而聞也."
24) 朱熹 주, 『論語集註』 권5, 154쪽, 「公冶長」註. "文章, 德之見乎外者, 威儀文辭皆是也. … 天道者, 天理自然之本體."

그 도(道)를 다해야 한다고 하였다.[25] 그가 말한 인문(人文)은 위와 같이 사람이 일[事]을 처리하고 물(物)과 접할 때 마땅히 행해야 할 도(道)를 시서예악으로 표현하는 것이다. 따라서 그는 위와 같은 인문(人文)이 도(道)를 얻어 시서예악의 가르침이 천하에 밝혀지게 되면, 하늘에서는 일월성신이 순조롭게 운행하고 땅 위에서는 산천초목이 마땅하게 다스려지게 된다고 하였다. 그가 밑줄 친 ②에서 '문의 성대함은 이에 이르러 지극하게 된다.'고 말한 것은, 위와 같이 시서예악으로 표현되는 인문(人文)에 사람이 마땅히 실천해야 할 도(道)를 실음으로써 일월성신과 산천초목이 제자리를 지키며 순조롭게 운행하는 치국평천하(治國平天下)의 이상이 구현된 것을 의미한다.

[2단락] : 선비가 하늘과 땅 사이에 태어나서 그 빼어난 기운을 한데 모아 펼치면 문장이 되니, 혹자는 천자의 뜰에서 이름을 드날리기도 하였고, 혹자는 제후의 나라에서 벼슬을 하기도 하였다. 예를 들면 윤길보(尹吉甫)가 주나라에서 목여(穆如)의 아(雅)를 읊은 것이나, 사극(史克)이 노나라에서 무사(無邪)의 송(頌)을 노래한 것이 그것이다. 그리고 춘추 시대에 들어와서는 열국의 대부들이 조빙(朝聘)하러 왕래하면서 시를 잘 지어 『시경』 시에 어울릴 만하고, 사물에 감동하여 뜻을 비유적으로 표현하였다. 예를 들면 진나라의 숙향(叔向)이나 정나라의 자산(子産) 같은 사람이 역시 높이 평가할 만하다. 한나라의 전성기에 이르러서는 동중서(董仲舒)와 가의(賈

---

25) 鄭道傳, 『三峯集』 권9, 451쪽, 「佛氏昧於道器之辨」. "蓋道之大原, 出於天, 而無物不有, 無時不然. 卽身心而有身心之道, 近而卽於父子君臣夫婦長幼朋友, 遠而卽於天地萬物, 莫不各有其道焉."

誼)의 무리가 출현하여 대책문(對策文)을 짓고 상소문을 올려 천인(天人)의 관계를 밝히고 치안의 요체를 논하였으며, 매승(枚乘)과 사마상여(司馬相如)는 제후들 사이에서 노닐며 모두 영명(英名)을 떨치고 문재(文才)를 발휘하면서 성정을 읊고 노래하여 ③문덕(文德)을 아름답게 드높였다.[26]

정도전은 [2단락]에서 중국 역대 문학의 전개 양상에 대해 말하였다. 먼저 그는 선비가 우주의 빼어난 기를 모아 문장으로 펼치게 되면, 천자의 조정에서 이름을 드날리고 제후의 나라에서 벼슬을 하게 된다고 하였다. 이어 그는 선비가 문을 통해 세상에서 이름을 떨친 예로 세 가지를 들었다. 첫째, 『시경』의 아(雅)와 송(頌)에 수록된 시이다. 그는 그중에서 천자의 조정에서 이름을 날린 시로 윤길보(尹吉甫)가 지은 「증민(蒸民)」을 제시하고, 제후의 나라에서 벼슬한 예로 노나라에서 사극(史克)이 지은 「경(駉)」을 제시하였다. 「증민」은 주(周)나라 선왕(宣王) 때 중산보(仲山甫)가 제(齊)나라로 성을 쌓으러 가자 윤길보가 그를 전별한 시로, '목여(穆如)'는 이 시의 마지막에 나오는 "윤길보가 송시(誦詩)를 지으니, 심원하기가 청풍과 같도다.[길보작송(吉甫作誦), 목여청풍(穆如清風).]"[27]에서 인용한 것이다. 「경」은 노(魯)나라 희공(僖公)의 말이 성한 것을 읊은 시로, '무사(無邪)'는 이 시의 마지막에 나오는 "생각함에 부정

---

26) 鄭道傳, 『三峯集』 권3, 342쪽, 「陶隱文集序」. "士生天地間, 鍾其秀氣, 發爲文章, 或揚于天子之庭, 或仕于諸侯之國. 如尹吉甫在周, 賦穆如之雅, 史克在魯, 亦能陳無邪之頌. 至於春秋, 列國大夫, 朝聘往來, 能賦稱詩, 感物喩志, 若晉之叔向·鄭之子產, 亦可尙已. 及漢盛時, 董仲舒·賈誼之徒出, 對策獻書, 明天人之蘊, 論治安之要, 而枚乘·相如, 遊於諸侯, 咸能振英摛藻, 吟詠性情, 以懿文德."
27) 朱熹 주, 『詩傳』(경문사, 1979) 권18, 419면, 「大雅·崧高(8장)」.

함이 없으니 말을 생각하면 말이 가는구나.[사무사(思無邪), 사마사조(思馬斯徂).]"[28]에서 인용한 것이다. 둘째, 춘추 시대에 열국의 대부들이 조빙(朝聘)하러 왕래하며 지은 시이다. 그는 그중에서 진나라의 숙향(叔向)이나 정나라의 자산(子産)의 시를 들었다. 그는 이들이 지은 시가 『시경』에 수록된 시에 어울릴 정도로 시에 능하였으므로, 조빙하러 왕래하면서 보고 느낀 사물에 감동하여 뜻을 비유적으로 표현하였다고 보았다. 셋째, 한나라 때에 동중서(董仲舒)와 가의(賈誼)가 지은 대책문과 매승(枚乘)과 사마상여(司馬相如)가 지은 시이다. 그는 동중서와 가의가 천자의 조정에서 대책문을 지어 올려 천인(天人)의 관계를 밝히고 치안의 요체를 논하였고, 매승과 사마상여는 제후들 사이에서 노닐며 시를 지어 성정을 읊고 노래하여 문덕(文德)을 아름답게 드높였다고 하였다.

위와 같이 정도전은 춘추 시대에 진나라 숙향과 정나라 자산이 지은 시들이 『시경』의 아(雅)와 송(頌)에 수록된 시들과 어울릴 정도로 시에 능하다고 하였다. 또한 그는 한나라 때에 동중서와 가의가 대책문으로 매승과 사마상여가 시로 문덕을 높였다고 하였다. 이는 그가 춘추 시대와 한나라 때에 지어진 시문들을 『시경』의 전통을 이었다고 인식한 데 따른 것이다. 그런데 위와 같은 그의 인식은 앞서 권근이 쓴 「삼봉집서」의 내용과 큰 차이를 보여준다. 권근은 이 글에서 "주나라가 쇠약해짐에 따라 도마저 감추어 사라지니, 백가가 한꺼번에 일어나 각기 자기의 학술로 세상을 울리게 되어 문이 비로소 병들기 시작했다."[29]라고 말하여, 춘추

---

28) 朱熹 주, 『詩傳』 권20, 468쪽, 「魯頌·駉(4장)」.
29) 鄭道傳, 『三峯集』 권제1, 1쪽, 權近, 「三峯集序」. "周衰道隱, 百家並起, 各以其術鳴而文始病, 漢之司馬遷, 楊雄之徒, 其言猶未醇雅."

시대 이후에는 성인의 도가 쇠함에 따라 문 또한 쇠약해진 것으로 보았다. 그러나 정도전은 위의 글에서 문의 성쇠와 도의 성쇠를 구분했을 뿐만 아니라, 춘추 시대 이후에는 도는 쇠하였으나 문은 도와 그 궤를 같이하지 않은 것으로 보았다. 따라서 그는 밑줄 친 ③에서 "文德을 아름답게 드높였다."라고 하여, 한나라 때에 지어진 시문을 높게 평가했던 것이다. 이로 보아 그는 중국 역대 시문을 평가하면서 도를 중시하는 도학보다는 문의 역할을 상대적으로 강조하는 문학에 중점을 두고 위와 같이 말한 것으로 생각된다.

[3단락] : 우리 동방이 비록 해외에 있으나 대대로 중화의 문풍을 흠모하여 ④문학에 종사한 유자(儒者)[文學之儒]들이 전후로 줄을 이었다. 고구려에서는 을지문덕, 신라에서는 최치원(崔致遠), 본조에 들어와서는 시중 김부식(金富軾)과 학사 이규보(李奎報)가 뛰어난 자들이다. 근세에 대유(大儒)로는 계림(雞林)의 익재(益齋) 이제현(李齊賢)과 같은 이가 나와서 처음으로 ⑤고문의 학[古文之學]을 창도하였는데, 한산(韓山)의 가정(稼亭) 이곡(李穀)과 경산(京山)의 초은(樵隱) 이인복(李仁復)이 이에 따르며 화답하였다.
지금 목은(牧隱) 이 선생은 일찍이 가정의 교훈을 이어받고 북으로 중원에 유학하여 바른 사우(師友)의 연원의 바름을 얻고서 ⑥성명(性命)과 도덕(道德)의 설[性命道德之說]을 궁구하였는데, 마침내 동방으로 돌아와서는 제생을 인도하였다. 보고서 흥기한 자로는 오천(烏川)의 달가(達可) 정몽주(鄭夢周), 경산(京山)의 자안(子安) 이숭인(李崇仁), 반양(潘陽)의 박상충(朴尙衷), 밀양(密陽)의 자허(子虛) 박의중(朴宜中), 영가(永嘉)의 경지(敬

之) 김구용(金九容), 가원(可遠) 권근(權近), 무송(茂松)의 윤소종(尹紹宗) 등인데, 비록 불초한 자도 또한 여러 ⑦군자의 대열[君子之列]에 끼이는 영광을 얻었다.[30]

정도전은 [3단락]에서 한국 역대 문학과 도학의 전개 양상에 대해 말하였다. 그는 이에 대해 밑줄 친 ④와 같이 '문학에 종사한 유자(儒者)[文學之儒]'와 밑줄 친 ⑦과 같이 '군자의 대열[君子之列]'로 구분하였다. 이어 그는 '문학지유(文學之儒)'는 밑줄 친 ⑤와 같이 '고문의 학[古文之學]'을 추구하고, '군자지열(君子之列)'에 낀 사람들은 밑줄 친 ⑥과 같이 '성명(性命)과 도덕(道德)의 설[性命道德之說]'를 궁구했다고 하였다. 이곳에서 그가 말한 '문학지유'는 문통(文統)을 말하는 것이고, '군자지열'에 낀 사람은 도통(道統)을 말하는 것이다. 그는 우리나라의 문통이 을지문덕 → 최치원 → 김부식 → 이규보 → 이제현 → 이곡 → 이인복으로 이어졌다고 하였다. 특히 그는 이제현이 대유(大儒)로써 '고문의 학문[古文之學]'을 창도한 것으로 보았다. 이어 그는 우리나라의 도통을 이은 사람으로 이색에서 시작해 정몽주, 이숭인, 박상충, 박의중, 김구용, 권근, 윤소종 등과 자신이 있다고 하였다.

위와 같이 정도전이 이제현을 대유로 지칭하면서 고문(古文)을 창도

---

30) 鄭道傳, 『三峯集』 권3, 342쪽, 「陶隱文集序」. "吾東方雖在海外, 世慕華風, 文學之儒, 前後相望. 在高句麗曰乙支文德, 在新羅曰崔致遠, 入本朝曰金侍中富軾, 李學士奎報, 其尤者也. 近世大儒, 有若雞林益齋李公, 始以古文之學倡焉, 韓山稼亭李公, 京山樵隱李公, 從而和之. 今牧隱李先生早承家庭之訓, 北學中原, 得師友淵源之正, 窮性命道德之說, 旣東還, 延引諸生. 見而興起者, 烏川鄭公達可, 京山李公子安, 潘陽朴公尙衷, 密陽朴公子虛, 永嘉金公敬之, 權公可遠, 茂松尹公紹宗, 雖以予之不肖, 亦獲側於數君子之列.

하였다고 말한 것이 주목된다. 이는 앞서 권근이 쓴「삼봉집서」의 내용과 차이가 있기 때문이다. 권근은 이 글에서 기자(箕子)가 팔조(八條)의 가르침을 펼친 이래 문리(文理)를 숭상하고 과거를 실시하여 경사대부(卿士大夫)의 사이에 '문학을 하는 무리[文學之徒]'가 아주 성했다고 말하고, 이어 그는 우리 집안 문정공(文正公) 권보(權溥)가 비로소 주자사서(朱子四書)를 간행할 것을 건의하여 후학을 권장하였고, 그 사위 익재 이제현이 스승으로 섬겨 친히 배워 '의리의 학문[義理之學]'을 창도하여 세상의 유종(儒宗)이 되었다고 하였다.[31] 이 글에서 권근이 말한 '의리지학(義理之學)'은 송대에 정주(程朱)가 체계화한 도학(道學)을 가리킨다.[32] 위와 같이 권근은 이제현을 '의리지학'을 창도한 인물로 평가하고, 정도전이 이재현을 '고문지학'을 창도한 인물로 평가하였다. 이는 권근이 문과 도의 관계에 있어서 도를 보다 중시하여 이제현이 '의리지학을 창도했다고 말한 것이다. 그러나 정도전은 위의 글에서 문의 역할을 중시하여 이제현이 '고문지학'을 창도했다고 말하였다. 앞서 살폈듯이 정도전이 [3단락]의 전반부에서 을지문덕에서 시작해 이인복에 이르는 문통을 나열한 것도 위와 같이 문을 중시한 데 따른 것이다.

[4단락] : 자안(子安)은 정심(精深)하고 명쾌(明快)한 면에서 제자(諸子)

---

31) 鄭道傳,「三峯集」권제, 1쪽, 權近,「三峯集序」. "吾東方雖在海外, 爰自箕子八條之敎, 俗尙廉恥, 文物之懿, 人材之作, 侔擬中夏. 自是以來, 世崇文理, 設科取士, 一遵華制, 薰陶化成, 垂數百年, 卿士大夫彬彬文學之徒. … 吾家文正公, 始以朱子四書, 立白刊行, 勸進後學, 其甥益齋李文忠公師事親炙, 以倡義理之學, 爲世儒宗."
32) 鄭道傳,「三峯集」권제, 1쪽, 權近,「三峯集序」. "宋興程朱之書出, 然後道學復明, 人知吾道之大, 異端之非, 開示後學."

를 능가하였다. 그는 선생의 설을 들으면 조용히 이해하고 마음에서 통하여 번거롭게 다시 질문하지 않았고, 혼자서 얻은 것에 이르러는 사람의 의표(意表)를 뛰어넘었으며, 각종 서적을 널리 찾아서 한번 보면 곧장 암기하였다. 그가 저술한 시와 문 약간 편은 『시경』의 비흥(比興)과 『서경』의 전모(典謨)에 근본을 두었고, 화순(和順)한 덕이 안에 쌓여서 영화(榮華)가 밖으로 펼쳐진 것은 또한 모두 예(禮)와 악(樂)의 중심으로부터 나온 것이었으니, ⑧'도에 깊은 사람'이 아니라면 그렇게 할 수가 있겠는가?

황명(皇明)이 천명을 받아 황제로 천하에 군림하면서 문덕(文德)을 닦고 무력을 자제하여 문자와 수레가 모두 같게 되었다. 그러니 예악(禮樂)을 제작하고 인문(人文)을 화성(化成)하여 천지(天地)를 경륜하는 것은 지금이 그 때라고 할 것이다. 왕국(王國)의 사대(事大)하는 문자는 대부분 자안 씨에게서 나왔는데, 천자도 이를 가상하게 여기면서 "표문(表文)의 말이 참되고 간절하다."라고 말하였다. 이번에 자안 씨가 세시(歲時)의 인사를 닦기 위하여 요하(遼河)와 심하(瀋河)를 건너고 제(齊)와 노(魯)의 지역을 지나고 거침없이 흐르는 황하를 건너서 천자의 조정에 들어가게 되었으니, 그 과정에서 보고 느끼며 얻는 것이 어떠함이 되겠는가? 아! 계찰(季札)이 노나라에 가서 주나라의 음악을 살폈는데, 그러고서도 주나라 덕의 성대함을 알 수 있었다. 자안 씨의 이번 여행은 마침 예악을 제작하는 성대한 시기에 해당하니, 장차 보고 느낀 것을 펼치는 것은 공덕(功德)을 기술하는 것으로 명나라의 아송(雅頌)이 될 것이니, 윤길보(尹吉甫)의 뒤를 따르는 것이라고 하더라도 부끄러움이 없을 것이다. 자안 씨가 돌아와서 나에게 보여준다면 당연히 그 제목을 '관광집(觀光集)'이라고 말할 것이다.[33]

정도전은 [4단락]의 전반부에서 이숭인의 학문과 문학의 특징을 말하였다. 그는 이숭인의 학문이 정심(精深)하고 명쾌(明快)하다고 하였다. 그는 위와 같은 이숭인의 학문이 세 가지에 의해 얻은 것으로 보았다. 첫째, 이숭인은 도학에 대한 이색의 설명을 듣고 마음에서 깊이 이해하였다. 둘째, 이숭인은 스스로 사유하여 얻은 학문의 경지는 사람의 의표를 뛰어넘을 정도였다. 셋째, 이숭인은 각종의 서적을 널리 구하여 한번 읽으면 곧장 암기하였다. 따라서 정도전은 이숭인의 시문이 밑줄 친 ⑧과 같이 '도에 깊은 사람'에 의해 창출된 것이라고 하였다. 위와 같이 그는 이숭인의 시문이 '문학지유(文學之儒)'에 의해 구현된 '고문지학'의 결과로 나온 것이 아니라, '군자지열(君子之列)'에 참여하여 '성명도덕지설(性命道德之說)'을 궁구하는 과정에서 나온 것으로 인식하였다. 그러므로 그는 이숭인이 지은 시문을 평하면서 『시경』의 비흥(比興)과 『서경』의 전모(典謨)에 근본하여 화순(和順)한 덕이 안에 쌓여서 영화(榮華)가 밖으로 펼쳐진 것으로, 모두 예(禮)와 악(樂)의 중심으로부터 나왔다고 말한 것이다. 그러나 그는 이숭인의 문학이 위와 같이 『시경』과 『서경』에 근본을 두고 예(禮)와 악(樂)의 중심으로부터 나왔지만, 일월성신이 순조롭게 운행하며 만물이 마땅하게 다스려져 문의 성대함이 지극하게 되는 단계에

---

33) 鄭道傳, 『三峯集』 권3, 342쪽, 「陶隱文集序」. "子安氏精深明快, 度越諸子, 其聞先生之說, 默識心通, 不煩再請, 至其所獨得, 超出人意表, 博極群書, 一覽輒記. 所著述詩文若干篇, 本於詩之興比, 書之典謨, 其和順之積, 英華之發, 又皆自禮樂中來, 非深於道者, 能之乎. 皇明受命, 帝有天下, 修德偃武, 文軌畢同. 其制禮作樂, 化成人文, 以經緯天地, 此其時也. 王國事大之文, 大抵出于安氏, 天子嘉之曰 表辭誠切. 今茲修歲時之事, 渡遼瀋, 經齊魯, 涉黃河奔放, 入天子之朝, 其所得於觀感者爲如何哉. 嗚呼. 季札適魯觀周樂, 尚能知其德之盛. 子安氏此行, 適當制作之盛際, 將有以發其所觀感者, 記功述德, 爲明雅頌, 以追于尹吉甫無愧矣. 子安氏歸也, 持以示予, 則當題曰觀光集云."

는 이르지는 못한 것으로 보았다.

정도전은 [4단락]의 후반부에서 앞으로 이숭인의 문학이 추구해야 할 방향에 대해 말하였다. 먼저 그는 당시 명나라가 천명을 받아 문덕(文德)을 닦고 무력을 자제하여 문자와 수레가 모두 같게 되었다고 하였다, 따라서 그는 앞서 [2단락]에서 윤길보(尹吉甫)가 주나라에서 목여(穆如)의 아(雅)를 읊었다고 말했듯이, 명나라의 조정에서 예악(禮樂)을 제작하고 인문(人文)을 화성(化成)하여 천지를 경륜하는 데 참여할 수 있는 때가 도래한 것으로 보았다. 그러므로 그는 춘추 시대에 오나라의 계찰(季札)이 노나라에서 주나라의 음악을 살펴보며 주나라 덕의 성대함을 알았듯이, 이숭인이 요하(遼河)와 심하(瀋河)를 건너고 제(齊)와 노(魯)의 지역을 지나 거침없이 흐르는 황하를 건너가며 명나라 덕의 성대함을 알 것이라고 하였다. 그러므로 그는 이숭인이 명나라로 사행하는 과정에서 보고 느낀 감동을 읊은 시들은 윤길보의 뒤를 이어 명나라의 아송(雅頌)이 될 것이라고 말하였다. 그는 위와 같은 이숭인의 문학이야말로 일월성신과 산천초목이 제자리를 지키며 순조롭게 운행하게 되는 문의 지극한 단계에 이르는 것으로 생각하였다.

위의 내용으로 보아 정도전은 송대에 도학자들에 의해 정립된 재도론의 논리를 수용하되, 도의 이론적 탐구보다는 도의 사회적 실천의 측면에서 도를 실은 문의 역할을 중시한 것으로 생각된다. 위와 같은 그의 도학적 재도론은 세상을 경영하는 데 필요한 도를 실은 문이 세상에 구현되면 천지가 자리하고 만물이 길러진다는 치국평천하의 경세 사상에 기초해 형성된 것이다.

4. 도학적 시비평의 양상

앞서 살펴보았듯이 정도전은 1388년에 쓴 「도은문집서」에서 "문자(文者), 재도지기(載道之器)."라고 하여, 송대 재도론의 논리를 그대로 수용하였다. 그러나 그는 위의 글에서 문의 역할을 강조하여, 중국 역대 문학을 비평하면서 매승과 사마상여가 시를 통해 '문덕(文德)을 아름답게 드높였다.'라고 말하거나, 한국 역대 문인들을 비평하면서 이제현이 대유로 '고문지학(古文之學)을 창도하였다.'고 말하였다. 그가 위와 같이 이제현이 '고문지학'을 창도했다고 말한 것은 자신이 문에 실어야 할 도는 '고문지학'이 아닌 송대에 정주에 의해 체계화된 도학임을 강조하기 위한 것이다. 그리고 그가 「도은문집서」에서 문의 범주를 인문에서 천문과 지문으로 확대한 것에서 볼 수 있듯이, 그는 인문의 사회적 실천을 통해 일월성신과 산천초목이 모두 순조롭게 운행하게 되는 '문의 지극한 경지'를 이루는 것이다. 다음 글을 통해 정도전이 지향했던 도학이 무엇인지 알 수 있다.

종자(從子)는 말하기를, "선생이 '다스리는 것[所治]'은 광대합니다. 그 ①학문에 있어서는 천지의 사이에서 음양이 변화하고 오행이 분포하는 것과 일월성신이 조임(照臨)하고 산악·하해가 흐르고 솟는 것과 초목이 피고 시드는 것을 관찰하여, 귀신의 정(情)과 유명(幽明)의 이치까지 통달하였습니다. ②윤리를 밝힘에 있어서는 군신이 의(義)가 있는 것, 부자가 은(恩)이 있는 것, 부부가 분별이 있는 것, 장유와 붕우가 차례가 있고 믿음이 있는 것을 알아서, 공경하고 친애하고 분별하고 차례를 지키고 믿음을 갖게 합니다. ③고금을 통달함에 있어서는 처음 문자가 있을 때부터 지금까지 이르도록 세도의 승강과 풍속의 미악(美惡), 밝은 임금과 어두운 임금, 간신과 충신들의 언어·행사의 잘잘못이며 예악형정의 연혁과 득실이며, 현인군자의 출처와 거취 등이 관통하지 않은 것이 없습니다. 그 ④추향의 바름에 있어서는 성(性)이 천명(天命)에서 근본하여 사단(四端)과 오전(五典), 만사와 만물의 이치를 알아 그 중(中)에 통합되어 있지 않음이 없으니 이것은 불가의 공(空)을 말하는 것이 아니며, 도(道)가 인생 일상생활의 떳떳한 것에 갖추어 있고 천지의 모든 형체를 포괄하고 있는 것을 알고 있으니 이것은 도가의 무(無)를 말하는 것이 아닙니다.[34]

위의 글은 정도전이 1375년에 나주의 회진현에서 유배 생활 중에 쓴 「금남야인(錦南野人)」의 일부이다. 정도전은 위의 글에서 자신이 '다스리는 것[所治]'은 광대하다고 말하였다. 여기서 그가 말한 '다스리는 것'은 자신이 세상에 나가 실천해야 할 도이다. 그는 그 내용으로 ① 학문, ② 윤리, ③ 고금, ④ 추향 등 네 가지를 들었다. 첫째, 학문에 있어서는 천지의 사이에 존재하는 만물이 유행하는 모습을 살펴 귀신의 정과 유명(幽明)의 이치를 규명하는 것이다. 둘째, 윤리를 밝힘에 있어서는 오륜(五倫)의 내용을 규명하여 사람이 공경하고 친애하며 분별하고 차례

---

34) 鄭道傳, 『三峯集』 권4, 354쪽, 「錦南野人」. "從者曰, 抑所治廣矣. 其學之際天地也, 觀陰陽之變五行之布, 日月星辰之照臨, 察山嶽河海之流峙, 草木之榮悴, 以達鬼神之情, 幽明之故. 其明倫理也, 知君臣之有義, 父子之有恩, 夫婦之有別, 長幼朋友之有序有信, 以敬之親之經之序之信之. 其達於古今也, 自始有文字之初, 以至今日世道之升降, 俗尚之美惡, 明君汙辟, 邪臣忠輔, 言語行事之否臧, 禮樂刑政之沿革得失, 賢人君子之出處去就. 無不貫. 其趨向之正也, 知性之本乎天命, 四端五典萬事萬物之理, 無不統其中而非空之謂也. 知道之具於人生日用之常, 包乎天地有形之大而非無之謂也."

를 지키며 믿음을 갖게 하는 것이다. 셋째, 고금을 통달함에 있어서는 세도의 승강(升降)과 풍속의 미악(美惡), 임금과 신하의 언행, 예악형정의 연혁과 득실, 현인군자의 출처와 거취를 살피는 것이다. 넷째, 추향의 바름에 있어서는 성(性)이 천명(天命)에서 근본하여 사단(四端)과 오전(五典), 만사와 만물의 이치를 알고 이를 중(中)으로 통합하여, 불가의 공(空)이나 도가의 무(無)와 구별하는 것이다.

앞서 살폈듯이 정도전이 「도은문집서」에서 "문자(文者), 재도지기(載道之器)."라고 했을 때, 문에 실어야 할 도는 위와 같이 세상을 경영하는데 필요한 네 가지 도를 말한다. 물론 그가 위와 같이 세상을 경영하기 위해 익혀야 할 네 가지의 도는 바로 정주에 의해 체계화된 도학이다. 다음 글을 통해 정도전이 지향한 도학의 내용을 확인할 수 있다.

> 선생은 『대학』의 제강(提綱)과 『중용』의 회극(會極)에서 도를 밝히고 도를 전한 뜻을 얻었고, 『논어』와 『맹자』의 정미함에서 조존(操存)하고 함양(涵養)하는 요체를 얻고 확충하는 방법을 체험하였다. 『주역』에서 선천(先天)과 후천(後天)이 서로 체와 용이 된다는 것을 알았고, 『서경』에서 정일집중(精一執中)이 제왕이 전수한 심법이라는 것을 알았으며, 『시경』은 민이(民彝)와 물측(物則)의 가르침에 근거한 것이고 『춘추』는 도의(道誼)와 공리(功利)의 구별을 분변한 것임을 알았다. 목은 선생은 기뻐하며 칭찬하기를, '달가(達可)는 호방하고 탁월하여서 횡설수설(橫說堅說)이 모두 적당하지 않은 것이 없다.'고 하였다.[35]

---
35) 鄭道傳, 『三峯集』 권3, 340쪽, 「圃隱奉使藁序」. "先生於大學之提綱, 中庸之會極, 得明道傳道之旨, 於論·孟之精微, 得操存涵養之要體, 驗擴充之方. 至於易, 知先天後天相爲體

위의 글은 정도전이 1386년에 쓴 「포은봉사고서」에서 정몽주의 학문을 설명한 내용이다. 그는 위의 글에서 당시 정몽주가 경서를 깊이 연구하고 실천하는 과정을 통해, 『대학』의 제강(提綱)과 『중용』의 회극(會極), 『논어』와 『맹자』의 조존(操存)과 함양(涵養), 『주역』의 선천(先天)과 후천(後天), 『서경』의 정일집중(精一執中), 『시경』의 민이(民彝)와 물측(物則), 『춘추』의 도의(道誼)와 공리(功利) 등과 같은 경서의 요체를 깊이 체득하였다고 하였다. 그리고 그는 정몽주가 위와 같은 학문을 바탕으로 당시 학자들의 상이한 학설을 한 치의 오차도 없이 해석하였다고 하였다. 당시 성균관 대사성을 맡고 있던 이색은 이와 같은 정몽주의 학문이 호상(豪爽)·탁월(卓越)하여 '횡으로 말하고 종으로 말함[橫說豎說]'에 적당하지 않은 것이 없다고 말하였다. 이는 정몽주의 학문이 사서오경에 대한 깊은 이해를 통해 일월성신이 순조롭게 운행하며 만물이 마땅하게 다스려지는 치국평천하를 구현할 수 있는 경지에 이르렀음을 의미한다. 앞서 살폈듯이 정도전이 추구했던 '문의 지극한 경지'는 위와 같이 세상을 경영하는 데 필요한 도를 문으로 구현함으로써 사람을 포함한 우주의 만물이 제자리를 지키며 순조롭게 운행하게 되는 것이다. 그의 시비평은 위와 같이 도의 사회적 실천의 측면에서 문의 역할을 중시하는 도학적 문학관에 기반하고 있다. 다음 글을 통해 그 구체적 내용을 확인할 수 있다.

선생의 학문이 날로 진보하면서 시 또한 그에 따랐다. 젊은 시절에는 지기

用. 於書, 知精一執中爲帝王傳授心法, 詩則本於民彝物則之訓, 春秋則辨其道誼功利之分. 牧隱先生喜而稱之曰, 達可豪爽卓越, 橫說豎說, 無非의當."

(志氣)가 한창 날카로워 직시함에 맞설 자가 없었으므로, 그 말이 ①굉사(宏肆)하여 방달(放達)하였으나[肆以達] 다시 실천이 오래되면서 수렴이 더해졌다. 그가 시종할 때는 의론을 헌납하고 왕의 교화를 윤색하였으므로, 그 말이 ②전아하여 모범이 될 만하다.[典以則] 그가 남쪽 황폐한 땅으로 쫓겨난 때에는 우환의 한가운데 처하여 의명(義命)의 분수에 안주하였으므로, 그 말이 ③화이(和易)·평담(平淡)하여 크게 원망하거나 심하게 탓하는 언사가 없다. 그가 일본에 봉사할 때는 험한 파도를 헤쳐나가고 만 리 외국에 있으면서 안색을 바로 하고 외교 문서를 지음에 국가의 아름다움을 선양하여 다른 풍속의 사람들이 경모하였으므로, 그 말이 ④명백(明白)·정대(正大)하여 급박하거나 좌절하는 기운이 없다. 명나라가 천하를 소유하고 사해가 글을 함께 하게 되자, 선생은 세 번 봉사하여 경사에 이르렀는데, 대체로 그가 본 것이 더욱 넓고 나아간 것이 더욱 깊어졌으므로, 시로 발한 것이 더욱 ⑤고원(高遠)하다.[36]

위의 글은 정도전이 1386년에 쓴「포은봉사고서」에서 정몽주의 시를 비평한 내용이다. 정도전은 위의 글에서 정몽주의 학문이 진보하면서 그의 시의 풍격이 ① 사달(肆達), ② 전칙(典則), ③ 화이(和易)·평담(平淡), ④ 명백(明白)·정대(正大), ⑤ 고원(高遠) 등 다섯 차례 변모한 것으로

---

[36] 鄭道傳,『三峯集』권3, 340쪽,「圃隱奉使藁序」. "先生之學, 日以長進, 詩亦隨之. 當其少時, 志氣方銳, 直視無前, 故其言肆以達, 更踐旣久, 收斂有加. 其爲侍從也, 獻納論思, 閏色王化, 故其言典以則. 其見逐南荒也, 處憂患之中, 安義命之分, 故其言和易平淡, 無怨誹過甚之辭. 其奉使日本也, 涉鯨濤之嶮, 在萬里外國, 正其顔色, 修其辭令, 揚于國美, 使殊俗景慕, 故其言明白正大, 無局迫沮挫之氣皇明有天下, 四海同文. 先生三奉使至京師, 蓋其所見益廣, 所造益深, 而所發益以高遠."

보았다.

첫째, 정도전은 정몽주가 젊은 시절에 지은 시는 지기(志氣)가 한창 날카로워 곧장 바라봄에 맞설 자가 없었으므로 '사달(肆達)'하였다고 하였다. 정도전은 「불씨선교지변(佛氏禪敎之辨)」에서 불교를 비판하면서 "오만하게 예법 밖으로 나가 제멋대로 방사(放肆)하기를 미친 것처럼 급급하니 사람의 도리라고는 조금도 없다."[37]라고 하였다. 또한 그는 권근에게 보낸 「증양곡역사(贈陽谷易師)」에서 "자야(子野)의 편에 서찰을 받들어 두세 번 읽어보니 기쁨과 감동이 어울려 격동하므로, 운(韻)에 의해 지었거니와 사(辭)는 달(達)에 그쳤을 따름입니다."[38]라고 하였다. 이로 보아 사달(肆達)에서의 '사(肆)'는 제멋대로 방사(放肆)한 것이고 '달(達)'은 문학적 수사나 꾸밈이 없는 것을 의미하는 것으로 생각된다. 정몽주가 젊은 시절에 지은 사달(肆達)한 시는 위와 같이 그가 하늘에서 부여받은 크고 굳센 호연지기를 잘 길러 그 어떤 행동을 하더라도 도에서 어긋나지 않으려는 지기(志氣)를 문학적 수사나 꾸밈이 없이 제멋대로 펼친 데에 따른 것으로 생각된다.

둘째, 정도전은 정몽주가 임금을 시종할 때에 지은 시는 의론(議論)을 헌납하고 왕화(王化)를 윤색하였으므로 '전칙(典則)'하였다고 하였다. 정몽주는 26세인 1362년(공민왕 11)에 예문검열(藝文檢閱)에 임명된 후, 39세인 1375년(우왕 1년)에 언양으로 귀양을 갈 때까지 13년 동안 공민왕

---

37) 鄭道傳, 『三峯集』 권9, 455쪽, 「佛氏雜辨·佛氏禪敎之辨」. "慠然出於禮法之外, 放肆自恣, 汲汲如狂, 無復人理, 所謂義理者, 至此都喪也."
38) 鄭道傳, 『三峯集』 권1, 290쪽, 「贈陽谷易師」. "子野之來, 言獲書札, 奉讀于三, 欣感交激, 依韻賦之, 辭止於達."

을 보필하였다. '전칙(典則)'은 『서경』의 「오자지가(五子之歌)」에서 "밝고 밝은 덕(德)을 가지신 우리 조상님께서는 만방의 임금님이셨으니, 전장(典章)을 마련하고 법도(法度)를 마련하여 자손에게 물려주셨네.[明明我祖, 萬邦之君, 有典有則, 貽厥子孫.]"[39]에서 '유전유칙(有典有則)'의 의미를 취한 것이다. 주희는 이곳에 주석을 달아 "전(典)은 주(周)나라의 육전(六典)과 같고, 칙(則)은 주(周)나라의 팔칙(八則)과 같으니 천하를 다스리는 전장(典章)과 법도(法度)이다."[40]라고 하였다. 이로 보아 정몽주가 13년간 공민왕을 보필하면서 의론을 헌납하고 왕의 교화를 윤색하면서 지은 전칙(典則)한 시는 위와 같이 그가 경서를 통해 익힌 성인의 전장과 법도를 실천하는 과정에서 나온 것으로 생각된다.

셋째, 정도전은 '정몽주가 언양에서 유배 생활 중에 지은 시는 의명(義命)의 분수에 안주하였으므로 화이(和易)·평담(平淡)하다고 말하였다. '의명(義命)의 분수에 안주하였다.[安義命之分]'는 것은 『주역』의 「미제(未濟)·상구(上九)」에서 "술을 마심에 믿음이 있으면 허물이 없으나, 머리를 적신다면 믿음이 있더라도 그 올바름을 잃을 것이다.[有孚于飮酒, 无咎, 濡其首, 有孚, 失是.]"[41]에서 '무구(无咎)'의 의미를 취한 것이다. 정이는 이곳에 주석을 달아 "미제(未濟)는 극(極)이 되었다고 하여 스스로 구제할 이치가 없다. 그러므로 다만 미제(未濟)의 극(極)이 되니, 지성(至誠)으로 의(義)와 명(命)을 편안히 여기고 스스로 즐거워하면 허물

---

39) 蔡沈 주, 『書傳』(경문사, 1979), 권3, 143쪽, 「夏書·五子之歌」.
40) 蔡沈 주, 『書傳』, 권3, 143쪽, 「夏書·五子之歌」. 註 : "典, 猶周之六典, 則, 猶周之八則, 所以治天下之典章法度也."
41) 胡廣 편, 『周易傳義』(경문사, 1979), 권21, 551쪽, 「未濟·上九」. "人之處患難, 知其无可奈何, 而放意不反者, 豈安於義命者哉."

이 없을 수 있다."⁴²⁾라고 하였다. 이로 보아 정몽주가 언양에 유배 생활을 하면서 지은 화이(和易)·평담(平淡)한 시는 위와 같이 그가 『주역』의 의리 사상에 기반하여 자신의 유배를 극복하기 어려운 환란으로 인식하고, 이를 의(義)와 명(命)의 분수로 받아들이는 과정에서 나온 것으로 생각된다.

넷째, 정도전은 정몽주가 일본에 봉사하면서 지은 시는 안색을 바로 하고 외교문서를 지음에 국가의 미풍을 선양하였으므로 '명백(明白)·정대(正大)'하다고 말하였다. '안색을 바로 한다.[正顏色]'는 것은 『논어』에서 증자가 도를 귀하게 여기는 방법의 하나로 "안색을 바로 하면 믿음에 가깝게 된다.[正顏色, 斯近信矣.]"⁴³⁾라고 한 말에서 취한 것이다. 위와 같이 정몽주가 일본에 봉사하면서 안색을 바로 한 것은 그가 『춘추』의 의리 사상에 따라 중화와 이적을 구분한 데 따른 것이다. 그는 겨울밤에 『춘추』를 읽고 지은 시에서 "공자께서 빼고 정리한 의리가 정밀한데, 설야에 어스름한 등불 아래 자세히 완미하던 때가 있었지. 일찍이 나의 몸에 안고서 중국에 나갔는데, 주변 사람들은 몰라보고 오랑캐 땅에 산다고 말하네."⁴⁴⁾라고 하였다. 위와 같이 그는 중화의 문명과 이적의 오랑캐를 구별하는 기준은 지역적 차이에 있는 것이 아니라 예의를 습득하고 실천하는 것의 여부에 달린 것으로 보았다.⁴⁵⁾ 이로 보아 정몽주가 일

---

42) 胡廣 편, 『周易傳義』, 권21, 551쪽, 「未濟·上九」 註: "未濟則无極而自濟之理. 故止爲未濟之極. 至誠安於義命而自樂, 則可无咎."
43) 朱熹 주, 『論語集註』 권8, 270쪽, 「泰伯」.
44) 鄭夢周, 『圃隱先生文集』 권1, 595쪽, 「春」. "仲尼筆削義精微. 雪夜靑燈細玩時. 早抱吾身進中國, 傍人不識謂居夷."
45) 엄연석, 「포은 정몽주의 유가적 의리실천과 역사철학적 인식」, 『한국인물사연구』(한국인물사연구회, 2009) 11호, 76쪽.

본에 봉사하면서 지은 명백(明白)·정대(正大)한 시는 위와 같이 그가 중화의 문명으로 이적의 오랑캐를 교화시켜야 한다는 춘추대의를 실천하는 과정에서 나온 것으로 생각된다.[46]

다섯째, 정도전은 정몽주가 세 차례에 걸쳐 남경을 출입하며 지은 시는 본 것이 더욱 넓고 나아간 것이 더욱 깊어졌으므로 '고원(高遠)'하다고 하였다. 당시 정몽주는 발해를 건너 봉래각(蓬萊閣)에 올라 요동의 광막한 들과 바다의 우람한 파도를 보고 일어난 벅찬 감동을 시로 읊었다. 또한 그는 용산(龍山)을 지나고 회하(淮河)를 건너며 범광호(范光湖)를 내려가 용담(龍潭)에 당도하는 동안 모두 제영(題詠)을 남겼다. 이어 그는 황도인 남경에서 천자의 작은 나라를 사랑하고 먼 사람을 안아주는 인(仁)을 포장하고, 공신과 장상의 부귀하고 존안(尊安)한 영화와 성곽과 궁실의 크고 화려한 것과 인물의 번화한 모습을 시로 남겼다.[47] 앞서 「도은문집서」에서 밝혔듯이 정도전은 위와 같이 정몽주가 명나라 사행 길에 지은 시들은 명나라의 아송(雅頌)이 될 것이고, 윤길보(尹吉甫)의 뒤를 따르는 것으로 이해하였다. 이로 보아 정몽주가 명나라에 봉사하면서 지은 고원(高遠)한 시는 위와 같이 그가 남경에서 새롭게 시작된 중화 문명의 현장을 목도하고 자신이 익힌 도학적 경세 사상을 실천하고자 하는 과정에서 나온 것으로 생각된다.

정도전은 「포은봉사고서」의 마지막에서 "선생의 학문은 후세에 공이

---

46) 정재철, 『한국한문학의 재도문학 수용양상』(문예원, 2024), 115쪽.
47) 鄭道傳, 『三峯集』 권3, 340면, 「圃隱奉使藁序」. "渡渤海登蓬萊閣, 望遼野之廣邈, 視海濤之洶湧, 興懷敍言, 不能自已. … 道龍山邐迤逾淮河, 登舟沿范光湖, 絶大江至龍潭, 皆有題詠 … 其皇朝四首, 入京出京二絶, 鋪張聖天子字小懷遠之仁, 功臣將相富貴尊安之榮, 與夫城郭宮室之巨麗, 人物之繁華, 無不備載."

있고, 선생의 시는 세교(世敎)와 관련 있는 것이 이와 같으니, 어찌 우리 도를 위하여 중요하지 않겠는가?"[48]라고 하였다. 이로 보아 그는 정몽주의 시를 비평하면서 도의 사회적 실천의 측면에서 시의 역할을 중시한 것으로 생각된다. 위와 같은 그의 도학적 시비평은 앞서 살폈듯이 세상을 경영하는 데 필요한 도를 실은 문이 세상에 구현되면 천지가 자리하고 만물이 길러진다는 치국평천하의 경세 사상에 기초해 형성된 것이다.

5. 맺음말

여말 선초에 전개된 문학관을 이해하기 위해서는 당대에 활동한 학자와 문인들이 문과 도의 관계를 어떻게 생각하고 있는가를 확인하는 것이 중요하다. 이는 문과 도에서 어느 쪽을 중시하는가에 따라 문학관이 확연히 구분되기 때문이다. 중국 문학에서 문장가와 도학가의 구분 또한 문과 도에 대한 인식의 차이에서 비롯되었다. 문장가는 "도는 반드시 문에 의지하여 드러난다[道必藉文而顯]"라고 하여 문의 중요성을 강조하였으나, 도학가는 "문은 반드시 도를 인하여 이루어진다[文須因道而成]"라고 하여 문은 단지 도를 하는 수단에 불과한 것으로 이해하였다. 위와 같이 문과 도에 대한 상반된 인식의 차이는 도학가는 수도(修道)를 종신의 학문으로 생각하여 도를 중시하였으나, 문장가는 도가 드러나기 위해서는 문이라는 그릇이 긴요하다고 인식하여 문에 치중하는

---

48) 鄭道傳, 「三峯集」 권3, 340쪽, 「圃隱奉使藁序」. "先生之學, 有功於後世, 先生之詩, 有關於世敎如此, 寧不爲吾道重也."

이론을 전개한 데 따른 것이다.[49]

고려가 망하고 조선이 개국하자 권근은 태조 이성계의 명으로 1393년 2월에 정총과 함께 정릉(定陵)의 비문을 짓고 3월에 어가를 따라 서울로 와서 벼슬을 받았다. 1401년에 태종 이방원이 즉위하자 좌명공신의 호를 받고서 길창군(吉昌君)에 피봉되고, 찬성사를 거쳐 대제학에 이르렀다. 다음 글을 통해 그가 새 왕조의 대제학으로 활동하면서 견지했던 문학관을 확인할 수 있다.

> 천지 자연의 리(理)가 있으므로 곧 천지 자연의 문(文)이 있다. 일월성신(日月星辰)은 그것을 얻어 조임(照臨)하고, 풍우(風雨)와 상로(霜露)는 그것을 얻어 변화하고, 산하(山河)는 그것을 얻어 솟고 흐르며, 초목(草木)은 그것을 얻어 꽃과 잎이 피고, 물고기와 새는 그것을 얻어 뛰며 나니, 무릇 성색(聲色)을 가지고 천지 사이에 차 있는 만물은 제각기 자연의 문(文)을 지니고 있지 않은 것이 없다. 그것이 사람에 있어서 크게는 예악(禮樂)·형정(刑政)의 아름다움과 작게는 위의(威儀)·문사(文辭)에 나타나는 것이 무엇이든 이 이치에서 발현되지 않는 것이 없다. 물(物)은 그 한쪽만 얻었고 사람은 그 전체를 얻었다. 그러나 사람은 그 기품에 구애됨과 학문의 진전에 따라, 능히 그 전체를 보존하여 기울어지지 않게 하는 자가 드물다. 성인은 천지와 같으므로, 육적(六籍)에 기재된 그 이치가 다 갖추어지고 문(文)이 단아하여 더 보탤 것이 없다. 진한(秦漢) 이전에는 그 기운이 환연(渾然)하였고, 조위(曹魏) 이후에는 광악(光嶽)의 기운이 분산되고 규모가 탕진되

---

49) 郭紹虞, 『照隅室古典文學論集』(丹靑圖書有限公司, 1985), 164~165쪽.

어 문(文)과 리(理)가 어두워졌다. 당(唐)이 일어남에 문교(文教)가 크게 떨쳐서 작자(作者)가 계속 일어났다. 처음에는 제각기 기이하고 편벽된 것을 가지고 겨우 자기 이름이나 보존해 오다가, 이백(李白)·두보(杜甫)·한유(韓愈)·유종원(柳宗元)에 이른 이후에 넓고 크게 이루어, 천 가지 종류와 만 가지 형상이 모두 모이게 되었다. 송(宋)의 구양수(歐陽脩)·소식(蘇軾)이 또한 분발하여 옛사람의 빛을 따라가게 되었으니, 아아! 성대하도다.[50]

위의 글은 권근이 대제학으로 재임하던 1404년에 쓴 「은문목은선생문집서(恩門牧隱先生文集序)」의 일부이다. 그는 이 글에서 천지 자연의 리(理)가 있으므로 곧 천지 자연의 문(文)이 있다고 하였다. 이어 그는 일월성신을 포함해 산하와 초목 등 성색(聲色)을 가지고 천지 사이에 차 있는 만물은 제각기 자연의 문(文)을 지니고 있는데, 사람에 있어서 예악(禮樂)·형정(刑政)의 아름다움과 위의(威儀)·문사(文辭)에 나타나는 것은 모두 리(理)에서 발현된다고 하였다. 위와 같이 그는 정도전이 1388년에 쓴 「도은문집서」에서 말한 일월성신의 천문(天文)과 산천초목의 지문(地文)을 '자연지문(自然之文)'으로 통합하였다. 또한 그는 정도전이 같은 글에서 천문(天文), 지문(地文), 인문(人文)이 각각 기(氣), 형(形), 도(道)로써

---

50) 權近, 『陽村先生文集』,(『한국문집총간』, 7, 한국고전번역원) 권2, 200쪽, 「恩門牧隱先生文集序」. "有天地自然之理, 卽有天地自然之文. 日月星辰得之以照臨, 風雨霜露得之以變化, 山河得之以流峙, 草木得之以敷榮, 魚鳶得之以飛躍, 凡萬物之有聲而盈兩儀者, 莫不各有自然之文焉. 其在人也, 大而禮樂刑政之懿, 小而威儀文辭之著, 何莫非此理之發現也. 物得其偏而人得其全, 然因氣稟之所拘, 學問之所造, 能保其全而不偏者鮮矣. 聖人猶天地也, 六籍所載, 其理之備, 其文之雅, 蔑以加矣. 秦漢已前, 其氣渾然, 曹魏以降, 光岳氣分, 規模蕩盡, 文與理固蓁塞也. 唐興, 文敎大振, 作者繼起, 初各以奇偏, 僅能自名, 逮至李杜韓柳, 然後渾涵汪洋, 千彙萬狀, 有所總萃. 宋之歐蘇亦能奮起, 追軼前光, 嗚呼盛哉."

이루어진다고 말한 것을 '리(理)'로 통합하였다. 이어 그는 조위(曹魏) 이후에는 광악(光嶽)의 기운이 분산되고 규모가 탕진되어 문(文)과 리(理)가 어두워졌으나, 당(唐)이 일어남에 문교(文敎)가 크게 떨쳐서 작자(作者)가 계속 일어났다고 하였다. 위와 같은 그의 인식은 앞서 그가 1385에서 1387년 사이에 쓴 「삼봉집서」에서 춘추 시대 이후에는 도가 쇠함에 따라 문 또한 쇠약해졌다고 말한 것과 비교해 보면 문의 역할이 더욱 강조된 것이다. 앞서 정도전이 1388년에 쓴 「도은문집서」에서 보여준 바와 같이, 권근은 위의 글에서 도의 이론적 탐구보다는 도의 사회적 실천의 측면에서 문의 역할을 중시하였다. 그러나 위와 같은 그의 도학적 재도론은 다음과 같이 그의 외손자인 서거정(徐居正, 1420~1488)에 이르러 크게 바뀌었다.

> 하늘과 땅이 처음 나누어지자 문장이 이에 생겨났으니, 일월성신이 위에 총총하게 늘어서 하늘의 문이 되었고, 산악과 바다와 강이 아래에서 흐르고 솟아 땅의 문이 되었다. 성인이 괘를 긋고 글자를 만들어 인문(人文)이 차츰 펴지게 되었다. … 『주역』에 "인문(人文)을 관찰하여 천하를 화성(化成)한다." 하였다. 대개 천지에는 자연(自然)의 문장이 있다. 그러므로 성인은 천지의 문장을 법으로 삼는 것이다. 시대의 운수는 성쇠의 다름이 있다. 그러므로 문장에 높고 낮은 차이가 있는 것이다. 육경 이후로는 오직 한(漢)·당(唐)·송(宋)·원(元)과 명(明)의 문장만이 옛 문장에 가까우니, 그 당시에 천지의 기운이 왕성하여 큰 음향이 절로 완전해서, 다른 시대처럼 남북으로 분열되는 병폐가 없었기 때문이다. 우리 동방의 문은 삼국 시대에 시작하여 고려 때에 융성하였고, 조선에서 지극함에 이르렀다. 문장이

천지 기운의 성쇠에 관계됨은 이를 통해 살펴볼 수 있다. 더구나 '문은 도를 꿰는 도구[貫道之器]'이다. 육경의 문은 문을 잘 짓는 데에 뜻을 둔 것이 아니어서, 저절로 도에 합치하였다. 후세의 문은 먼저 문장을 잘 짓는 데에 뜻을 두어서, 혹은 도에 순수하지 못한 것이 있다. 오늘날의 학자들이 참으로 도에 마음을 두어 문장을 꾸미는 데에 치중하지 않고, 경(經)에 근본을 두어 제자(諸子)에 얽매이지 않아서, 아정(雅正)함을 숭상하고 부화(浮華)함을 물리쳐 고명하고 정대하게 한다면, 성경(聖經)에 도움이 되는 것에 필시 그 길이 있을 것이다.[51]

위의 글은 서거정이 1478년에 쓴 「동문선서」의 일부이다. 위의 글에서 가장 주목되는 것은 서거정이 '문은 도를 꿰는 도구이다.[文者, 貫道之器.]'라고 말한 점이다. 앞서 살폈듯이 정도전과 권근은 도의 사회적 실천의 측면에서 문의 역할을 중시하였으나, 문은 반드시 도를 인하여 이루어진다는 관점을 유지하여 문은 '도를 싣는 그릇[載道之器]'이라고 말하였다. 그러나 서거정은 위의 글에서 문과 도의 관계에 있어서 문을 중시함으로써, 도는 반드시 문에 의지하여 이루어진다는 관점을 유지하여 문은 '도를 꿰는 그릇[貫道之器]'이라고 말하였다. 앞서 정도전은 「도

---

51) 徐居正, 『四佳集』(『한국문집총간』 11, 한국고전번역원) 권4, 249쪽, 「東文選序」, "乾坤肇判, 文乃生焉, 日月星辰, 森列乎上, 而爲天之文, 山海岳瀆, 流峙乎下, 而爲地之文. 聖人畫卦造書, 人文漸宣. … 易曰, 觀乎人文, 以化成天下. 盖天地有自然之文. 故聖人法天地之文, 時運有盛衰之殊, 故文章有高下之異. 六經之後, 惟漢唐宋元皇朝之文, 爲近古, 由其天地氣盛, 大音自完, 無異時南北分裂之患故也. 吾東方之文, 始於三國, 盛於高麗, 極於聖朝. 其關於天地氣運之盛衰者, 因亦可考矣. 況文者, 貫道之器. 六經之文, 非有意於文, 而自然配乎道. 後世之文, 先有意於文, 而或未純乎道. 今之學者誠能心於道, 不文於文, 本乎經, 不規規於諸子, 崇雅黜浮, 高明正太, 則其所以羽翼聖經者, 必有其道."

은문집서」에서 천문(天文), 지문(地文), 인문(人文)이 각각 기(氣), 형(形), 도(道)로써 이루어진다고 말하고, 권근은 「은문목은선생문집서」에서 정도전이 말한 기(氣), 형(形), 도(道)를 리(理)로 통합하였다. 그러나 서거정은 위의 글에서 '성인이 괘를 긋고 글자를 만드니 인문(人文)이 차츰 펴지게 되었다.'고 하거나, 『주역』의 말을 인용해 '인문(人文)을 관찰하여 천하를 화성(化成)한다.'고 하였다. 위와 같이 그는 권근과 정도전이 도학 용어인 기(氣), 형(形), 도(道), 리(理) 등을 사용하여 문과 도의 관계를 설명하는 것을 지양하고, 『주역』에서 말한 인문(人文)의 내용을 부각함으로써 도보다는 문의 역할을 중시하였다. 그러므로 그는 위의 글에 이어 성인의 도가 담긴 경서를 바르게 이해하기 위해서는 아정(雅正)한 문장을 숭상하고 부화(浮華)한 문장을 물리쳐야 한다고 말했던 것이다.

위의 내용으로 보아 서거정은 문과 도의 관계에 있어서 문을 중시하는 문장가의 문학관을 지향한 것으로 생각된다. 우리는 이를 통해 정도전과 권근은 문의 역할을 중시하면서도 문은 도를 인하여 이루어진다고 보는 재도론을 견지하였으나, 조선 전기의 문장가인 서거정은 문의 역할을 보다 중시하여 도는 반드시 문에 의지하여 드러난다고 보는 관도론으로 전환했음을 확인할 수 있다.

〈참고문헌〉

1. 원전

權近, 『陽村先生文集』, 『한국문집총간』 7, 한국고전번역원.

徐居正, 『四佳集』, 『한국문집총간』 11, 한국고전번역원.

黎靖德 편, 『朱子語類』, 中華書局, 1994.

李穀, 『稼亭先生文集』, 『한국문집총간』 3, 한국고전번역원.

李穡, 『牧隱詩藁』, 『한국문집총간』 4, 한국고전번역원.

鄭道傳, 『三峯集』, 『한국문집총간』 5, 한국고전번역원.

胡廣 편, 『周易傳義』, 경문사, 1979.

程頤, 『二程全書』, 보경문화사, 1986.

周敦頤, 『通書』, 국립중앙도서관, 청구기호 : 古古1-50-67.

朱熹 주, 『詩傳』, 경문사, 1979.

朱熹 주, 『論語集註』, 이이회, 1983.

鄭夢周, 『圃隱先生文集』, 『한국문집총간』 5, 한국고전번역원.

蔡沈, 『書傳』, 경문사, 1979.

2. 논저

강명관, 「정도전의 "재도론" 연구」, 『한문학논집』 10집, 단국한문학회, 1992.

강문식, 「포은 정몽주의 교유 관계」, 『한국인물사연구』, 한국인물사연구회, 2009.

강문식, 「여말선초 성리학의 수용과 그 성격」, 『역사비평』 112호, 역사문제연구소, 2018.

郭紹虞, 「中國文學批評史上文與道的問題」, 『照隅室古典文學論集』, 丹靑圖書有限公

司, 1985.

김종서, 「三峯 鄭道傳 詩의 表現 樣相과 美意識」, 『한국한시연구』 18집, 한국한시학회, 2010.

김종진, 「정도전의 문학사상」, 『한중철학』 창간호, 한중철학회, 1995.

김종진, 「鄭道傳 文學觀의 몇 가지 양상들」, 『국어교육』 125집, 국어교육학회, 2008.

명희복, 「鄭三峯 詩歌 文學 硏究」, 경기대 박사학위논문, 1997.

민 찬, 「鄭道傳의 思想的 志向과 문학에 대한 고찰」, 『인문과학논문집』 27집, 대전대 인문과학연구소, 1999.

박성규, 「鄭道傳 硏究」, 『어문논집』 22집, 고려대 국어국문학회, 1981.

심예인, 「여말선초 道學의 성격과 道統論」, 『조선시대사학보』 85집, 조선시대사학회, 2018.

오세현, 「文章의 역할을 통해 본 15세기 斯文의 성격」, 『사학연구』 127호, 한국사학회, 2017.

유호진, 「鄭道傳 詩에 투영된 삶에 대한 熱愛에 관하여」, 『고전문학연구』 21집, 한국고전문학회, 2002.

윤사순, 「鄭道傳 性理學의 特性과 그 評價問題」, 『진단학보』 50집, 진단학회, 1980.

이상민, 「여말선초 '성리학' 연구의 논점들」, 『學林』 44집, 연세사학연구회, 2019.

이원석, 「『맹자』의 주요 개념에 대한 정도전의 이해」, 『태동고전연구』 37집, 태동고전연구회, 2016.

이익주, 「삼봉집 시문을 통해 본 고려말 정도전의 교유관계」, 『정치가 정도전의 재조명』, 경세원, 2004.

이정희, 「三峯 鄭道傳의 詩文學 硏究」, 성신여대 석사학위논문, 1987.

이종서, 「고려말의 신분 질서와 정도전의 왕조 교체 세력 합류」, 『역사와 현실』 11집,

한국역사연구회, 2019.

엄연석, 「포은 정몽주의 유가적 의리실천과 역사철학적 인식」, 『한국인물사연구』 11호, 한국인물사연구회, 2009.

정재철, 『한국한문학의 재도문학 수용양상』, 문예원, 2024.

정환표, 「鄭道傳 시의 二元的 性格」, 『한국한시작가연구』 2집, 한국한시학회, 2009.

조기영, 「三峯 鄭道傳의 觀物 태도와 시적 양상」, 『동양고전연구』 9집, 동양고전학회, 1997.

조동일, 「정도전의 문학사상」, 『한국한문학연구』 제2집, 한국한문학회, 1977.

조흥욱, 「鄭道傳의 文學觀과 그의 漢詩에 대한 小論」, 『한신논문집』 4집, 한신대학, 1987.

차용주, 「鄭道傳 硏究」, 『한국한문학작가연구』 2, 아세아문화사, 1987.

〈집필자 약력〉

- **도현철 都賢喆**

연세대 사학과 교수. 연세대 사학과, 동대학원 졸업(문학박사)
주요 논저 : 『고려말 사대부의 정치사상 연구』(1999), 『목은 이색의 정치사상 연구』(2011), 『조선전기 정치사상사-『삼봉집』과 『경제문감』의 실증적 분석을 중심으로』(2013), 『조선건국의 개혁사상과 문명론』(2024) 등

- **최민규 崔珉圭**

연세대 강사, 연세대학교 사학과/독문과, 연세대학교 대학원 졸업(문학박사)
주요 논저 : 「김정국의 성리대전서절요 편찬과 대체군주론」(2022), 「이황의 주자서절요 편찬과 사대부성학론」(2023), 「세종대 성리대전 도입과 주희 문헌 활용」(2024) 등

- **문철영 文喆永**

단국대 사학과 명예교수, 서울대 국사학과, 동대학원 졸업(문학박사)
주요 논저 : 『고려유학사상의 새로운 모색』(2005), 『정도전 연구 목록』(2009), 『인간정도전』(2014) 등

- **강문식 姜文植**

숭실대 사학과 교수, 서울대 국사학과, 동 대학원 졸업(문학박사)
주요 논저 : 『권근의 경학사상 연구』(2008), 『종묘와 사직』(공저, 2011), 『적상산 사고의 운영과 봉안 자료 연구』(공저, 2020), 『정몽주 다시 읽기』(2024) 등

- **정재훈 鄭在薰**

경북대학교 사학과 교수, 서울대 국사학과 동대학원 졸업(문학박사)
주요 논저 : 『조선전기 유교정치사상연구』(2005), 『조선시대의 학파와 사상』(2008), 『조선 국왕의 상징』(2018), 『18세기 조선의 만난 문명』(2023) 등

■ 김인호 金仁昊

광운대 인제니움 교수, 연세대학교 사학과, 동대학원 졸업(문학박사)

주요 논저 : 『고려후기 사대부의 경세론 연구』(1999), 『고려시대 사람들의 사유와 집단 심성』(2017), 『질문하는 한국사』2 고려(2019) 등

■ 최영성 崔英成

한국전통문화대학교 무형유산학과 교수, 성균관대 한국철학과, 동 대학원 동양철학과 졸업(철학박사)

주요 논저 : 『최치원의 철학사상』(2001), 『되짚어 본 한국사상사』(2015), 『한국유학통사』(전3권, 2016), 『사상으로 읽는 전통문화』(2016) 등

■ 이상민 李相旼

대전대 강사, 연세대학교 사학과, 동대학원 졸업(문학박사)

주요 논저 : 「15세기 지방 지식인층의 활용과 평민(平民) 교화」(2020), 「『三峯集』 불교 관련 기록을 통해 본 고려 말 정도전 불교비판론의 형성 과정」(2023), Unanticipated Achievements: The Diffusion of Finger Severing and Relevant Discourse at the Joseon Court in the 15th – 16th Centuries(2024) 등

■ 정재철 鄭載喆

단국대 명예교수, 단국대학교 한문교육과, 고려대 대학원 졸업(문학박사)

주요 논저 : 『이색 시의 사상적 조명』(2002), 『고문진보』 연구」(2014), 『한유 문집 연구』(2019), 『한국한문학의 재도문학 수용 양상』(2024) 등